崂山改革开放实录

（第二卷）

中共崂山区委党史研究室 编

中国海洋大学出版社
CHINA OCEAN UNIVERSITY PRESS

崂山改革开放实录

（第二卷）

中共崂山区委党史研究室 编

《崂山改革开放实录》（第二卷）
编审人员

主　　审　江敦涛　赵　燕

副 主 审　庄金杰　杜乐江

主　　编　张　星

副 主 编　王清华（执行）　臧先锋　闫雪梅　付　莉

编　　辑　辛若玲　王峰磊　时　瑜

撰 稿 人（按姓氏笔画为序）

王　兵　　王　俊　　王丙胜　　王丽莎　　王泽彩

王莹莹　　孙　屹　　刘小华　　吕晓东　　朱莒蓉

李　向　　李　君　　李　莹　　张信生　　陈姝利

邵琰景　　房英第　　范玉霞　　周耀泉　　姜兆信

贺世国　　徐　平　　唐丽媛　　程惠君　　戴鸿涛

前　言

　　1978 年，以党的十一届三中全会为标志，中国开始踏上改革开放的伟大征程。40 年来，改革开放成为时代的主题，极大地调动了亿万人民的积极性、主动性、创造性，极大地解放和发展了社会生产力，推动了我国以世界上少有的速度持续快速发展，给人民带来了更多福祉，使社会主义在中国大地上焕发出勃勃生机，迎来了思想的解放、经济的发展、政治的昌明、教育的勃兴、文艺的繁荣、科学的春天。实践证明，改革开放是坚持和发展中国特色社会主义的必由之路，党和国家又充满希望、充满活力地踏上了实现社会主义现代化的伟大征程。

　　习近平总书记指出：历史是最好的教科书。学习党史、国史，是坚持和发展中国特色社会主义、把党和国家各项事业继续推向前进的必修课。这门功课不仅必修，而且必须修好。坚持"一突出、两跟进"，深入总结研究好党的十八大以来以习近平同志为核心的党中央治国理政伟大实践，进一步突出开创和发展中国特色社会主义时间段的历史研究，即时跟进十八大以来党中央的决策部署，即时跟进以习近平同志为总书记的党中央的理论发展，是各级党史部门的政治任务。这就要求我们站在坚持和发展中国特色社会主义、实现中华民族伟大复兴中国梦的高度上，进一步坚定对党的历史伟业的自信心和自豪感，充分认识改革开放的重大意义和伟大成就，深刻总结改革开放的伟大历程和宝贵经验，增强做好党史工作的责任感、使命感和紧迫感，更好地肩负起以史鉴今、资政育人的历史责任和历史使命。

　　《崂山改革开放实录》丛书是中央、省、市党史部门统一部署的重大课题任务，目的就是深入贯彻党的十八大精神，全面系统收集改革开放以来崂山各方面的资料，准确记述各系统、各行业重大事件和成就，科学总结规律性认识和可资借鉴的经验，留存崂山改革开放的辉煌历史。第二卷采用 24 篇文章，以崂山改革开放历史发展为主线，着重反映了改革开放近40年来，各街道、各单位在改革开放新时期的一系列富有特色的重要决策、重要举措、重要事件、重要成果、重要经验，内容涉及物质文明、精神文明、政治文明、社会文明、生态文明和党的建设等领域，专题选题科学、突出特色；史料挖掘充分、编写规范；经验提炼到位、可资借鉴，为总结历史规律、做好当前各项工作提供了宝贵的历史启示和借鉴。

回顾过去，崂山各级党组织带领崂山人民在中国特色社会主义理论体系的指引下，以一往无前的进取精神和波澜壮阔的创新实践，谱写了摆脱贫困、实现小康、走向富裕的壮丽诗篇。放眼当下，崂山正处于全面建成小康社会的决胜阶段，全区上下正奋力建设宜居宜业的现代化山海品质新城。面对前所未有的机遇和挑战，破解新的难题、化解新的风险、激发新的活力、实现新的发展，需要始终把改革创新精神贯彻到工作中的各个环节。需要充分发挥党史"以史鉴今、资政育人"的作用，用党的伟大成就激励人，用党的优良传统教育人，用党的成功经验启迪人，用党的历史教训警示人。《崂山改革开放实录》是全区党组织的红色家谱。全区各级党组织要把党史、国史教育作为党员、干部的必修课，要充分发挥《崂山改革开放实录》存史、资政、育人的重要作用，做到在对历史的深入思考中做好现实工作、更好走向未来，为全面建成宜居宜业的现代化山海品质新城做出新的更大的贡献。

2018 年 11 月

目　录

崂山区推进党风廉政建设
和反腐败工作历程及成效

中共崂山区纪委机关

党的十一届三中全会作出了把全党的工作重点转移到社会主义现代化建设上的伟大战略决策，恢复重建了中央纪律委员会。40 年来，崂山区纪检监察机关从无到有，从弱到强，纪检监察干部风雨兼程、孜孜追求，围绕全区中心任务，在继承中发展，在改革中创新，充分发挥职能作用，为全区经济社会发展提供了坚强有力的政治保障。

一、基本发展历程

（一）第一阶段：恢复重建阶段，党的十一届三中全会以来到崂山区建区之前（1978 年～1994 年 7 月）

1978 年 12 月，党的十一届三中全会决定重新建立中央纪律检查委员会。1979 年 3 月，中央纪律检查委员会和中央组织部联合发出通知，就省、地、县成立党的纪律检查机构的问题作出了规定。1979 年 6 月中共崂山县委员会纪律检查委员会重新建立，并经 1980 年 9 月中共崂山县第三次代表大会选举产生。这一阶段面临的形势是：十年内乱给崂山党的队伍造成了严重的影响，随着形势任务的变化，党的工作重点转移到社会主义现代化建设上来，迫切需要提高党的战斗力，保证党中央的路线、方针、政策得到贯彻执行。

1. **崂山党的纪检组织重建正名阶段（1979 年 6 月～1980 年 8 月）。** 集中主要力量会同有关部门，参与从 1978 年 10 月开始到 1979 年底基本结束的落实党的政策，复查纠正冤、假、错案工作。全县

1

在"四清"运动和"文化大革命"中受处理的党员、干部共1309人。经过复议仍维持原处分结论的435人，改变原处分结论的681人，撤销原处分结论的193人。在改变和撤销原处分结论的874人中，有681人恢复了党籍，占当时出党人数的78%。按照中央的指示和省、市委的部署，县委纪委还参与了对原划右派、反社会主义分子和因右派问题错处理人员，进行了"摘帽"、审查改正和安置工作。到1979年底，对全县173名右派进行的复议、改正错划及改正后的安置工作已办理完毕，并分别落实了有关政策。其中，6人恢复了党籍，2人由预备党员转为正式党员。党的十一届五中全会通过的《关于党内政治生活的若干准则》（以下简称《准则》）公布后，县委纪委协助县委认真贯彻执行。配合组织、宣传等部门，采取党校轮训、上党课、举办培训班等形式，广泛向党员进行了党规党纪教育，对全县近2万名党员进行了多次轮训。这是多年来规模最大的一次党内教育。县委纪委根据《准则》规定，对群众反映强烈的不正之风，认真进行检查处理。对搞不正之风和超限额住房的78名科局级以上干部，通过以退房、加收房租、累进计租等形式分别进行了处理。检查违规招工30人，非法搞"农转非"的8人，均全部清退。对滥发奖金实物，用公款大吃大喝和贪占国家集体物料等6起案件也都进行了查处。调查处理信访案件171起；查办了一批违反党纪的案件，共处分党员29人。其中，开除党籍的1人，留党察看的15人，撤销党内职务的1人，严重警告的5人，警告的7人。通过一年多时间的工作，林彪、"四人帮"给我们党造成的组织涣散、纪律松弛、党风不正的状况，有了很大的转变；党的优良传统和作风得到了恢复和发扬；安定团结的政治局面得到巩固和发展，保证了党的工作重点的转移。

2. 崂山县第三次党代会闭会期间（1980年9月~1984年8月）。 紧紧围绕端正党风这个中心，协助县委深入贯彻执行《准则》，整顿党风，使《准则》成为广大党员的行为规范和同不正之风进行斗争的有力武器，促进了党风的逐步好转，使党的纪律检查工作从过去把主要精力放在查处党员违纪案件，转移到着重抓执政党的党风问题上来。这是在新的历史条件下，纪检工作指导方针的一个重大发展。维护党的政治纪律，积极协助县委贯彻执行了党的十一届三中全会以来的路线、方针、政策和《关于建国以来党的若干历史问题的决议》，保证党员在政治上同党中央保持一致。调查处理来信来访案件3375件次。对在"文化大革命"期间处理的1800名和"四清"运动中处理的1073名党员、干部的问题进行了复议处理，纠正了大批冤、假、错案；查处现行违反党纪的案件356起，处分党员133人。其中，开除党籍的10人，留党察看的30人，撤销党内职务的12人，严重警告的38人，警告的43人。深入开展打击经济领域中严重犯罪活动的斗争，严惩了一批经济犯罪分子，给予党纪处分的4人，政纪处分的4人，追缴退赔赃款和赃物折款共计10万余元，保证了党的对外开放，对内搞活经济政策的贯彻执行，促进了各项事业的发展。

3. 崂山县第四次党代会闭会期间（1984年8月～1987年6月）。加强党性党风党纪教育，进一步提高了党员干部遵纪守法的自觉性。为落实《中共崂山县委关于实现党风根本好转的规划》，县委制定了县委常委抓党风责任制，要求常委要分口把关，各负其责；把抓党风建设的成效作为考察、使用和奖励各级领导干部的重要内容，信访案件和党员违纪案件的查处工作取得新进展，共受理来信来访1112件次，查结1061件次。全区立案查办党员违纪案件147起，受党纪处分的党员82人，其中，开除党籍的9人，留党察看的14人，撤销党内职务的2人，严重警告的25人，警告的32人。狠刹各种不正之风，集中力量清理了滥发资金、实物和党政干部经商办企业等歪风。深入开展打击经济领域严重犯罪活动的斗争，查处了一批大案要案，受到党纪处分的22人，行政处分的12人；追缴赃款和赃物折款28万元，罚款8万元，为国家和集体挽回经济损失316万元。全县党的纪律检查队伍的组织建设得到加强，13处乡镇全部建立了纪律检查委员会，县直14个应建立纪律检查委员会的单位已建立了13个。配备纪检干部152人，其中，专职干部77人。

4. 崂山县第五次党代会闭会期间（1987年6月～1990年5月）。按照党章的规定和党的十三大赋予的"集中力量管好党纪，协助党委管好党风"的任务，全面履行"保护、惩处、监督、教育"的职能，全区各级党组织逐步形成了一级抓一级，一级带一级，全党抓党风的局面。深入开展了党的三大作风、反腐蚀、反腐败、艰苦奋斗、廉洁奉公、反对资产阶级自由化和加强党的纪律为主要内容的党风党纪教育，促进全区党风的明显好转。根据中央关于各级党的纪律检察机关不再作为党委领导打击严重经济犯罪斗争的办事机构的决定，集中精力处理违反党纪的案件，共处理来信来访 1024 件次，对在查处信访案件中发现的党员违纪线索，均得到及时查处；区共立案查处党内违纪案件 115 起，处分党员 116 人。其中，开除党籍的 23 人，留党察看的 31 人，撤销党内职务的 1 人，严重警告和警告的 61 人。维护了党的纪律的严肃性；纪律检查队伍的自身建设不断加强，1988 年 1 月，根据国务院《关于在县以上地方各级人民政府设立监察机关的通知》要求，建立崂山县监察局，全区已建立 32 个基层纪检组织，配备 77 名专职纪检干部。

5. 崂山县第六次党代会闭会期间（1990 年 5 月～1994 年 8 月）。 坚持以经济建设为中心，注意探索全方位参与经济建设，全面做好纪检监察工作的新路子，努力完成党章赋予的各项任务。狠抓了党风党纪教育，先后在全区党员中开展了"学党章、正党风""党规党纪""反腐防变""学党章，讲奉献，做合格党员""反腐倡廉"等教育活动，加强党风廉政建设。认真落实"两公开一监督"反腐倡廉的规定，先后对党政干部在城镇规划区内违纪违法建造私房、农村财务清理、党政机关工作人员违反规定安装住宅电话、以及"三乱"等问题进行专项清理，切实纠正部门和行业不正之风工作。履行四项职能，维护党的纪律，不断加大反腐败工作的力度。共调查处理来信来访案件 1146 件次，立案查处党内各类违纪案件 181 起，查结 153 起，受到不同种类党纪处分的党员共 137 人。其中，开除党籍的 41 人，留党察看的 45 人，撤销党内职务的 4 人，严重警告的 24 人，警告的 23 人。对违反行政纪律的 23 名公务人员给予了行政处分。其中，留用察看的 4 人，撤职的 5 人，记大过的 3 人，记过的 5 人，警告的 6 人。通过查办违纪案件，严肃了党纪政纪，促进了党风廉政建设，推进了反腐败斗争的深入发展。

（二）第二阶段：综合治理阶段，崂山区建区到党的十六大之前（1994 年 7 月～2002 年 11 月）

1994 年 7 月，区划调整后的中共崂山区纪律检查委员会成立。新成立的中共崂山区纪律检查委员会与中共青岛市纪委青岛高科技工业园工作委员会实行"两块牌子，一套机构"的体制，并与崂山区监察局合署。这一阶段的主要工作特点是，适应上级纪委提出的推动反腐败从侧重遏制转到标本兼治、综合治理、逐步加大治本力度的思路，区纪检监察机关紧紧围绕全区经济建设这个中心，认真落实中央和省、市、区委的决策和部署，全面履行纪检监察工作职能，为推进新时期党的建设，维护全区改革、发展和稳定大局，促进经济和社会各项事业的全面发展，做出了积极贡献。

1. 区第七次党代会以来（1994 年 8 月～1998 年 1 月）。 一是适应新区建设需要，积极支持经济建设，坚持与基层的双向、定期联系，通过包片、抓点、帮助整改等形式，把纪检工作与生产经营紧密结合起来。参与企业整顿、转换经营，帮助其建章立制，堵塞漏洞。制定实施《关于严明纪律保证转换经营机制顺利实施的通知》，配合开展财税、物价大检查和清理党政机关办公司的专项治理，努力消除经济建设发展的障碍。二是认真查处违纪案件，共处理来信来访 125 件次，查处党内违纪案件 32 起，处分党员 31 人。通过查处违纪案件，严肃了党纪，教育了党员，清除了腐败分子，纯洁了党的组织。三是加强党风建设，开展了党政机关思想、组织、作风"三整顿"工作，对犯有一般违纪行为的，下发通知书，直接向有关党组织或党员打招呼。认真纠正不正之风，先后对党政干部在城镇规划区内违纪违法建私房、农村财务清理、党政机关工作人员违反规定安装住宅电话以及"三乱"等问题进行了专项清理。四是加强党风党纪教育，通过上党课、举办培训班、案件通报、案例教育、各种反腐败规定的学习以及广播、录像等多种形式，统一党员认识，提高了党员素质。开展典型教育，用身边人、身边事教育了身边人，共选树正面典型 33 个，通报违纪典型 3 个，起到了扶正祛邪的作用。采用预防为主、教育在先的方式，通过制定实施《园区工作人员三大纪律、八项注意》《关于贯彻市委市政府从严治党、从严治政的若干规定的意见》和《高科园建设工程施工招标管理实施细则》等廉政规定，对党员的言行进行规范、监督和硬约束。

2. 区第八次党代表大会以来（1998 年 1 月～2002 年 11 月）。 一是狠抓廉政治本教育，制定实施领导干部廉政教育责任制，开展了以党性党风党纪为主题的系列教育活动，举办了"反腐败典型案例巡回展"、政务巡回演讲、园区廉洁勤政工作交流和市廉洁勤政先进典型报告会等活动，进一步提高了党员干部的廉洁勤政意识。加强领导干部廉洁自律工作，认真落实"礼品登记、重大生活事项申报"等制度，严格按照规定对公款安装住宅电话、移动电话等进行清理，进一步增强了领导干部拒腐防变的自觉性。二是严肃查处违法违纪案件，共受理群众来信来访、电话举报902件次，结案率达

2001 年 12 月 28 日，崂山区人民政府政风评议工作会召开

到91%。立案65件，处结63件，58人受到了党纪政纪处分。其中，开除党籍21人，受刑事处罚15人。三是积极开展对重点部门和行业的纠风工作，先后组织实施对园区办班和收费管理、中小学收费、行政性事业性收费及罚没款、企业事业单位私设小金库、个人借欠及挪用公款、结婚登记"搭车"收费、预算外资金管理使用以及减轻农民负担、减轻企业负担等专项检查清理。四是严格执法监察，针对园区开发建设过程中重点工程多、建筑市场不规范的特点，对"体育中心""东海路绿化"等多个工程项目进行了认真督察，发现问题24个，提出整改意见26条。对园区68个重点工程的招投标过程实施了跟踪监督。五是主动参与园区经济建设，针对园区开发建设中出现的新情况、新问题，先后制定和完善了《领导干部在住房方面严守纪律的规定》《党风廉政教育分工负责制》等规章制度19项。坚持了领导干部离任审计制度、重大问题集体研究决定制度、新上岗干部廉政谈话制度等，有效地规范了部门和党员干部的行为。

（三）第三阶段：全面防范阶段，党的十六大到党的十八大以前（2002 年 11 月～2012 年 11 月）

这一阶段的主要工作特点是，适应上级纪委提出的在坚决惩治腐败的同时，更加注重治本、预防和制度建设的思路转变，重点加强教育防范、案件查办、监督制约、纠风治乱和纪检监察组织建设，实现了反腐

倡廉建设和经济社会科学发展的良性互动。

1. 区第九次党代会以来（2002 年 11 月～2006 年 12 月）。
一是党风廉政教育不断强化，先后围绕"艰苦奋斗、廉洁奉公""为民、务实、清廉""廉洁奉公、执政为民""勤政廉政、科学发展"等主题扎实开展教育活动，进一步增强了党员领导干部的廉洁自律意识。创新廉政文化传播载体，在全区营造了廉荣贪耻的浓厚氛围。在全国首届廉政公益广告大赛中，获得 1 银 3 铜 1 优秀的好成绩；在全国廉政歌曲创作大赛中，报送的歌曲《记着老百姓》获得二等奖。二是廉洁自律工作不断深化，不断加大对重点部门、重点岗位、重点人员、重要环节的监督力度，针对党员领导干部监督管理上存在的薄弱环节，构筑起预防领导干部权力失控的"七条防线"，制定出台了《关于加强对党政"一把手"监督管理的若干规定（试行）》，提出了具体的标准要求和监督措施。根据农村社区党风廉政建设实际情况，出台实施了《关于村（社区）"两委"成员有关公务消费的暂行规定》《关于村（社区）"两委"成员廉洁自律的暂行规定》及《实施细则》，有效规范了农村社区党员干部的公务行为。抓住突出问题开展专项清理，组织清理国有、集体及控股企业和农村村级组织用公款为个人购买商业保险金额 59.2 万元；清退党政机关、事业单位领导干部拖欠或利用职权外借公款 5.3 万余元；清理党政机关、事业单位干部职工虚报冒领工资、补贴 1.3 万余元；对公务移动通信费用补贴进行了改革、规范。三是执纪办案水平不断提高，建立了查办案件协调机制，共组织初核案件线索 134 起，立查 83 起，83 人次受到党政纪处分，有 38 人受到撤销党内职务以上重处分，11 人被移送司法机关

2004 年 4 月 7 日，崂山区纪委组织召开全区预防领导干部职务犯罪研讨会

追究刑事责任，追缴违纪违法资金及物品价值 830 余万元，为国家和集体挽回经济损失 1553 万元，避免国有资产流失 3539 余万元，查纠违规资金 4005 余万元。进一步加强信访举报工作，在全区推行实施了"两卡一规范"办事公开机制，初信初访、双向承诺等制度得到有效落实，群众反映的突出问题得到妥善解决。受理信访举报 818 件次，对有信访问题的领导干部廉政谈话、打招呼教育 67 人次。四是政风行风建设不断加强，连续 4 年开展"基层行风建设示范窗口"单位创建活动，创建区级示范窗口单位 22 个，市级示范窗口单位 6 个。创办了《政风对话》电视专栏，先后有 12 个政府部门的"一把手"围绕卫生、教育、安全、弱势群体救助、消费者权益保护等热点问题与群众代表进行了对话交流，解决群众反映的问题 45 件（类），得到社会广泛好评。全力抓好专项治理活动，认真治理中小学乱收费，取消收费项目 6 项；查处中小学违规收费案件 2 起，规范收费 86 万元；对违规批地、拖欠土地补偿费等侵害群众利益的问题进行了整改，监督支付补偿费用 1.98 亿元；清理拖欠工程款和农民工工资 8.3 亿元。不断加大效能投诉查处力度，先后受理查结投诉 283 件，批评教育 32 人次，对 17 个部门进行通报批评，经济处罚 27 人；对政令畅通、制度建设、行政许可等 8 个方面存在的 81 类问题进行了督促整改，对 98 个基层窗口开展明察暗访，对 12 个单位进行通报批评，机关服务态度明显改善，行政效率显著提高。五是行政监察力度不断加大，围绕全区重点工作和群众关心的热点难点问题，先后完成 16 个上级立项和 17 个自主立项的执法监察项目，涉及资金 43.7 亿元，查处违规资金 2.6 亿元，清理收缴行政事业性收费不规范资金 8046 万元纳入财政专户管理。行政审批项目从最初的 639 项精简至 95 项；建立"一站式"政务办理大厅，审批事项办理期限平均每件提前 5.6 天。财政制度改革日趋完善，85 个单位纳入会计集中核算，纠正违规违纪支出近千万元，初步形成以部门预算为核心的新预算编制体系。先后对 407 个政府采购项目进行监督，涉及金额 2.7 亿元。强化对财力投资建设工程项目招投标工作的监督检查，节约资金 2.37 亿元，有形建筑市场日益规范。对全区经营性土地落实招拍挂制度情况进行执法监察，解除 49 宗土地的协议和合同，涉及土地 4331 亩，补交土地出让金 3.62 亿元。扎实推进政务公开、厂务公开和村务公开工作，开通了崂山区政务网，将全区各部门的职责权限、办事程序、办事条件、工作时限等内容向社会公示，主动接受监督。

2. 区第十次党代会以来（2007 年 1 月～2012 年 11 月）。一是着力加强党风廉政宣传教育，在全区党员领导干部中组织开展了"增强制度意识、争做执行表率""以人为本、执政为民"等主题教育活动，在春节前后组织开展"党风廉政宣传教育月"活动，进一步增强了党风廉政教育的针对性和实效性。以组织廉政文化"七进"活动为契机，先后开展传唱廉政歌曲、制作廉政公益广告、编写《一廉如水》廉政画册、设计安装廉政屏保、组织观看反腐倡廉吕剧等活动，营造了廉荣贪耻的社会氛围。共有 20 个单位被评为青岛市廉政文化建设示范点，1 个单位被评为全市廉政文化建设示范标兵单位。认真组织全区广大党员领导干部深入学习《中国共产党廉洁从政若干准则》，积极引导大家自觉学准则、严格守准则。对个人"小灵通"捆绑单位办公电话、公款出国（境）旅游、领导干部公车私驾等行为进行了专项清理。在全区 72 个部门和单位全面推开岗位廉政风险防控工作，针对存在或潜在的腐败风险，深入查找腐败风险点 19840 个，制定相应防控措施 1123 条，最大限度地降低和防范了风险隐患。认真落实党内监督各项制度，较好地规范了党员领导干部从政行为。二是着力加强案件查办，共受理纪检监察信访举报 1497 件次，立查党纪政纪案件 95 起，93 名党员干部受到党纪政纪处分，涉案金额近 4000 万元。牵头成立了 10 余个区委工作组、调查组，妥善处理了社区因换届选举、整村改造、集体资产管理等引发的群众上访问题，有效发挥了维护社会稳定、服务科学发展的积极作用。建成并投入使用了功能齐全、配套完备的案管中心。自主研发的案件审理动态管理系统被评为市优秀工作成果，并被中央纪委纳入"金纪工程"。

2010 年 10 月 12 日，崂山区纪委监察局派驻机构纪检干部集体谈话会召开

充分发挥查办案件的治本作用，通过回访教育受处分党员、典型案例剖析、编辑出版《以案释纪》教育读本等方式，实现了查处一案、震慑一方、教育一片的效果。三是着力加强监督制约，切实加强党风廉政建设责任制落实情况的监督检查，督促各级各单位主要领导强化"一岗双责"意识，抓好各自分管范围内的反腐倡廉工作。持续加大重点项目监督力度，先后对52个自主立项项目、15个中央投资拉动内需项目进行监督检查，涉及资金36亿元，发现并纠正问题80余个。对497个财力投资项目招投标、1722个政府采购项目实施监督，涉及资金39亿元，节约资金近4亿元，节约率9.6%。创新中介机构选用制度，通过公开招标选择了8家工程招投标代理机构和6家政府采购代理机构，最大可能地减少了人为因素干扰。狠抓工程建设领域突出问题专项治理，对70个财力投资项目进行全面排查，发现问题90个，已整改82个，有效规范了建筑市场秩序。扎实开展"小金库"专项清理工作，对部分单位存在的原始单据使用、会计核算不规范等93个问题进行了纠正。深入推进行政处罚权规范透明运行工作，按照"零自由裁量"原则，将2816项行政处罚权细化量化为11775档，纳入专门的网络平台运行，广泛接受社会监督。针对容易滋生腐败的重点岗位、重点领域、关键环节，制定实施《关于进一步推进机关工作提速的实施意见》和《崂山区政府部门行政首长问责暂行办法》等规范性文件54个。积极打造点上突破、面上覆盖的科技防腐体系，扎实推进崂山区行政审批和公共资源交易大厅建设，正式开通运行了综合电子监察系统，加强对权力运行的实时监控。会同有关部门，在工程招投标领域，在全省率先研发了"建设工程交易管理系统"，先后对119个工程项目实施了电子评标，涉及资金23亿元；在医疗卫生领域，研发使用了"新农合电子信息管理系统"，有效遏制了医疗领域变相多收费、乱收费等腐败问题的发生；在财政资金监管方面，全面推行政府机关事业单位公务卡管理制度，将政府工作人员的公务现金支出改为公务卡刷卡消费，确保每笔财政支出情况公开透明和有迹可查。四是着力加强纠风治乱，充分发挥《政风对话》栏目、市《行风在线》区市长专题周、崂山纠风网、民主评议等党委政府与人民群众交流对话的平台作用，共解决群众反映强烈的涉农惠农、教育收费、医疗服务和专项资金监管等方面的热点难点问题1551件次，查处各类效能投诉325起，89名工作人员受到不同程度的处理。《政风对话》栏目先后被授予"山东省广播电视栏目一等奖""全国广播电视协会一等创优十佳栏目"等荣誉称号。积极推进以"三级联动"为重点的党务公开、以电子服务平台建设为重点的政务公开、以"五榜公开"为重点的居务公开，率先利用农村社区"三资"信息化监管系统，加强对资金、资产、资源的监督管理，有效规范了基层党员干部的从政行为。五是着力加强队伍建设，区纪委常委会高度重视自身建设，坚持中心组学习制度，不断提高政策理论水平；坚持民主集中制，不断提高民主决策水平；坚持"走进崂山"深入开展调查研究，不断提高解决实际问题的能力。全区各级纪检监察组织扎实开展深入学习实践科学发展观活动、"做党的忠诚卫士，当群众的贴心人"主题实践活动和"创先争优"活动，精心打造"忠诚卫士"品牌。认真落实上级纪委关于加强纪检监察机关建设和实施派驻机构统一管理的相关文件精神，区纪委机关在班子建设、编制配备、经费保障等方面得到进一步加强。稳步推进派驻机构统一管理改革工作，集中设立3个正处级派驻纪检监察机构，制定实施《派驻纪检组（监察室）管理办法》《派驻机构工作考核办法》以及案件检查、信访举报、执法监察、案件审理等配套管理制度，积极引导派驻机构履行好监督检查职能。

（四）第四阶段：全面从严治党阶段，党的十八大以后（2012年11月～2017年底）

这一阶段的主要工作特点是，适应上级纪委全面从严治党，严明党的纪律，准确把握运用监督执纪"四种形态"的思路转变，全区党风廉政建设和反腐败工作全面落实党委主体责任和纪委监督责任，区纪检监察机关坚定不移惩治腐败，持之以恒纠正"四风"，着重在抓监督、促落实、惩违纪、强教育、管队伍上狠下功夫，切实把纪律和规矩挺起来、立起来、严起来。

1. 区第十一次党代会以来（2012年11月～2016年底）。一是压实主体责任。当好参谋助手，针对主体责任落实过程中存在的薄弱环节，深入调研、分析研判、提出建议。提出了构筑反腐倡廉"五道防线"和推动形成反腐倡廉责任落实、监督、执纪、问责、组织"五个新常态"的思路，报请区委决策实施。加强组织协调，对全区党风廉政建设和反腐败工作主要任务进行责任分解，落实到具体的领导和单位，做到既坚持整体推进，又突出重点，形成各方守土有责、齐抓共管的工作合力。强化监督检查，根据各阶段不同的工作重点，有针对性地组织开展全面自查、重点抽查和专项督查，督促党风廉政建设牵头单位和参与部门完成好相关任务。对4个街道和全区60多个单位"三公"经费管理使用情况定期开展拉网式检查，针对薄弱环节，健全完善了相关制度，进一步堵塞了"三公经费"管理使用方面的漏洞。开展区级党政班子成员向同级纪委全委会述廉工作，督促有关领导履行好主体责任。二是全力查办案件。大力加强信访举报工作，采取专题研究调度、领导包案、公开接访、部门协调联动、双向承诺等措施，迎难而上、积极作为，着力破解"骨头案""钉子案"。共受理信访举报1644件次，牵头成立相关问题工作组，逐案研究，定期调度，妥善处理了因整村改造、集体资产管理等引发的群众上访问题。严肃查处违纪违法案件，建立健全安全办案、案件线索管理、错案责任追究等制度，不断强化案件检查、案件监督管理、案件审理之间的相互制约和相互监督。倾全系统之力，加大违纪违规案件查处力度，共立查案件183起，追究党政纪责任190人次。充分发挥查办案件的治本功能，对近年来查处的典型案件进行深刻剖析，进一步巩固和扩大了办案效果。三是持续纠治"四风"，严格执行中央八项规定精神和上级党委、纪委有关要求，加强宣传教育，开展专项检查，狠刹公款吃喝、铺张浪费、违规使用公车、公款送节礼年货等不正之风，对违反八项规定精神方面的问题发现一起、严查一起。五年来共查处27起违纪案件，给予党政纪处分11人。强化纠风专项治理，坚持贴近基层、贴近群众的原则，录播《政风对话》106期、《政风追声》117期，解决群众反映强烈的热点难点问题987个。四是强化宣传教育，坚持整体推进，扎实开展党风廉政宣传教育月、岗位廉政教育和警示教育等系列活动，不断增强教育实

2015年8月6日，崂山区区级党政班子成员述廉会议召开

效。坚持以点带面，深入推进廉政文化建设，大力宣传反腐败工作成果和勤廉典型，培育了一批省、市级廉政文化示范点，营造了廉荣贪耻的社会氛围。坚持抓早抓小，积极引导党员领导干部严格遵守《中国共产党党员领导干部廉洁从政若干准则》、领导干部报告个人有关

2015 年 12 月 25 日，《政风对话》创办十周年录制现场

事项等规定，不断增强廉洁自律意识。认真落实民主生活会、"三谈两述"和函询等党内监督各项制度，对苗头性问题及时提醒批评，对反映的问题线索，及时采取约谈、函询等方式向本人和组织核实，较好地规范了党员领导干部从政行为。五是狠抓队伍建设。深入落实"三转"要求，稳步推进纪律检查体制改革。对区纪委、监察局牵头或参与的议事协调机构大幅进行清理，精简压缩了 92%。严格清理、规范纪检干部职责分工，4 个街道纪工委书记共清理职责分工 39 项、临时性职务 2 项，全部专司纪检监察工作。强化日常管理，加强纪检监察机关领导班子建设，制定实施了《中共崂山区纪委常委会关于进一步加强自身建设的意见》，努力打造学习型、服务型、实干型、民主型、清廉型领导集体。严格纪律约束，全面落实区纪委作为一级党组织在党风廉政建设中承担的主体责任，在系统内部逐级签订履职责任书，细化规定"确责"、传导压力"扛责"、严格监督"追责"。出台实施《崂山区纪检监察干部履职纪律规定》，重申政治纪律、组织纪律、工作纪律、廉政纪律、保密纪律、办案纪律 6 方面 46 项禁止性要求，切实防止"灯下黑"的问题。

2. 区第十二次党代会以来（2017 年 1 月～2017 年底）。 一是坚持提高政治站位，推动全面从严治党持续深入开展。层层传导压力。召开了全区党风廉政建设和反腐败工作会议，制定《全区党风廉政建设和反腐败工作实施意见》，对 56 项主要任务逐项细化，落实责任、传递

压力，推动各级党委（党组）充分履行全面从严治党主体责任。深化巡察监督。区委出台《关于建立区委巡察制度的意见》，设巡察办和 5 个巡察组，先后两轮分别对 7 个单位开展政治巡察，发现问题 258 个，较好地发挥了巡察监督"显微镜"和"探照灯"作用。深入推进监察体制改革试点工作。区委书记江敦涛亲自挂帅、靠前指挥，当好"施工队长"；区纪委履行专责，提前研究谋划，周密组织实施，统筹推进实施方案制定、编制划转、机构设置、线索移交、纪法衔接等工作，严把政治关廉洁关，顺利完成人员转隶。2018 年 1 月 23 日崂山区监察委员会正式组建挂牌，试点工作取得重要阶段性成果。四是严格督导落实。严明组织纪律，从严监督检查区第十二次党代会换届纪律和会风会纪执行等情况。严把党风廉政意见回复关，回复党风廉政意见 384 人次，坚决防止带病提拔、带病上岗。严格执行《中国共产党问责条例》和省委实施办法，会同有关单位制定《崂山区违法建设行为问责暂行规定》。对涉及环保等问题进行问责，接收线索 21 件，问责处理 48 人，在全区通报批评单位党组织 6 个。二是坚持多点发力，反腐利剑作用进一步彰显。各方联动增合力。组织开展"学思践悟、结对练兵"活动，抽调纪检监察干部以干代训，协调司法机关协作办案，形成纪律审查的整体合力。主动加强与市纪委的汇报沟通，准确把握问题线索调查方向和重点，执纪审查工作实现较大突破。全年共处置问题线索 222 件，立案 138 件，同比增长 66%；追究党政纪责任 149 人，同比增长 104%。精准施策传压力。严格执行监督执纪工作规则和省实施办法、市工作规程，承办了新流程实施后的区（市）第一起"两规"案件，参与拍摄了警示教育片《错位的角色迷失的人生》，在全市引起强烈反响。针对"小官贪腐"问题线索，明确分工、夯实责任、严抓深查，共接收问题线索 27 件，办结 22 件，办结率达到 81%。针对扶贫领域作风和腐败问题开展专项治理活动，调查核实问题线索 4 起，给予党纪处分 2 人。针对重大政治活动多、维稳任务重的形势，加大排查梳理力度，实施区纪委常委接访制度，定期调度所包信访案件，全年受理信访举报 414 件次，处置重点信访隐患 34 起，有效发挥了维护稳定、保障发展的作用。硬件提升强保障。投资 190 余万元，升级改造了功能齐全、配套完备的区纪委谈话中心，为确保执纪安全规范和提高办案效率提供了坚强保障。三是坚持抓细抓实，党风政风持续向上向好。立足常态纠"四风"。每逢重要时间节点，及时下发通知，划出高压线，打好"预防针"。组建督查组，先后23批次对违反中央八项规定精神的行为开展常态化明察暗访，全年共查处违反中央八项规定精神案件14起，同比增长180%；给予党纪处分10人，同比增长150%；组织处理7人，同比增长250%。瞄准热点转作风。作风监督检查工作小组开展专项检查20余次，对存在问题的26个单位和违反工作纪律的23名工作人员进行通报批评，机关干部的纪律意识得到进一步提升。关注民生强监督。会同职能部门参与基层党建工作常态化督查、社区审计监督和基层"两委"换届监督，完成选举人资格审查2636人次，营造了风清气正的换届环境。录播《政风对话》《政风追声》节目各42期，邀请司法、卫生计生、市场监管等单位的主要负责人进行访谈，解决问题294件次。四是坚持正本清源，党员干部拒腐防变意识日益增强。加强廉政教育。将反腐倡廉宣传教育纳入理论学习、干部教育培训重要内容，在重要节假日及时进行廉政提醒；坚持开展党风廉政宣传教育月活动，在2017年第一期"领导干部大讲堂"上，邀请中纪委领导进行专题辅导；组织1180名党员干部到青岛市反腐倡廉教育基地参观学习，编发《警示与明鉴》专刊12期，发送廉政公开信千余封。夯实基层基础。针对农村社区"两委"主要成员，会同有关部门联合下发《关于认真贯彻落实区委书记江敦涛同志"约法三章"指示精神的通知》，对苗头性、倾向性问题及时提醒，督促整改；开展换届纪律集中学习宣传教育月活动，进一步强化社区"两委"干部纪律意识和规矩意识。积极打造"网上纪检"。突出纪检监察特色，筹建维护区纪委监察局网站，进一步畅通了信息公开、政策解读、信访举报等渠道，为党风廉政建设和反腐败工作提供有力的宣传舆论阵地。五是坚持内修外炼，纪检监察干部履职能力全面提升。高度重视区纪委常委会

2017年7月31日，十二届崂山区委第一轮巡察工作动员部署会召开

自身建设。新一届领导班子主动适应新形势新任务，在工作中发扬民主，在行动上率先垂范，认真履行全面从严治党主体责任，纪检监察干部队伍呈现出积极向上、担当作为的良好面貌。进一步提升纪检监察干部素质能力。扎实开展"两学一做"常态化教育，推动学习教育融入日常、抓在经常。把学习贯彻十九大精神作为首要政治任务，在纪检监察系统组织召开区纪委全会、邀请专家做专题辅导、开展专题讨论、编印《警示与明鉴》专刊、召开工作务虚会等"七个一"活动，推动纪检监察干部学懂弄通做实。参加上级纪委业务培训60人次，自主举办纪检监察干部、社区纪检委员等全区性培训3次，编发"每周一课"30期，抽调基层纪检监察干部以干代训40余人次，打造"学思践悟吧"手机微课堂，搭建了有效的学习平台。加强机关党建工作。落实谈心谈话和干部"家访"制度，帮助解决实际困难，传递组织温暖。开展形式多样的"主题党日"活动，在专案组成立临时党支部，确保党建工作不断线、全覆盖，不断增强干部队伍的凝聚力和战斗力。四是严格监督约束，建立完善请销假、外出报备、公章公车管理使用、办公用品领用等规章制度，组织委局机关、派驻机构全体纪检监察干部集体进行述职述廉述责和民主测评。出台了《崂山区纪委纪检组工作办法（试行）》，从13个方面规范纪检组管理。加强纪检监察干部监督，严肃查处相关问题线索，切实防止"灯下黑"问题。

二、经验启示

（一）必须坚持党的领导，认真学习贯彻习近平总书记系列重要讲话精神，纪检监察工作才能时刻把握正确方向

党风廉政建设和反腐败斗争是全面从严治党的重要方面，是协调推进"四个全面"战略布局的重要保证。对此，纪检监察机关肩负着重要的职责和使命，必须时刻找准定位，把握要求，始终坚持正确的工作方向。习近平总书记关于党风廉政建设和反腐败斗争的重要论述，是新的历史条件下做好纪检监察工作的思想武器和行动指南。只有深入学习贯彻习近平总书记系列重要讲话精神，在思想上、行动上与党中央保持高度一致，才能清醒地认识把握形势，明确努力方向，坚定必胜信心。

（二）必须夯实全面从严治党主体责任，纪检监察工作才

能抓住关键突出重点

主体责任是管党治党的"牛鼻子",抓好主体责任就等于抓住了党风廉政建设的关键。只有主体责任真正得到落实,我们才能从容自信地应对依然严峻复杂的党风廉政建设和反腐败斗争形势。党章规定各级党组织是落实从严治党责任的主体,既是领导者、组织者,又是推动者、落实者,必须发挥好领导核心和战斗堡垒作用,切实把主体责任记在心上、扛在肩上、抓在手上,与经济建设、政治建设、文化建设、社会建设、生态文明建设等同部署、同落实、同检查。

(三)必须尊崇党章,坚持把纪律挺在前面,纪检监察工作才能找准职责定位

党章是全党必须遵循的总规矩,严明纪律是管党治党的有力抓手。纪检监察机关要切实履行党章赋予的职责,必须综合运用监督执纪"四种形态",坚持"把纪律和规矩挺在前面",针对党员干部违纪犯错的不同情形对症下药,坚持做到无病常防、初病早治、有病快治、重病严治,真正做到党内生活从严、思想教育从严、干部管理从严、监督执纪从严。

(四)必须树立党风廉政建设永远在路上的思想,紧紧扭住不放,持之以恒,久久为功,纪检监察工作才能保持坚强政治定力,持续深入推进

习近平总书记指出,经过全党共同努力,党的各级组织管党治党主体责任明显增强,中央八项规定精神得到坚决落实,党的纪律建设全面加强,腐败蔓延势头得到有效遏制,反腐败斗争压倒性态势已经形成,不敢腐的目标初步实现,不能腐的制度日益完善,不想腐的堤坝正在构筑,党内政治生活呈现新的气象。但是全面从严治党仍然任重道远,管党治党从宽松软走向严紧硬,需要经历一个砥砺淬炼的过程。面对这种任务要求,纪检监察机关责无旁贷,要以永远在路上的恒心和韧劲在坚持中深化、在深化中坚持。

(五)必须紧紧依靠群众支持参与,畅通投诉举报渠道,纪检监察工作才能获得坚强后盾支撑

人民群众对腐败现象看得最清、感受最直接。开展党风廉政建设和反腐败斗争,必须坚持问政于民、问计于民,倾听群众呼声,回应社会关切,以人民群众满意不满意作为衡量反腐倡廉工作成效的根本标准,进一步强化信访举报、群众监督、新闻舆论、政风对话等媒体平台建设，充分发挥人民群众的积极作用，更好地积累广泛的社会基础和深厚的力量源泉。

执笔人：刘小华
审核人：郭和平
签发人：张丹丹

改革开放以来崂山区加强学习型党组织建设，推进理论大众化的基本历程、成就及经验

中共崂山区委宣传部

党的十七届四中全会从全面推进中国特色社会主义伟大事业和党的建设新的伟大工程的全局出发，提出建设马克思主义学习型政党的重大战略任务，强调要把各级党组织建设成为学习型党组织。2010 年 2 月，中共中央办公厅印发了《关于推进学习型党组织建设的意见》通知，要求各地区各部门结合实际认真贯彻执行，建设学习型党组织。《意见》全面贯彻党的十七届四中全会精神，对推进学习型党组织建设进行了全面部署和安排。

2010 年 4 月，山东省委制定下发了《关于推进全省学习型党组织建设的实施意见》。2010 年 5 月，青岛制定下发了《关于推进学习型党组织建设的意见》。根据山东省委、青岛市委意见精神，2010 年 7 月，崂山区委制定下发了《关于推进学习型党组织建设的实施意见》，明确了总体目标和要求、学习内容、体制机制以及组织领导体系。

一、基本发展历程

（一）部署推进阶段（2010 年 7 月～2010 年底）

2010 年 7 月，崂山区委成立了以区委书记为组长，区委组织部、区委宣传部、区委党校为成员单位的推进学习型党组织建设工作领导小组，领导小组办公室设在区委宣传部，区委常委、宣传部部长兼任办公室主任，建立完善了学习型领导班子和学习型党组织建设学习制度。开展中

心组学习"六个一"活动，即每周赴基层调研一次，每月推荐一本书，每月参加一次领导干部讲坛，每季度举办一次中心组读书会，每年赴基层宣讲一次，每年至少提报 1 篇调研报告。坚持突出实践特色，围绕科学发展、富民强区的实践主题，将调查研究、学习研讨与决策落实紧密结合，推进基层党组织工作学习化、学习工作化，深入研究和突破一批热点难点问题。确保领导班子集体学习每个季度不少于 1 次，每年集中学习研讨不少于 12 天，主要负责同志每年至少向本部门本单位的干部职工作一次专题辅导；领导干部每年调研不少于 60 天；各级领导干部每年撰写 1~2 篇调研报告。干部群众对学习型党组织建设重要意义的认识不断深化，通过学习内容、学习载体、学习方式创新，使学习的过程真正成为统一思想、达成共识的过程，成为科学决策、推动发展的过程，使学习型党组织建设成为崂山科学发展的重要推动力量。

1. 建立坚强有力的示范带动机制，使各级领导干部成为建设学习型党组织的精心组织者、积极促进者、自觉实践者。

（1）区委中心组领学。注重开放式学习，通过加强与外界的交流、学习，开阔视野、增长见识。一方面，"请进来"。以区委理论中心组集体学习为载体，创办了"科学发展观大讲堂"，围绕中央重大部署和本地区经济社会发展难题，邀请有关专家学者，每月举办一期专题讲座。一批在国内外享有盛誉的专家、学者先后来崂山授课，并组成崂山区阵容豪华的"专家库"。另一方面，"走出去"。先后组织各级领导干部赴省内外多个地市学习考察，对照先进，找准进一步发展的目标。

（2）带着问题"研学"。在深入调查研究的基础上，从崂山区经济社会发展的热点、难点中筛选出学习专题，请专家学者作辅导报告，有针对性地解疑释惑、析

崂山区领导干部每月讲坛

事明理。针对群众最为关注的民生问题、基层党员干部最希望了解的民生政策情况，各职能部门把涉及教育、医疗、社会保障等内容的数百个问题分别编印成册，发放到群众手中，使基层党员干部和人民群众充分了解党的惠民政策，推进了诸多民生问题的解决。

（3）深入基层践学。针对一些领导干部接"地气"不足、基层经验缺乏，以致常有"高原反应"的问题，开展了"理论下基层、社区上党课"活动，把课堂搬到了田间地头，通过与群众面对面交流、心与心沟通，使抽象的理论变为群众生活的体验。2010年，全区共开展64次理论类宣讲、120次实用技术类宣讲、93次生活服务类宣讲。同时，还在各街道领导班子中开展了与群众"一对一"的谈心活动，利用"上班提前一小时，下班晚走一小时"的机会与群众广泛谈心，让干部少说多干、农民多说多提，使领导干部在真真切切的实践中学到为民办事的高招良策。

2. 建立行之有效的运行管理机制，实现学习型党组织建设的科学化、制度化、规范化。

（1）建立制度，使学习管理更加规范。一是建立学习制度。按照全面学习、全员学习、全过程学习的要求，在全区实行了日学一小时、月读一本书、季度一研讨、半年一交流、年底一总结的"五个一"学习活动；建立了年度有学习计划、有集中讨论记录、有考勤记录、有个人学习笔记、有学习体会文章、有调研成果的"六个有"学习制度，形成了一个比较规范的学习流程。二是完善调研制度。积极引导各级党员干部拿出一定时间，进农村、进社区、进企业、进现场，紧紧围绕区委区政府的重大决策部署

2010年7月，崂山区推进学习型党组织"送课下基层"主题宣讲活动启动仪式举行

广泛开展调研，掌握情况，了解民意，研究解决问题的办法措施。每年，中心组成员在市级以上报刊发表数百篇调研文章。三是健全培训制度。制定党员干部全员培训规划，分批次组织党员干部赴各级党校、复旦大学、浙江大学等大专院校以及部门、行业培训机构接受培训，确保全体党员干部都能得到高质量的教育，促进党员干部综合素质的提升。

（2）创新载体，使学习形式更有吸引力。区委宣传部、区档案局等许多单位开设了"小讲坛"，人人上台讲授学习心得和业务知识，变"听人讲"为"自己讲"、变"要我学"为"我要学"。审计局等业务部门对新录用人员实行导师辅导式学习，从业务知识到规章制度，手把手地传授，一对一地帮教。工商分局等窗口单位在局域网内专门建立了学习网站，开设了理论教育、业务培训、案例分析等专栏，还通过定期发送手机短信、开展业务培训、技能比武等活动，不断提高业务水平和服务质量。各部门还广泛开展"媒体学习"和"在线学习"。运用报纸、电视、电台、网络等媒体，传播知识，交流学习心得，把党员干部的学习时间延伸到了8小时以外，学习地点延伸到了家里。

（3）改进学风，使学用结合更加紧密。注重把理论学习与解决问题结合起来，坚持围绕"发现问题、分析问题、解决问题"开展理论学习，实现了加强理论武装与推动实际工作的有机统一、相互促进。从2009年开始，在各级党组织中广泛开展了以"走百个单位、进千家万户、访万名群众"的"百千万"大调研活动，广大党员干部把群众呼声作为第一信号，把群众需求作为第一追求，把群众满意作为第一标准，走社区、进企业、到学校，听心声、问计策、谋发展，足迹遍布了崂山的每个角落，深刻剖析了各行各业各个层面的问题，列为政府实事认真加以解决，绝大部分已经办结，取得了良好成效。

（二）全面开展阶段（2011～2012年）

崂山区委紧紧围绕全党工作大局，贯彻科学发展观，健全了全区学习型党组织建设工作机制，依靠典型带动，推选出一批"学习型领导班子""学习型基层党组织"，建立科学完备的考核评价机制，把党员干部"逼"向书本、"逼"向知识、"逼"向能力，在全区营造出了有持续热度的、影响力广泛的浓厚学习氛围。

1. 把学习情况作为民主评议党员、综合考核评价领导班

子和选拔任用干部的重要内容。建立健全述学、考学、评学制度，通过理论考试、民主测评、查阅记录等方式，对领导干部的学习情况进行考核，及时记入干部学习培训档案，把学习型党组织建设纳入党建评先、文明单位评比重要内容，把考核结果纳入领导干部综合评价体系和领导班子建设目标管理体系，把理论素养、学习态度和学习能力作为选拔任用干部的重要依据。2011年、2012年，全区共有130名科级干部、30多名处级干部通过考试上岗，在全区上下营造出崇尚学习的浓厚氛围。

2. 把学以致用作为检验各级班子学习运用科学理论成效的重要标志。 2011~2012年，崂山区始终坚持把敢于破解难题作为考核评价领导班子、领导干部政绩的重要依据，在全区目标责任制中专门设立了对"攻坚克难目标"的考核，并由区委督查室不定期抽查、及时通报，考核结果作为领导班子和干部评先树优、提拔的重要依据，在全区大力营造了"善于走进矛盾、敢于破解难题、推动创新发展"的浓厚氛围，全区广大干部以敢闯敢试之勇锤炼进取有为之能，大胆突破传统思想、传统做法、陈旧观念的束缚，创新思路、创新举措，积极破解发展难题，有力地推动了经济社会的又好又快发展。

3. 把及时发现典型、培育典型、总结典型、推广典型作为一项重要工作来抓。 坚持以典型示范、以典型引路、以典型推动，充分发挥先进典型的示范引导作用，强力推进学习型党组织建设。一是着力构建选树典型机制。制定了科学的选树典型机制和详尽的考核办法。对全区4个街道和80多家部门单位、中小学校、重点企业的学习型党组织建设工作进行了全年考核。根据考核成绩评选出了建设学习型党组织先进地区、单位及先进个人，并以区委、区政府名义进行了表彰奖励。二是深入一线挖掘选树典型。各级各部门都高度重视、密切关注、全面掌握本地本部门学习型党组织建设情况，及时挖掘提炼学习型党组织建设的先进典型，特别是从"基层一线"和普通党员中发现典型，深入挖掘和总结典型单位的新鲜经验、典型人物的感人事迹，从不同战线、不同领域、不同行业中及时发现、总结基层党组织在建设学习型党组织工作中的好做法、好经验，同时，定期召开现场会、座谈会、推进会等，定期组织基层调研和经验交流，及时选树出不同层次、不同类型、不同方面的先进典型。三是充分发挥典型示范带动作用。以典型为榜样、用先进做标杆，组建了先进典型宣讲报告团。各宣讲团成员分别从独特的视角出发，从普遍共性中总结闪光点，从"基层一线"典型中组织鲜活的讲稿，使报告内容更加丰富全面，宣讲风格更加新颖独特，说理更加深入透彻，使先进典型更加喜闻乐见、生动活泼、更易于为广大党员干部所接受。

4. 积极运用信息网络技术，开办"学习型党组织网上讲堂"，打造党员干部学习的新平台。 一是拓展渠道，体现共享共用。针对基层党员学习地点分散、日常工作繁忙、学习内容针对性不强的状况，崂山区以网络信息技术为依托，开办了"学习型党组织网上讲堂"，改变了原来只能在教室里接受教育和培训的传统方式，增强了选学的自主性、针对性、实效性，使广大党员的学习不再受地点、时间和场所限制，极大地方便了学习。二是整合资源，丰富学习内容。"学习型党组织网上讲堂"细分学习内容，具体设置了六大板块。其中，"文件精神"栏目包括中央和省、市、区开展创建学习型党组织活动的重要文件和领导讲话；"调查研究"栏目包括各街道，区直各部门、各单位和个人的调研文章及学习心得；"经验交流"栏目包括创建活动中涌现的好经验、好做法及最新工作动态；"学习园地"栏目包括党的理论创新成果在内的学习资料和学习视频；"他山之石"栏目包括外省、市及地区的先进经验和做法，还设有干部群众互动交流留言板。"网上讲堂"不仅方便了党员干部"各取所需"地开展学习，也成了区直单位交流经验的平台和区委掌握全区活动进展的主要渠道。三是广泛参与，建立学习考核制度。为保证栏目信息得到及时更新，调动广大党员参加网络学习的积极性，区委宣传部建立了考核排名机制，各街道、区直各部门和个人都可投稿，区委宣传部每两个月对来稿情况和学习交流

2013年，山东省委宣传部对崂山区学习型党组织建设情况进行调研

内容进行总结通报，并将部分调研文章和活动信息推荐在新闻媒体和《新崂山》上发表，使广大党员真正成为网上讲堂的参与者、建设者和受益者。

（三）工作深化阶段（2012年至今）

这一阶段从2012年11月党的十八大召开至今。崂山区委在学习型党组织建设的基础上，不断推进理论大众化。开展"送理论下基层""百千万理论惠民"宣讲活动等，搭建理论与群众、政策与百姓的桥梁，推动理论更好地深入基层、服务群众。初步形成回应干部群众理论需求、连通干部群众理论兴趣、适应干部群众接受习惯、惠及干部群众生活的"理论惠民"宣讲新常态，已成为打通崂山区宣传思想工作"最后一公里"的有效手段，真正意义上实现了理论大众化的目标。

1. 突出制度化，打造坚实学习阵地，建立常态化的宣讲保障机制。理论宣讲是基层党的理论武装工作的一种重要途径，是一项基础性的工程。崂山区把理论宣讲工作作为一项重要的政治任务纳入各级党委重要议事日程，设计有效的宣讲制度，围绕宣讲党的创新理论，依托多重宣传载体，理论宣讲成为常态。

（1）完善宣讲机制。为创新理论宣讲形式，吸引群众积极参与宣讲活动，区委宣传部深入基层，超前谋划，多次邀请各界专家、宣讲模范与基层干部群众召开座谈会，广泛听取基层意见建议，就如何拓展宣讲教育领域，增强宣讲教育实效性和针对性，打造宣讲工作的创新品牌等问题进行调研。在此基础上，明确由区委宣传部具体牵头组织实施全区宣讲活动。各级党组织也成立了相应的组织机构，明确工作职责，精心组织

2013年，市委宣讲团成员、市委党校敬志伟教授（右二）来到北宅街道进行党的十八大精神宣讲

部署。规定了包括宣讲制度在内 7 项工作制度和具体考评办法，把制度建设贯穿于宣讲的全过程，并从经常性、基础性工作抓起，逐步建立和完善基层宣讲长效机制。建立信息上报制度，要求各部门、各单位及时将理论宣讲课题、宣讲人员及宣讲对象、人数等情况上报区委宣传部。全区宣讲活动形成了"党委统一领导、宣传部门统筹指导，各部门积极配合，各级广泛动员"的工作机制。同时，通过理论宣讲为区委中心组决策服务。结合崂山特点，注重选题策划，依托青岛市委讲师团邀请各领域专家作辅导报告，面向区委中心组开展多层次、立体化的理论宣讲。围绕经济发展新常态、推进文化强区战略等，党的十八大以来，邀请专家为区委中心组作专题讲座 52 场，为区委决策提供了有力的理论支撑和思想保证。

（2）夯实宣讲阵地。遍布城市乡村的各种理论教育阵地是方便群众参与宣讲活动的载体和保障。区委宣传部在全区七大党（工）委理论教育阵地基础上建立了理论宣讲工作站，在各街道党工委建立了理论宣讲联系点，统筹管理本单位、区域内的理论宣教基地的宣讲工作。目前，全区 162 个社区都建有完备的理论宣教基地，并对各宣教基地进行规范，调整充实了人员，配备了电脑、电视、光盘、图书等必要设备和学习资料，仅 2015 年，就为基层理论宣教基地送各类图书、学习资料30000 余册。10 家理论宣教基地被评为市级理论宣教基地，中韩街道牟家社区被评为省级宣教基地，宣讲网络达到了全面覆盖。同时，充分发挥新兴媒体和社会宣传阵地作用更加聚集人气。在崂山政务网、崂山宣传网、官方微博、微信等互联网媒体上开设宣讲专题专栏，如崂山学堂，每天发布党的最新政策理论信息和宣讲视频，把学习的链条延伸到了家庭生活中。结合

2014 年，青岛市委党校于慎澄教授进行党的十八届三中全会精神有关内容授课

创建文明城市、培育社会主义核心价值观等活动，制作推出了一系列宣传党的创新理论成果的公益广告。如今只要走进崂山区，在公交车站、广场、公园等公共场合，在机关、医院等流动人口密集窗口单位，以社会主义核心价值观、善行义举四德榜、法治教育、科学普及等主题形式多样的宣传画、宣讲音视频、动漫等均在可视可见的地方醒目播放或摆放，用这种"草根化、接地气"的办法，增强了宣传教育的大众化，提升了宣传教育效果。

2. 突出群众性，解疑释惑入脑入心，打造年轻化的宣讲活力队伍。 做好宣讲工作，组建坚强的队伍是关键。针对有着不同需求、不同层次职业的干部群众，区委宣传部采取单位推荐与自主报名相结合的方式，深入群众中广纳贤才，重点选拔培训，坚持建立了一支年轻化、接地气、有水平，充满活力的宣讲队伍，找准了理论宣讲工作的着力点。

（1）组建骨干队伍。区委宣传部以区委党校老师为首，挑选理论功底深厚的党员干部，组建政策宣讲队，深入企业和社区，宣讲中央、省市有关精神和本系统最新政策法规；以各单位的年轻业务能手为首，组建惠民宣讲队，宣讲农、林、渔、养殖等适用技术，增强宣讲针对性，提升基层群众政策水平和致富技能；以先模人物和多才多艺的社会志愿者为首，组建草根宣讲队，围绕各时期宣讲重点，把最新的政策理论、身边最普遍的社会问题、群众最关注的热点问题用通俗易懂的语言面对面进行宣讲，提升宣讲吸引力。目前，区、街、社区三级宣讲员队伍成员普遍年富力强，90%具有本科以上学历，形成立体宣讲网络。

（2）加强选拔培训。为保证宣讲质量，提高宣讲员能力，区委宣传部加强了对宣讲员的选拔和培训。

2014年，崂山区送理论和图书进企业活动启动仪式举行

一是通过比赛选拔。2013年起，举办了六届中国梦百姓宣讲大赛，从中选拔出政治素养过硬、宣讲能力突出的百姓宣讲员80余名，作为宣讲团的骨干宣讲员。二是撰写优秀稿件。面向全区各界干部群众征集有代表性的崂山人物事迹和故事，经过专家的修改完善，从中筛选出50篇带露珠、冒热气、体现正能量的稿件，为开展宣讲工作打好了坚实的基础。三是强化培训。近两年，组织20名优秀宣讲员参加市委讲师团举办的"理论惠民"宣讲培训班，区委宣传部每年举办2期理论宣讲骨干集中培训班，每年培训人员150余人次。各级党委也结合实际，加强对本单位宣讲员的培训。四是加强管理，制定宣讲员管理办法。由区委宣传部向宣讲员发放聘书，建立宣讲员档案，实行跟踪服务和动态管理，年终对宣讲活动参与单位和宣讲员进行考核和奖励。目前，全区共有各类骨干宣讲员150人，具备了坚实的人才储备。崂山区多名宣讲员在省、市中国梦宣讲大赛中都取得了好成绩，并被省市委宣传部聘为百姓宣讲员。

3. 突出实效性，全方位广覆盖，开展服务大众的宣讲主题活动。 "理论惠民"宣讲活动的深入开展，是服务群众生产生活、丰富践行群众路线的重要载体。开展的送理论进企业、道德讲堂、妇女学堂等主题宣讲教育活动已经对崂山区经济发展、繁荣稳定、富裕文明发挥了至关重要的作用，取得了公认的显著成效。

（1）注重分类宣讲。针对不同对象，宣讲内容和形式都更具有针对性和创新性。在社区，把视角主要放在群众普遍关心的农渔业经营、宅基地、城镇化、医保社保、卫生保健等议题上；在学校，侧重在共筑中国梦、培育青少年社会主义核心价值观等方面下功夫；在企业，主要围绕转变发展方式、建立现代市场体系、企业收入分配制度等议题；在机关单位，则侧重于理论学习的系统性和经济社会发展难

2015年12月17日，党的十八届五中全会理论骨干培训班宣讲现场

题。信息量大、涵盖面广，注重了解干部群众对理论的所需所求所盼、接受方式，及时调整宣讲内容，优化宣讲方式。五年来，全区开展 200 人以上的集中专题讲座，党的十八大以及十八届三中、四中、五中、六中全会精神形势报告会 300 余场，宣讲员采取深入基层举办

2015 年 12 月 10 日，崂山区"理论宣讲进企业"宣讲报告会在天宝国际召开

座谈会、个别走访、进社区入户面对面交谈等方式开展宣讲活动超过千场，受众超过 20 万人次。其中崂山区委宣传部与市委党校王存福教授共同设计的课程《共产主义离我们有多远》，因为内容紧跟时代热点、深入浅出、生动有趣，得到了 80、90 后广大年轻人的热烈欢迎，获得了青岛市"理论惠民精品课"评选一等奖。

（2）**实用服务惠民**。结合文化科技卫生"三下乡"活动，崂山区将宣讲融入为人民服务中去。紧紧围绕群众对精神文化生活的需求，以惠民为宗旨，以文化为主线，以送戏曲、送培训、送电影进社区为载体，近五年来，免费将数千场精彩的京剧、吕剧、柳腔、歌舞演出、公益电影、文艺培训送到老百姓家门口，使干部群众享受到丰富多彩的文化生活的同时凝聚起热爱伟大祖国、建设美好家园的强大正能量。以"红马甲"志愿医疗服务队为首的医务工作者凭着无怨无悔的执着和坚守数年来深入偏远山区义务送诊，走了近 10 万里山路，开展了 30000 多次志愿服务，把医疗服务和党的惠民好政策送进了广大基层百姓的心中。

二、主要成就

（一）建立了完善的理论学习宣讲机制

建立健全了完善的学习理论宣讲的工作机制，在全区形成了"领导干部带头学习宣讲、三级网络广泛覆盖、多个部门形成合力"的工作机

制，初步形成了覆盖全区、多方联动、资源共享的"大宣讲"格局。多年来，崂山区的理论学习宣讲工作多次受到省级、市级表彰，获得了上级和全区干部群众的肯定。

（二）提高了党员干部群众素质

崂山区学习型党组织建设开展以来，全区党员干部在理论学习方面呈现出千帆竞发、比学赶超的良好态势。各级党组织不断组织党员干部深入群众、感受基层、开展调研，提高宣传思想工作科学化水平。围绕贯彻中央、省、市有关要求进行学习研讨，着力经济社会发展中的突出问题、党的自身建设中的重点问题和党员党性修养方面的突出问题。大力弘扬理论联系实际的良好学风，努力把学习型党组织建设与推动中心工作紧密结合起来，注重把学习成果转化为谋划工作的思路、解决问题的本领、改进工作的措施、促进事业发展的动力，以良好的学习成效推动全区经济社会发展工作。

（三）促进了经济社会发展

崂山区坚持把推动思想解放，促进科学发展贯穿到理论学习的全过程，围绕发展抓学习，深入实施"四个全面"发展战略，坚持发展是第一要务，坚持创新、协调、绿色、开放、共享发展理念，坚持世界眼光、国际标准，发挥本土优势，以提高发展质量和效益为中心，加快形成引领经济发展新常态的体制机制和发展方式，推动了经济社会发展不断增创新优势、迈上新台阶，传统产业转型初见成效，新兴产业方兴未艾，经济增长新动力不断涌现。全区党员干部群众正在全力打造创新崂山、财富崂山、美丽崂山、幸福崂山，率先全面建成小康社会，向基本实现现代化目标迈进。

2017 年，"永远跟党走 共圆中国梦"崂山区学习宣传贯彻党的十九大精神群众文艺巡演进社区活动启动仪式举行

（四）维护了社会安定团结

通过开展学习型党组织建设，增强了党组织和领导班子的创造力、凝聚力和战斗力，党的作风建设取得新成效，从而有力推动了社会管理创新，维护了崂山社会稳定团结的大好局面。开展学习型创建活动以来，崂山区大力开展"舌尖上的安全"、消防隐患整治等行动，全力抓好护林防火、防汛抗旱工作，安全生产保持平稳运行，群体性上访案件显著减少，安全生产态势平稳，重大生产事故发生率为零。

三、经验启示

（一）抓好学习的"领头羊"，学习型党组织建设就事半功倍

火车跑得快不快，就看车头怎么带。抓好学习的"领头羊"，学习型党组织建设就事半功倍。崂山区建立的"领学、研学、践学"机制，使领导干部在学习型党组织建设中不能浮在表面作指示，而必须深入进去带头学。这让领导干部对于如何推进学习型党组织建设有了更深切的体会，领导自然更加坚强有力。

（二）学习型党组织强调的学习是组织化的学习，是全体党员的学习

学习型党组织强调的学习是组织化的学习，是全体党员的学习。崂山区的实践充分证明，在党组织和党员数量众多的情况下，学习要想取得实效，就必须高度重视运行管理机制的建立健全，使学习形式更为丰富、学习管理更为规范、学用结合更为紧密。

（三）学习型党组织建设需要考核评价

学习型党组织建设需要考核评价。没有考核评价，产生不了压力，催生不出动力。崂山区的成功实践告诉我们，当学习成效成为选拔任用干部的一项重要指标的时候，自然而然地就把党员干部"逼"向书本、"逼"向知识、"逼"向能力。

（四）走群众道路才能破解"最后一公里"难题

在学习型党组织建设中，要坚持以人为本、以民为先，把群众需求作为工作的第一信号。要按照群众的需求来设定工作目标，把面向基层、服务群众的理念贯穿于宣传思想文化工作的各方面、全过程。在理论宣讲上，大力推进习近平新时代中国特色社会主义思想大众化，用党的创

新成果武装党员、教育人民，扎实推动社会主义核心价值体系融入国民教育、精神文明建设和党的建设全过程；坚持依靠群众，服务群众，不断让广大人民群众共享文化改革发展的最新成果。始终尊重人民群众的主体地位和首创精神，引导群众自我教育、自我服务、自我表现、自我管理。根据城市、社区、农村、企业、学校等不同情况，积极运用群众喜闻乐见的方式，搭建群众便于参与的平台，注重以百姓身边的好人好事教育群众，让群众联系身边事例谈变化、谈感受，使群众在参与中受到鼓舞、受到教育。

执笔人：李　莹
审稿人：王　涛
签发人：段培田

平安崂山建设的历程和成效

中共崂山区委政法委、崂山区综治办

平安建设是在社会治安综合治理实践中孕育、诞生和发展起来的。2003 年 10 月 28 日，青岛市委召开九届二次全委（扩大）会议，指出"要围绕创建平安青岛，注意维护好全市政治安全、社会安全、信访安全和生产安全"。这次会议首次提出"平安青岛"的概念，并对基本内容作了初步阐述。新世纪新阶段，崂山区在改革开放步伐明显加快、经济持续快速发展的同时，社会治安领域出现诸多新情况、新问题，对社会治安综合治理工作提出新要求，正确处理好改革、发展与稳定的关系，是摆在区委、区政府面前的一个重大课题。2004 年 3 月 4 日，崂山区委、区政府印发了《关于创建"平安崂山"的意见》，部署开展平安创建活动，标志着创建平安崂山战略决策的初步形成。从此，平安建设在全区蓬勃开展，社会治安综合治理工作进入一个崭新的发展阶段。

一、发展历程

（一）全面实施阶段（2004～2008 年）：以"平安崂山"创建为抓手，打造全省乃至全国最平安、最稳定、最和谐城区

2004 年 3 月，崂山区委、区政府印发《关于创建"平安崂山"的意见》、区综治委印发《关于创建"平安崂山"的实施方案》，明确指导思想、目标任务和工作措施。目标是围绕确保"政治安全、社会安全、信访安全、生产安全"，通过"五个提高"（各级、各部门领导干部和公务员队伍依法行政的自觉性明显提高，广大人民群众的法律意识和思想道德水平明显提高，政法队伍文明司法、公正执法水平明显提高，基层基础建设水平明显提高，人民群众参与维护社会治安的意识明显提高），达到"三步创先"（2004年争创全市社会治安综合治理先进区，2005年争创全省社会治安综合治理先进区，2006年争创全国社会治安综合治理先进区），"五个确保"（确保全区政治更加稳定，确保治安秩序更加平稳，确保法治环境更加规范，确保生产环境更加安全，确保公众的安全感进一步增强）的目标。崂山区综治委于2007年下发《关于开展"平安创建无盲点"活动的意见》《关于深入开展农村平安建设的意见》，从更广范围、更高层次推进平安建设。这一时期的平安崂山建设以基层平安创建和平安行业创建作为切入点。

1. 基层平安创建。 2004年7月，组织开展了创建"平安示范街道""平安示范社区"活动，年底推选出1个全市"平安示范街道"和10个全市"平安示范社区"。2005年4月，按照青岛市《关于开展"十百千"基层平安创建活动的意见》，着力打造平安示范街道、平安示范社区、平安示范居民楼院，实现90%以上社区常年不发生重大刑事、治安案件，不发生重大群体性事件。中央综治委调研组、省"平安山东"督察组对崂山区平安创建工作给予充分肯定；中央电视台《新闻联播》《法制日报》《经济日报》、市委办公厅《信息专报》等相继报道了崂山区平安创建的典型经验，市委常委、政法委书记、综治委主任刘建华批示要求各区市结合实际，认真学习借鉴崂山经验。2005年1月，崂山区被市委、市政府表彰为"平安青岛"建设先进区；2006年1月，被省委、省政府评为"平安山东"建设先进区，这一荣誉的获得，在崂山建区以来尚属首次，取得历史性突破；年底，全区4个街道均达到平安创建标准。2007年3月，结合社会主义新农村建设，部署开展农村平安建设，把基层平安创建活动推向深入。2008年1月，崂山区再次被省委、省政府评为"平安山东"建设先进区，崂山区综治办、崂山公安分局、王哥庄街道被青岛市委、市政府评为"2007年度平安青岛建设先进集体"，崂山区基层平安创建工作实现新突破。

2. 平安行业规范化创建。 平安行业规范化创建与基层平安创建同步展开。2005年5月，区综治委印发《关于开展平安行业规范化创建活动的意见》（崂综治〔2005〕10号），计划用3年时间，全区95%以上单位常年不发生重大刑事治安案件、重大群体性事件和重大生产责任事故，实现发案少、秩序好、内部安全稳定、职工群众满意的目标；出台了27个行业创安工作意见，重点开展"平安机关""平安校园""平安医院""平安林业""平安电力""平安金融""平安文化""平安网吧"等规范化创建活动，各行业创安意识和绩效明显提升。同年6月，区综治委召开平安行业创建工作会议，与相关行业主管部门主要负责同志签订了平安创建责任书。区综治委下设的五个领导小组办公室（严打整治、流动人口、刑释解教人员安置帮教、预防青少年违法犯罪、学校及周边治安综合治理）充分发挥组织协调作用，不断推进各自领域的平安创建工作向纵深发展。区人大常委会、区政协先后多次专门组织对平安创建工作进行视察和督查，有力促进了平安行业创建工作的顺利开展。

3. 严打整治专项斗争。 打击违法犯罪是平安建设的一项重要内容。2004年12月，崂山区部署开展严打整治专项行动，突出打击严重暴力犯罪，集中打击多发性、系列性和流窜犯罪，加大追逃力度，查禁"黄赌毒"。在2004~2006年，根据社会治安形势，每年部署开展春季、夏季、秋季、冬季严打整治行动，定期组织统一出警仪式，掀起高压态势，形成强有力震慑。2005年，以"严打"开路，组织开展了劳动力市场、非法卫星电视接收设施和废旧物品收购点、麦岛片暂住人口、重点工程治安秩序等7个专项集中整治行动。2006年，以"专项整治"为突破口，开展了重点整治治安混乱地区和突出治安问题行动，顺利完成崂山旅游文化节系列活动、第四届APEC等重大节会活动安全保卫，确保了万无一失。2006年7月，全市创建"平安工地"现场会在崂山区召开，推广崂山区平安建设工作经验和做法。2007年2月、2008年12月，相继部署开展打黑除恶专项斗争，以交通运输、建筑工地、商贸市场、休闲娱乐等领域的黑恶势力和痞霸团伙为

2008年12月17日，崂山区综治委全体（扩大）会议暨严打整治工作会召开

重点，对黑恶势力犯罪实施严厉打击，提高群众安全感和满意度。

4. "四位一体"矛盾纠纷排查调处机制。2004年11月，区综治办印发《关于组织开展矛盾纠纷专项治理活动的通知》（崂综治办〔2004〕13号），要求加快推进基层综治、司法、信访、矛盾纠纷排查调处中心联合办公、联合排查、联合调处"四位一体"工作机制建设，并纳入年度考核；健全工作台账管理，努力把矛盾纠纷排查调处工作纳入制度化、规范化轨道。2005年6月，组织开展了为期三个月的"民转刑"案件专项治理活动，构建以"四位一体"调解中心为主体，街道、社区调委会为基础，其他调解组织为补充的基层矛盾纠纷排查调处网络体系，并建立起区每月、街道每半月、社区每周一排查的长效工作机制。2007年4月，区综治委印发《关于建立"四位一体"矛盾纠纷排查调处工作机制的意见》，明确"四位一体"机构设置、主要职责、工作机制、工作制度、考核与管理等。

5. 治安联防队伍巡逻防范。崂山区在平安建设中坚持"专群结合、依靠群众"的方针，统筹各方资源，实行治安联防，开展群防群治。2004年7月，在已组建180人的崂山区维护稳定大队的基础上，增加编制至350人，缓解警力不足压力。2007年1月，将崂山区维护稳定大队更名为"崂山区治安联防大队"并进行扩编，进一步明确职责任务、管理制度、工作纪律、奖惩标准及劳动报酬待遇。2007年5月，区综治委印发《关于组织开展治安志愿者活动的实施方案》，进一步整合卫生保洁员、护林防火员以及居委会干部、楼长、物业人员、熟悉社情民意的闲居老年人、邮政电信煤气矿泉水派送及维修人员等，统一名称为"崂山区治安志愿者"，佩戴治安志愿者袖标，开展治安防范，及时反映敌情、社情、民情和违法犯罪线索，参加抢险救灾和社会救援等。对全区1000余名社区专职保安、

物业小区联防治安巡逻

700 余名联防队员和千余名治安志愿者及 80 多支"夕阳红"巡逻队进行整合，严密群防群治网络；推进行业联防联治，在 100 余个企业、行业指导建立专职保卫力量，实行联勤联动；推进责任承包自防自治，在 30 余个社区推行治安承包责任制；创新建立军地联防工作机制。随着治安形势发展变化、平安建设深入推进，治安联防队伍不断壮大。

6. "平安奥帆"创建。 "平安奥帆"创建在平安崂山建设时代进程中具有里程碑意义。2008 年 2 月，崂山区召开全区政法工作暨"平安崂山"建设会议，区委书记亢清泉出席会议并讲话强调，"要把确保奥帆赛安全顺利举行作为今年平安创建工作的重中之重，采取果断、坚决、有力的措施，周密部署，严阵以待，为成功举办奥帆赛创造平安和谐的社会环境"。按照中央和省、市部署，崂山区成立奥帆赛保障工作领导小组、奥帆赛安保指挥分部，制定《2008 年奥帆赛崂山区保障工作总体方案》《"平安奥帆"综治行动推进计划》。4 月，区综治委下发《关于切实做好 2008 青岛奥帆赛期间安全保卫各项工作的通知》，并召开全体（扩大）会议，对奥运安保工作进行再动员、再部署；区委、区政府与各街道、区直各部门、驻区有关单位签订《平安奥帆责任书》297 份。严格落实党政领导带队督查制度，区委、区政府成立了由区级领导任组长的 7 个督查组，深入街道和崂山风景区开展督查；区委政法委成立 4 个专业督查组，每两天到各街道检查工作；崂山公安分局成立 20 个暗访组，对全区有关目标实施暗访。同月，召开政法系统、维护稳定领导小组成员单位、企业单位、教育系统 4 个专题会议，部署工作任务。4 月 30 日，青岛市委副书记王文华带队对崂山区进行检查督导，认为"到崂山（看了安保工作）之后，心里有点底。（虽然）压力还有，但

2008 年，治安志愿者参加"人人争当奥帆志愿者，为精彩奥帆赛做贡献"动员大会

是看了崂山后，压力减轻了一点"，认为崂山安保"工作很到位，防范很严密，有组织、有力量、有创新、有创造、有智慧"，对此"很放心，很满意"；同时，希望崂山区"能继续创新，创新后再来学习，学习后在全市推广，甚至在全国推广"。期间，崂山区先后对中小旅馆非法经营、奥运圣火传递沿线社会面治安防控、防范海外邪教宣传品、公交系统防范处置暴力恐怖袭击等21个问题进行了部署落实，开展了治爆缉枪、卫星电视转播秩序整治、"雷霆震慑，护航奥帆"夏季严打整治等专项行动，落实要害部位、高危人群、剧毒危险物品安保措施，构建起军警民联防工作格局，确保奥帆安保措施无缝对接、万无一失。在党中央、国务院和省、市委领导指挥下，崂山区圆满完成奥帆赛残奥帆赛各项安保任务，"平安奥帆"创建经受住了严峻考验。凭借出色表现，2008年10月，崂山区委、区政府被山东省委、省政府表彰为"山东省北京奥运会、残奥会先进集体"，区委政法委、崂山公安分局等部门被青岛市委、市政府评为"青岛奥帆赛残奥帆赛突出贡献单位"。

（二）规范发展阶段（2009～2011年）：巩固"平安奥帆"创建成果，平安崂山建设水平进一步提升

经过奥帆赛、残奥帆赛安保工作的考验和洗礼，平安崂山建设达到一个新的历史高度。尽快梳理、归纳、总结、固化"平安奥帆"创建成功举措和宝贵经验，是后奥运时代深化平安崂山建设的一项重要任务。2010年12月16日《法制日报》第9110期以"坚持和谐发展，打造'平安崂山'——青岛市崂山区营造和谐稳定社会环境纪实"为题推广了崂山区基层平安建设工作经验。

1. 社会治安综合治理"三化"建设。基于对奥帆赛安保工作成功经验做法的固化，2009年4月，崂山区综治委召开全体会议，专题研究部署社会治安综合治理制度化、规范化、标准化建设（简称综治"三化"建设），要求把奥帆赛安保工作中创造的经验做法形成制度、规范和标准，加快推进矛盾纠纷排查调处、严打整治、防控体系、社会管理、基层基础、组织领导6个方面的制度化、规范化、标准化建设，进一步提高新形势下平安崂山建设水平。2009年5月，出台了《社会治安综合治理委员会工作规则》《社会治安综合治理基层组织规范化建设实施办法》《社会治安综合治理领导责任查究及一票否决权制实施办法》等7个涵盖工作运行、决策运行和责任运行等方面的规章制度，形成了较为完善的制度框架和整体体系。围绕综治"三化"建设，崂山区委书记慕建民带头撰写理论文章，《坚持"四个结合"，实现"四个提高"，扎实推进综治"三化"建设》在 2009 年 10 月 12 日《青岛日报》发表；组织开展了区综治委成员单位谈综治"三化"建设征文活动。同年 9 月，召开全区综治"三化"建设观摩会，听取了四个街道综治委开展综治"三化"建设情况介绍，并对中韩街道、沙子口街道进行了现场观摩，交流学习，取长补短，深化提高。崂山区开展综治"三化"建设的做法，被青岛市委办公厅《信息专报》转发。2010 年 3 月，崂山区就加强社会治安源头治理作出专门部署，以推进综治"三化"建设为抓手，加强社会治安隐患源头性排查，重点人、重点物、重点行业、重点区域源头化管理，矛盾纠纷、违法犯罪、治安隐患、防控体系、安全事故源头性治理，着力破解影响社会稳定的源头性、根本性、基础性问题。2010～2011 年，围绕海上治安综合治理、治安联防队伍规范化建设、烟草市场秩序综合治理、社会治安重点地区排查整治制定工作意见和实施方案，推动综治"三化"建设持续深入开展。

2. 社会治安"三大隐患"排查整治。针对奥帆赛、残奥帆赛后的社会治安形势，2008 年 12 月部署开展矛盾纠纷隐患、突出治安隐患和安全事故隐患（简称"三大隐患"）排查整治活动。针对排查出的突出治安隐患，先后开展了打击和防范盗窃机动车犯罪、畅通公用保民生、打击整治传销、中小学校周边治安环境集中整治、集中整治盗窃破坏电力电信广播电视设施违法犯罪、烟草市场秩序集中整治利剑行动 6 个集中行动，并结合山东省"十一运"崂山赛区安保工作，全面排查安全隐患，为各项赛事安全顺利举办创造了良好的社会治安环境。在"三大隐患"排查整治中，对各类不稳定隐患加

基层综治机构规范化建设

强风险监测、分析评估，实施动态跟踪，随时掌握动向，为各级领导提前部署，各有关部门提前筹划、协同处置赢得了时间，掌握了主动权。截至 2009 年 11 月，全区排查"三大隐患" 362 起，有效化解 353 起，化解整治率为 97.5%。2010 年 8 月，研究制定《崂山区社会管理领域"三大隐患"排查治理工作暂行办法》，进一步推动排查整治工作深入开展。"三大隐患"排查整治工作从 2008 年 12 月开始部署，持续到 2013 年 6 月结束，前后历时五年，在维护社会治安稳定、深化平安崂山建设中发挥了重要作用。新华社《高管专供》2009 年 22 期刊发了崂山区委常委、政法委书记邵显先的署名文章《健全劳资纠纷调处机制，打造平安和谐劳动关系》，推广了崂山区源头化解社会矛盾的工作做法。2010 年 10 月，全市深入推进社会矛盾源头预防和化解工作现场会在崂山区召开，总结交流了崂山区着力健全以社会稳定风险评估为先导的社会矛盾源头预防和化解机制工作经验。

3. 社会治安"三大群体"源头管理。随着经济社会的快速发展，社会开放性、流动性明显增强，以社会特殊群体、犯罪高危群体、城市边缘群体（简称"三大群体"）为主体的社会治安重点人员大量增多，对社会管理带来巨大挑战。2010 年 6 月，崂山区综治委出台《关于加强社会治安"三大群体"源头管理工作的实施意见》，加强对社会特殊群体、犯罪高危群体、城市边缘群体的服务教育管理控制。建立"三大群体"台账，加强风险预警，落实管控措施。期间，崂山区深化教育改造安置帮教一体化工程等 6 项经验在全省推广，探索推行社会稳定风险评估机制从源头化解社会矛盾做法被中央办公厅《信息专报》刊载（2010 年第 1335 期），并呈报中央领导参阅；有 3 项做法得到青岛市委常委、政法委书记、综治委主任李增勇批示肯定。针对重点青少年源头教育管理，崂山区全面落实加强重点青少年群体源头教育管理和服务实施意见，全力预防青少年违法犯罪。

4. 校园及周边治安整治。2010 年 3 月，崂山区开展"共建安全文明校园"活动，整治学校及周边治安乱点和突出问题。针对部分幼儿园安全管理薄弱、防范措施不到位的突出问题，同年 5 月，区综治办下发《关于进一步加强幼儿园安全保卫的紧急通知》，对全区幼儿园内外部安全隐患开展拉网式排查整治，对进一步加强校园安全工作作出部署。5 月中旬到 8 月，综治、公安、教体等部门成立 4 个督查组，对全区中小学校、幼儿园及周边安全工作开展专项督查。按照《青岛市学校及周边安全管理办法（试行）》，对学校安管职责、安全保卫、内部管理等作出明确规定，建立健全校园及周边安全管理长效机制。同年6月，新招录的专职校园保安在中小学、幼儿园正式上岗执勤，配备了橡胶警棍、强光手电、腊棍、钢叉等安防器

崂山区社会治安综治治理/司法行政工作人员培训班

械，对部分校园校舍加固加高，提高人防、物防、技防水平。针对外省市幼儿园接连发生重大恶性案件的严峻形势，崂山区对进一步加强校园安全管理、提升校园安全水平作出部署，并作为今后平安崂山建设的一项重点工作。

5. 社区治安防范分级分类管理。后奥运时代的平安崂山建设在综治"三化"建设横向拓展、社会治安源头治理关口前移的同时，工作重心向社区延伸发力。2011年1月，崂山区依据青岛市《社区居民住宅治安防范分级分类管理工作模式的建设方案》，根据地域环境、实有人口、复杂程度和治安风险评估，将全区社区划分为封闭式、半封闭式、开放式、商业繁华式四种类型，针对不同特点分别建立防范机制。根据发案情况选取中韩街道辖区东城国际社区为封闭社区、鲁信长春花园社区为半封闭社区、枯桃社区为开放社区作为试点，强化分级分类管控措施，对降低发案发挥了积极作用。与此同时，以"零案社区"创建为载体，组织开展社区治安防范达标活动，实现社区可防性案件明显下降、突出治安问题有效整治、社会矛盾及时化解、暂住人口服务管理到位、居民群众参与社区防范、人防物防技防水平进一步提高的目标。同年8月，部署开展社区安全管理工作，推动基层社会管理服务创新。崂山区的基层安全防范分级分类管理工作一直持续到社会管理创新阶段。

（三）加强和创新社会管理阶段（2012～2015 年）：由社会治安综合治理向社会管理综合治理转变，平安崂山建设领域进一步拓展

2011 年 2 月，中央举办省部级主要领导干部社会管理及其创新专题研讨班，7 月，中共中央、国务院印发《关于加强和创新社会管理的意见》；9 月，中央社会治安综合治理委员会更名为社会管理综合治理委员会。随后，山东省委、省政府下发《关于加强和创新社会管理的实施意见》，10 月，省综治委完成更名。12 月，青岛市召开加强和创新社会管理工作专题会议，会上印发《中共青岛市委、青岛市人民政府关于加强和创新社会管理的意见》。2012 年 5 月、9 月，崂山区综治委、区综治办和各街道综治办相继完成更名，并召开区综治委更名后的第一次全体（扩大）会议。中央和省、市、区委关于加强和创新社会管理的重大决策部署，使平安建设的内容进一步丰富、领域进一步拓展，平安崂山建设在新的历史起点上步入一个新的发展阶段。

1.《2012-2016 年崂山区社会管理综合治理工作规划》。加强和创新社会管理是社会管理领域的一场重大改革。2012 年 8 月，区综治委研究制定《2012-2016 年崂山区社会管理综合治理工作规划》，确定三个发展阶段：2012 年为深入推进年，2013～2014 年为巩固提高年，2015～2016 年为突破超越年，经过 5 年的建设发展，推动社会管理综合治理工作实现"全省领先、全国一流"的目标。按照重心下移、力量下沉的要求，确定 14 个区级社会管理创新综合试点项目，推荐 4 个项目为市级社会管理创新重点项目，并逐项制定项目书。同年 6 月，印发《崂山区社会管理综合治理委员会工作制度（试行）》《关于成立区社会管理综合治理委员会各专项组及其有关工作小组的通知》等文件，并将职责任务予以明确。同年 11 月，青岛市总结交流"探索实践社区分类管理与服务 创新打造基层社会管理的崂山模式"工作经验。同年 12 月，区综治办出台《关于加强社会管理综合治理基层基础建设 做好迎接暗访检查工作的通知》，对完善以基层党组织为核心的综治组织体系、基层群防群治队伍建设等作出部署。2013 年 8 月，崂山区召开十一届区委第 36 次常委会议，听取深化平安中国、深化平安山东、深化平安青岛建设专题会议精神及贯彻落实有关情况汇报，要求全面落实党的十八届三中、

四中全会关于全面深化改革、全面推进依法治国的战略部署，坚持法治思维和法治方式，进一步完善立体化社会治安防控体系，有效防范化解管控影响社会安定的突出问题，努力建设领域更广、群众更满意、实效性更强的平安崂山，提升平安崂山建设法治化、现代化水平。

2. 非公有制经济组织和社会组织管理服务。2011年3月，区综治委、区委非公有制经济组织工委、区委社会组织工委联合印发《关于深入推进非公有制经济组织和社会组织综治工作的通知》提出5项内容：明确管理责任，提升服务效能；协调利益关系，化解社会矛盾；加强人员管理，增强社会活力；参与社会治安，维护社会稳定；挖掘管理功能，拓展服务领域。通过强化非公有制经济组织和社会组织周边治安综合治理、依法维护和保障其合法权益、支持和引导其参与社会管理和公共服务，推动非公有制经济组织和社会组织健康有序发展。成立区综治委非公有制经济组织专项组，制定《崂山区非公有制经济组织专项组创新社会管理实施意见》，为企业经营发展营造良好的环境。成立区综治委社会组织专项组，完善管理体系，发展一批具有崂山特色的社会组织先进典型。5月份，全区先后有59家非公企业被评为"平安单位"，18家社会组织被评为"山东省优秀社会组织"，35家被评为"青岛市优秀社会组织"，230家被评为"崂山区诚信社会组织"。"崂山区积极探索非公有制经济组织和社会组织管理创新做法"被青岛市委办公厅《信息专报》刊发，青岛市委常委、政法委书记、市综治委主任李增勇给予批示肯定，并被省《山东社会治安综合治理》简报刊发推广。

3. 城乡社区网格化服务管理。崂山区坚持以网格化管理、社会化服务为方向，大力加强社会管理基层基础建设。2013年3月，崂山综治委制定印发《社区网格化服务管理实施

崂山区部署深入推进非公有制经济组织和社会组织综治工作

方案》等 3 个规范性文件、15 项制度，成立区、街道、社区三级网格化服务管理工作领导小组，建立三级网格服务管理机构。科学划分社区网格，"横向到边、纵向到底"，不留空白区域，没有交叉重叠。以网格为基础，逐人、逐地、逐事明确工作职责，实现"网格全覆盖、工作零缝隙"。按照"1+X+Y"模式建立社区网格服务管理队伍，其中，"1"为网格服务管理员（格长），由社区专职工作者担任，即本网格内第一责任人；"X"为网格信息员，一般由公益性岗位人员和网格内的楼院长、治安员、巡访员、监督员、协管员、调解员、信息员等担任；"Y"为网格志愿者，必须为居住在本网格内的人员，如居民代表、居民志愿者等，每个网格内配备 1 名网格服务管理员（格长）、3~5 名网格信息员和若干名网格志愿者。围绕人、地、物、事、单位、组织等基本要素，开展基础信息采集、录入和使用工作。2014 年 12 月，崂山区委党的建设工作领导小组印发《关于印发〈加强基层建设深化"六小六大"工作责任分解〉的通知》（崂党建发〔2014〕1 号），实施基层网格化服务管理模式、加强基层综治基础建设、完善基层综治工作体制机制、创新基层综治工作体系、以群众工作统领信访工作，健全"小基层、大平安"综治长效机制。2015 年 4 月，崂山区综治办转发《青岛市城乡社区社会治安综合治理网格化工作规范》，按照 300~500 户或 1000 人左右的标准对原有网格予以调整，明确主要功能为：信息收集、为民服务、治安管理，统筹做好社会治安综合治理工作。2015 年底，全区共划分基础网格 195 个，配备网格兼职服务管理员 195 人、网格信息员 2980 人；全区矛盾纠纷调解率达到 99%以上、社会治安重点区域排查整治率达到 100%，居民安全感和治安满意度分别达到 100%和 99.05%，实现了社会服务和社会治理工作水平"双提升"。社区

调处化解矛盾纠纷

综合治理网格化管理模式，为深化基层平安创建开辟了新领域、新路径。

4. 社会矛盾源头预防化解。根据中央和省、市关于深入推进社会矛盾化解、社会管理创新、公正廉洁执法三项重点工作的部署，结合社会治安源头治理工作，2010 年 4 月，崂山区委常委、政法委书记、区综治委主任邵显先发表题为"深入推进社会矛盾源头治理 全力维护崂山和谐稳定"的署名文章，围绕"在超前预测、源头化解上下功夫，在创新模式、完善机制上下功夫、在整合力量、落实责任上下功夫"，及时有效地化解各类社会矛盾。同年 5 月，区委办公室、区政府办公室转发了《关于从源头上化解社会矛盾全面推行社会稳定风险评估制度的实施意见》，力争用三年时间，在所有容易引发矛盾纠纷的重点领域全面实施社会稳定风险评估工作，形成较为完善的从源头上化解矛盾纠纷、全面推行社会稳定风险评估工作的长效机制。同年 10 月，青岛市在崂山区召开深入推进社会矛盾源头预防和化解工作现场会，推广崂山区以社会稳定风险评估为先导的社会矛盾源头预防和化解机制，对进一步做好社会矛盾预防和化解工作作出部署。2011 年 7 月，崂山区综治委印发《关于深入推进矛盾纠纷大调解工作的实施方案》，推动完善人民调解、行政调解、司法调解衔接联动的大调解工作体系，推动矛盾纠纷源头治理工作深入开展。2013 年 7 月，崂山区综治委印发《关于切实加强社会矛盾源头预防化解工作的实施意见》（崂综治〔2013〕32 号），进一步强化人民调解、行政调解和司法调解的职能作用，从源头上、基础上、根本上预防和化解社会矛盾。2015 年 1 月，围绕做好三级"两会"和春节期间矛盾纠纷排查化解工作，开展了为期 3 个月的矛盾纠纷集中排查化解活动。同年 12 月，崂山区印发《关于加强行业性、专业性人民调解组织建设的意见》，要求在矛盾纠纷集中的行业、领域设立行业性、专业性人民调解委员会，在矛盾纠纷相对较少的行业、领域，设立行业性、专业性人民调解工作室；同时成立崂山区人民调解工作领导小组。截至 2015 年底，崂山区建立行业性、专业性人民调解组织 6 个。

5. 立体化社会治安防控体系建设。加强立体化社会治安防控体系建设是深化平安崂山建设的一项重要内容，是贯彻"打防结合、预防为主"综治方针的实际举措。2012 年 6 月，崂山区综治委印发《关于加强和创新社会管理、推进和深化平安建设的意见》，"健全完善公共安全机制"对完善社会治安防控体系作出部署，要求"健全点线面结合、网上网下结合、人防物防技防结合、打防管控结合的立体化治安防控体系"。2013年6月，崂山综治委印发《关于加快构建立体化社会治安防控体系的实施意见》（崂综治〔2013〕23号），要求以公安机关为主体，以群防群治队伍为依托，以动态视频监控为支撑，构建以"六张网"（社会面巡逻防控网、城乡社区防控网、单位内部和行业场所防控网、区域边际联防网、科技视频防控网、信息网络防控网）为骨架的立体化社会治安防控体系。2015年11月，崂山区委办公室、区政府办公室印发《关于加快创新立体化社会治安防控体系建设的意见》，计划到2017年底建设完成地面、地下、空中、海域、网络"五位一体"立体化社会治安防控体系，打造平安崂山建设"升级版"。

（1）科技视频防控网。2013年5月，崂山区综治办印发《关于加快推进视频监控全覆盖建设的通知》（崂综治办〔2013〕31号），全面提高科技创安工作水平，到2014年底达到全省"科技创安示范城"建设要求，到2015年底实现视频监控重点目标全覆盖，并纳入综治暨平安崂山建设考核体系。各街道、部门承担起"天网"工程建设的主体责任，成立机构，制定方案，明确分工，加大投入，不断加快建设进度。5月10日，全省召开视频监控全覆盖现场推进工作会议，崂山区委常委、政法委书记、区综治委常务副主任杨聚钧以"科学规划建管并重 全力打造覆盖山海城域的视频监控系统"为题，做大会经验介绍。2015年3月，崂山区综治办下发通知，要求各街道在巩固视频监控全覆盖工程建设成果的基础上，增点补面，提高老旧楼院、无物业管理小区、"城中村"、公交站点等区域视频监控覆盖率。截至2015年底，全区安装监控探头34400余个，一类、二类、三类目标覆盖率均达到100%，实现了全覆盖的目标任务；完成了22个新型社区视频监控的规划建设和整合升级，其余的面临整村改造，待改造过程中同步进行视频监控的安装、更新、完善。"天网"工程视频监控建设1200处点位、45处卡口全部建成，现代综合指挥中心投入使用，初步形成视频监控"封控圈"。

（2）社会面防控网。2012年7月，崂山区委政法委、区综治办等部门联合印发《关于加强涉企重点区域综合治理的实施方案》，排查整治社会治安重点地区、部位、场所，排查化解可能引发重大治安问题和群体性事件的矛盾纠纷，排查管理流动人口和重点人群。2013年6月，崂山区综治委印发《崂山区社会治安重点区域排查整治工作暂行办法》

（崂综治〔2013〕25 号），明确社会治安重点区域、重点部位、重点行业、重点群体及其他突出治安问题动态排查、综合整治、督查评估及责任查究措施。2014 年 4 月，崂山区综治办转发市综治办、市公安局《青岛市加强居民社区控案和社会面治安防控工作实施方案》（崂综治办〔2014〕7 号），以开展居民社区控案活动为载体，最大限度遏制可防性案件，进一步提升居民安全防范能力；强化对全区社会面重点人、事、地、物、组织管控，创造良好有序的社会治安环境。针对严重影响群众安全感的黑恶势力犯罪和痞霸团伙犯罪，同年 8 月，崂山区综治办出台《关于开展以"净化社会治安环境、维护群众合法权益"为重点的打霸治痞专项行动方案》，集中时间严厉打击各类刑事犯罪，整治社会治安重点地区和突出治安问题；同年 10 月，围绕维护社区"两委"换届选举期间治安秩序，对征地拆迁、宗族矛盾、恶势力痞霸等突出治安问题开展综合整治行动。在 2014 年西太海军论坛、APEC 会议和世园会等重大活动期间，组织开展矛盾纠纷大排查、治安问题大整治、社会面大巡防活动，组织动员社会各界和人民群众参与社会面安保工作，编制起覆盖全社会的人防网。

（3）城乡社区防控网。2014 年 6 月，组织开展"无命案街道、无刑事案件社区"综治主题创建活动，强化对社会面人、事、地、物、组织的管控，提升居民安全防范能力，最大限度遏制可防性案件，经过 2~3 年的努力，全区 50% 以上街道实现年度无命案、80% 以上社区实现年度无刑事案件。同年 7 月，组织开展基层安全防范"私家定制"活动，根据社区、单位和居民家庭安全防范需求，提供个性化安全防范服务指导，推进平安家庭、平安楼院、平安单位、平安社区建设。2015 年 5 月，在全区部署开展"关好窗、锁好门、看好院"基层安全防范"私家定制"活动，提升开

社区治安动态视频监控中心

放式居住小区治安防范能力水平；积极推进"老旧楼院改造"治安防范提升工程，分三年每年投资 300 余万元对中韩街道 32 个重点小区，通过安设对讲门、封闭小区围墙、增加视频监控、安装"防拉栓"和"防爬刺"等，提升物防水平。同时，积极推动将物业管理、社区治安联防力量配置纳入综治考核重要指标，在城市社区着力抓好物业保安力量配备，在农村社区着力优化社区联防队伍人员构成，多措并举"扎牢篱笆"。同年 6~9 月，开展了为期三个月的"高发案社区，多发性案件"专项整治行动，为辖区群众安居乐业和经济发展营造良好的社会治安环境。

（4）重点行业防控网。随着寄递、物流等新兴业态的快速发展，加强重点行业安全管理是深化平安建设的重要任务。2015 年 1 月，崂山区综治办就加快邮件、快件寄递安全管理工作制发通知，对完善邮件、快件寄递安全管理制度，加强邮件、快件安全检查，加强邮件、快件寄递安全防范能力建设，严厉打击利用邮件、快件寄递实施违法犯罪活动，健全邮件、快件寄递安全管理责任体系作出部署。针对广西柳州连续发生 18 起快递包裹爆炸事件，2015 年 12 月，根据中央、省、市的部署要求，崂山区综治委下发通知加强炸药等易燃易爆品清理整顿及物流寄递安全管理，部署开展危爆物品寄递物流清理整顿和矛盾纠纷排查化解专项行动，并成立危爆物品寄递物流清理整顿和矛盾纠纷排查化解专项行动工作联席会议，推动寄递物流业安全管理工作深入开展。

（5）海域治安防控网。作为拥有 103.7 千米海岸线、15 个大小海岛、3700 平方千米海域面积的沿海城区，随着海洋渔业、海洋化工、海洋医药、滨海旅游等海洋蓝色产业的快速发展，海上治安形势也面临诸多新情况、新问题。为此，崂山区全面落实海上治安综合治理各项措施，全力维护国家安全和海域治安秩序，有力推动综治工作由陆地向海上延伸。2010 年 4 月，青岛市推广崂山区成立海上治安综合治理联席会议、海上警务室和海上纠纷调解室，渔业社区设立信息员，负责辖区涉海治安管理工作经验做法。2014 年 12 月，青岛市印发《关于加强新形势下海防工作的意见》，对海防工作作出全面部署。2015 年 6 月，崂山区海防工作会议召开，区委书记齐家滨强调，要把海防工作与平安建设、社会治理、经济发展有机结合起来，构建具有崂山特点的海防管控新模式。同时，明确了区海防委员会主任、副主任、委员，区委副书记、区长江敦涛任海防委主任。区委、区政府出资组建海上专职协警队伍，街道出资组建海上协勤中队，物建治安信息员，在沿海一线统筹规划 70 个管理网格，船管站指挥中心"1+5"（1 名船管民警、5 名海上协勤）全天候值班，统一调度视频监控和港内巡逻。截至 2015 年 6 月，协助公安机关抓获犯罪嫌疑人 20 余人，预防和化解各类海上纠纷 44 起；开展联合执法行动 12 次，检查渔港码头 22 处、船舶 2467 艘次，有力确保了渔港及海域地区安全稳定。

（四）社会治安回归阶段（2016 年至今）：由社会管理综合治理回归社会治安综合治理，着力提升平安崂山建设现代化水平

为了集中精力抓好平安建设，中央综治委、山东省综治委、青岛市综治委于 2014 年、2015 年相继恢复为社会治安综合治理委员会。2016 年 5 月，崂山区完成区综治委更名；6 月，完成区综治办更名。各街道均落实了街道综治委主任由党工委书记兼任，社区综治办主任由党委（党总支、党支部）书记兼任。区综治委（办）更名后，平安崂山建设的主要任务是：贯彻总体国家安全观，加快创新立体化社会治安防控体系，完善矛盾纠纷多元化解机制，健全落实社会治安综合治理领导责任制，有效防范、化解、管控影响社会安定的突出问题，提升维护公共安全能力水平，为加快建设宜居幸福的现代化城区提供有力保障。

1. 加快创新立体化社会治安防控体系。作为深化平安崂山建设的重要载体和抓手，立体化社会治安防控体系建设继续深入推进。崂山区确定 2016 年为"立体化社会治安防控体系建设推进年"，3 月，制定《2016 年崂山区社会治安综合治理暨平安建设工作要点》，把立体化社会治安防控体系建设作为重点项目全力推动。在视频监控"天网"工程建设上，重点开展视频监控增点补面、提档升级和联网应用工作。在重点行业治安防控上，崂山区综治办转发青岛市综治委《关于加强寄递物流业治安综合治理的指导意见》和青岛市综治办《寄递物流业治安综合治理 2016 年工作推进计划》，计划到 2018 年底，建立与寄递物流业发展相适应的治安综合治理体系和公共安全防控网，建设平安寄递示范城区；同年 5 月，崂山区综治办转发市综治办等部门印发的《关于加强全市物流安全管理工作的实施意见》，进一步落实管理制度、治理安全隐患、加强安全防范、健全责任体系。在动员社会力量参与社会治安防控上，崂山区于2014年10月成立崂山区治安志愿者协会，强化业务指导，推动治安志愿服务工作规范化发展；探索开展有奖举报工作，发动群众举报违法犯罪线索和社会治安问题隐患。在重点人员治安防控上，2015年底，崂山区卫计局牵头，为易肇事肇祸精神障碍患者购买监护人责任险；2016年4月，崂山区综治办、区卫计局、崂山公安分局等6部门出台《关于源头预防严重精神障碍患者肇事肇祸 实施以奖代补政策落实监护责任的实施方案》，对全区列入以奖代补政策患者监护人按每月300元、每年3600元的标准发放奖补资金，对严重精神障碍患者开展筛查监测、预防监护、医疗护理、政策帮扶、服务管理；同年4月，落实城乡社区网格化管理中加强吸毒人员管控工作，对吸毒人员实施分级分类管理；同年6月，崂山区综治委印发《关于切实加强严重精神障碍患者防治帮扶的意见》，进一步健全政府、社会、家庭三位一体的关怀帮扶体系，做好严重精神障碍患者防治帮扶工作。立体化社会治安防控体系建设仍将是今后深化平安崂山建设的重要任务。

2. 矛盾纠纷多元化解机制。2016年3月，青岛市召开全市矛盾纠纷多元化解工作会议，学习贯彻中央、省有关精神，研究部署矛盾纠纷多元化解工作，"崂山区依托社区特色司法工作室 推进人民调解工作规范化建设"经验在大会上书面交流。同年9月，崂山区委办公室、区政府办公室印发《关于完善矛盾纠纷多元化解机制的实施意见》，重点加强人民调解、行政调解和司法调解，推进专业领域调解，完善行政复议、行政裁决和仲裁，积极探索纠纷化解新途径，经过3~5年的努力，构建起党委领导、政府主导、综治协调、司法引领、部门联动、社会协同、群众参与的矛盾纠纷多元化解工作格局。同年5月，青岛市相继召开警调联动工作会议、诉调对接工作会议，对矛

崂山区"3·28"平安建设集中宣传日活动

盾纠纷行政调解和人民调解联动、司法调解和人民调解对接等多元化解工作作出专门部署。同时，崂山区继续坚持自2013年建立起来的排查调处各项工作制度，推动矛盾纠纷多元化解机制逐步完善。

二、主要成效

平安是人民幸福安康的基本要求，是改革发展的基本前提。平安崂山建设经过10余年的实践探索，内涵日益丰富，领域逐步拓展，主题更加鲜明，体制机制不断完善，探索了一大批在全市、全省乃至全国有重要影响的经验做法，为深化平安中国、平安山东、平安青岛建设提供了"崂山模式"。全区政法综治战线适应改革开放和经济社会发展带来的新情况新问题，创新社会治理方式，在平安崂山建设中坚持系统治理、依法治理、综合治理、源头治理，为维护社会大局稳定、保障人民安居乐业、促进改革发展创造了良好社会环境，群众安全感自2004年起连续12年保持在95%以上，先后保障了2008年北京奥运会帆船比赛、2014年世界园艺博览会、2016年"二十国集团民间社会会议"等一系列重大国际活动安全顺利举办，在全面建成小康社会的时代征程中谱写了平安稳定的华美乐章，在改革发展的历史巨变中描绘了浓墨重彩的壮美画卷。

（一）社会治安大局持续稳定

在平安建设中，崂山区加强对社会治安形势的分析研判，本着"什么犯罪突出就重点打击什么犯罪"的原则，坚持不懈地推进"严打"整治斗争，严厉打击、严密防范影响群众安全感的暴力恐怖、黑恶痞霸、"两抢一盗"、电信诈骗以及买卖毒品等犯罪，暴恐犯罪实现"零发案"，一批有影响的重大刑事案件及时侦破，社会治安秩序得到有效维护。特别是针对黑恶势力犯罪，崂山区落实"露头就打、除恶务尽"

全区社会治安形势每月分析研判

的方针，坚持打"黑"与打"伞"并重，深挖黑恶势力背后的"关系网""保护伞"，彻底摧毁各类黑恶势力赖以生存的经济基础和社会基础；城中村、城乡接合部、校园周边等社会治安重点地区和"黄赌毒"等突出治安问题得到有效整治，全区社会治安环境持续优化。崂山区委托第三方每季度开展一次群众安全感、满意度调查，并定期通报。自2004年起，全区居民群众安全感、满意度逐年稳步攀升。

（二）社会矛盾得到及时化解

崂山区坚持把维护群众合法权益作为源头预防社会矛盾的治本之策，群众诉求表达机制、利益协调机制、权益保障机制不断完善。深入开展社会稳定风险评估，于2010年出台《关于从源头上化解社会矛盾、全面推行社会稳定风险评估制度的实施意见》，在全国率先建立起多层次矛盾隐患预警、风险评估机制，把社会稳定风险评估作为重大决策制定执行前的"必经程序"和"刚性门槛"，从源头上预防和减少了社会矛盾的发生。矛盾纠纷排查调处综合机制不断健全，形成区、街道、社区三级人民调解组织体系，行业性、专业性调解组织覆盖领域进一步扩大，人民调解、行政调解、司法调解衔接联动的"大调解"体系逐步完善。截至2016年底，全区共建立人民调解组织217家、人民调解员619人，涌现出"马丽工作室""刘大姐调解室"等一批以人民调解员命名的"品牌化调解室"，大量矛盾纠纷得到及时有效化解。针对群众信访问题，不断健全群体性事件应急处置和进京非访整治长效机制，全区信访秩序明显好转。

（三）公共安全风险有效防控

在平安建设实践中，崂山区始终把"查隐患、堵漏洞、防事故"作为维护公共安全的首要环节，通过持续开展"缉枪治爆"、整治"九小场所""清剿火患""向交通事故宣战"、寄递物流清理整顿等专项行动，对枪支弹药、管制刀具、散装汽油、危险化学品等危爆物品安全监管力度进一步加大，对公交、出租车等公共交通工具的安全管理责任进一步强化，车站、码头、旅游景区等人员密集场所的巡逻值守进一步严密，邮件快件100%收寄验视、100%实名寄递、100%X光机安检"三个100%"制度进一步健全，一大批安全事故隐患得到及时整改，安全生产形势保持了平稳态势；交通、消防安全形势持续好转，特别是道路交通事故、死伤人数及造成经济损失等指标逐年下降，火灾事故趋于平稳。

对大型群众性活动、重大国际会议的安全防范和安全保卫形成了完善的制度体系、组织保障体系和应急指挥体系，为历年的国际啤酒节、国际海洋节、国际帆船赛以及奥帆赛、多国海军活动、西太海军论坛、APEC贸易部长会、世园会、世界休闲体育大会、首届国际教育信息化大会、二十国集团民间社会会议的成功举办提供了有力保障。

（四）流动人口和特殊人群服务管理逐步完善

崂山区通过落实户籍制度改革、完善居住证制度，创新实施以房管人、以证管人、以业管人等措施，加强对流动人口的服务管理，确保流动人口享受医疗卫生、子女入学、劳动培训等基本公共服务，吸引大量外来人口前来务工、创业、安居。针对刑满释放人员、社区服刑人员、严重精神障碍患者、吸毒人员、艾滋病危险人员、重点青少年等特殊人群，建立完善政府、家庭、社会"三位一体"关怀帮扶体系，通过落实政策帮扶、行为矫治、跟踪治疗、心理干预、就业安置等措施，促进特殊人群顺利回归社会、融入社会，最大限度预防发生特殊人群肇事肇祸案件。通过实施安置帮教"一体化"工程，帮助刑满释放人员解决就业、生活困难，安置率和帮教率达98%以上，重新犯罪率控制在2%以内；全区在册社区服刑人员再犯罪率控制在0.18%以内；对重性精神病人全部建立健康档案，对严重精神障碍患者纳入公安"大情报"平台实施动态布控；登记在册的吸毒人员社区戒毒，全部纳入工作范围；实施重点青少年教育、培训、就业、帮扶、感化"五位一体"工程，保障重点青少年学有所教、业有所就、困有所帮。

（五）见义勇为事业长足发展

崂山区见义勇为事业在平安建设中得到长足发展。早在1995年2月，便建立了50万元的维护社会治安见义勇为奖励基金。2013年1月，区综治办出台了《关于进一步做好见义勇为

大学生见义勇为表彰大会

申报、举荐和确认工作的通知》，进一步明确见义勇为申请、举荐和确认、奖励等有关事项，并对近年来表彰命名的 62 名见义勇为先进个人建立专门档案。同年 4 月，成立全市首家见义勇为维护权益中心，制定《崂山区见义勇为维权中心维权法律服务暂行办法》，对因见义勇为行为导致诉讼需要维权法律服务的，免费提供法律咨询；同时为有关见义勇为行为的诉讼进行代理、辩护，且作为法律援助案件，减免相关费用；司法行政机关提供公证、司法鉴定等服务。同年 5 月，建立由综治、法制、教体、民政、司法、公安等 18 个区直部门、街道分管领导和人大代表、政协委员、高校专家学者等组成的全省首家见义勇为评审委员会，对发生在本行政区域内情况复杂、争议较大的见义勇为行为进行评审，作出拟确认与否的评审意见。同年 7 月，崂山区见义勇为协会正式成立，制定了《青岛市崂山区见义勇为协会章程》，详细规定协会的性质、宗旨、业务范围、职责等；制定了《见义勇为协会接受捐赠办法》《见义勇为基金管理使用办法》，明确账目管理、募集渠道、收支审计等相关工作。同年 8 月，区委常委会研究确定，自 2013 年起每年安排 30 万元作为见义勇为专项资助资金，用于表彰奖励、回访慰问、补助救助等，并根据年度资金使用情况，在下一年度予以补齐。同年 8 月，区综治委印发《关于进一步做好见义勇为人员权益保护工作的实施意见》，加大对见义勇为人员的表彰奖励、救助抚恤、权益保障和新闻宣传力度，在见义勇为人员享受除国家规定的优先优待政策之外，还建立回访和长期跟踪服务制度，协调落实安全保护、医疗救治、困难帮扶和生活服务等创新优惠待遇；对单位及工作人员违反见义勇为工作规定将承担的相关法律责任进行明确。见义勇为在全区蔚然成风，先后涌现出"感动中国"十佳人物魏青刚、"全国见义勇为好司机"凌建华、"最美琵琶手"张雨晴、"最美快递员"赵明永、青岛市"文明市民""山东好人之星""中国好人榜""感动青岛十佳道德模范"海军战士刘创进等一大批英模人物，他们的感人事迹弘扬了社会正气、彰显了城市精神、传播了正能量，为深化平安崂山建设做出了贡献。

（六）领导责任制不断健全

崂山区历届党委、政府把平安建设放在全区经济社会发展全局中统筹谋划、推进落实，列入各级科学发展综合考核和党政领导干部政绩考核指标体系，不断健全和落实社会治安综合治理领导责任制，科学运用评估、督导、考核、激励、惩戒等措施，使各级领导班子、领导干部切实担负起维护一方稳定、确保一方平安的重大政治责任。2004年至今，区委、区政府主要领导每年与各街道党政主要负责人签订综治暨平安崂山建设责任书，实行目标管理，落实领导责任。2003年初至2008年底期间，崂山区对汽车、保险柜被盗被撬案件发案情况进行统计，对有关责任单位实施责任查究。2005年，崂山区下发《关于排查矛盾纠纷和安全隐患严格落实责任查究整改的通知》，对因纠纷隐患发现不及时，调处方法不得当，整改措施不落实，导致民间纠纷激化、发生的严重影响社会稳定问题的单位，查究直接责任者和领导责任者的责任。2009年，区委办公室、区政府办公室转发《崂山区社会治安综合治理领导责任查究及一票否决权制实施办法》，明确各级党政一把手是平安崂山建设"第一责任人"，建立完善干部考核征求综治部门意见、领导干部（责任人）综治述职、综治委成员单位履行职责报告、综治责任人实绩档案、重大问题领导责任查究、黄牌警告、一票否决权、矛盾纠纷激化责任查究等制度，对因思想不重视、措施不落实导致发生严重影响社会稳定问题的地方、部门、单位领导个人给予党纪政纪处分。2010年，崂山区相继出台《社会治安综合治理满意度和群众安全感测评工作实施办法》《关于建立全区党政领导干部综治工作实绩档案的通知》《崂山区平安单位考评管理暂行办法（试行）》等文件，进一步强化全区各级党政领导班子和领导干部保一方平安、维护社会和谐稳定的政治责任。

执笔人：吕晓东

审稿人：秦国欣

签发人：王振竹

改革开放以来崂山区党校工作
发展历程和经验启示

中共崂山区委党校

改革开放以来，崂山区委、区政府坚持正确的办学方向，不断加强党校自身建设，提高党校培训和科研水平，成绩显著，崂山区党校工作先后多次荣获青岛市党校系统科研工作优秀组织奖、山东省党校系统科研工作优秀组织奖、山东省先进党校荣誉称号，为提高崂山区党员领导干部素质，促进崂山区经济社会发展做出了积极贡献。

一、崂山区党校工作 39 年的发展历程和成就

39 年来，崂山区党校工作发生了翻天覆地的变化：从初创时期的无校无舍、东挪西借，到现在的校园占地 40 亩，总建筑面积 1.5 万平方米；从最初的只有简单的教桌黑板，到多功能报告厅、多媒体教室、电子阅览和中央远程教学网站等现代教学设施一应俱全；从仅有教师 3 人，到目前的人才济济 20 余位，硕士研究生占到全体教职工的 86%；从创建初期的文章几篇、培训干部百余人，到现在的调研成果连续多年获青岛市、崂山区领导批示、年培训量 3 万余人次。崂山区的党校工作已从当年的一颗破土幼苗，成长为枝繁叶茂

中共崂山区委党校风貌

的茁壮大树。从改革发展历程来看，崂山区党校工作主要经历了以下三个阶段。

（一）崂山区党校工作事业起步阶段（1978～2001 年）

改革开放后，崂山区的党校工作的开展逐步迈上正轨，在干部培训、科研资政、学校建设等各方面有序扎实推进。

1. 干部培训工作拉开大幕。改革开放后，党校培训聚焦时事政治、理论学习等领域，虽然初期培训工作囿于无固定教室、无专职教师等因素限制，仍然扎实开展专题培训工作。1978～1987 年，围绕以社会主义经济、《关于建国以来党的若干历史问题的决议》等专题，培训党员干部 1.68 万人次。1986 年，崂山县委强化干部理论学习，先后组织 1100 多名高中以下文化程度的在职干部，分三期进党校培训，每期脱产 1 个月。1988～1993 年，针对少数干部存在的弄权渎职、敲诈勒索、贪污受贿现象，加强对干部廉洁和党规党纪的专题培训。1994 年，组织了崂山区处级以上干部党的十四届四中全会培训班，组织了 1994 年度山东省委党校举办的农村基层干部大专班，拉开了崂山区党校干部培训和业余函授教育的大幕。

根据《中国共产党党校工作暂行条例》文件精神，1995 年崂山区委确立了崂山党校未来的干部培训工作思路：边筹建、边办学、以培训区管领导干部和村级领导干部为主体，以培训专业干部和公务员为两翼，采取学历班次与轮训班次相结合、集中教育与分散教育相结合、政治理论学习和专业知识学习相结合的灵活多样的办学形式，提升崂山区干部的政治素质和业务水平。1998 年，崂山区干教领导小组制订了年度培训计划，举办各类培训班次 20 期，培训各级干部 1500 余人次，这是自 1978 年以来党校培训首次突破千人次。

2. 科研工作扎实开展。党校科研工作坚持为教学服务，针对崂山区党员干部思想及党员教育工作中存在的主要问题和集中问题，通过发放调查问卷、分单位分行业召开座谈会，深入企业、乡村进行走访等方式，进行了全面、深入、细致的调查研究，形成了《农村党员教育管理亟待改进和加强》调查报告，发表在 1995 年《时代论丛》第 4 期，并被青岛市委办公厅采纳并作为重要信息推荐到山东省委办公厅和中央办公厅。

3. 党校基础建设深入推进。为深入推进改革开放，青岛市于1994年实施新一轮区划战略大调整，同时设立新崂山区。崂山区委党校在原基础上分流出一部分干部职工搬迁至崂山区新的办公地址，即为现在的崂山区委党校，同年12月加挂崂山区干部培训中心的牌子。2001年1月17日，中共崂山区委下发了《关于认真贯彻落实<中共中央关于面向21世纪加强和改进党校工作的决定>的实施意见》，明确了新形势下做好崂山党校工作的方针和原则，对崂山党校各项事业的发展具有重要的指导意义。同年11月，崂山区委决定在银川路以北、金家岭山以东、医学院新校区以西征地25亩，建设崂山区委党校新校舍，并于12月26日签订土地协议。以此为标志，党校发展迈入了新的历史征程。

（二）崂山区党校工作推进阶段（2002～2010年）

自2002年开始，崂山区党校工作着力补短板、提水平，在干部培训、教学科研、业余函授、师资队伍等领域进行了大胆改革。

1. 干部培训工作大胆创新。为提高崂山区干部素质，适应崂山区委区政府"创四型机关、做六型干部"活动的要求，全面实现崂山区第九次党代会提出的奋斗目标，2003年，崂山区在青岛市12个区县级党校中率先开辟了"领导干部每月讲坛"，以大讲堂的形式聘请国内知名专家教授为基层党员干部授业解惑，开阔眼界。同年4月6日，"领导干部每月讲坛"第一讲在崂山区政府行政大厦多功能厅举办，中国人民大学外交系主任金正坤教授做了以"崂山区公务员行为规范与交往艺术"为主题的报告，全区副科级以上干部410名参加了讲座，深受好评。

崂山区科学发展大讲堂

党校培训不断丰富教学方法，创新培训模式，加大教学研究，不断将案例式、情景式、现场教学、学员论坛、开放式培训、拓展培训等现代教学方法和培训模式引入课堂。2005年8月，崂山区委党校与区委组织部在青岛市委党校联合举办了为期 2 个月的处级干部培训班，全区 30 名干部参加了培训，期间赴复旦大学、苏州高新区、昆山开发区等地学习考察 10 天，探索实施了"走出去"的异地教学的新模式。2008 年崂山区新任处级干部培训班首次启动了拓展培训，通过实战培训打造团队凝聚力和向心力，使受训干部在挑战自我中拓展思维模式，受到受训干部的好评。同年 7 月 26 日，中央党校副校长孙庆聚一行在青岛市委党校李玉珍等校领导陪同下莅临崂山区考察党校工作。孙庆聚校长对崂山区近几年的发展成就和崂山区党校工作给予充分肯定和高度评价。2009 年党校培训创新了干部教育培训的形式，精心制定了以科学发展观为重点，包括经济形势、市情区情、依法行政和党的建设等 7 个专题 34 个课目的辅导"自助菜单"，供崂山区各单位根据自身实际需要选学，丰富了干部教育培训的形式。

2. **业余函授教育硕果累累**。为扩大培训规模和提升基层党员干部素质，在崂山区委党校和崂山区委组织部的联合调研建议下，崂山区委先后下发了《关于加强农村基层干部学历教育培训工作的意见》《关于加强农村优秀人才队伍建设的意见》等文件，把农村基层干部和优秀后备人才的学历教育纳入全区的干部教育培训计划，培训经费由区财政、社区和个人共同承担，开辟了党校学历教育的新途径，在山东省党校系统亦属首例，被誉为党校业余函授教育的"崂山模式"，其典型经验在全市、全省党校系统得到推广。

3. **党校科研取得实绩**。2004 年 11 月崂山区党校科研申报的《关于村改居后管理体制创新问题的研究》调研课题，被青岛市社会科学院列为 2003 年青岛市双百调研工程调研课题，这也是青岛市 12 个区市级党校中唯一被市社科院立项的课题项目。同年，崂山党校成立了双百工程调研课题组，对崂山区社区居委会建设情况进行专题研

党校内配设施

究。经过深入调研、反复论证，多次修改完善，最终完成 2 万字的论文《关于村改居后管理体制创新问题的研究》，发表在供青岛市委领导参阅的内部刊物《研究报告与决策建议》第 13 期。2005 年崂山区委党校申报的全省党校系统的科研项目《青岛市崂山区建立和完善农村新型社会保障制度的调查与研究》于 2005 年 10 月 29 日结项并获得了结项证书。2009 年，崂山区委党校负责组织编写了《崂山区科学发展观案例》，汇集了崂山区近年来在践行科学发展观方面的生动实践和典型案例 63 件，为崂山区的学习实践活动提供借鉴。

4. 学校建设突破性进展。 为改善党校办学条件，崂山区委、区政府按照省、市委党校对基层党校建设"八配套"（教学设施、办公设施、学员宿舍、图书期刊、礼堂、学员餐厅、信息化设备、运动场地及器材的配套），"新四化"（校容校貌现代化、学员宿舍公寓化、教学办公自动化、校园建设园林化）的办学要求，崂山区委、区政府启动了区委党校新校区建设，于 2005 年 11 月 28 日举行了区委党校新建校舍奠基仪式。青岛市委常委、崂山区委书记、区委党校校长李增勇，崂山区区长王为达，崂山区委常委、副书记张冀鲁、崂山区委常委、宣传部部长任宝光和社会各界人士参加了奠基仪式。2006 年 3 月，青岛市委常委、崂山区委书记李增勇，青岛市委党校常务副校长王奎珍，崂山区委副书记张冀鲁等陪同省委党校常务副校长李新泰来崂山区对干部培训及区委党校校舍建设进行调查研究。调研期间，李新泰副校长对崂山区党校工作取得的成果以及"十一五"规划独特的视角，全新的构思给予充分肯定，并对崂山区委党校未来的发展规划提出了意见和建议。2007 年，崂山区委党校新校建设主体工程全部完工，进入内部装修和绿化配套阶段。

（三）崂山区党校工作突破创新阶段（2010～2017 年）

崂山区委、区政府以崂山党校新校启用为契机，着眼长远发展，深入贯彻落实《党校工作条例》和全国党校工作会议精神，放眼新发展，专注新服务，着眼新能力，全面提升党校参与发展、服务大局地位，强化党委政府思想库、智囊团、人才炉功能，以新的发展、新的声音和新的业绩，为区委党校的发展赢得新地位和空间。

1. 干部培训大规模开展。 崂山区以增强领导干部执政意识，提升执政能力为重点，坚持以党政领导干部、农村基层干部的培训轮训为主体，全方位、多层次、有针对、讲实效地开展党校干部培训工作。一方面，按照崂山区干部教育培训年度计划，针对不同培训对象的工作特点和实际需要，举办理论骨干培训班、入党积极分子培训班、机关和企业党务干部培训班、农村社区两委干部培训班、新任科级干部培训班、新进人员培训班、司法干部培训班等各类培训班次。自 2011 年起为确保任现职的党政干部每 5 年培训轮训一次目标的实施，崂山区干教领导小组每年统一制订和下达《崂山区干部培训年度计划》，全区干部主体班次和部门联办班次培训（包括业务部门、基层党员培训、人大代表、各界人士的培训）全部纳入崂山党校实施，区委党校培训对象横向拓宽到各部门、各阶层；纵向到村居、到企业。自 2011 年起，党校培训工作年均培训量在 2 万人次以上。到 2017 年党校干部培训量达到 3.5 万人次。另一方面党校培训广度不断延伸，服务基层培训的力度不断加大，通过采取外聘市校教授和本校骨干教师相结合的方式，组织宣讲团先后深入中韩、沙子口、王哥庄、北宅等街道进行全会精神解读、科学发展观、先进性教育、群众路线实践教育、和谐社区建设、党史、党建、党章等内容的宣讲，授课内容贴近理论前沿同时也贴近崂山实际，年均听课学员千人次。既服务了基层，提高了广大基层干部自觉学习理论、主动执行政策、积极参与发展的能力，又加强了基层干部对崂山区委区政府系列决策部署的理解，统一了思想、一致了行动。

党校培训内容和培训模式不断丰富创新。在完善教学布局的同时，党校培训工作勇于改革创新培训方法，一方面培训内容不断丰富。培训贴近社会发展实际、以区情实际为前提，在多次调研反复论证的基础上，根据培训班次的不同性质、任务和要求，分类别、分层次地安排教学内容。完善了以邓小平理论、"三个代表"重要思想、科学发展观等重大战略思想为主线的中国特色社会主义理论教育，扎实做到党的理论进教材、进课堂、进头脑；拓展了领导艺术、管理方法、团队

中共崂山区委党校 2012 年度开学典礼

建设、经济法律等各方面知识课程，体现了知识性、应用性的结合；及时追踪时事动态，每当中央、省、市区有重大决策出台时，把握先机，立即行动，先后增加了物权法、和谐社会建设、群众路线实践教育、党代会精神解读、区委全委会解读等课程，使培训达到了实效、实用的效果。另一方面加大教学研究，教学方法和培训模式不断创新，案例式教学、现场教学、学员论坛、异地培训、拓展培训、"小班化""菜单式"培训等现代教学方法和培训模式相继被引入课堂。

集中调研，增强干部培训的针对性。崂山区委党校多次深入崂山区各街道、基层单位和区直部门，通过座谈会、个别访谈、发放调查问卷等形式，对崂山区机关干部和社区党员干部教育培训需求情况进行集中调研。2010年1~3月，崂山党校先后在崂山区区直机关、王哥庄和沙子口街道召开了三个专场座谈会，发放《机关和街道干部培训需求问卷调查》400份，收回372份，回收率93%；发放《社区党员干部培训需求问卷调查》600份，收回534份，回收率89%。本次调研有助于摸清崂山区党员干部教育培训工作的现状及存在的问题，理清了党校干部培训的工作目标和努力方向，对增强干部教育培训工作的针对性和时效性将起到重要的推动作用。2013年，为加强对社区干部培训的针对性，崂山区委党校又一次在全区社区干部中开展培训需求调研，采取深入各街道面对面座谈、社区代表问卷调查等方式，组织召开座谈会4场、问卷调查了156名社区书记，收集汇总关于社区发展能力、民主管理、服务群众等6个教学版块的需求意向，完成社区党员干部培训需求调研报告并获得崂山区委书记齐家滨的批示，为有"针对性""实效性"地做好社区书记培训提供了翔实可考的依据。2013年度的社区书记培训班根据培训需求调研的成果，首次采用按需归类、分期分批的"小班化"、七个专题"菜单式"选修培训模式，得到参训学员的认可，相关做法被《学习时报》宣传推介。

规范办学，加强党校培训的制度化管理。为确保党校干部培训达到实实在在的效果，根据《青岛市干部教育培训"质量提升年"活动实施方案》和《关于严肃干部教育培训纪律进一步加强学风建设的通知》的要求，自2011年4月的崂山区2011年新任职科级干部培训班开始，每期主体班次培训都会通过签订培训承诺书、严格请假制度、实时反馈培训效果等措施严格学员管理，取得了良好效果。

创新培训机制，建立多部门联动的培训工作机制。2011年6月，崂山区委制发了《关于贯彻落实〈中国共产党党校工作条例〉加强和创新党校工作的意见》，将崂山党校工作纳入崂山区委整体工作部署，进一步强化和规范了区街两级党校的建设，形成了区街各自分工、协作联动培训的新机制；崂山区政府专门制发了《崂山区行政事业单位培训费管理暂行办法》，实行培训经费及学校运转的各项成本据实结算，由崂山区财政直接划拨崂山区委党校，开辟了财力保障的新模式。

2. 党校科研再上新台阶。 精品课题带动，科研实力不断增强。党校科研在做好崂山区区情研究的基础上，以课题研究为龙头，积极组织申报山东省、青岛市课题项目，通过主持、参与省、市、区重大课题，带动科研水平不断提升。先后参与了美国福特基金《制度建设与农村社区治理》、中国发展研究基金项目《城市化进程中郊区、新城区面临的突出矛盾与调试机制研究》的课题研究，其中，有关人员关于《发展小城镇是加快城市化进程的有效途径》在全国小城镇建设高峰论坛上作了交流发言。主持完成山东省委党校调研课题、《城乡一体化进程中优秀传统文化保护开发问题研究》《青岛城市科技创新体系建设对策研究》《崂山区智慧旅游公共服务体系建设对策》《城乡一体化进程中崂山区优秀传统文化开发问题研究》等课题项目。

主持完成青岛市社科院立项的《青岛市发展区域物流推动区域经济的几点思考》《推进农民专业合作社发展的对策研究——以崂山区为例》《统筹城乡一体化》《青岛市医养结合养老服务发展对策研究》等"双百"调研课题，完成市社会科学规划项目《构建青岛统筹城乡一体化发展格局的思路和路径研究》。完成青岛市委组织部课题《关于进一步加强区县级党校建设的研究》；参与《青岛市科技创业投融资模式研究》课题组，完成2项课题，1项建议。仅2017年一年

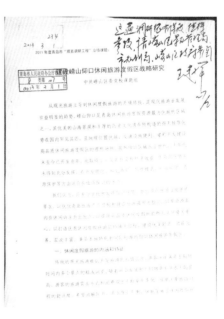

王建祥副市长批示文件

崂山区委党校就完成山东省、青岛市、崂山区三级精品课题 5 项，2017年，《崂山区国家全域旅游示范区建设》课题获省委党校立项，是青岛市唯一连续 8 年中标山东省委党校课题的区（县）级党校。

关注市情区情，咨政水平不断提高。党校科研工作以破解崂山区发展难题建言献策为重点，力求做到区委、区政府的工作推进到哪里，党校科研工作就跟进到哪里，力量就汇集到哪里，紧紧围绕崂山区经济社会发展中的难点、热点问题，开展有针对性的专项研究，重点加强了应用对策性研究，力争将成果转化为相关决策。《建设仰口休闲旅游度假区战略研究》成果获王建祥副市长批示，并批转给青岛市旅游局、崂山区政府和崂山景区参阅，其子课题在青岛市委办公厅《青岛通讯》2013年第 4 期刊发。向青岛市政协议递交的《关于加强蓝色经济核心区建设》《2014 世界园艺博览会整合资源辐射带动周边经济发展》等七项提案被全部采纳进入决策，园博会提案还被列为青岛市政协秘书长督办的重点提案予以办理；针对"十三五"期间国内外经济宏观环境对崂山区新一轮改革发展可能造成的影响，党校组织专项课题组进行了研究分析，邀请了青岛市发改委、青岛市委党校有关领导和专家学者进行广泛论证，提出了"关于加快打造崂山经济升级版"的建议，其分析报告由崂山区委《参阅件》专题刊发，并获得崂山区委主要领导的亲自批示，《青岛市医养结合养老服务发展对策研究》获得青岛市副市长栾新的批示，并转给市卫计委、市民政局参阅。

3. 党校师资建设和制度建设不断深化。区委区政府着眼党校长远发展，积极抓好自身建设，内强素质，外树形象。一方面在对党校师资队伍进行了科学合理配置做到人尽其才的基础上，通过开展"素质提升年""专题调研月""暑期备课周"以及"名师、名课、名文章"铸炼工程等活动，不断加大教师培育力度。健全了教师集体备课、新课题试讲等制度，以专题试讲为抓手，深化教学改革，着力提升青年教师"看家本领"。党校青年教师 2015 年、2016 年、2017 年连续三年在青岛市精品课、优秀课评选中夺得第一名，多次受邀到本区和区外的主体班次授课，党校教师的整体教学水平显著提高。2015 年 11 月，党校教师深入基层宣讲五中全会精神，因讲解到位、形式活泼、实效突出，被中央电视台《新闻联播》栏目以"宣讲+互动，让全会精神深入人心"为题播发专题报道，实现了宣讲的历史性突破。建立党校兼职教师队伍，为进一步拓宽干部教育培训渠道，提高培训质量，使党校的各项工作更加符合崂山区干部的实际需要，形成结构合理、专兼职比例适当的高素质党校师资队伍，2010年9月，聘任刘从坚、李福坤等10位青岛市知名学者、模范人物和党政领导干部作为崂山区委党校客座教授和兼职教师。围绕区委重点战略部署，抽调专业骨干教师到区金融办、新型社区挂职，深入一线"接地气"，更加深入地了解崂山区的实际情况，推动党校教师由"书本型"向"复合型"转变；通过个人进修、"拜师带徒"、集体备课等方式加快年轻教师的成熟和成长，打造政治强、业务精、作风正的师资队伍。另一方面大力加强了党校的制度建设，推进工作流程再造，健全并完善了《崂山区委党校制度汇编》，通过深入开展党员承诺、"道德讲堂"、机关文化建设和党员创先争优等活动，构建了"实事求是"的校训、"明理求真"的校风，培育了"学高、思远、业精、身正"的核心价值观，打造了"育人资政"的机关文化品牌。

4. 党校内部机构和领导班子建设不断完善。为适应新形势对党校工作提出的新要求，2010年5月，崂山区编委下发了《关于印发<中共青岛市崂山区委党校职能配置、内设机构和人员编制方案>的通知》。崂山党校内配科室由原先的3个（综合科、教研室、教务处）扩充到5个（办公室、教务处、教研处、电教处、总务处），编制由6人扩充到24人，为崂山党校未来发展提供了机构和人员上的保障。2015年8月，区委加强党校的领导班子建设，任命了两位委员。健全了崂山区委党校党委班子建设，突破了多年来遗留下来的"只有党委书记，没有党委班子"的历史问题。

5. 党校硬件建设不断上新台阶。崂山区委区政府先后投入过亿元，高标准、高规格建设了崂山党校新校区。2010年崂山区委党校新校正式启用，中央、省、市党校有关领导莅临新校启用仪式并致贺，崂山区委、区人大、区政协领导和青岛

2010年6月29日，崂山区委党校新校启用仪式举行

市 11 个区（市）党校负责同志以及崂山区各部门各单位主要领导出席了启用仪式。中央和省、市三级党校领导同时出席区（市）级党校启用仪式，这在青岛市党校系统尚属首次。人民网、大众网、半岛网和《城市信报》等多家媒体对启用仪式进行了全方位、多角度的宣传报道。党校新校区占地面积 40 亩，建筑面积 1.5 万平方米，建有可同时容纳 500 多名学员的教学综合楼。配有大中小报告厅、多媒体教室、电子阅览室、中央远程教学网站等现代教学设施，配有中央空调、有线电视、电脑等生活设施，建有多功能厅等活动设施。2011 年崂山党校卫星远程教学系统 C 级站建成，并成功实现与中央党校远程教学网的对接。至此，崂山党校的教学培训可通过卫星天线和远程教学系统，接收和播放中央党校远程教学网传送的课件，同时可以实施远程课程教学。2014 年，党校绿化提升工程开始实施，在工期短任务重的情况下，严格把控质量，确保了新栽植树木的成活率，于年内完工并通过验收审查，提升了党校校园绿化美化度。2016 年，党校实现校园 wifi 全覆盖。充分利用了央校远程教育 C 级站资源，分期下载刻录名师课程，截至 2017 年年底积累了拥有305 个高端优质课件和讲稿、3TB 的视频课件库。不断加强图书馆建设，建立了集借阅、查询、在线阅读于一体的数字图书管理系统，上架图书3100 余册，为干部及教师学习、教研等工作提供了有力支持。

二、经验启示

（一）坚持党委对党校工作的领导，坚持党校姓"党"的原则

党校的工作必须在区委区政府的领导下，有序开展。区委将党校工作纳入全区整体工作部署，区委常委会每年专题研究党校工作，对党校领导班子的配备，班子成员的选派和扩充，新校选址开工建设，崂山区培训体系重新理顺培训经费统一划拨党校，党校后勤管理模式的创新等议题进行集中研究和审议。自 2012 年 3 月首次举行党校干部培训开学典礼以来，崂山区委书记坚持每年在党校开学典礼上讲授第一课，带头落实"到党校讲课"规定。

坚定正确的办学方向，始终坚持党校姓"党"。党校教育不同于一般的国民教育，不同于一般的高校，也不同于一般的培训机构。顾名思义，

党校是党的学校，党校的使命，就是为党培训轮训干部，就是提升干部的素质和能力，特别是理论素养、党性修养和执政（行政）能力，为党的路线、方针、政策的有效实施提供干部保证和智力支持。这就要求要始终坚持党校姓"党"，在思想上政治上同党中央保持高度一致，使党校的各项工作都符合和体现党的原则及各项规定，恪守党的政治纪律，遵循党的政治路线，决不在党校的讲坛上散布和传播违反党的理论和路线方针政策，违反中央决定的错误言论，坚持科学探索无禁区，党校讲坛有纪律，始终从思想上、政治上、行动上同区委区政府保持高度一致。只有牢记使命，坚持姓"党"，党校才能充分体现不可替代的价值，才有自己的立足之地。

（二）党校工作必须区委区政府围绕中心工作，服从服务发展大局

党校工作作为党的事业的重要组成部分，必须把党校工作放到崂山区的工作大局和中心任务中去认识、把握和落实。崂山区委党校建校22年来，党校的各项工作始终围绕区委区政府的中心工作，服务区委区政府的工作大局，并以此来思考、谋划区委党校的改革和未来。无论是培训目标和培训任务的确定，还是培训内容和培训方式的调整；无论是科研资源的聚焦、科研力量的整合，还是主动为区委区政府作好决策咨询服务，党校工作都十分注重把研究崂山区改革开放和现代化建设过程中带有全局性、战略性、前瞻性的重大问题和崂山区百姓关心的热点难点焦点问题作为干部教育培训和科研资政的重要内容来安排。实践证明，围绕中心、服务大局，是党校工作的根本要求，只有把握了这个根本要求，党校工作才会有地位、有作为。

（三）必须坚持解放思想，勇于改革创新

改革开放39年来，我们党和国家面临的形势在不断变化，青岛市、崂山区的经济社会建设在不断前进，市情、区情在不断变化。党校必须适应不断变化的新情况、新形势、新要求，在立足市情区情的基础上，坚持解放思想、与时俱进，大胆探索。崂山区委党校建校22年来，无论是业余函授教育将农村基层干部和优秀后备人才的学历教育纳入崂山区的干部教育培训规划，培训经费由区财政、社区和个人共同承担，开辟了党校学历教育的新途径，被誉为党校系统业余函授教育的"崂山模

式"；还是干部教育培训以学员需求和崂山区发展需要为导向，率先在青岛市 12 个区（市）级党校中开辟领导干部"每月讲坛"，聘请国内知名专家教授就具有前瞻性、全局性、战略性的热点、难点问题进行专题讲座；抑或是后勤管理在多次到先进党校实地考察、认真论证多套管理方案后最终选择聘请专业的管理团队，以现代化的管理理念统筹管理教学设施、学员公寓、餐厅和校园绿化及安全，为参训学员打造舒心、安心、畅心的学习生活环境和氛围。无一不显现出崂山党校工作和思想上的创新和与时俱进。因此党校要发展工作要做好，必须要做到思想上有敢于先行先试的勇气，能力上有先行先试的本领，工作上才能不断开创新局面，才能始终保持党校事业的蓬勃生机和活力。

（四）必须加强党校自身建设，不断增强推动党校工作科学发展的能力

要切实抓好党校领导班子建设，增强凝聚力、战斗力，提高领导科学发展的能力和水平。要坚持教学科研和行政管理两支队伍一起抓，引进、培养和管理并重，努力营造人尽其才的环境和氛围。加强制度建设，创新管理机制，贯彻落实从严治校、从严施教、从严管理的方针，不断推进党校工作科学化、规范化、制度化。

执笔人：王　俊
审稿人：曹志海
签发人：鞠晓霞

改革开放以来崂山区人大常委会制度建设的创新与发展

崂山区人大办公室

改革开放以来，特别是 1994 年 4 月区划调整设立新崂山区以来，崂山区人大常委会的制度建设和创新进入一个全面发展的时期，为更好地履行人大的监督职能发挥了积极的促进和保障作用。崂山区人大常委会各项制度经过多次修改，日臻完善，并汇编成册。近年来，比较大的修编有四次，分别是 2003 年印发的《青岛市崂山区人大常委会工作制度汇编》，2004 年出版的《光辉历程——纪念人民代表大会成立 50 周年文集汇编》，2010 年、2012 年连续两次印发的《青岛市崂山区人大常委会工作制度》、《青岛市崂山区人大常委会机关工作制度》。每次修编都是随着时代的发展和工作的重点进行的，是与时俱进的完善和提高。

一、发展历程

（一）改革开放开局到新崂山区设立初期制度建设情况（1978～1998 年）

1. **建立人大监督工作办法，提高工作实效**。《青岛市崂山区人民代表大会常务委员会监督工作办法》于 1990 年 7 月 26 日崂山区第十二届人大常委会第三次会议通过，后于 1995 年 7 月、1998 年 3 月常委会两次修订并予以实施。

主要内容：总则部分内容有三条。主要阐述制定该监督工作办法的依据；在区人民代表大会闭会期间，区人大常委会的职责；区人大常委会实行民主集中原则，集体行使监督权。规定在区人民代表大会闭会期间，区人大常委会依法保证宪法、法律、行政法规、地方性法规和上级

69

人民代表大会及其常务委员会决议、决定在本行政区域内得到遵守和执行；监督区人民政府、区人民法院和区人民检察院的工作；区人民政府、区人民法院和区人民检察院对区人大常委会负责并报告工作，接受它的监督。监督的内容详细列举了人大常委会监督涉及的各方面，既有法律法规的贯彻落实情况，也有全区人民群众普遍关心和迫切要求解决的重大问题。监督方式和程序部分具体规定了常委会的监督方式和程序要求。责任和处理部分规定了应当追究责任的情形和常委会的处理办法。

2. 建立人事任免办法，依法行使任免权。《青岛市崂山区人民代表大会常务委员会人事任免办法》，于1989年9月9日崂山区第十一届人大常委会第十九次会议通过，后于1995年7月、1998年3月先后两次修订。该办法共五条。

主要内容：第一条阐明了该办法的制定依据。第二条规定了该办法的适用范围。第三条规定了任免范围。第四条规定了任免程序。第五条明确了实施时间。该办法适用于区人民代表大会闭会期间，区人民代表大会常务委员会依据法律的规定，决定任免、撤销职务、接受辞职。"任免范围"包括区人民代表大会常务委员会主任因故不能工作或缺位时，由区人大常委会在副主任中推选1人代理主任的职务等13种情形。"任免程序"共12个款项，规定了从提请任免到主任会议研究到常委会会议任免各阶段的程序要求。

3. 建立代表工作制度，提高代表工作质量。《青岛市崂山区人民代表大会代表活动办法》（以下简称《代表活动办法》）和《青岛市崂山区人民代表视察办法》（以下简称《代表视察办法》），于1990年5月29日崂山区第十二届人大常委会第二次会议通过，并于1995年、1998年先后两次修订。

主要内容：《代表活动办法》共12条，主要规定了该办法的制定依据，代表联络组和代表小组的设立、组成及工作要求，代表活动的主要内容和要求，主任、副主任和委员定期联系代表制度，人大常委会各工作部门的职责，代表所在单位的职责，对代表执行代表职务的奖励，代表活动经费来源等内容。《代表视察办法》共11条，主要规定了代表证和代表视察证的制发、代表视察的重点、代表视察应遵循的原则、意见建议的办理程序、对被视察单位的要求、对代表所在单位的要求、代表视察证的使用期限等内容。

《青岛市崂山区人大常委会关于联系区人大代表和代表联系选民的意见》于 1998 年 2 月 12 日崂山区第十四届人大常委会第一次会议通过。该办法从"加强常委会同代表的联系，全心全意为代表服务"和"代表要密切联系选民，接受选民的监督"两大方面对联系工作进行了规定。

（二）21 世纪初期到开启建设小康社会制度建设情况（1999～2007 年）

1. 制定崂山区人大常委会议事规则，依法议事，提高效率。为规范区人大常委会各类会议，建立合法有效的议事规程，根据《中华人民共和国地方各级人民代表大会和地方各级人民政府组织法》的有关规定，2003 年 3 月 19 日崂山区十五届人大常委会第一次会议通过了《崂山区人大常委会议事规则》。

党组会议的出席范围是党组书记、党组成员。根据工作需要，由党组书记召集并主持。党组会议须有过半数党组成员参加方能举行。党组会议议题由书记按照实际情况提出。党组会议讨论决定问题，要充分发扬民主，听取各方意见，以全体成员过半数通过。对突发重大事件和紧要情况，来不及召开党组会议的，党组书记可临时处置，事后及时向党组汇报。议事内容包括讨论贯彻上级党委的指示精神、讨论研究区人大常委会的重大问题和重大决策以及党组民主生活会等 6 个方面。

主任会议的出席范围是常委会主任、副主任。列席范围由常委会主任根据工作需要确定。主任会议由主任召集并主持，主任会议一般每两周举行一次，如遇重大问题和紧急情况，可临时召集会议。主任会议必须有全体成员过半数出席方能举行。讨论决定问题要充分发扬民主，听取各方面意见，采取口头、举手或其他方式进行表决，以全体成员过半数同意方可通过。议事内容包括决定常委会会议召开的有关事项；向常委会会议提出属于常委会职权范围内的议案；对区人民政府、区人民法院、区人民检察院向人大常委会提出的属于常委会职权范围内的议案、决定提请常委会会议审议，或者作其他处理；办理上级人民代表大会常委会交办的事项等 18 个方面。

开好常委会会议是人大贯彻落实各项监督职能的重中之重。为此，议事规则对常委会会议的召开作了详细明确的规定。原则上每两个月至少召开一次，必要时，经主任会议决定或多数委员提议，可临时召集会议。常委会举行时，区人民政府、区人民法院、区人民检察院负责人列席会议。根据会议内容，还可以邀请驻崂山区的全国、省、市人大代表，部分区人大代表，各街道人大工作办公室主任列席会议。制度创新的一个重要方面是常委会坚持邀请公民旁听制度。通过旁听制度，加大宣传力度，让广大市民了解人民代表大会制度的性质和职能，更好地履行人民当家做主的权利。议事内容包括讨论决定本区政治、经济、教育、科学、文化、卫生、环境和资源保护、司法、民政、民族、宗教等工作的重大事项。保证宪法、法律、行政法规、地方性法规、上级人民代表大会及其常委会和区人民代表大会决议、决定的遵守和执行；听取和审议区人民政府、区人民法院、区人民检察院的工作报告和区人民政府组成人员、区人民法院、区人民检察院负责人履行职责情况的报告以及受理的重大申诉、控告和检举情况的报告。监督区人民政府、区人民法院、区人民检察院的工作；需要常委会讨论决定的其他事项等9个方面。规则重点对常委会议题和议案的提出和审议、工作报告的听取和审议、人事任免、质询以及发言和表决5个方面作了明确的规定，使人大常委会的召开从选题到过程都有章可循、有法可依，重在提高会议质量和效果。

2. 制定加强和改进人大宣传工作的意见，提高全区对人民代表大会制度的认识。崂山区人大联合区委宣传部于2003年12月制定下发了《关于进一步加强和改进人大宣传工作的意见》。指出人大宣传工作要以宪法、法律为依据，坚持求实、团结、稳定、鼓劲和正面宣传为主的方针，贯彻"贴近实际，贴近生活，贴近群众"的要求，着眼于解放思想、干事创业、加快发展，着力提高全社会的人民代表大会制度意识和民主法制意识。在区人大常委会的组织领导下，通过人大网站和媒体投稿等多种形式，人大宣传信息工作取得了明显成绩。

3. 制定常委会列席、旁听有关规定，改进常委会会议质量。为了规范区人大常委会会议，严肃会议纪律，保证常委会的议事质量和效果，更好地发挥常委会对政府和"两院"的监督职能，根据宪法和法律的有关规定，制定了《青岛市崂山区人大常委会关于政府及其所属部门和"两院"列席区人大常委会会议有关问题的规定》，于2000年2月28日崂山区第十四届人大常委会第十五次会议通过。明确指出：列席区人大常委会会议的人员是指区人民政府区长、副区长及其所属各部门主要负责人，区人民法院院长、区人民检察院检察长以及由主任会议确定的其他人员。列席人员应虚心听取常委会组成人员的意见和建议，认真负责地回答询问，并可以在全体会议和分组会议上，就有关问题作出说明或解释，积极配合常委会组成人员做好对各项议题的审议。

为了让本区公民更多地了解地方国家权力机关履行职责的情况和全区政治经济生活中的重大事项，增强公民参与民主与法制建设的意识，加强对人大工作的监督，制定了《青岛市崂山区人大常委会关于公民旁听区人大常委会会议的试行办法》，于 2000 年 7 月 26 日崂山区第十四届人大常委会第十八次会议通过。区人大常委会办公室应通过新闻媒体提前一周发布召开常委会会议的公告，向社会公布会议召开的时间、地点和议题。

为了促进代表依法行使职权、履行义务，积极参加代表活动，充分发挥代表作用，提高人大工作整体水平，2003 年 3 月 19 日，崂山区第十五届人大常委会第一次会议通过了《青岛市崂山区人大代表履行职务暂行办法》。办法对代表的要求、代表在会议期间的工作、代表在闭会期间的活动、代表履行职务的保障及考评与奖惩都作了明确的规定，调动了代表的工作热情，使代表工作面目一新。

2004 年 3 月，区人大常委会印发《关于成立专门工作代表组的意见》。在区人大代表中成立法制、教科文卫、财政经济、城建环资、农业和农村五个专门工作代表组，以增强视察、检查和专题调研工作的实际效果。

2004 年 4 月，区人大常委会为提高代表活动质量，制定印发了《崂山区人大代表小组活动办法》。办法明确了代表小组活动的内容和组织形式，各街道人大工作办公室和区直代表联络组要为代表小组视察或调研活动提供大力支持和保障。

崂山区人大常委会法律专题讲座

4. 制定人大常委会定期学法制度，不断提高执法水平。 为加强人大常委会自身建设，提高人大队伍的政治业务素质和法律素质，制定了关于加强法律法规学习的实施意见，并于2003年3月崂山区第十五届人大常委会通过。学习内容主要包括宪法和相关法律、规范市场经济秩序的法律、行政法和省市地方性法规。学习方法上采用自学和集中学习相结合。在集中学习时请有关专家授课，组织好研讨交流。在人大中心理论组法律学习和常委会集中学法活动中，注重把法律法规学习与深入开展调查研究结合起来，把法律法规学习和工作监督、法律监督结合起来，把法律法规学习和加强民主法制建设结合起来，把法律法规学习和提高常委会组成人员素质、提高代表素质、提高人大机关工作人员素质结合起来，把法律法规学习和全区中心工作结合起来，全面提高工作效率和工作水平。

（三）崂山区人大常委会各项工作全面创新时期制度建设情况（2008～2018年）

1. 制定完善贯彻落实《中华人民共和国各级人民代表大会常务委员会监督法》的实施意见。 《监督法》的颁布实施，使人大监督从探索实践到规范完善，对于各级人大常委会依法行使监督职权，健全监督机制，加强和改进监督工作，增强监督实效，促进依法行政和公正司法，更好地发挥人民代表大会制度的特点和优势，推进社会主义法治建设都具有重大的现实意义和深远的历史意义。为认真贯彻实施《监督法》，区人大常委会紧密结合自身实际，制定了详细的实施意见，从准确把握实施《监督法》的基本要领、明确区人大常委会开展监督的主要内容、开展监督的具体要求、实施监督的主要方式以及关于街道人大工作办公室开展监督的主要内容和具体要求5个方面，提出了具体可行的落实措施。

2015年11月5日，全区人大工作会议召开

根据该实施意见，人大常委会的监督职权由常委会依法集体行使。人大常委会开展监督的主要内容有：经常性监督，包括听取和审议人民政府、人民法院和人民检察院的专项工作报告等4个方面的经常性监督；非经常性监督，包括询问和质询等3个方面。在开展监督的具体要求中，详细规定了听取和审议"一府两院"专项工作报告等7项监督工作的监督程序、方式及要求。在监督方式上，要求采取五个相互结合的方式进行，即工作监督与法律监督相结合、专项监督与日常监督相结合、听取专项工作报告与执法检查相结合、推动自行整改与依法纠正相结合、主动监督与述职评议相结合。通过多年的实践探索，不论在监督实效上还是在监督方式上，区人大常委会都取得了重大的成绩和创新。

2. 完善各项会议制度，提高会议质量。 在原有崂山区人大常委会议事规则的基础上，又先后于2010年、2012年重新作了修改和完善，并专门制定了党组会议、主任会议、常委会议三项专门制度。党组会议制度共13条，对会议的召集、议题的选定和会议事项的决定都作了明确的规定，确保发挥党组的领导核心作用，实现党组会议的制度化、规范化。主任会议制度重点明确主任会议的主要职责和议事内容。从确定区人大常委会会议的议程草案、决定会议的会期和日期到研究处理区人大常委会的其他主要工作共18个方面都一一作了列举。《崂山区人民代表大会常务委员会会议制度》，从会议的召开、会议的组成人员、会议日程、列席人员、议事范围、表决方式等方面对会议进行了全面规范。通过这一阶段的实践和探索，人大"三会"的质量和实效有了显著的提高，会议议事、会议监督已经成为人大履行各项职权的重要方式之一。

3. 完善加强代表工作的实施意见，着力提高代表素质。 为进一步加强人大代表工作，制定《崂山区人大常委会关于进一步加强人大代表工作的意见》，提出

2015年11月26日，崂山区第十七届人大常委会第三十一次全体会议召开

如下意见：① 牢固树立代表意识，切实加强代表工作；② 强化代表培训，不断提高代表履职能力；③ 丰富代表活动内容，充分发挥代表作用；④ 建立代表论坛制度，畅通建言献策渠道；⑤ 积极创造条件，提高代表建议质量和办理工作水平；⑥ 搞好代表述职，完善代表激励与约束机制；⑦ 增强服务意识，为代表履职创造条件。

经过十多年的探索实践，将《崂山区人大代表履职暂行办法》修改完善为《崂山区人大代表履行职务办法》，区人大代表是地方国家权力机关的组成人员，代表依照法律规定在本级人民代表大会会议期间和闭会期间的活动，都是执行代表职务。代表履行职务成绩突出者应当受到表彰和奖励，反之，应当受到批评和惩戒。

4. 完善代表建议提出和办理工作办法，提高代表建议办理质量。 人大代表提出建议，是法律赋予的职权，是代表人民参与管理国家事务、监督国家机关工作的重要形式。有关机关和组织办理代表建议，是履行法律规定的职责，自觉接受人民群众监督的具体体现。承办单位应以对人民高度负责的精神，尊重代表的权力，及时研究办理并答复代表。人大代表应当主要围绕全区改革、发展、稳定的大局，政治、经济、文化、社会生活中的重大问题和人民群众普遍关心的问题，对有关机关提出建议、批评和意见。人大代表会议期间提出的建议，坚持"会前提、会上定、会后办"的原则。代表建议提出后，交办机关在对代表建议进行综合分析的基础上，应当对代表提出的属于全区中心工作，事关改革发展稳定的重大问题，群众普遍关心的热点难点问题的建议，提出拟重点处理的建议，交有关机关组织重点研究办理。代表建议的办理工作，实行归口办理、分级负责的原则，承办单位应当健全制度，严格程序，实行领导分管，专人负责，确保办理质量。承办单位研究办理代表建议的过程

2016 年 6 月 9 日，崂山区十七届人大五次会议召开

中，应当加强与人大代表的沟通、联系，通过走访、调研、座谈等多种形式，充分听取意见或邀请相关人大代表参与研究。代表建议的答复由承办单位负责，如果发生代表对答复意见不满意等其他四种情形，该建议仍需要坚持续复和续办，特殊的作为"续办件"转到下年继续办理，直到办结落实为止。区人大常委会、区政府要切实履行代表建议办理工作的监督检查、考核和表彰工作。

5. 完善代表述职制度，创新代表工作。为切实加强人大代表与选民的联系和选民对代表的监督，促进代表积极履行职责，充分发挥代表作用，根据上级的有关法律和规定，制定实施了《崂山区人民代表述职工作办法》。崂山区人民代表大会代表在本届任期内，应向原选区选民或选民代表至少述职一次，区直机关和街道领导干部中的人大代表要带头向选民述职，接受选民的监督。人大代表述职工作在区人大常委会的统一领导下开展，各街道人大工作办公室、区直代表联络组同代表小组具体组织实施。区人大代表从任职的第二年起向选民或选民代表述职，一般采用口头述职，特殊情况下可采用书面述职。述职内容包括在人代会期间，出席会议，听取和审议工作报告，审议各项决议、决定，依法参加选举和提出议案、建议、批评和意见的情况；在人代会闭会期间，出席和列席人大常委会会议，参加区人大常委会、代表联络组、代表小组等组织的视察、检查、调查、评议、学习、培训以及其他执行代表职务的情况等六个方面。对代表述职的方法和步骤作了明确的规定，如果选民对代表的工作不满意，要做出相应的处理。

6. 完善专项制度，做好专门监督，提高工作水平。为了更好地发挥人大代表作用，规范区人大代表担任监督员工作，制定了《崂山区人民代表大会担任监督员办法》。区人民政府及其所属部门、崂山区人民法院、崂山区人民检察院、中央和省、市直属部门等单位根据工作需要，可以在区人大代表中聘任监督员。监督员应了解聘请单位及工作人员贯彻执行相关法律法规及政策、依法行政、勤政廉政、公正司法情况，特别是人民代表大会选举及常委会任命的国家机关领导和工作人员依法履行职责情况。区人大常委会应加强与监督员的联系，帮助解决监督工作中遇到的困难和问题。对监督员反映的重要问题，应认真研究处理。

为增强区人大常委会对本级审判机关、检察机关的监督实效，促进公正司法，制定实施了《崂山区人民代表大会监督法院、检察院工作办法》。区人大常委会采取听取和审议人民法院、人民检察院专项工作报告、组织法律法规实施情况的检查、视察和调研等形式开展监督。监督内容要紧贴全区中心工作和发展重点，围绕发现的突出问题进行选题。听取汇报前主任会议可组织人大常委会组成人员和部分区人大代表进行会前视察或专题调研。

《崂山区人大常委会监督科教文卫办法》提出，区人大常委会听取和审议政府科教文卫专项工作报告、组织法律法规实施情况的检查、视察和调研等形式开展监督。人大常委会审议区政府相关的专项报告时，区政府的负责人应当到会听取会议审议意见，解答或说明提出的问题。

《崂山区人大常委会执法检查办法》要求，区人大常委会每年选择若干关系改革发展稳定大局和群众切身利益、社会普遍关注的重大问题，有计划地对有关法律、法规实施情况组织执法检查。检查报告送交"一府两院"及其有关部门进行整改。

在这10多年里，还相继制定实施了若干规章制度。如《崂山区人大常委会关于组织人大代表旁听法院庭审活动的实施办法》《崂山区人大常委会规范性文件备案审查办法》《关于监督区政府实事办理的暂行办法》《关于加强审计监督的暂行办法》《崂山区人大常委人民来信处理工作程序》《崂山区人大常委会人民来访处理工作程序》及《崂山区人大常委会关于电子表决系统使用的规定》等。

7. 完善人大常委会机关自身制度建设，实现各项工作创新发展。 区人大常委会也十分重视机关内部的制度建设。机关工作制度与常委会工作制度同样重要，相得益彰。2010年、2012年连续两次印发《青岛市崂山区人大常委会机关工作制度》汇编。一是明确人大常委会内设机构的职能，如办公室工作职责，人事代表工作室职责，法制文教工作室职责，城建环资工作室职

崂山区人大常委机关进行制度学习

责，财政经济工作室职责；二是有关专项工作制度，如区人大代表小组活动办法，区人大城建环资工作制度，区人大城建环资农业工作制度，，区人大机关周例会、月调度制度，区人大机关工作人员外出学习、考察等活动的规定，区人大机关公文处理办法，区人大机关公文处理流程图；三是党建方面的制度，如区人大机关总支（支部）委员会职责，区人大机关总支（支部）委员会成员分工及岗位职责，区人大机关总支（支部）工作制度，区人大机关深入贯彻"三联三促"活动推动机关干部进社区联系服务群众工作制度；四是有关业务管理方面的制度，如区人大机关工会会费管理使用管理办法，区人大机关老干部工作制度，区人大机关妇女工作制度，区人大机关计划生育工作制度，区人大机关财务管理有关规定，区人大机关印鉴管理制度，区人大机关物品管理制度，区人大机关公务接待管理制度，区人大机关物车辆管理制度等。上述这些制度的实施，对于区人大常委会机关日常工作打下了坚实的基础，对人大常委会各项工作依法有序的落实提供了制度保障。

二、成绩与启示

改革开放以来，特别是新崂山区成立以来，人大常委会的制度建设在实践中不断创新和发展，在制度创新的内容和方式上与时俱进，对于依法高效完成人大常委会的各项工作监督和法律监督以及全面推进全区的中心和大局工作发挥了积极的制度保障作用。

（一）制度创新发展取得的成绩

1. 建立了比较全面系统的制度体系。自区人大常委会分别于2003年、2004年、2010年及2012年对制度建设进行了四次全面的修编，并汇编成册。随着改革开放政策和形势的发展，制度创新的内容和形式都不断地改进和完善。围绕开好各项会议、促进代表工作、开展执法检查进行的一系列视察、检查、调研、审议等各项工作都有法可依、有章可循。可以说，制度创新和发展是人大全部工作的基础性工作，也是区人大常委会工作的重中之重，崂山区人大常委会已建立了全面系统的制度体系。不仅人大常委会的制度发展比较全面系统，而且人大常委会机关的管理制度非常全面具体。这些制度的制定、修改和完善都是随着上级党委政府和崂山区工作的中心和大局来进行的，都是在联系实际、联系代表、联系群众，通过广泛的调研而进行的。由于制度本身来源于实践，因而比较容易实施。在运行中偏差较小，取得了明显的实效，受到了区有关部门、基层群众和人大代表的赞许和支持。

2. 制度建设中内容和形式上都进行了创新和探索。在《监督法》尚未出台之前就多次制定修改监督办法，加大对"一府两院"工作监督和人事监督的探索和创新。制定了对政府组成人员述职和评议的办法。在人大换届之后，制订出政府副区长及政府组成单位的负责人向人大常委会进行述职和评议的计划，规定一届中有关单位及其主要负责人都要被评议一次。在评议形式上采用评议和调查相结合，向人大代表和党员代表发放问卷调查的方法。加大对人大常委会制度的宣传力度，落实人大常委会列席和旁听制度，进行了公民旁听人大常委会的试点。在代表活动、代表小组活动、代表建议办理、代表述职等方面都进行了探索，落实代表建议"续办件"制度。人大机关内部制定了目标责任制管理考核办法，强化激励和约束机制，充分调动机关干部的积极性、主动性和创造性。率先使用电子表决系统。这些都是制度建设中的创新和亮点。

3. 制度的制定和落实确保人大各项工作有法可依，有章可循。制度、规定和办法不只是要制定出来，还要在落实当中发现问题，并不断完善和改进，使之与时俱进，切实可行。各项会议制度确保人大常委会的议事和决策机制运行流畅，确保人大坚决贯彻上级党委的各项方针政策。关于人大代表工作的各项办法确保发挥代表的主体作用，提高代表工作的质量，发挥代表依法履职的作用。全区人大代表的素质和能力不断提高，"人民选我当代表，我当代表为人民"的意识深入到代表的内心。关心群众、关心选民、踊跃提出建议、意见，为全区人民谋事创业的积极性不断提高。常委会成员联系代表、代表联系选民，使人大代表制度有了牢固的根基。对法院、检察院的监督，人大代表担任监督员、旁听法院庭审以及各项执法检查，确保全区司法和执法水平不断提高，民主和法治建设的意识进一步增强。人大开展的各项视察、检查和调研都能按计划有条不紊地进行，对政府及其各部门的工作监督和实事落实都取得了明显的效果。

（二）几点启示

1. 只有坚持党的领导，才能把人民代表大会制度坚持好、

完善好。坚持和完善人民代表大会制度，最根本的是要坚持党的领导、人民当家做主和依法治国的有机统一，其核心是坚持党的领导。在我国，中国共产党是执政党，党通过人民代表大会领导国家事务和社会事务。从党的执政目的和内涵来看，共产党执政就是领导、支持、保证人民当家做主，最广泛地动员和组织人民群众依法管理国家事务和社会事务，管理经济和文化事业。因此，只有坚持党的领导，才能真正实现人民当家做主，才能真正做到依法治国。坚持党的领导、人民当家做主和依法治国的有机统一极为重要，它是人民代表大会制度的根本原则所在。

我国《宪法》规定：人民代表大会是权力机关，国家行政机关、审判机关、检察机关都由人民代表大会产生，对它负责，受它监督，从法理的角度明确了权力机关地位的崇高性。但是从实际状况来看，人民代表大会的权力地位还有待进一步加强和完善。首先，人大的立法功能以及立法监督功能有待加强；其次，人大的司法监督功能有待加强；第三，完善人民代表大会制度，还必须进一步加强人大及其常委会自身建设。"人大代表人民选，选好代表为人民"，最终实现党的领导、人民当家做主和依法治国的有机统一。

2. 制度建设必须坚持以法律法规和上级方针政策为依据。改革开放38年，人大常委会制度建设的实践证明，只有坚持宪法及人大的各项法律法规，坚持党的改革开放的方针政策，按照全国、省、市人大的会议精神和统一安排，才能制定符合时代要求的制度和办法。为此，区人大常委会认真学习各项法律法规，请有关专家授课和自学相结合，积极参加省市的会议和培训，向全国各地人大同行学习，取长补短，加强交流和沟通，制定了许多符合法律法规要求的富有时代性、创新性、开放性的规章制度和办法。可以说，区人大常委会制定的制度是上级各项制度和办法的具体化，是贯彻上级人大制度安排和工作要求的内在需要。

3. 制度创新必须坚

崂山区十八届人大党组会议

持联系实际、联系代表、服务群众的需要。人大常委会制定的制度和办法必须来源于实践，并服务于实践。在坚持各项法律法规和方针政策的基础上，广泛征求代表和选民的意见，根据崂山区的区情和发展阶段，从人民代表和群众的实际需要出发，大力激发代表的工作热情，建立激励和奖惩机制。围绕全区的工作大局和中心任务，规范对政府及其工作部门和两院的监督，不断听取和完善被监督对象和基层单位的意见建议，坚持从群众中来，到群众中去，及时征求人大代表、党员代表和社区两委干部和社区居民的意见，使各项制度不断修改和完善，更加符合崂山区的实际，实施起来切实可行。

4. 制度建设要坚持以推进全区的中心任务和工作大局为目标。人大制度的制定既要符合法定程序，依法依规执行，又要在内容上紧贴区委的中心任务，在不同的阶段要有所侧重。做到既推进全局工作，又以点带面，纵深推进。围绕区委的五年中长期目标和年度工作重点，制定相应的年度工作目标和重点任务。为顺利完成这些任务，人大常委会制定出符合全区实际和时代要求的各项制度，从监督内容上强化支持、服务全局工作，推进全区的经济和社会文化发展，推进经济文明、政治文明和生态文明建设。

执笔人：王泽彩
审稿人：徐震宇
签发人：邵显先

崂山风景区的保护管理与开发建设

崂山区旅游发展委员会

风景区是大自然和先人留给我们的宝贵遗产，崂山风景区规划面积446平方千米，其中风景游览区面积161平方千米，绕山海岸线87.3千米。整个景区由巨峰、流清、太清、上清、华严、仰口、九水、华楼、登瀛9个风景游览区和沙子口、王哥庄、北宅、夏庄、惜福镇5个风景恢复区及景区外缘陆海景点三部分组成，有景点220多处。崂山主峰为巨峰，海拔1132.7米，是我国1.8万千米海岸线上最高的山峰。崂山作为历史悠久的文化名山，拥有深厚的历史文化底蕴，享有"神仙宅窟、灵异之府"美誉，被称为"全真道教天下第二丛林"，盛时有"九宫八观七十二庵"之说。改革开放以来，崂山风景区坚持保护先行、开发并重的原则，顺时推进景区建设，逐步改善提升景区形象，取得了良好的环境效益、社会效益和经济效益。景区生态环境进一步优化，基础设施日趋完善，服务功能不断健全，旅游环境和秩序日益文明规范，干部职工综合素质和优质服务水平有了很大提升。崂山已成为闻名海内外的风景旅游胜地和全市国民经济和社会发展的重要组成部分。

崂山主峰——巨峰

一、崂山风景区的发展历程

自 1982 年青岛崂山被国务院审定公布为首批国家重点风景区以来，崂山风景区在党的改革开放政策指引下，在青岛市委、市政府的正确领导下，以无愧于国家，无愧于时代，无愧于子孙后代的高度责任感和使命感，不畏艰辛，奋力开拓，谱写了风景区丰富生动、辉煌绚丽的发展史篇。时至今日，呈现在我们面前的崂山风景区一改往日职能分散、基础设施薄弱、保护乏力的局面，正向着一个机构健全、保护有力、设施完善、可持续发展的一流风景区阔步前进。崂山风景区先后被授予国家级"卫生山"、全国文明风景旅游区示范点、最佳资源保护中国十大风景区、全国风景区先进单位、中国风景区顾客十大满意品牌、国家级风景区综合整治优秀单位、全国文明风景旅游区、国家 5A 级旅游景区、全国文明单位和全国文明旅游先进单位等荣誉称号。从崂山风景区的改革发展历程来看，大致可以分为以下六个阶段。

（一）起步恢复阶段（1978~1988 年）

崂山自古不乏慕胜来游者，明黄宗昌《崂山志》记载："崂山虽僻处东方，赴山蹈海至者踵相接"，山东参政陈沂在《崂山记》中记述了崂山寅宾岩、白龙洞、黄山崮、观音庵等 30 余处景观。到了 1903 年，为解决从市区前往柳树台距离太远，交通不便的问题，德国人修建了台柳路，由青岛台东镇（今台东一带）起，经市区东吴家村及崂山区的保尔、河西、李村、汉河等村，止于柳树台村，这是中国的第一条公路，自此汽车可通行崂山。依托台柳路的通行，崂山游人骤增，宾馆饭店等设施也日渐增多，崂山旅游初现端倪。20 世纪 20 年代，青岛作为国内的避暑旅游胜地，吸引着国内金融业、文艺界人士夏季前来度假修养，并成为热潮，崂山也

1979 年 7 月 26 日，邓小平到崂山太清宫参观

随之成为度假热点之一，20 世纪 30 年代，沈从文、闻一多、梁实秋等到崂山探幽寻胜、度假旅游，崂山旅游业逐渐成为机关、学校和工厂开展娱乐休息活动的重要内容。

1979 年，中国吹响改革开放号角的第二年，作为旅游胜地的崂山，刚刚对游客开放，景区基础设施和条件不够完善，道路崎岖难行。7 月 26 日，改革开放的总设计师邓小平视察青岛，游览了崂山太清宫。他指出了崂山发展旅游的自然优势和相对落后的基础设施条件，要求以风景名胜资源为依托，加快发展旅游业。邓小平在视察崂山时关于崂山旅游的设想和要求，一直影响着崂山的开发和建设，不仅为崂山旅游指明了方向，也为青岛的发展增添了巨大动力。青岛市委、市政对此高度重视，同年，由中共青岛市建设局委员会发文成立崂山风景区管理机构，开始逐步实施对崂山风景区的保护管理与开发建设工作。到 70 年代末，崂山周边中高档宾馆饭店也相继建成，崂山旅游正式起步。

针对当时风景区管理体系尚未建立，许多重要风景名胜资源开发建设缺乏统一规划，并遭到不同程度破坏的状况，国家对风景区的保护管理工作日渐重视。根据城乡建设环境保护部、文化部、国家旅游局等部门的提名，国务院于 1982 年首批审定公布了包括青岛崂山在内的 44 处国家重点风景名胜区。从此崂山开始真正走出封闭，以一种全新的姿态迎接着世界各地游客，崂山风景区成了青岛旅游业的风向标。

同年，青岛市政府发文成立崂山风景区管理委员会，由市政府、原崂山县委及市有关部门领导和负责同志组成，管委会下设办公室，为县级事业单位，具体负责崂山风景区的恢复建设工作。1985 年，国务院发布了《风景区管理暂行条例》，这为风景区的保护管理提供了基本法律依据。1987 年 5 月，景区在流清河、太平宫、北九水设售票站，收取游客和车辆的景区维护费，崂山风景区管理机构逐步建立完善，崂山旅游加快发展起来。

1985~1986 年，受市政府委托，中国城市规划设计院编制完成了新中国成立以来崂山风景区第一张发展蓝图——《青岛崂山风景名胜区总体规划》，进一步加强崂山风景区规划管理工作，促进崂山风景区协调健康发展。

（二）景区创业阶段（1989~1996 年）

1989 年前的管理机构在调查、恢复风景名胜资源方面做了大量工作。但随着改革开放的不断深入和旅游业的逐步发展，当时的管理体制逐渐不适应形势发展的要求，1989年5月8日，市政府印发了《关于调整崂山风景区管理体制的通知》，决定成立青岛市海滨崂山风景区领导小组，同时撤销原青岛市崂山风景区管理委员会，成立新的青岛市崂山风景区管理委员会，为市直局级事业单位，全面负责崂山风景区的管理。

同年，管委会根据《风景名胜区管理暂行条例》和《崂山风景区总体规划》，结合景区实际，起草了《青岛市崂山风景区管理暂行办法》，进一步建立健全各项管理制度，该办法于1990年7月由青岛市政府发布实施，这一政府规章为做好景区创业阶段的各项工作发挥了积极作用。同年，景区管委会根据"严格保护、统一管理、合理开发、永续利用"的风景名胜区工作方针，提出"保护管理上水平，开发建设迈大步"的指导思想，制定了"抓南线，促北线，带中线，陆海空立体发展"的开发战略，制定了长期和近期规划目标，将有计划、有深度的开发与保护并举，对景区内的旅游资源和设施进行维护、开发和建设。

崂山风景区先后开发了仰口"天下第一寿""天上的街市"等刻石16处。在潮音瀑上新修了阶梯水库、修建内七水水库，恢复抗战胜利纪念亭，增设仰口浴场、觅天洞、聊斋故事馆、中国森林历险城等新景点。1991年4月6日，景区开发建设史上第一个大项目——太清索道建成并投入运营，这是崂山的第一条游览观光索道。

1992年，邓小平同志视察南方并发表重要谈话，党的十四大确定在我国建立社会主义市场经济体制。在新一轮改革开放政策的指引下，景区管委会确立了"风景区大穿插，游览区小循环"的近中期开发建设思路，崂山的风景名胜事业和旅游业得到了蓬勃发展。修葺一新的上清宫、明霞洞、太平宫等宗教活动场所陆续对外开放，觅天洞等新的游览景点得到开发，游览路等基础设施逐步完善，仰口索道站、海游公司等先后成立，由市区通往崂山的公共交通线路也逐步完善，景区陆海空立体发展的旅游格局初见端倪。

同年，景区管委会代管崂山林场，景区真正实现了封山育林。之后，崂山林场被林业部正式批准为国家森林公园，景区的林业开始由用材林向风景林、生态林的方向转化。1993年5月，《青岛崂山风景名胜区总体规划》经国务院批准，明确青岛崂山风景名胜区包括崂山、市南海滨、石老人礁岩、薛家岛沙滩四个景区，总面积为479.9平方千米。崂山风景区的范围包括巨峰、登瀛、流清、太清、上清、棋盘石、仰口、北九水、华楼9个风景游览区，沙子口、王哥庄、北宅、惜福镇、夏庄五个风景恢复区及景区外缘陆海景点三部分，面积共446平方千米，其中游览区面积161平方千米。

1994年，景区拓宽整修了流清河-垭口、大崂-北九水、惜福镇-仰口3条旅游干线公路。新建、改建流清河、仰口等停车场6处，崂山旅游基础设施进一步完善。同年，崂山风景区被国家建设部授予国家级"卫生山"称号，标志着景区的环境卫生管理达到了一个较高的水平。

安全是旅游的生命线，崂山风景区不断加大安全管理投入力度，1995年，投资400余万元用于各类安全防护设施建设，新建各种国际化、标准化警示牌200余个。1996年，围绕创建国家级"安全山"，开展消防治理、"三五"普法、"严打"、控制重特大事故等活动，景区旅游安全工作呈现良好态势。同年，根据市政府统一部署，景区集中对太清游览区的环境容貌进行专项治理，清理违章设施，整修破旧摊点，进一步改善了整体环境状况。

同年，青岛市投资2000万元，在太清宫近海建码头一座，开辟了青岛市区由海上乘船进入崂山的海上交通线，以及太清、仰口、八仙墩3条向青岛市区、近海岛屿和沿海景点的海上旅游线，正式开启"海上看崂山"的崭新一页。

（三）夯实基础阶段（1997～2000年）

党的十四届六中全会以后，青岛市委、市政府对风景区精神文明建设的阵地作用更加重视。1997年，全市精神文明建设工作会议提出了"一山、一湾、三区、三线"的精神文明建设总体框架，把崂山推向全市精神文明建设的示范区域和领先地带，为景区发展提供了新的契机和动力。同年，崂山风景区开展了创建国家"文明风景区"活动，下大气力整顿景区旅游秩序，提高干部职工队伍素质，全面树立了景区作为全市精神文明窗口的良好形象。

到1997年底，景区管委会设办公室、计划财务处、政工处、规划建设处、卫生处、景保处等14个处级单位和海滨浴场管理处等2个副处级单位，流清、太清、仰口、北九水、华楼5个基层管理处和太清索道站、聊斋故事宫等22个科级事业单位，景区管理机构进一步理顺、完善，景区各项工作运转规范、顺畅。

党的十五大召开以后，旅游业作为支柱产业、朝阳产业迅猛发展，中央及省、市都提出：把旅游业作为新的经济增长点，摆在重要战略位置来规划和发展。这为景区实现更快、更高水平发展提供了新的机遇。1998年，景区管委会提出"夯实基础，规范管理，重点开发，树立形象"的基本思路，成立了景区首个文化研究机构——崂山文化研究会，开展了首次大规模的风景名胜资源普查，制定实施了风景林规划。崂山风景区内部管理机制改革逐步展开，宣传促销引入市场机制，景区发展进一步步入规范化发展轨道。

为使崂山旅游业发展壮大，1998年，从石老人国家旅游度假区起，至大崂村，修筑了一条二级公路，由南到北纵贯崂山腹地；改造了垭口-仰口、大崂-一水等路段，形成了贯通崂山整个景区的旅游公路网络。1999年，崂山风景区历史上最大的开发建设项目——巨峰游览区开发正式启动，逐步建立了环顶石阶道路、"八卦门""山门"等设施，崂山的自然资源和人文资源在这里得到充分的融合和展现。巨峰游览区的开发不仅充实了崂山的旅游内涵，开辟了崂山旅游发展的新境界，也为全市发展旅游特色经济拓展了新的空间。"海上名山第一"的巍峨画卷徐徐打开，"问顶"崂山之旅正式向世人开启。

旅游业拉动作用的显现使风景区出现了一种盲目追求经济利益的思潮。为了统一在景区发展方向等重大问题上的思想认识，1999年底，景区管委会邀请国内知名专家学者和有关领导召开崂山风景区可持续发展战略研讨会，为景区在21世纪的可持续发展提供了正确的理论指导。

自1998年全国开展创建文明风景旅游区活动以来，崂山风景区围绕环境整洁优美、基础设施齐备、服务热情周到、经营文明守法、资源保护完好等标准，认真组织开展

崂山"海上名山第一"石刻

创建活动，1999年1月，崂山风景区被建设部正式授予"文明风景区"称号。2000年，被中央文明办、建设部、国家旅游局授予"文明风景旅游区示范点"称号，并通过了国家旅游局组织的"国家AAAA级旅游景区"评定，标志着崂山风景区开始步入全国一流风景区行列。

（四）深入推进阶段（2001～2006年）

我国加入世贸组织，北京申奥成功，青岛成为北京2008年奥运会伙伴城市，这为崂山风景区带来了新一轮的发展机遇。2001年，景区管委会结合全市迎奥工作主题，及时制定实施了以"四大工程"（旅游形象工程、绿色保护工程、深度开发工程、基础建设工程），"三山建设"（生态崂山、文化崂山、文明崂山）为主体的迎奥发展规划。为加快管理服务工作与国际接轨的步伐，景区全面开展ISO 9001和14001管理体系的认证工作，并于2005年6月一次性通过认证。

2002年以来，青岛市委、市政府提出实施以"山、海、城、文、商"为主体的旅游发展带动战略。根据这一战略，景区管委会全面实施"两大深度开发"工程（自然景观与文化内涵的开发）。为加强景区历史文化研究，景区与山东大学共建了山东省东方文化研究院、崂山康城书院和东方文化研究基地，搭建起文化研究平台，全面提升景区的文化影响力。投资近3亿元，对巨峰游览区、北九水游览区进行了深度开发，改变了长期困扰景区发展的"山脚游""擦边游"现象。完成了"华藏世界"工程建设，法显文化广场对外开放。规划建设了近3万平方米的停车场，至2005年，景区设有大河东停车场、垭口停车场、棋盘石停车场、仰口停车场、北九水观崂停车场等15处停车场，整修了80余千米的旅游道路，全面完成了景区标识系统建设，大大提升了景区的旅游文化内涵和吸引力。

为充分发挥崂山风景区的功能优势，促进其快速发展，2002年7月，青岛市委、市政府对崂山风景区的管理体制作出调整，确定青岛市崂山风景区管理委员会为市政府派出机构，成立中共青岛市委崂山风景区工作委员会，为市委派出机构，全面负责景区内的行政执法、规划建设、资源保护利用、植树造林、护林防火等工作，并确立了在景区的行政执法主体地位，为实现崂山风景区的统一管理提供了重要保障。

2004年4月，景区规划修编工作启动。同年7月，景区行政执法局（前身为执法大队）成立。配合《山东省风景名胜区管理条例》的颁布实施，制定出台了《崂山风景区执法责任分解》，编印了《行政执法手册》，全面规范和落实了景区的行政执法职能。至 2005 年，委员会设有办公室、规划处、景保处、综合治理办公室、企业处、审计处、旅游处、崂山林场、市场中心、行政执法局等 16 个工作机构，辖巨峰、登瀛、流清、太清、上清、棋盘石、仰口、北九水、华楼 9 个游览区管理处，风景区的管理工作更加全面、高效。

（五）工作提升阶段（2007～2011 年）

2007 年 6 月，市委、市政府从理顺崂山风景区管理体制的大局出发，组建了新的青岛市崂山风景区管理委员会，由分管建设工作的副市长兼任管委会主任，主要负责崂山风景区工作的组织、指导、协调和监督。在原崂山风景区管理委员会的基础上组建崂山风景区管理局，负责 161 平方千米核心景区内风景名胜资源的保护、利用和统一管理；管理局与崂山区合署，受管委会和崂山区双重领导，以崂山区管理为主，不再作为市委、市政府派出机构，崂山风景区管理机构自成立以来先后经历了 5 次大的调整。

2011 年，崂山风景区被授予"国家 AAAAA 级旅游景区"称号

崂山素有"海上名山第一"的美誉，是全市最为宝贵的旅游资源。2006 年国家旅游局发出在全国开展 5A 级旅游景区评选工作，为充分发挥崂山风景区在全市旅游中的龙头带动作用，崂山风景区以争创 5A 级景区为突破口，坚持标本兼治、专项整治与综合治理相结合的原则，以整顿和规范导游服务、经营秩序、旅游安全、交通秩序为重点，全方位提升景区整体管理水平。同时，崂山风景区还在各窗口设立文明监督岗，自觉接受社会监督，通过培育"流清快通""九水情长""党员服务在线"等一批在全市叫得响的服务品牌，推行"星级服务""岗位服务明星"等一系列文明服务

举措，不断提升景区的满意率和美誉度。2009 年 3 月，在第二批全国文明风景旅游区表彰大会上，崂山风景区获得"全国文明风景旅游区"称号，真正实现了从"全国创建文明风景旅游区工作先进单位"到"全国文明风景旅游区"的新跨越。2011 年 1 月，崂山风景区正式被国家旅游局授予"国家 AAAAA 级旅游景区"称号，青岛市自此拥有了首个国家 5A 级旅游景区，崂山风景区人性化、精细化、数字化管理水平有了质的提升，实现了服务工作的又一次嬗变。

（六）创新发展阶段（2012 年至今）

党的十八大召开以来，崂山风景区深入贯彻落实党的十八大、十八届三中、四中、五中、六中全会和习近平总书记系列重要讲话精神，按照市委、市政府打造青岛旅游形象和效益龙头的要求，紧紧围绕"三大战略平台"建设，2012～2016 年，相继实施十大重点工程和七大品质升级行动，大力建设"美丽崂山"，推动景社融合发展，着力打造国内一流风景区，构筑全域旅游新格局，崂山风景区呈现出健康快速发展的良好态势。2016 年，崂山风景区成功入选全国文明旅游先进单位，成为全国首批、山东省唯一上榜风景区。同年，崂山区被评为国家首批全域旅游示范区创建单位。

为全面落实区委、区政府全力打造"金融城、科技城、风景区"三大战略平台工作部署，加快崂山风景区企业化运作步伐，推进景区由"门票经济"向产业经济转型，2013 年，崂山风景区管理局充分发挥景区资源资产优势、组建青岛崂山旅游集团有限公司。集团自成立至今，经过多年市场化运作，逐步发展并跻身山东旅游 20 强，成为崂山现代旅游业发展的重要平台和建设投资主体。

立足加快推进崂山风景区建设，开创崂山特色旅游之路，2013 年景区以打造南北两条黄金游览线和精品旅游景区为重点，实施了崂山游客服务中心建设、北九水旅游专用路建设、太清广场综合改造等十大工程，显著提升崂山旅游形象。充分利用 2014 年青岛举办世园会的有利契机，紧紧围绕景区旅游品质升级这条主线，全面实施战略规划、资源管护、项目建设、产业发展、文化景观、管理服务、人才队伍七大升级行动，推进景区旅游品质实现脱胎换骨式转变。

面对促进景区内社区经济发展、改善民生的新课题，景区创新实施景社融合发展，2015 年先后出台《关于推动景区与社区融合发展实施意见》《景区生态资源保护奖补考核暂行办法》，进一步完善利民举措，共享旅游发展成果。党的十八大提出建设美丽中国，党的十九大确定实施乡村振兴战略，景区按照中央和省、市、区的部署要求，发挥旅游集团平台优势，与社区建立合作模式，引入行业名企，高标准规划建设田园综合体、郊野公园，致力打造一批宜居、宜业、宜游的美丽乡村和特色小镇，大力发展农事采摘、农家体验、主题庄园等休闲农业，推进农旅结合、产村相融，探索独具崂山特色的乡村振兴发展之路。

为深入推进供给侧结构性改革，抢抓青岛获批国家级旅游业改革创新先行区和崂山区获批国家全域旅游示范区创建单位机遇，2016年制定出台了《关于加快一流风景区建设积极构筑全域旅游格局的实施意见》，按照"一二三四"发展战略，大力实施"美丽崂山"和"上山下海"战略，推动景区旅游向全域旅游转变，门票经济向产业经济转变，传统观光向休闲度假转变，加快打造国际知名、国内领先的一流风景区。2017年，崂山区在全省率先成立区县级旅游发展委员会，将崂山风景区管理局、崂山区旅游局、青岛市啤酒节办公室、青岛石老人国家旅游度假区管理委员会进行整合，实现由"多头化管理"到"一体化运作"的升级转变，极大地激发了旅游发展活力，提升了区域影响力，崂山全域旅游迈出崭新步伐。

为切实加强崂山风景名胜区的保护、利用与管理，2017年，市委、市政府决定，调整崂山风景名胜区管理体制，将青岛市崂山风景区管理委员会更名为青岛市崂山风景名胜区管理委员会，办公室设在市城乡建设委，具体负责崂山风景名胜区管理工作。将青岛崂山风景区管理局更名为青岛市崂山风景名胜区管理局，与崂山区政府合署，主要负责崂山和石老人礁岩的规划、管理、保护、利用等，依据《风景名胜区条例》行使行政执法权。通过此次机构调整，进一步完善了机构建

崂山太清宫

设，强化了人员配备，有力促进崂山风景名胜区工作再上新台阶。

二、经验启示

多年来，在党的方针政策指引下，在社会各界的关心支持下，崂山风景区坚持解放思想，务实创新，以逢山开路、遇河架桥的精神，努力打造享誉海内外的一流风景区。在景区保护管理与开发建设过程中，积累了一些有益的经验和做法。

（一）坚持集中整治防患未然，以全面措施强化资源保护

始终把"严格保护"作为风景区恒久不变的工作主题。崂山风景区设立初期，受当时经济发展水平和思想观念滞后的制约，加之管理职能不健全，景区保护管理工作举步维艰，景区内开山采石、偷伐林木、违法违规建设等问题突出，风景名胜资源破坏非常严重。1989年新一届景区管委会成立后，全面加强资源保护组织机构和队伍建设，设立了专门的资源保护部门——景保处，在各游览区设立了资源保护检查站，开始由内到外，有层次、有重点地综合整治，先后关停了北九水、观崂、砖塔岭等共80余处采石场点。2001年，在市委市政府和有关部门的大力支持下，开展了有史以来最大规模的开山采石整治行动。景区设立初期，大大小小的采石场点多达180余处，到1999年减少到120处，到2001年已全部关停。2002年7月，景区成立专门机构，持续加大资源保护管理力度。2017年，景区按照中央和省、市部署要求，深入践行绿色发展理念，结合环保督察问题整改，强力推进"六个一律"专项行动，拆除核心景区违法建设3.2万平方米，过度商业化设施5100余平方米；全面启动53个废弃采石坑治理，统一拆除海岸线存量鲍鱼池，整治迁移散乱墓地，农村社区生活污水接入管网或模块处理，并实施清洁能源改造，全面提升景区环

崂山风景区森林消防专业队进行防火巡查

境保护水平。近年来，多次组织开展古树名木调查，建立古树名木管护网络，建立古树名木四季档案 700 余份，救治复壮古树 100 余株，先后多次组织专家对遭受病虫害的古树名木进行有效救治，建成重点古树名木防雷系统，出版了《崂山古树名木》画册。2013 年，2100 岁太清宫汉柏凌霄跻身国家"百株传奇古树"行列。自 1998 年以来，相继组织开展了崂山风景名胜资源普查、崂山植物资源多样性调查和森林资源调查等，为科学保护积累了非常有价值的第一手资料。景区历来重视立法工作，2016 年，《青岛市崂山风景区条例》经山东省第十二届人大常委会第二十三次会议审议通过正式颁布实施，为景区资源环境保护利用提供重要依据，依法治景取得新的突破。景区设立之初，崂山林场仍主要致力于用材林、防护林的经营，1992 年崂山林场归景区代管以后，景区管委会及时调整林业发展思路，严格禁止林木采伐，大力开展封山育林，景区林业逐步向风景林方向转化。景区大力投入资金，加强对林木的抚育管理，大力调整林木结构，制定实施了以"七线五林"为主的科学规划，景区森林生态景观得到极大丰富，以沿黑海松风景林、高山落叶松风景林以及丰富多彩的观叶、观花、观果风景林为主的四季不同、各具特色的森林景观已初步形成。完成巨峰、太清等林相提升工程，建成太清、巨峰植物科普长廊，显著提升景观品质。为切实保护好景区的"绿水青山"，近年来，景区不断加大力度全面做好森林防火工作，健全森林防火责任体系，新组建 200 人专业森林消防队伍，建立"三级责任追究"和"五级督查"机制，新建 40 余处"三位一体"森防检查站、高山护林房和水灭火设施。编制核心景区地质灾害防治方案，完成流清、太清游览区等地质灾害整治工程，治理加固危岩体和隐患点 28 处。2016 年，崂山风景区凭借空气质量好、生态环境优越、旅游设施齐全、服务管理规范等，成为首批"中国天然氧吧"。

（二）坚持着眼长远高点定位，以一流标准建设精品工程

景区基础设施和旅游服务功能经历了由薄弱到健全、从低层次向高档次、从单一功能向综合功能转变的过程。景区设立之初，由于资金匮乏，景区基础建设几近空白，道路交通十分不便，崂山丰富的资源处于"养在深闺人未识"的封闭状态。进入 20 世纪 90 年代后，景区管理机构不断加大基础建设投入，景区基础设施档次不断提高，旅游功能逐步完善，景区面貌发生了可喜变化。道路交通方面，按照"风景区大穿插、

游览区小循环"的旅游规划思路,对景区交通环境分阶段进行综合整治和全面改造,景区内及进出景区的车行路由过去的土路、碎石路,全部达到省二级公路标准,景区旅游交通更为便捷、通畅。特别是近年来,在各主要入口、游客服务中心及游览区入口处选择合适位置,建设与环境相适宜的生态停车场。目前景区建有停车场18个,可提供6000余车位,在旅游旺季可以基本满足需求。引进欧Ⅲ标准旅游观光车160余辆,参与景区主要的南线、九水线、巨峰线运营,有效解决内部交通瓶颈问题。先后建成九水旅游专用路、巨峰游览路、仰口旅游路和太清老子路,建立起便捷高效的内部交通网络,景区道路交通环境得到有效提升。在标识导览方面,景区委托中央美院,对七大游览区标识导览系统进行系统性的规划与设计。共设置道路指示类、综合说明类、常规点位指示类(含提醒、关怀、警示、古树名木等)三大类标识牌2000余块,其中道路指示牌200余块、综合说明牌110余块、常规点位牌1800余块,大大增强了景区自助旅游功能。在规划建设方面,2004年启动景区总体规划修编工作,2017年修编工作已完成,成果上报省住房城乡建设厅。先后完成景区"上山下海"总体战略规划、核心景区基础配套设施专项规划编制,流清游览区出入口、仰口游览区出入口、巨峰山顶服务区详细规划启动编制,景区科学规划体系逐步建立。在配套设施方面,2014年,具有国内一流水准的崂山游客服务中心建成投入运行。景区南北黄金线综合整治全面完成,新建流清河检查站、九水栈道、仰口停车场和巨峰小循环路,完成太清环境品质再造、流清河至垭口线缆入地、九水旅游路整修、八水河水库整治、巨峰游览区整修等工程,太清检票站、仰口售检票站、垭口服务区、内三水广场等精品项目相继完工,景区面貌焕然一新,品质显著提升。在智慧旅游方面,作为传统旅游行业的纵向延伸,智慧旅游发展需求越来越旺,新形势下,崂山风景区不断加大智慧景

具有国内一流标准的崂山游客服务中心投入运行

区投入力度，相继建成景区电子商务平台、云计算中心、主要景点二维码导览、720度全景展示系统、太清游览区3D模型及客流动态分布采集系统，游客主要聚集地实现无线网络全覆盖，智慧景区管理系统投入应用，崂山风景区正积极走上用新科技创造旅游新体验，用智慧旅游引领旅游新时代的发展路子。

（三）坚持创新思路多措并举，以市场运作带动产业集群

景区设立以来，在严格保护的前提下，积极致力于风景名胜资源的合理利用，尤其进入20世纪90年代以来，根据市委、市政府提出的把旅游业作为支柱产业发展的总体要求，景区管委会整合并充分发挥崂山的资源优势，加快推进深度开发，为国民经济和社会发展做出了积极贡献。在自然景观开发方面，新建了北九水、华楼两个游览区的生态旅游循环线，方便了游客进入崂山腹地游览观光，极大地丰富了景区游览内容。按照生态型、高品位、出精品的思路，完成了巨峰游览区的深度开发，从根本上改变了崂山"擦边游"的不利格局。在文化内涵发掘方面，坚持"尊重历史、修旧如故"的原则，修复了太清宫、太平宫、华严寺、蔚竹观、华楼宫等古庙宇，恢复了华严寺的佛教活动。邀请国内著名专家学者参与了巨峰游览区、北九水游览区文化景观的设计，赋予了景区以丰富的文化内涵。在产业培育发展方面，自2013年崂山旅游集团组建以来，按照"盘活存量、创新增量、高效管理、塑造品牌"的工作思路，利用国有企业的自身优势，充分发挥市场配置资源决定性作用，大力发展旅游服务、旅游商业、旅游开发等业务，先后建成太清商贸综合体、仰口微澜山居酒店和崂山客服中心商场。以"仙居崂山"为统领，精心设计打造养生、度假、休闲产业品牌，推动美丽崂山特色小镇建设，仙居崂山东麦窑主题文化民宿一期、二期相继投入运营，有效推动景区传统村落升级保护和旅游发展。为积极

"仙居崂山"东麦窑文化主题民宿

壮大旅游产业链，崂山旅游集团以混合所有制改革为契机，拓展投融资渠道，引进祥源控股等国内优秀旅游企业，合作打造大河东文化旅游小镇、马鞍子精品酒店、太清综合服务区等项目；投资成立海上游览公司，建设流清、太清、八仙墩、华严寺、仰口等码头，开发仰口沙滩浴场，开通海上游航线，加快推进海上、岸线旅游开发。2016年成功举办首届"崂山100千米国际山地越野赛"，为打造青岛顶级体育赛事奠定坚实基础。景区企业化、多元化发展迈出坚实步伐，"吃住行游购娱"全产业链日益完善，崂山大旅游格局逐步形成。

（四）坚持以人为本明确责任，以科学管理营造舒心环境

20世纪80年代，随着市场的放开搞活，景区内居民纷纷转向以旅游业为主的第三产业，但在当时景区组织机构不健全、监督管理不到位的情况下，市场经营秩序十分混乱，由此引发的治安纠纷不断。同时，安全防护设施极为缺乏，旅游安全得不到有效保障。针对旅游秩序存在的难以根治的问题，在各主要游览区设立了公安派出所，设立警管区和值勤点，在景区形成了由点到面、动静结合的治安网络体系。1999年组建了景区城管大队，2004年设立了景区综合治理办公室，与公安、工商等部门联合开展集中治理，收到明显效果。为进一步调动各方力量，形成有利于崂山风景区保护和发展的协调、畅通的工作机制，2008年，建立崂山风景区联席会议制度，强化信息互通、形成工作合力。近几年，随着景区游客量持续增长，针对"五一""十一"等旅游高峰期，在崂山风景区联席会议制度基础上，2015年成立区政府和景区管理局联合总指挥部，建立节假日"1+1+4"（1个联合总指挥部，1个景区外围指挥部和4个片区指挥部），指挥体系坚持"打堵疏"结合，大力整治旅游秩序；在景区南线创新实行"两段式"（景区南线分为流清至太清，华严至仰口两段独立运行。）运行模式，

崂山风景区旅游生态厕所

显著改善旅游旺季景区交通状况。建立健全景区应急指挥体系，组建了新的应急值守专业队伍，应用智慧舆情软件，提升舆情监控和应急处理的效率和质量。开通 96616 崂山风景区咨询服务热线，以游客诉求为导向，全天候 24 小时为游客提供咨询、投诉、求助、应急等各类涉旅热线服务，这也是全国旅游景区中唯一的短号热线。同时完善旅游投诉机制，建立投诉回访、快速处理先行赔付等制度，设立 10 万元投诉准备金，优先解决消费纠纷，重大节假日景区实现"零有效投诉"，游客满意度保持较高水平。各游览区严格执行全日保洁、跟踪保洁等制度，按照国家一类标准保持景区公厕设施用品齐全、干净整洁。大力推进景区管理和服务标准化、规范化建设，景区管理服务精细化、智能化水平持续提高，被评为"山东省诚信旅游示范单位"称号。进一步完善安全生产监管运行机制，严格落实安全生产领导责任、监管责任和主体责任，科学测定景区最大承载量，实行网格化运行监管机制，重点对客运索道、旅游观光车及山体等进行常态化检查维护。严格落实重大活动人员密集场所防踩踏措施，景区旅游安全保持"零事故"。2015 年，为全面贯彻落实国家、省、市的总体部署要求，崂山风景区以推进"旅游厕所革命"、提升崂山旅游品质为目标，与中国光大置业合作，创新实施了生态厕所标准化建设行动，先后新建改建景区周边及主要旅游路沿线 38 座标准化生态厕所。崂山旅游厕所工作探索走出了"政府引导、企业建管、以商养厕、游客共创"的新模式，2016 年，崂山风景区先后获得 "厕所革命最佳景区" 和 "厕所革命十大典型景区" 称号，"崂山标准"被写入中国国际智慧城市发展蓝皮书。

（五）坚持特色突出主题鲜明，以文化宣传凝聚发展优势

景区设立初期，对外宣传仅限于新闻报道，市场意识较为缺乏。随着社会主义市场经济体制的建立，景区管理机构开始转变过去那种等客上门的经营理念，有针对性地制定促销策略，主动面向市场开展宣传促销工作。1998 年，首次与旅行社等单位达成优惠协议，共同开拓客源市场。除了报纸、电视等传统媒体外，随着新媒体的诞生，旅游营销正形成全媒体营销的新格局，特别是 2012 年以来，随着移动互联网、微博、微信等的广泛应用，为景区宣传营销带来了新的机遇。为加大景区推介力度，建立崂山风景区微博、微信公众号，充分发挥自媒体平台作用，广泛宣传报道景区动态、特色资源等。近年来，结合社会热点，组织开

展了"山盟海誓–情定崂山""发现崂山之美""塑造艺术走进崂山"等活动,"太清水月"被央视新闻评为"中国最美赏月地"景区类第一名,以高密度、高品质的新闻视角展现景区魅力。截至目前,景区微博、微信公众平台关注人

游客有序检票通过

数近 200 万人,崂山风景区知名度、美誉度显著提升,成为"五一""十一"等节假日全国重要的旅游目的地。为深入挖掘崂山历史文化资源,2014 年景区管理局成立文化处,具体负责景区文化工作的保护与弘扬,精心组织了崂山道韵、崂山武术驻场演出、制作《崂山道韵》系列音乐,培育打造崂山精品文化品牌。围绕历史、宗教、民俗等内容,成功举办"崂山论道""太平晓钟祈福"、天下螳螂拜祖庭、华严寺庙会等文化活动,形成具有吸引力的文化符号。策划推出"崂山魂·中国山水画家画崂山创作写生行""崂山十大特色景点(资源)"网络评选等主题活动。与中央电视台等合作拍摄 6 集大型纪录片《崂山》、38 集电视连续剧《崂山道士外传》、动漫系列片《崂山传奇》等影视作品,进一步强化景区文化传播能力。宣传促销工作的成功开展,形成了景区客源市场有层次拓展的新格局,崂山风景区年接待游客由 1990 年的 130 万人次,到 2017 年达到 365.6 万人次,增长了 181%。崂山由偏处东海一隅、"养在深闺无人识",逐步成为闻名海内外的风景旅游胜地。

(六)坚持景社互动双促双赢,以创新思维助推融合发展

崂山风景区内社区、居民数量较多,与景区联系密切的社区 35 个,居民 33000 余人,其中位于核心景区且在游览区售票口以内的社区 13 个,居民 11000 余人。景区与当地社区的发展息息相关,但长期存在不协调、不平衡,形成和积累了一些矛盾点,随着景区发展步伐不断加快,社区群众在经济、社会、生态建设等方面的发展需求和期待更加强烈,一些矛盾和问题愈加突出,在一定程度上成为困扰景区健康平稳发展的

瓶颈。为努力破解景区深层次发展难题，探索景区内社区经济发展、民生改善的新途径、新模式，2014年，景区管理局成立社区工作处，统筹推进景区社区融合发展。2015年出台了《关于推动景区与社区融合发展实施意见》，从旅游产业、社会民生、旅游文化、资源环境、管理水平等五个方面推动景区和社区融合发展。为充分发挥奖补激励作用，让景区居民共享旅游发展成果，景区管理局随后出台《景区生态资源保护奖补考核暂行办法》，每年从门票收入中拿出2000余万元，对景区内社区集体和居民个人进行奖补，同时对社区基础设施建设给予支持。始终坚持为社区居民办实事，解难题，相继推出延长居民班车运行时间及线路、改善居民进山通行管理、增加居民就业机会、延长工作年限等利民政策。建立景区社区"三级帮联"工作机制，与相关社区结成帮扶对子142个。注重加强与社区互动，组织开展"景社一家人"主题系列活动，每年暑期为社区在读大中专学生提供暑期社会实践岗位，组织开展社区居民免费游崂山、景社融合活动，共有20个社区上万名居民参加了此次活动。为营造良好的市场竞争环境，维护规范有序的乡村旅游秩序，2015年3月份，成立崂山风景区旅游商会，制订商会会员诚信公约，定期进行产品价格、食品卫生、服务品质等检查与考核，组织开展"诚信经营、优质服务"倡议活动等，加大"门票+农户"系列特色游产品包装和宣传推广力度，利用景区官网和崂山旅游集团电商平台，免费推介社区旅游产品引导景区内业户互助互利、有序竞争，维护良好旅游市场。实施乡村振兴战略，是党的十九大明确提出的重点战略部署，崂山区紧抓发展机遇，围绕乡村振兴先行区的打造，制定崂山乡村振兴三年行动计划，引入顶尖专业设计团队，以郊野公园建设为抓手，全面提升美丽乡村建设水平，高标准规划建设花花浪子、凉泉、标山等8处郊野公园。大力培育特色乡村文化旅游产品，大力发展智慧乡村游和精品民宿，推进特色旅游小镇建设，加快推进实现农业农村产业兴旺，社区居民生活富裕的根本目标。

执笔人：唐丽媛

审稿人：朱　岗

签发人：牟广明

崂山区社区"司法工作室"建设

崂山区司法局

社区司法工作室伴随着新时期社会主义民主法治建设不断加强而逐步发展起来，是适应城乡经济发展、社会稳定、精神文明建设的需要探索实践而建立的，是完善司法行政组织体系，夯实基层基础工作的重要一环。2002年8月，司法部在上海召开了"全国大中城市社区法律服务工作座谈会"，对组织大中城市律师、公证、基层法律服务、法律援助、法律服务志愿者队伍进入社区，为社区居民提供法律服务工作作出了部署，提出加强律师、公证、基层法律服务和法律援助工作面向基层、面向社区、面向群众服务的功能。这次会议首次提出"法律服务进入社区"的概念，并对基本内容作了初步阐述。经过多年创新实践和探索总结，2013年9月30日，区司法局印发《关于在新型社区建立"司法工作室"的通知》（崂司法〔2013〕42号），从此，社区司法工作室建设在崂山区蓬勃展开。

一、社区司法工作室建设的时代背景和发展历程

（一）社区司法工作室建设的时代背景

当前，我国经济发展，政治稳定，民族团结，社会进步，综合国力不断提升，各项事业兴旺发达，人民生活进一步得到改善，全党全国各族人民正向全面建成小康社会的宏伟目标迈进。但是，随着改革的深化、开放的扩大、体制的转换和利益格局的不断调整，产生了一些新情况、新问题和新矛盾。及时消除和化解各种不稳定因素，事关改革发展稳定大局，事关维护人民群众的根本利益，事关国家的长治久安，是各级党

委政府面临的一个新的重大课题和重大政治任务。作为司法行政系统最基层工作机构的司法所，履行着指导人民调解、开展社区矫正、安置帮教、法制宣传、依法治理以及指导开展法律援助和法律服务、协助基层处理社会矛盾纠纷、参与社会管理综合治理、完成街道交办的维护社会稳定的有关工作 9 项职能，"上面千条线下面一根针"，职能多、力量少的矛盾非常突出。2008 年以来，针对基层司法所工作面广量大、任务繁重的现实，崂山区司法局以深化基层社会治理为契机，勇于正视司法所面临的困难，主动寻求突破，建设司法所职能延伸的阵地——社区司法工作室。司法工作室扎根社区，通过整合司法行政职能，依靠社区自治组织成员、人民调解员、普法宣传员、法律服务志愿者、社区矫正（安置帮教）志愿者以及区司法局的派驻力量等，在司法所的业务指导和社区的统一协调下，把分散的力量集中起来，把自发的活动规范起来，整合社会资源开展司法行政基层基础工作，将司法行政服务管理的触角延伸到基层，实现服务阵地前移、工作重心下移。

（二）社区司法工作室建设的发展历程

1. 起步发展阶段。 2008 年 12 月 30 日，崂山区司法局印发《关于建立社区安帮矫正室和社区司法工作室的意见》（崂司法〔2008〕48 号），依托社区警务室建立社区安帮矫正室，依托社区居委会建立社区司法工作室，标志着司法服务下基层决策的初步形成。为进一步发挥基层司法行政工作服务人民群众的职能优势，整合职能资源，服务和保障基层社会和谐稳定，切实为人民群众提供更多、更优质的法律服务及法律保障，推进司法行政工作向社区拓展和延伸，实现司法行政工作全区覆盖，崂山区司法局于 2013 年 9 月 30 日印发了《关于在新型社区建立"司法工作室"的通知》（崂司法〔2013〕42 号），决定在崂山区中韩街道埠东等 15 个社区建立"司法工作室"，并将其作为 2013 年司法行政工作试点任务之一，全面推动落实。司法工作室按照司法行政工作职责，建立健全各项规章制度，积极开展法律宣传、人民调解、法律咨询和服务、法律援助、社区矫正和安置帮教等活动。通过建立社区司法工作室，进一步加强基层司法行政工作，为广大人民群众提供及时、便捷、高效的法制宣传、法律服务和法律保障，为全面改善民生、促进基层社会和谐稳定发挥积极的作用。社区司法工作室以党的十八大、十八届四中全会会议精神为指导，全面落实科学发展观，坚持服从和服务于维护稳定的大局，通过加强社区司法工作室建设，进一步将司法工作的服务职能向基层延伸，满足人民群众的法律需求，及时、有效排查化解各类矛盾纠纷，切实维护社会稳定，着力提升崂山区法治建设的质量和水平，为打造"平安崂山"提供和谐稳定的社会环境。社区司法工作室在区司法局统一指导下挂牌成立，由基层司法所管理、指导和监督；司法所对工作室的工作进行统一部署，并与有关部门协商，为司法工作室提供办公场所，办公设施，办公用品等；工作人员由社区调解委员会人员担任，同时可吸纳一部分热心社区公益、政治意识强、具有一定法律基础和社区工作经验的志愿者，调委会主任兼任司法工作室主任；社区司法工作室与法律工作者相衔接，保证每个社区司法工作室配备一名法律工作者，参加社区矛盾纠纷的排查和调处工作，开展便民法律咨询、上门为居民提供各种法律服务等活动。

社区司法工作室职责概览：

（1）协助司法所、社区居委会开展法制宣传教育和依法治理工作。

（2）负责人民调解和矛盾纠纷排查调处工作。

（3）开展法律服务工作。组织、协调社区法律顾问为群众解答遗嘱、继承、赡养、婚姻等方面的咨询，为群众起草合同、办理公证事项、申请法律援助提供帮助。

（4）开展社区矫正和安置帮教工作。在司法所指导下，协助做好社区矫正和安置帮教对象的教育监督管理，掌握刑释解教人员、社区矫正对象的详细信息，落实定期报告、排查、走访等措施；受司法所委托组织社区矫正人员开展教育学习、社区服务、谈心谈话以及社会调查等活动；核实登记刑满释放人员信息，及时衔接帮教。

（5）接受司法所、社区居委会指派，做

司法行政工作室职责

好社区综合治理和法治社区建设等其他工作。

2013年10月18日，为了贯彻落实社区管理创新，加强新型社区"司法工作室"建设，完善"司法工作室"职能，为民开展便捷服务，区司法局在中韩街道埠东社区服务中心召开"新型社区'司法工作室'观摩培训会"，通过观摩及培训的形式，围绕人民调解、安置帮教、普法宣传、法律援助、公证事项等服务项目，对全区4个司法所以及中韩、沙子口15个新型社区服务中心"司法工作室"负责人等70余名相关工作人员进行了业务培训，以此全面推动加强"司法工作室"建设，完善工作职能，强化工作流程，规范工作制度；通过授课，使大家掌握业务知识，提高业务能力和水平，尽快为社区群众提供便捷、高效、优质的法律服务。崂山区委常委、政法委书记杨聚钧对此次培训活动十分重视，亲临现场视察指导，对全区"司法工作室"建设取得的成绩给予充分肯定。区委政法委副书记、区司法局局长高维臣对下一步社区"司法工作室"工作提出了具体要求，要求参训人员要以先进为榜样，抓实基层"司法工作室"工作；要求各社区要结合各自特点，做出特色、创出亮点，早出成果、早出经验，力争使"司法工作室"工作再上一个新台阶，为"平安崂山、法治崂山"建设做出贡献。至2013年底，崂山区15个新型大社区服务中心、158个社区全部建立了"司法工作室"，实行"三统一"原则，即统一标识，制作司法"标准徽章"；统一主题，确定"践行法助人和理念、推进法治崂山建设"主题；统一运行制度，让工作在"阳光"下运行。加大资金投入，先后投资30余万元，加强"司法工作室"硬件建设。创新模式，打造亮点，新型社区服务中心"司法工作室"通过创建"花乡法律话座""李霖工作室""举进调解室""李教授调解室"等特色工作，以及实行人民调解案件

强化硬件措施，各项工作开展有声有色

"以奖代补"等措施，让各项业务工作开展得有声有色。

2. 规范发展阶段。 2014 年 3 月，青岛市司法局制定出台了《关于推进社区（村居）司法工作室建设的指导意见》，配套制定了《社区（村居）司法工作室建设指导标准》，对司法工作室机构设置、工作运行、制度保障等进行了规范。一是明确司法工作室职责。司法工作室向上接受司法所指导管理，向下对接基层社会管理综合治理网格化工作管理体系，连接社区居委会和村民委员会，协助司法所以及村居委会、人民调解委员会等群众性自治组织和新型社区开展社会管理和社会服务工作，搭建以矛盾早期预警调处、社区便民法律服务、安帮矫正跟踪考察为主的"三位一体"平台。主要是：落实全民普法任务，培训法律明白人，协助村委、居委会做好"法治村庄（社区）"创建工作；组织、协调联社区（村居）律师（基层法律服务工作者），承担社区（村居）法律顾问工作，为群众解答遗嘱、继承、赡养等日常法律服务事项；通过日常工作和定期接待日工作，实现矛盾纠纷主动排查和反向排查，对发现的民间纠纷及时调处化解，重大纠纷隐患及时报告；协助司法所做好对本社区（村居）社区矫正人员监督管理，对本社区（村居）刑满释放人员安置帮教；开展法律援助宣传，帮助社区居民申请法律援助；为社区（村居）群众性自治组织和村、居群众其他司法行政需求提供服务。二是规范司法工作室组织机构。司法工作室设在各社区（村居），社区（村居）为司法工作室提供必要的工作场所和办公条件，可单独设立，也可与社区（村居）群众性自治组织（村委会、居委会、人民调解委员会等）合署办公，统一悬挂"××社区（村居）司法工作室"牌子。司法工作室设人民调解工作组、社区矫正（安置帮教）工作岗、普法依法治理工作组、法律服务咨询点（律师会客厅）、公证联系点、法律援助工作站等，采取"一体多元"工作模式。三是规范司法工作室工作力量。司法工作室设主任 1 名，按照有利于工作开展的原则，可由各区市司法局联系村居工作人员兼任，可由村居两委成员或人民调解委员会主任或网格长担任，也可由新型社区党工委书记或负责人兼任；副主任可根据需要配设。司法工作室设固定工作人员，1 名为两委成员、党工委成员或社区（村居）专职人民调解员，负责司法工作室日常工作开展；1 名为联社区（村居）律师、法律服务工作者，根据群众或自治组织需要，负责随时提供法律服务；1 名为区市司法局派驻联络人员，根据工作需要负责随时组织协调。同时吸纳非固定工作人员，主要包括离退休法官、检察官，老党员，司法行政工作志愿者，司法协理员等。四是健全司法工作室运行配套措施。建立日常值班机制和定期接待日机制。日常值班由负责日常工作的固定人员承担，定期接待日由固定人员和非固定人员共同参与，定期接待日每个司法工作室原则上每周固定1天，具体日期按照互不冲突原则统筹安排。编制律师、基层法律服务工作者联系社区名录、安排表，制定司法局人员参与社区（村居）司法工作室接待日的值班表。发放社区司法工作室便民联系卡，为社区（村居）百姓提供就地及时服务。鼓励有条件的区市、镇街帮助司法工作室协调解决必要的办公设施、聘任专职人民调解员和社会志愿者所需补贴、补助资金等。五是建立完善工作制度。实行公示公开制度。各司法工作室将办公地址、联系电话和有关工作人员的姓名、职务、单位、联系方式、工作时间等在便于群众知晓的地方以展板上墙等方式对外公示，将司法工作室工作流程、职责范围和服务内容等向群众公开。实行登记报告制度。建立人民调解、社区矫正、安置帮教等工作登记制度，对工作开展情况登记造册，对排查出的重大纠纷隐患和群体性纠纷、"民转刑"纠纷等危险苗头，第一时间向司法所报告。实行分析反馈制度。对司法工作室工作情况进行定期统计分析，及时研究、掌握社区（村居）矛盾纠纷、不安定因素和法律服务需求的特点和动向，及时将民间纠纷排查调处情况、稳控对象监管情况、法律援助工作情况和普法宣传开展情况等按司法所要求进行反馈。同年3月26日，青岛市召开全市社区（村居）司法工作室建设现场会，对推进司法工作室建设工作进行了阶段性总结，推广司法工作室建设的成功经验。同年4月1日，崂山区委政法委副书记、区司法局局长高维臣同志在区委党校沙子口厅主持召开新型社区"司法工作室"建设工作会议，会议强调分管

加强司法行政工作室建设，强化基层稳控力量

领导及有关工作人员要高度重视新型社区"司法工作室"建设工作，在全面完善原 15 家新型社区服务中心"司法工作室"建设的基础上，借鉴经验，去粗取精，有效组织全区农村社区"司法工作室"建设。各项建设严格遵循《青岛市司法局关于推进社区（村居）司法工作室建设的指导意见》的标准，并按照《崂山区新型社区"司法工作室"建设推进计划》有序开展，使崂山区各项司法行政职能更加深入基层，更好服务社区群众，在借鉴社区服务中心"司法工作室"建设经验的基础上，全面铺开农村社区"司法工作室"建设工作。会上，成立了崂山区新型社区"司法工作室"工作领导小组，并在区司法局基层科设立办公室。同年 4 月 7 日，《法制日报》头版以"青岛 2100 个司法工作室成司法行政新触角"为题进行了报道。经过 3 年多实践，社区司法工作室建设得到了基层的充分肯定，赢得区委、区政府的大力支持。同年 4 月 18 日，青岛市委下发《关于加强基层建设深化"六小六大"工作的意见》，将社区司法工作室作为基层政法单位纳入社区建设。同年 7 月 3 日，青岛市市长张新起同志"在全市六大领域专项治理工作动员大会上"强调指出，"在加强社会治安综合治理中，要加快社区警务室、社区司法工作室建设进度，配齐人员，强化基层稳控力量"。

3. 全面发展阶段。 2015 年 6 月 26 日，青岛市委办公厅刊发《调研专报》，以"崂山区开展社区特色司法工作室建设的探索与启示"为题，指出崂山区从推进司法行政有效融入社会治理工作为出发点，全力推进社区司法工作室建设，并根据地域特点及不同群体的个性化需求，整合人力、物力、财力资源设置了群众喜欢、愿意登门的"特色"司法工作室，取得了实实在在的效果。同年 6 月 29 日，省委常委、市委书记李群在《调研专报》2015年第 8 期上作出批示：司法服务下基层非常重要，请学武同志安

司法行政工作室日常工作开展情况

排进一步规范并总结崂山经验，请纪刚同志安排宣传。同年7月7日，新华社领衔记者、参编部机动调研室主任徐江善，新华（青岛）国际海洋咨询中心常务副总经理董学清等率新华社记者一行，专程到崂山采访调研崂山区社区特色司法工作室建设情况，区委书记齐家滨、区长江敦涛等领导同志接待来访，陪同调研；采访调研组现场参观考察了"马丽工作室""李霖工作室"和劳动纠纷调解室，对崂山区开展社区特色司法工作室建设给予高度评价。期间，新华社、经济日报等多家全国性报刊网络、新闻媒体、内参简报对崂山区社区司法工作室建设创新做法进行了宣传报道。为全面贯彻李群书记的重要批示精神，区委、区政府主要领导高度重视，要求全区司法行政系统要全面总结深化前期工作经验，进一步推动司法服务下基层各项措施落到实处。同年7月8日，区司法局又印发了《关于进一步加强全区司法工作室建设的通知》，根据青岛市司法局《关于推进社区（村居）司法工作室建设的指导意见》和《青岛市社区（村居）司法工作室建设指导标准》，结合崂山区实际情况，进一步夯实全区司法行政工作基础，规范社区司法工作室和特色司法工作室建设。2016年，制定完善了《崂山区基层司法行政工作考核办法》《争创3个100实施意见》等制度，开展"3个100"评选活动：按照法律政策水平、调解技能质量、职业操守等标准，评选100名群众公认、当事人满意的"调解能手"；按照机构规范、机制健全等标准，择优评选100个特色鲜明、成效显著的优秀司法行政工作室；按照队伍健全、成效显著的标准，评选100个优秀人民调解组织。活动的开展，有力地激发了基层人民调解组织和调解员的积极性，推动了基层调解工作健康发展。加强人民调解委员会、司法工作室规范化建设，全区191个"司法工作室"统一形象标识并有效运转，创建率100%，规范化司法工作室90%以上，经验做法在

群众送锦旗表感谢

全市会议上介绍推广。积极探索"司法护老"新举措，采取分片包社区的形式，选取部分老年公寓、敬老院、社区，成立"孝当先"社区司法工作室，专门受理涉及老年群体的法制宣传、法律服务、法律保障等事项，有针对性地解决老年群众"近在眼前"的法律服务需求，打造独具崂山特色的公共法律服务品牌，6家单位与相关律师签订了老年人法律顾问合同。目前，全区共建各类调解组织217家，调解员619名，排查纠纷4000余次，高质高效地化解了包括48宗疑难复杂案件在内的矛盾纠纷491件，涉及人数1033人、金额1178余万元，调解成功490件，成功率99.8%，全区未发生民转刑案件和因调解不及时导致的群体性事件。

二、社区司法工作室建设的实践探索和经验反思

社区司法工作室发挥司法行政工作职能，体现五大特色：一是发挥纠纷排查调处阵地作用，突出"一长三员"纠纷摸排网络特色；二是发挥司法行政服务团队阵地作用，突出法律维权便民特色。三是发挥法律援助联系阵地作用，突出法律援助惠民特色。四是发挥法制宣传教育阵地作用，突出普法近民特色。五是发挥重点人员管控阵地作用，突出安帮矫正为民特色。在细化规范的工作制度和工作流程下，社区司法工作室主动介入、主动服务，自觉担当社区普法教育的"宣传员"、掌握社情民意的"信息员"、化解矛盾纠纷的"调解员"、协助特殊人群管控的"管理员"、开展法律援助、法律服务的"服务员"，成为司法所的有益补充和得力助手，有力地维护了社区和谐稳定。

（一）夯实"司法工作室"基础

借助崂山区建立"新型社区服务中心"的平台，联系原社区居委会，积极将司法行政工作向基层下沉，建立社区"司法工作室"，对社区群众"零距离"开展法律宣传、人民调解、法律咨询、法律援助等服务，协助社区开展社区矫正和安置帮教活动，有效克服了基层司法所力量不足的现实问题，是基层司法行政工作的有力补充，构建起了局、所、"工作室"三级司法行政工作网络体系。

（二）彰显"司法工作室"作用

严格人民调解工作制度，坚持每半月一次矛盾纠纷排查分析，努力

做到对不稳定因素早发现、早报告、早控制、早解决。仅 2013 年，就调处化解纠纷 477 起，没有出现因化解不及时而激化的矛盾纠纷案件。建立刑释解教和社区矫正人员档案和名册，协助司法所对两类人员谈话教育，及时了解掌握其思想状况，防止脱管漏管；对近 800 名安置帮教对象和社区矫正对象落实了帮教、管理措施，无重新违法犯罪现象发生。针对城市建设中较突出的征地拆迁、安置补偿等问题，广泛深入进行法律法规和相关政策宣传，提高居民法律意识，引导群众依法表达诉求。每年，举办集中法制宣传教育活动 380 余次，开展义务法律咨询活动 460 余次，开展"送法进家庭"活动 1.6 万余次，普法教育面达 95%以上。将经济困难户、残疾户等受援对象分类建档，向群众发放法律援助明白纸，为生活困难孤寡老人、残疾人、孤儿和农村五保户开通法律援助"绿色通道"，切实维护弱势群体合法权益，为 154 名农民工追索劳务报酬 119.6 万元。

（三）激发"司法工作室"活力

创新模式，打造亮点，通过创建"花乡法律话座""李霖工作室""举进调解室""李教授调解室"等特色工作，特别是实行"人民调解优秀案例评选"和"以奖代补"政策，每年投入 37 万余元进行奖励，基层调解组织和调解员的积极性明显提高，大大激发了司法工作室的工作活力。居民不出社区就能享受到专业法律咨询服务，一些小矛盾很快得到调处化解，普法形式更加灵活，"司法工作室"经常利用社区休闲广场、法治公园等，组织丰富多彩的法制宣传活动。围绕世园会周边改造、房屋拆迁、土地承包等事项，社区"司法工作室"牵头，组织律师、公证员深入社区，开展"零距离"法律咨询服务，方便了群众。"司法工作室"整合社区多种资源力量对重点管控人员进行全方位管理、面对面帮教，利于矫正对象尽快转化，融入社会。

峰会期间开展社区矫正人员集中教育活动

三、重要成效和未来展望

社区是社会的基本单元，也是服务民生的最前沿。崂山区司法局坚持民生优先导向，通过构建社区司法工作室推进服务民生阵地前移、重心下移，切实实现服务群众、社会治理提质增效。截至目前，崂山区已建成社区司法工作室 160 个，共整合 600 多人参与基层司法行政工作，实现了日常工作扎根于社区、法律服务落实到基层、矛盾纠纷化解在一线。

（一）延伸了司法行政服务触角

针对新形势下基层社区司法工作需要，崂山区司法局将工作关口前置，整合资源、突出特色，进一步优化整合人民调解员、律师、公证员、法律援助联络员等社区司法资源，依托社区服务中心和社区居委会，分门别类建立"社区司法工作室"服务平台，实现司法行政职能向基层的有效延伸，完善了区、街道、社区三级司法行政便民服务网络，构建起"零距离"为民服务体系，提升了司法行政服务基层的有效性。社区司法工作室将工作职能、服务内容、服务电话等制作成"服务折页""服务联系卡"，分发到居民家中；通过律师（基层法律服务工作者）"会客厅""联社区"、法律援助联络站等工作，居民可以不出社区，就能得到所需的法律服务产品。司法工作室至今已帮助申请法律援助 900 余件，帮助群众代理诉讼和非诉讼案件 3000 多件，提供咨询 9 万余起。对特殊人群的监管更加"扁平化"，缩短了与社区矫正对象和安置帮教对象的距离，使得跟踪考察常态化、帮教社区化、管理人性化，实现了对特殊人群全方位、无缝隙的教育和管控。积极践行群众路线，畅通服务群众的"最后一公里"。通过建立司法工作室，将司法所的各项职能复制到社区，找准群众利益需求，主动服务，打造了

崂山区"法助人和"法律服务

"家门口的司法所"，打通了司法行政工作在社区服务的"最后一公里"。

（二）推动了司法行政创新发展

崂山区司法局在新型社区创建了"花乡法律话座""李霖工作室""举进工作室"等特色工作室，工作室人员主动介入、主动服务，成为社区普法教育的"宣传员"，掌握社情民意的"信息员"，第一时间化解矛盾纠纷的"调解员"，零距离开展法律援助、法律服务的"服务员"，以及进行面对面安置帮教和社区矫正的"辅导员"，成为司法所的有益补充和得力助手，进而为维护社区稳定做出重要贡献。其中，依托中韩街道办事处埠东社区服务中心成立的以区法律援助中心援助律师李霖名字命名的司法工作室——法律援助"李霖工作室"，日常工作中解答法律咨询，宣传法律知识，化解矛盾纠纷，协助办理法律援助事务，代写法律文书，成立以来先后解答法律咨询650人次，发放法律明白纸3600份，调解矛盾纠纷42起，协助办理法律援助事务、代写法律文书26份，提出法律意见、建议40余条，收到社区和群众的好评。一间小小的社区司法工作室，将司法行政服务工作送到了群众身边，拉近了行政司法与居民百姓之间的距离，在引导群众"知法、守法、用法"上更加务实、更加有效。摒弃说教、贴近群众，普法形式更加灵活，打破过去单纯课堂形式的普法模式，代之以"法律订单服务"、"社区党员律师茶座"等灵活形式，把居民需要的法律知识及时送进楼院。

（三）提升了司法行政工作成效

化解社会矛盾，筑牢"第一道防线"。从健全基层调解组织入手，进一步调整和健全社区人民调解组织，完善人民调解四级网络和"三调联动"工作机制，最大限度地把各种矛盾纠纷化解在基层，解决在萌芽状态。社区司法工作室采取柔性疏导、理性引导的方式来消除矛盾隔阂，说的都是"家常

开展多元化普法活动

话",讲的都是"大众理",群众易于理解、愿意接受,效果更好。2014以来,崂山区社区司法工作室对排查出的各类矛盾纠纷,调处成功率达100%,成为促进矛盾双方沟通的"桥梁",搭建起基层群众与政府之间的"缓冲带",实现

区司法局获山东省司法行政系统集体二等功

"小纠纷不出社区、大纠纷不出网格、重大疑难纠纷不出片区"目标,为社区和谐稳定奠定了良好基础。组织律师为社区开展法律咨询服务,对企业规章制度的内容、程序提出建议和意见,帮助企业建立完善的规章制度,促进企业管理制度化、规范化。公证工作提前介入社区建设,对涉及征地拆迁、土地承包、安置补偿(赔偿)等公证事项,开辟绿色通道,建立公证法律服务新型社区工作联系点,积极为产业结构调整、土地管理改革、金融改革创新、重点工程建设以及拆迁等提供优质高效的公证法律服务。崂山区推行的司法工作室社区全覆盖工程,整合了人民调解、法律咨询、社区矫正、安置帮教、法律援助、法律顾问、法制宣传等职能,一间工作室,把司法行政工作人员、律师、法律服务工作者、人民调解员、"和事佬"等全部纳入其中,让群众充分享受到了身边的法律服务,为百姓提供家门口的法律服务,对于维护社会大局稳定,促进社会公平正义和保障人民安居乐业发挥了不可替代的重要作用。

执笔人:邵琰景

审稿人:朱　筠

签发人:高维臣

崂山区利用外资发展的历程及启示

崂山区商务局

20 世纪 70 年代末的十一届三中全会拉开了我国经济体制改革的序幕。1979 年，全国人大颁布的《中华人民共和国中外合资经营企业法》成为我国利用外资的里程碑。青岛作为国家首批沿海开放城市，对外开放领域不断拓展，开放程度不断提高，利用外资取得了巨大成绩。崂山区随着青岛市对外开放改革进程的深入及城市化建设的推进，利用外资经历了从无到有，从小到大，不断发展壮大的过程。在崂山区全方位、深层次、多领域的对外开放格局中，吸收利用外资对全区经济社会发展、城市功能提升和建设国际化城市发挥了重要的作用，已经成为带动区域经济发展的重要引擎。

从 1985 年崂山区第一家外商投资企业设立起，30 多年来，全区外资投向从最初的"三来一补"加工贸易，到 21 世纪初制造业项目，再到近年来的服务业项目，现已初步形成项目质量逐步提高、外资结构日趋优化、新兴产业逐渐聚集的良性发展格局。

一、崂山区利用外资发展历程

（一）起步阶段（1985～1991 年）

1984 年，国家开放了 14 个沿海港口城市作为经济开放区，青岛市作为开放城市之一，吸引了外资的关注。崂山区因当时尚属城市郊区，缺乏基础配套，外商投资起步较慢。1985 年，崂山区第一家外商投资企业青岛华东葡萄酿酒有限公司由青岛葡萄酒厂、中国粮油食品进出口公司与香港百利太平洋有限公司合资成立，项目投资总额 195 万美元，合同外资 78 万美元。1986 年 10 月，国务院发布了《关于鼓励外商投资的规定》，明确了对外商投资的先进技术企业和产品出口企业在所得税、土地、水电、用工、利润汇出、进出口配额、关税减免、外汇调剂等方面给予优惠，这一具体政策措施的提出和实施，有力地促进了崂山区吸收利用外商投资的小幅增长，从而进入了以市场换资金、以资源换技术的外资使用阶段。该阶段7年间崂山区共引入外商投资企业11家，合同外资额766.82万美元。利用外资方式以中外合资、合作企业为主，投资集中在第二产业，中方通常是青岛葡萄酒厂、沙子口化工厂、青岛索具厂等国有企业或集体企业，中方一般是以土地使用权、厂房、设备等方式作价出资，外方则以现汇方式出资，通过利用外资嫁接改造国有（集体）企业，并带动产品的出口。

（二）增长阶段（1992~2000年）

1992年，邓小平同志视察南方并发表重要讲话，明确大胆利用外资是我国发展经济和对外开放的一项全新的事业。于是，随着对外开放的体制和环境不断得到改善，全国掀起了吸收外商直接投资的热潮，我国的FDI（外商直接投资）流入量掀起了一阵高潮。1992年6月24日，中共青岛市委、市政府作出了《关于建立青岛高科技工业园的决定（青发〔1992〕21号）》，以崂山区中韩镇行政区划为范围，按照"镇园合一"的模式，建立青岛高科技工业园，规划面积58平方千米。1992年12月，国务院批准、国家科委下发《关于在青岛建立国家高新技术产业开发区的通知》，批准青岛高新技术产业开发区为国家高新技术产业开发区，规划面积9.8平方千米。作为国家级高新区，享有国家、省、市赋予的多项优惠政策，1992年开始，进入高科园的外商投资企业主要享受以下优惠政策。

所得税优惠政策：新设立的中外合资高新技术企业，合资经营期限在10年以上的，从获利年度起，前两年免征所得税。被认定为产品出口企业的外商投资企业，在依照税法规定免征、减征企业所得税期满后，凡当年企业出口产品产值达到当年企业产品值的70%以上，可按照税法规定的税率减半征收企业所得税，但最低不得低于10%的税率。外商投资企业经营期限在10年以上（含10年）的，免征地方所得税。设在石老人国家旅游度假区的外商投资企业，按24%的税率征收企业所得税。外商投资企业的外国投资者，将从企业取得的利润直接再投资于该企业，增加注册资本，或者作为再投资开办其他外商投资企业，经营期限不少于5年的，经批准可退还其投资部分已缴纳的企业所得税税款的40%。其中，再投资开办扩建产品出口企业或先进技术企业，可全部退还其再投资部分已缴纳的所得税税款。外国投资者从外商投资企业取得的利润免征所得税。

增值税优惠政策：一般纳税人销售自行开发生产的计算机软件产品，可按法定17%税率征收后，对实际税负超过6%的部分实行即征即退。

营业税优惠政策：对单位和个人（包括外商投资企业、外商投资设立的研发中心、外国企业和外籍个人）从事技术转让、技术开发业务和与之相关的技术咨询、技术服务业务取得的收入，免征营业税。

崂山区抓住难得的历史发展机遇期，积极开展基础设施建设的同时，狠抓招商引资工作。1992年4月28日，青岛市委宣传部召开新闻例会，通报青岛市对外开放态势，高科园负责人刘世光介绍了对外开放情况，有300多批客商到高科园洽谈项目。同年6月31日，高科园在黄海饭店举行新闻发布会，通报高科园情况和享有国家、省、市赋予的多项优惠政策。1993年1月，《科技日报》用整版的篇幅介绍了高科园。同年2月19日，高科园在北京梅地亚宾馆举行新闻发布会，向数百名国家机关、科技界、教育界及新闻界人士介绍高科园。1996年后，发挥包片开发的"以外引外"作用，依托现有的投资企业吸引有规模、有效益、有带动力的项目落户。1999年后，高科园每年都组团参加北京科博会、深圳高交会、厦门投洽会等国内知名投资洽谈会。2000年10月，崂山区组团参加青岛市在日本东京举办的"青岛日"活动。优惠的税收政策和广泛的招商推广，崂山区引进外资迎来了井喷式增长。其中，1992年当年引进外商投资项目54个，合同外资5535万美元，分别是之前7年合计的4.9倍和7.2倍。该阶段是崂山区外商投资企业迅速增长阶段，9年间新引进外商投资企业763家，占全区累计设立外商投资企业（截至2018年6月）数量的46.5%，其中1993年新批准外商投资企业188家，创造了崂山区年度引进外商投资项目数量历史最高水平。

1994年6月，区委书记、高科园管委主任刘世光向外商介绍高科园规划及投资环境

1992~2000年新批准外商投资企业统计表

（单位：万美元）

年度 项目	1992	1993	1994	1995	1996	1997	1998	1999	2000
个数	54	188	105	127	55	57	45	56	76
合同外资	5535	18086	25500	32600	22300	9500	16600	22900	40900

为配合外商投资发展的新形势，国家对外商投资企业的政策优惠明显增多，并提出了"以市场换技术"的原则，投资领域进一步拓宽。该阶段，美国的AT&T（电话电报公司）、德国BHS（桑索霍芬机械和矿业公司）、意大利梅洛尼、美国惠普等一批世界500强及行业领军生产性企业纷纷落户崂山，这些外资项目的设立带来了领先的技术水平、先进的管理经验和畅通的销售网络，崂山区电子、家电、食品、饮料等产业初步实现了聚集发展，确立了未来优势产业的地位。该阶段第二产业占据了全区吸引和利用外资的主导，外商投资第二产业企业587家，合同外资额合计10.7亿美元，分别占当期总量的76.9%和55.2%。

1994年7月，国家发布了《关于深化城镇住房制度改革的决定》，进一步加大住房改革力度，该项改革的实施也为崂山区带来了第一次外商投资房地产热潮。期间，外商投资房地产开发企业67个，合同外资额4.48亿美元，分别占当期外商投资第三产业总量的38.7%和52.5%。

在高速增长的同时，受国际、国家大环境的影响，全区利用外资工作出现了波动。1994年，国家针对前一时期经济过热和通货膨胀压力加大的实际情况，采取了适度从紧的宏观经济政策，有效地控制了过度投资，外商投资业受到一定的影响，新设立外资项目个数和合同外资额均有所下降。受1997年的亚洲金融风暴影响，以及我国在这一年取消了3000万美元以下的外商直接投资项目进口设备和原材料的减免税政策，并对有关加工贸易和出口退税政策进行调整，致使1997年、1998年全区外商直接投资出现了下降。

海尔洗衣机生产线

（三）发展阶段（2001～2007 年）

2001 年中国正式加入世界贸易组织，加入世贸组织后我国对外开放的重点领域由工业领域转向服务业领域。国家相关部门调整、制定了一系列政策法规，为跨国公司进入中国市场创造了更加宽松、透明的政策环境。这些政策变化主要体现在：进一步修改了《外商投资产业指导目录》；出台了包括《利用外资改组国有企业暂行规定》《外商投资者并购境内企业暂行条例》在内的多项涉及外商并购的法规，进一步规范了跨国公司在中国市场上的并购活动，促进了我国利用外资方式的多元化；金融、医疗、电信等行业相继颁布实施了行业利用外资的新政策，为服务业领域扩大利用外资创造了有利条件。崂山区服务业利用外资快速增长，该时期第三产业吸引外资额达 6.43 亿美元，是同期第二产业合同外资额的 1.79 倍。房地产业仍是该时期外商投资最集中的行业，合同外资额 3.3 亿美元，占同期第三产业合同外资额的一半以上。除房地产外，外商投资商业、旅游、环保、咨询等服务业项目明显增加，集中引进了乐天满意得（乐天超市）、大拇指商业广场、极地海洋世界等总投资额 3000 万美元以上的服务业大项目。

2001～2007 年引进外商投资第三产业主要行业统计表

（单位：亿美元）

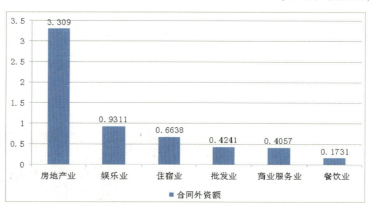

为调动各方参与招商引资工作的积极性，崂山区出台了一系列招商引资的激励政策。2003 年，区内制发招商引资项目备案、项目评估、引进项目指标确认、经费计提、奖励等 6 个文件。2004 年，突出了对引进高新技术项目、财源建设贡献大的项目、世界 500 强项目、集约用地或不须征地项目的单位和个人的奖励。2005 年 3 月 29 日，区政府对招商

引资责任部门的经费计提、使用以及奖励等方面作出了详细规定。对引进项目者，按照外资实际到位资金的 0.1%~1% 不等进行奖励，并对特大项目、高科技项目、世界500 强项目、世界知名跨国公司等根据具体情况单独研究确定奖励金额。

青岛朗讯科技通信设备有限公司系统集成中心

全区的招商引资工作以高新技术成果商品化、高新技术商品产业化、高新技术产业国际化的宗旨展开。自 2001 年起，崂山区组团参加了历届中国国际家电博览会（CES）。2002 年 5 月，在青岛举办的 2002 深圳、香港"青岛日"大型推介会活动中，崂山区与投资方签订 3 份协议，总投资近亿美元。2003 年参与第七届中国投资贸易洽谈会、第五届中国国际高新技术产业交易会等，全年共接洽项目 100 余个，合同外资 1.01 亿美元，实际利用外资 1577 万美元。2005 年 1 月，参加市政府在日本举办的大型招商系列活动，5 家软件企业参加"青岛投资环境暨软件产业投资说明会"。同年 5 月，18 家高新技术企业组成的近 40 人的高新区招商代表团赴韩国参加"青岛周"活动，达成 20 余项合作意向，签约、洽谈促进高新技术项目 10 余个。2005 年组织洽谈交流会 60 余次，引进了卡特彼勒、川崎重工、伊藤忠等重点企业。

（四）转型升级阶段（2008 年至今）

2007 年 3 月，十届全国人大五次会议通过了《企业所得税法》并于 2008 年 1 月 1 日起施行，新税法规定了 25% 的统一税率。新企业所得税法的公布标志着中国告别了内外资两种所得税制度，实现了"两税合一"，采用统一的所得税税率。由此，外商投资企业失去了原来享有的"免二减三"税收优惠政策，改革开放以来外商投资企业享有的税收"超国民待遇"宣告结束。外资投向更加务实、理性，伴随着崂山区经济的持续高速增长以及投资软、硬环境的日益改善，迎来了外商在崂山区投资的持续发展阶段。

1. 全区利用外资重点由注重数量转向注重质量，外商投

资领域进一步拓宽。崂山区利用外资呈现出了全新的发展态势，一是外商投资第三产业占绝对主导，该阶段（2008~2018年6月）新引进外资第三产业项目323个，合同外资额13.7亿美元，分别占同期总量的85%和86.5%。二是外商投资第三产业行业领域更加广泛，房地产业不再是一枝独秀，金融业、商务服务业、科研服务业、交通运输业和卫生业等现代服务业项目投资占比较高，占同期外商投资第三产业合同外资额的43%。三是外资并购、境外上市融资、跨境人民币投资等新型利用外资方式逐渐增加，其中完成外资并购项目（2008~2018年6月）30个，实际利用外资10.3亿美元，占同期外资到账总额的33.3%。

崂山区2008~2018年6月新引进外商投资第三产业主要行业统计表

（单位：亿美元）

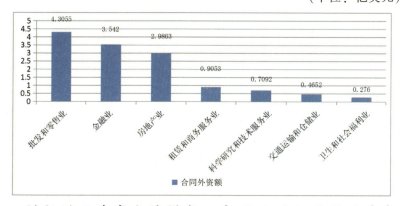

2. **创新利用外资发展模式，实现了崂山区利用外资跨越式发展**。在此阶段，根据全区功能发展定位，结合"三大战略平台"建设，崂山区克服国际资本投资趋缓、土地资源稀缺、用工及资源成本上升等制约因素，在困难中求创新、求突破，逐渐探索出一条跨境融资、外资并购、无形资产作价出资等创新方式，独具崂山发展特色的利用外资新模式，该利用外资新模式曾在全省商务系统进行推广。

（1）**通过境外融资，推动企业转型升级**。一是探索路径，推动企业海外上市融资。为切实解决企业融资难的问题，组织相关人员对海外上市相关政策进行了深入研究，引导区内有条件的企业利用在欧美地区上市市值倍增的特点，适时通过海外上市进一步降低融资成本，提高企业国际竞争力。组织有意向境外上市的企业参加欧美国家投资说明会，与国外知名事务所建立联系，共同研究制定海外上市实施方案。

2011 年、2013 年相继推动了麦迪绅在德国法兰克福股票交易中心挂牌上市融资 595 万美元，欧美伟业在美国纽交所路演过程中私募资金 850 万美元，并将全部融资款成功回调入境内企业，为崂山区外资企业海外融资探索了一条全新路径。二是"走出去"与"引进来"相互带动，推动企业转型升级。2013 年，为帮助海尔集团实现"制造业向互联网时代服务型企业转型"的目标，协调工商、外管等部门，解决青岛海尔物流有限公司、青岛日日顺供应链咨询有限公司等历史遗留问题，为项目推进扫清障碍。最终促成海尔集团与阿里巴巴集团成功合作，以海尔集团在香港投资的上市公司——海尔电器集团有限公司为平台实现对外合作并进行融资回调，实现外资到账 2.4 亿美元。

（2）通过外资并购，提升区内企业的国际竞争力。一是为区内有实力的企业牵线搭桥，通过国际知名企业并购境内企业的方式，使企业充分借助国外企业充足的资金、先进的管理经验和营销模式实现新一轮跨越式发展。在认真执行外资并购境内企业安全审查制度的前提下，对区内有融资需求、与境外企业有技术关联及贸易往来的企业进行摸底调研，有针对性地对企业进行外资并购相关政策的宣讲。在企业外资并购审批过程中加快审批速度，并与相关部门协调为企业尽快办理。成功促成家乐氏食品、康都工程、中升搏通汽车销售服务、远豪置业、海尔物流、日日顺乐家贸易等 30 家企业完成外资并购事项。二是以股权投资为纽带，积极推动区内上市公司吸引国际著名私募股权机构进行投资。2013 年，海尔集团在 A 股的上市公司青岛海尔股份有限公司与国际私募股权投资行业的奠基者 KKR 达成战略投资合作，由 KKR 投资 33.82 亿元人民币认购青岛海尔发行的 10% 股份成为公司战略股东，通过双方在战略定位、物联网智慧家电、资金运用、海外业务及并购等领域开展一系列合作，进一步强化海尔在全球白色家电市场的领先地位。该项目也是全区历史上最大的外资并购及到账项目。

海尔集团与阿里巴巴集团战略合作暨日日顺物流合资协议签约仪式

崂山区2008~2018年6月外资并购项目明细表

（单位：万美元）

序号	企业名称	外资并购金额	年度
1	青岛德昌海事技术服务有限公司	10	2010
2	青岛大犀电子有限公司	8	2010
3	青岛远豪置业有限公司	8046	2011
4	家乐氏（青岛）食品有限公司	4580	2011
5	青岛康都工程配套公司	1404	2011
6	青岛中升搏通汽车销售有限公司	1006	2011
7	青岛思华光电科技公司	1.5	2011
8	青岛海尔物流有限公司	4030	2012
9	青岛日日顺电器服务有限公司	315	2012
10	青岛日日顺乐家贸易有限公司	3112	2012
11	青岛铝镓光电半导体有限公司	2	2012
12	青岛杰生电气有限公司	1000	2013
13	青岛思锐国际物流有限公司	984	2013
14	青岛日日顺物流有限公司	23932	2014
15	青岛海尔股份有限公司	52250	2015
16	青岛新世燕进出口公司	1.63	2015
17	青岛邦恒管理咨询有限公司	94.5	2015
18	青岛海尔地产服务有限公司	0.3	2016
19	青岛亿联客信息技术有限公司	265	2016
20	青岛凯泽斐商贸有限公司	1	2017
21	青岛车誉汽车服务有限公司	21.9	2017
22	青岛可立声智能科技有限公司	8.7	2017
23	青岛海尔家居集成股份有限公司	1000	2017
24	青岛大有古列摩餐饮有限公司	4.4	2017
25	青岛安琳咖啡有限公司	1.5	2017
26	青岛美达菲教育管理有限公司	150.6	2017
27	青岛国瑞智能仪表科技有限公司	408.9	2017
28	青岛九多合贸易有限公司	3.8	2018
29	山东信诺检测技术有限公司	235.7	2018
30	建投数据科技（山东）有限公司	120	2018

（3）通过无形资产出资，促进与国外知识产权的合作。2010 年崂山区首家外方以专有技术出资成立的外商投资企业世凯半导体公司获批设立，实现了崂山区在探索无形资产投资领域零的突破，此后，先后有 7 个外商投资项目通过软件著作权、专利权等作价出资的方式，成立外商投资企业。无形资产作价出资的破题，使企业可以直接将"知本"转化为"资本"，将无形资产转化为有形资产，将国际前沿的数字化管理、信息科技等研究成果直接应用于生产经营实践中，提升企业的核心竞争力。同时进一步丰富了企业创业的出资形式，缓解了企业融资难等问题，进一步激发了企业自主创新的主动性。

3. 随着崂山区外商投资企业的不断发展壮大，对区域经济的发展产生了促进作用。

（1）促进区内优势产业聚集发展。以制造业外资大项目为主导，崂山区外商投资第二产业项目累计 911 个（截至 2018 年 6 月），合同外资额 12.7 亿美元，引进了朗讯、海克斯康、可口可乐、顶益等大项目，带动形成了家电电子、专用设备、食品饮料等产业集群。根据《崂山统计年鉴（2018）》数据，全区规模以上工业企业中外商投资企业 24 家，2017 年工业总产值 81.2 亿元，分别占规模以上工业企业总量的28.9%和 16.8%。

（2）带动全区外贸进出口。改革开放初期，全区通过"三来一补"，发展了一批以华新饮料、新新体育、颁布旅游等为典型的外资出口加工企业，外商投资企业进出口占全区进出口比例达到近 70%。后来随着外商投资领域的逐步拓宽和外商投资企业的转型升级，加上本土民营外贸企业的迅速增长，外商投资企业进出口占比有所下降，但仍对全区外贸进出口起重要带动作用。2017 年，全区外商投资企业实现进出口总额 14.1 亿美元，占全区总额的 19.9%。其中，进口额 10.6 亿美元，占全区进口总额的 44.5%；出口额 3.5

海克斯康测量技术（青岛）有限公司生产线

亿美元，占全区出口总额的 7.5%。出口超千万美元的外商投资企业 13 家，占全区出口过千万美元企业总数的 22.8%。

（3）提升城区国际化水平。吸收国际行业领军企业投资带来国际人流、物流、资本流、信息流的快速发展，使崂山区的国际知名度和影响力显著提升，截至 2017 年末，共有 11 家境外世界 500 强企业在崂山区设立了 14 家公司并且正在运营，投资总额合计 5.29 亿美元，合同外资合计 2.1 亿美元。

境外世界 500 强企业在崂山区投资企业情况表

（单位：万美元）

企业名称	投资总额	合同外资	世界 500 强投资方名称	所属国家
青岛日日顺物流有限公司	18000	8258.9	高盛集团	美国
青岛朗讯科技通讯设备有限公司	10000	1683	诺基亚	芬兰
乐天（青岛）食品有限公司	9800	3951.1	乐天百货	韩国
青岛朗讯科技通讯企业有限公司	6800	2998	诺基亚	芬兰
青岛朗讯科技通讯设备服务有限公司	2980	2000	诺基亚	芬兰
中粮可口可乐饮料（山东）有限公司	2950	937.5	可口可乐	美国
爱立信浪潮通信技术有限公司	1500	501	爱立信	瑞典
青岛德泰通咨询有限公司	241.5	200	德国电信	德国
埃斯倍风电科技（青岛）有限公司	170	120	艾默生	美国
青岛四方川崎车辆技术有限公司	140	70	伊藤忠	日本
汎韩物流（青岛）有限公司	136	136	LG 电子	韩国
哈姆雷特（青岛）贸易有限公司	108.5	76	高盛集团	美国
青岛大手海恩信息技术有限公司	75	50.8	NEC 公司	日本
青岛中通智能系统有限公司	48	20	富士通	日本
合计	52949	21002.3		

注：以上统计数据截至 2017 年末。

国外先进的生产管理、质量管理、人才管理、销售管理等一系列管理经验，使企业管理水平和劳动生产率大幅提高，增

青岛和睦家医院

强了企业的竞争能力。随着全区引资重点向服务业转移，现代服务业成为崂山区引进外资新的增长点，外商投资金融、商贸、医疗、咨询等现代服务业迅速发展，美国沃尔玛、马来西亚金狮、美国家乐氏、韩国延世医院、美国和睦家等一批国际知名企业落户，进一步提升了崂山区服务业国际化水平。

崂山区 2008~2018 年 6 月引进合同外资额十强外资服务业企业

（单位：万美元）

企业名称	所属行业	合同外资	企业类型
青岛晨鸣弄海融资租赁有限公司	金融业	18850	合资企业
青岛宜家家居有限公司	批发和零售业	9492	独资企业
青岛海尔物流有限公司	交通运输、仓储和邮政业	8259	独资企业
青岛金狮广场商业管理有限公司	批发和零售业	8151	独资企业
青岛远豪置业有限公司	房地产业	8046	合资企业
光大控股（青岛）融资租赁有限公司	租赁和商务服务业	5000	独资企业
青岛麦迪绅集团有限公司	房地产业	4671	合资企业
家乐氏（青岛）食品有限公司	批发和零售业	4580	独资企业
青岛天瑞鼎信融资租赁有限公司	金融业	4528	合资企业
青岛金岭晟桥国际融资租赁有限公司	金融业	3826	合资企业

（4）推动产业结构的转型与升级。外资已成为崂山区调整产业结构、促进技术进步的重要推动力量。外资带来了一批新产品和先进技术，填补了许多技术空白，推动了一批高新技术产业和产品的发展，加快了传统行业的技术改造和产品升级换代步伐。根据《崂山区统计年鉴（2018）》数据，崂山区外商投资企业共有企业技术中心8家，其中国家级2家、省级3家、市级3家，高新技术企业26家。外资带来的世界一流的理念、技术、人才、市场，把崂山既有的产业优势嫁接到国际产业发展的新的大平台上，外商投资企业在管理、技术等方面不断溢出，不断提升崂山区企业，特别是民营企业的管理水平和技术开发水平。

随着崂山金家岭金融聚集区的建设，崂山区以外商投资融资租赁、资产管理等为重点，加大外资金融机构的引进力度。截至2017年末，全区共有外商投资金融类企业9家，投资总额10.86亿美元，合同外资3.3亿美元，进一步丰富了金融聚集区内金融企业的多元化经营业态。其中成立于2009年的青岛友利世纪担保有限公司是山东省首家合资担保公司，成立于2016年的青岛晨鸣弄海融资租赁有限公司投资总额7.54亿美元，是青岛市最大的外商投资融资租赁项目。

二、经验启示

（一）解放思想、勇于创新

改革开放以来，崂山区商务领域干部做工作、想问题，始终坚持发展是硬道理。只要是能够促进地方发展、增加社会财富、提高人民群众生活水平的事，就大胆去干，放手去闯，从而抓住了机遇，抓出了成效。在贯彻中央的方针政策上，紧密结合本地实际，科学分析，分类指导，在实践中学习、探索和提高。在经济总量和发展速度已经达到了较高水平的前提下，着眼于国际国内两个市场，及时调整思路，加快发展，表现出较强的应变能力。崂山区在利用外资工作中强调把发展作为第一要务，利用外资工作不断有新的突破，一是破除传统观念，积极参与国际分工，发展开放型经济；二是大胆试验，勇于创新，既参照国际经验，又结合崂山实际；三是及时总结经验，完善政策。实践证明，利用外资方面许多重大突破都源于各级政府和企业的大胆创新。没有这种观念的转变和创新精神，就不可能形成今天崂山区利用外资的良好局面。另一方面，不断从成功和失败的尝试中总结经验教训，为国家制定和完善利用外资的法规政策提供可靠的依据。

（二）改善投资环境

随着外商投资企业优惠政策的逐步规范，各地方重点引进外资项目、产业趋同及竞争加剧，改善投资环境已经成为吸引外资、提高资本使用效率、优化资源配置、促进区域经济快速发展的重要砝码。为改善外商投资软环境，崂山区专门出台了《优化外商投资企业经济发展环境的实施意见》，建立了覆盖全区的三级服务网络，将各责任单位外商投资企业联络人、服务热线、电子邮箱对外公布，将涉企服务功能延伸至区内所有园区及街道办事处，通过短信、QQ群、微信群及公众号等通讯平台，与企业建立全天候无缝隙的对接，及时把国家、省市等政策信息发布给相关企业，并在企业信息数据库建设方面进行合理分类，使服务工作做到有的放矢，为企业提供有针对性的"菜单式"服务。落实外商投诉咨询求助24小时服务热线快查快办工作机制。对重点外商投资企业实施"保姆式"服务，通过对企业定期、不定期开展走访，了解企业经营状况及需要协调解决的问题，尽快进行回复或协调相关部门加以解决。通过各种途径协助外商投资企业申报国家、省市各项扶持政策，帮助企业加快项目建设，帮助企业转型升级，扶持企业做大做强。

（三）优化投资结构

吸收外商投资是为了推动经济的发展，因此必须根据地方经济发展需要确定对外资的取舍，这也是吸收、利用外资的一条基本原则。用产业政策引导外资投向是个不断完善、调整和强化的过程。改革开放初期只是一般地强调引进生产性项目，1992年以后，根据国民经济全局发展要求，在继续引导外资投向生产性项目的同时，又有计划地引导外资投向基础设施建设和第三产业项目。及时制定产业政策，正确引导外商投资方向，不仅是招商引资的需要，也是外国投资者的要求。结合全球产业发展趋势及崂山区产业发展目标，进一步完善配套支持政策，扩大开放领域，放宽准入限制，积极有效引进境外资金和先进技术，提升利用外资综合质量。利用国家鼓励科技创新有关政策，支持外商投资企业增强创新能力；结合民营企业改造升级和国有企业分类改革，引进有实力的境外投资者参与区内现有企业的投资及管理。坚持引资与引智相结合，积极引进国外技术、创新机制、现代管理经验和高素质人才。积极开展各种形式的促外企发展、促外企增资活动，推动利用外资向中高端转型。创新实施与世界500强及行业领军企业合作行动计划，定点定向引进500强大项目和行业创新领军项目。按照"在谈项目促签约、签约项目促落地、落地项目促到账"原则，细化分工，逐个落实，全力推进在谈的世界500强和行业领军企业合作项目落地出资。

（四）拓展外资领域

崂山区每年实际利用外资规模从改革开放初期的数百万美元到2017年的5.56亿美元，是通过不断拓展利用外资的广度和深度实现了规模的迅速增长。以引进大项目为抓手，创新招商机制，拓宽引资渠道，加快引进国外资金、先进技术、管理经验和高素质人才，有效促进了产业结构调整、产业技术的提升，推动了全区利用外资实现跨越式发展。利用外资发展到当前新的阶段，下一步应加快先进制造业和现代服务业利用外资的有机融合，引导外资投向崂山区重点发展的智慧产业、智能制造、虚拟现实、生物医药、新能源新材料领域，推动生产方式向柔性、职能、精细化转变。扩大服务业对外开放，推进金融、教育、文化、医疗、育幼养老、建筑设计、会计审计、商贸物流、电子商务等服务业领域扩大开放。重点推动外资金融机构在崂山设立银行保险、证券基金、融资租赁、创业投资等金融类企业，鼓励引导国际教育机构新设或合资设立国际学校，支持外商投资文化创意、动漫游戏、数字产业、文化会展产业，吸引各类外资举办医疗机构。在确保安全的前提下，逐步减少对具备一定国际竞争力的重要制造业、交通以及现代农业、基础设施建设等相关领域的外资准入限制，创新通过PPP模式（公共私营合作制），参与地铁、机场、交通、水处理等重点基础设施项目建设。

（五）培育产业集聚园区

从历史发展经验来看，产业园区是吸收和利用外资的主要集聚区。崂山产业园区发展的基本经验就是坚持与时俱进、不断创新。在发展过程中结合国情，借鉴国际经济发展和公共管理经验，以高起点规划推动高水平发展，以增长方式创新提高发展质量，以机制体制创新增强发展动力和活力。改革开放以来，崂山产业园区建设的主要经验是：第一，推进发展方式创新，加快产业优化升级。在新的发展阶段，产业园区加快从规模扩张为主向注重质量效益转变，从发展制造业为主向发展先进制造业和现代服务业并重转变，从主要依靠政策优惠向提升综合服务功能转变，努力提高发展质量和水平。第二，大力推进自主创新，增强核心竞争力。引进消化吸收与再创新紧密结合，制定和实施有利于引进消化吸收再创新的政策，提高自主创新能力。更多地引进跨国公司研发机构，鼓励本土企业与跨国公司建立技术战略联盟，增强本土企业再创新能力；招商选资与招才引智紧密结合，为高水平发展提供智力支撑。把引进人才放到建设人才高地的突出位置，完善人才激励机制，优化创新创业环境，注重引进高层次管理人才和创新人才。第三，加快产业园区的功能创新，不断提升综合服务功能。突出抓好提高产业配套能力、发挥特殊功能区作用、完善发展环境三个重点。鼓励外资企业本土化，推动本土企业国际化。参与大众创业、万众创新，产业招商股权投资基金通过为草根创业提供资金、渠道、信息等服务支撑，帮助创业融入企业、融入市场，推动创业创新活动升级。第四，大力推进管理创新，增创体制机制新优势。从依靠政策、土地优惠向完善市场环境、健全市场规范、强化企业服务转变，打造以规则为基础的投资环境，营造"零障碍、低成本、高效率"的政务服务环境。

执笔人：孙　屹
审稿人：王　迅
签发人：陈　波

改革开放以来崂山区人口计生工作发展历程和成就

崂山区卫生和计划生育局

人口问题是制约我国全面协调可持续发展的重大问题，是影响经济社会发展的关键因素。改革开放以来，崂山区人口和计划生育工作紧紧围绕稳妥扎实有序落实生育政策调整，增进家庭和谐幸福、促进人口长期均衡发展这一主线，不断深化计划生育服务管理改革，出生人口素质进一步提高、人口结构得到进一步优化，推动计划生育事业健康发展并取得重大进展，为改革开放创造了良好的人口环境，提供了坚实基础和有力保障。

一、基本发展历程

（一）严格控制人口增长阶段（1978~2000 年）

1978 年中共十一届三中全会提出：1980 年人口自然增长率要降到 10‰以下。同年 9 月提出"一对夫妇一个孩"和"晚婚、晚育、少生、优生"的基本要求。崂山区积极响应国家号召，实施综合性节育措施，计划生育优生优育、依法行政和管理措施等工作进一步加强。

1. 做好优生优育，技术服务网络初步建立。1978 年，崂山县将提高人口素质、优生优育列入了重要议事日程。县计生办、教育局、卫生局、民政局、科协和妇联等部门齐抓共管，建立现代家庭学校、新婚学校、孕妇学校、独生子女家庭学校等 200 余处，把优生优育知识宣传到育龄人群的婚、孕、育各个环节中。1979 年，崂山县下发了崂革发（79）156 号文件，提出采取男扎、女扎、放环、服用药具、流引产等综合性节育措施。到 1984 年，出生人数由 1974 年的 11951 人下降到 6284 人，自然增长率由 14.9‰下降到 3.92‰。10 年中全县共出生 107856 人，平均每年出生 10786 人，比人口出生的第二高峰年平均数减少 36%。1985 年全县 125639 对已婚育龄夫妇，已有 114520 对落实了节育措施，节育率达到了 91.2%。1987 年全县已婚育龄夫妇 139078 对，落实节育措施的 117737 对，节育率达 84.7%。

1990 年，区、镇两级计划生育服务站注重开展优生优育咨询和各类技术服务，人口出生缺陷率降为 26‰。1993 年 5 月，崂山区计划生育宣传技术指导站更名为崂山区计划生育服务站，编制由原来的 12 人增加到 15 人。1994 年，全区坚持"宣传教育为主、避孕为主、经常性工作为主"的方针，人口过快增长的状况得到有效控制。1990~1995 年，全区计划出生人口 14098 人，实际出生 10405 人，比计划指标少生 3063 人，比计划数减少 26%。独生子女领证率达 70%，自愿退二胎的夫妇达 621 对，计划生育率在 99%以上。

1997 年 9 月，崂山区妇幼保健院、崂山区卫生防疫站办公服务楼竣工。区级计划生育服务站于 1997 年底投入使用以来，积极开展优生、优育咨询、病残儿鉴定以及分娩等多项业务，并实现了宣传、培训、药具、技术服务四位一体，在全市率先实行"双优两管"服务模式，取得良好的社会效益和经济效益。街道服务站、村卫生室规范了各项制度，充分利用这一阵地开展技术服务、健康查体、人口基础知识教育等工作，转变群众婚育观念，为全区计划生育整体工作水平的提高起到了积极的推动作用。1996~2000 年，全区人口生产开始步入"低出生、低死亡、低增长"的良性发展阶段，全区共出生 10180 人，比计划指标少生 2920人，有 1010 对夫妇自愿退出二胎生育指标，计划生育率在 99.5%以上。2000 年，全区人口出生缺陷率下降到 6‰。

开展人口和计划生育科普知识系列讲座

2. 落实计生政策，依法行政体系初步建立。 1978 年底，崂山县革命委员会召开全县一对夫妇一个孩表彰大会，1979 年，崂山县革委下发了 156 号文件，把婚、育奖励惩罚以正式文件形式规定了下来。对自愿终身只生育 1 个孩子的夫妇颁发"独生子女优待证"，每月发给儿童保健费 5 元。1987 年 7 月，中共崂山县委、崂山县政府制定并下发了《关于实行计划生育若干问题的意见》的文件，从结婚、生育、避孕节育、优生优育、奖励、处罚、组织领导 6 个方面作出了 33 条规定，继续提倡晚婚、晚育。对于不足晚婚年龄坚持结婚者，必须签订晚育合同；对于不符合"照顾二胎生育的若干规定"（即十六条）和"农村独女户间隔式"二胎生育条件者，都要落实节育措施，做到一对夫妇 1 个孩子；对于做到晚婚者，增加婚假 7 天（共 10 天）；晚育者，享受产假 112 天，男方 1 周照顾假；对于农村独生子女户给予多划给 1 人份责任田和自留地，并免收提留或参照职工标准给予适当经济补助；对于新婚无计划生育，计划外怀孕外出躲藏、享受独生子女待遇又超生和国家干部、职工出生计划外二胎以上的作出了罚款、中止生育直至开除党籍、开除公职的处理规定。

1988 年 7 月 20 日，《山东省计划生育条例》颁布实施，8 月，中共青岛市委、青岛市人民政府下发《关于进一步加强计划生育工作的决定》。全区计划生育工作由政策规定制约发展到依法行政，区、乡镇、村配备了专职或兼职三级法制人员。

1994 年以来，流动人口计划生育走上了依法管理的轨道，基本形成了对流动人口与常住人口齐抓并重的局面。依据《崂山区实施〈青岛市流动人口计划生育管理办法〉的具体规定》，对流动人口实行"条抓块管、条块结合、以块为主"的计划生育属地化管理体制，不断做好流动人口中育龄群众的计划生育管理与服务工作，并实现了以政府牵头，计生、公安、工商、劳动等部门综合治理、齐抓共管的管理办法，对全区 11058 名流动人口进行了登记造册，建立起定期联系与随访制度，从根本上扼制流动人口的计划外生育，流动人口计划生育率达 98% 以上。1999 年，又对流动人口的有关住处进行摸底，加强信息化管理。

随着新的《山东省计划生育条例》以及《青岛市流动人口计划生育管理办法》的颁布与实施，全区文明执法意识、水平有了较大的提高，在计划外生育费征收、计划生育行政处罚等执法活动中都能做到主体合法、程序规范、处罚准确。

3. 加强管理服务，利益导向体系初步建立。 1973 年开始，把生育计划落实到人，计划指标由控制出生率、自然增长率扩展为计划生育率、节育率、一孩领证率、一胎出生率和多胎出生率等多方面。1981 年和 1982 年两年，崂山县被评为山东省计划生育工作红旗单位。1983 年、1984 年两年被评为山东省先进单位和青岛市的红旗单位。1985 年，崂山县被评为全国计划生育先进单位，副县长滕胜叶作为青岛市县的代表到北京参加会议，受到党和国家领导人的接见。

从 1985 年开始，中共崂山县委、县政府每年召开计划生育表彰大会，表彰为计划生育工作做出贡献的单位、村和个人。到 1987 年底，已有 128 个村荣获计划生育模范村的光荣称号，并被授予光荣匾。20 世纪 80 年代末 90 年代初，中央作出了《关于加强计划生育工作，严格控制人口增长的决定》，召开了第一次计划生育工作座谈会，提出了"一把手亲自抓负总责"，实行人口与计划生育目标管理责任制。崂山区政府与各乡镇政府签订人口目标承包责任书，进行人口与计划生育目标管理责任制的考核。1993 年 7 月崂山区计划生育协会办公室增加事业编制 1 人，由 2 人增加到 3 人。1994 年 6 月，原崂山区计划生育委员会人员整建划归新崂山区并同时成立更名为崂山区计划生育与卫生局，为正处级序列单位，行政人员 8 人，内设卫生科学技术委员会和计划生育科 2 个行政科室，下设崂山区卫生防疫站和计划生育服务站 2 个事业单位。1995 年，崂山区着重加强计划生育村级规范化管理水平，全区 90% 以上的村达到计划生育"三为主"合格村标准。1998 年，国家中宣部、计生委联合开展了婚育新风进万家活动，全区、街道、村服务阵地有了明显改观。1996~2000 年，全区有 97.1% 的村达到计划生育合格村的标准，有 50 个村达市级模范村标准，占总数的 36%，仅余 4 个后进村。

1989 年，全区为独生子女家庭办起了独生子女备用金保险和义务养老金保险，开展计划生育保险业务，农村 90% 以上的独生子女家庭落实了奖惩政策和保险待遇，解除了农村群众实行计划生育的后顾之忧，推动了计划生育的开展。1995 年国家计生委提出了计划生育工作思路和工作方法的"两个转变"，即由以往就计划生育抓计划生育向与经济社会发展紧密结合，采取综合措施解决人口问题转变；由以社会制约为主向逐步建立利益导向与社会制约相结合，宣传教育、综合服务、科学管理相统一的机制转变。1995 年 4 月 28 日，国家计生协会秘书长、国家计生委办公厅主任江一曼到崂山区指导工作。

1997 年 10 月，区计划生育与卫生局增设综合科，为行政科级机构，配科长 1 名；撤销"崂山区计划生育妇幼保健服务中心"，成立"崂山区妇幼保健院"，并加挂"崂山区计划生育服务站""崂山区流动人口计划生育办公室"牌子；同意在区卫生防疫站加挂"崂山区公共卫生监督所"牌子；在区计划生育与卫生局加挂"爱国卫生运动委员会办公室"牌子。1999 年 5 月，区计划生育与卫生局单独设立区流动人口计划生育管理办公室，正科级全额事业单位，编制 3 人。区妇幼保健院不再加挂"流动人口计划生育办公室"牌子。

（二）稳定低生育水平的关键阶段（2000～2005 年）

这一阶段，崂山区计划生育工作贯彻落实新时期人口与计划生育工作稳定低生育水平，提高出生人口素质的主要任务，推进计划生育优质服务，进行了计划生育管理体制改革工作试点，进一步完善计划生育利益导向机制。

1. 提高出生人口素质，技术服务体系得到优化。2000 年 3 月 2 日，中共中央国务院作出了《关于加强人口与计划生育工作稳定低生育水平的决定》，提出了新时期人口与计划生育工作的主要任务是稳定低生育水平，提高出生人口素质。2001 年 4 月，区妇幼保健院与计划生育服务站分设。区妇幼保健院加挂"崂山区医疗保健中心"牌子，为副处级差额事业单位；区计划生育服务站加挂"崂山区计划生育药具管理站"牌子，为副处级全额事业单位。2001 年 6 月，中华人民共和国国务院令（第 309 号）公布《计划生育技术服务管理条例》，自 2001 年 10 月 1 日起施行。2002 年国家计生委在全国开展了创建计划生育优质服务先进县（区）活动。要求人口与计划生育的各项工作都要以了解群众需求为出发点，以满足群众需求为工作归宿点，把群众满意不满意、赞成不赞成作为衡量计划生育工作的标准，以服务对象为中心的优质服务被提到了一个重要的高度。崂山区加强了对计划生育技术服务工作的管理，控制人口数量，提高人口素质，保障全区育龄群众的生殖健康权利。

2003 年，崂山区组织了 4 期计生技术技能项目培训，实施出生缺陷干预，对 766 名活产婴儿进行了监测，实行病残儿母亲生育二胎建档管理及遗传病高发家庭专家管理监护，监护率达 100%；开展生殖保健，为住地育龄妇女查体5.5万人次，查出各类妇科病2726例，为251对不孕症夫妇建立了档案。2003年，全区共出生1104人，人口出生率为5.53‰，比市下达的责任目标低5.07个千分点，自然增长率–0.4‰，首次出现人口负增长，避孕节育措施落实率达到100%，出生婴儿性别比稳定在107。

2004年，崂山区兴建了王哥庄计生妇保中心，从卫生系统招聘了7名中级专业技术人员，充实到计生妇幼队伍里，提高了技术队伍的整体素质。积极推行政府购买服务的办法，把各街道服务站的"四术"服务职能交由街卫生院和区妇幼保健院，街道成立咨询服务站，把更多的精力放到对群众的生殖保健宣传和术后、产后随访上，实现了资源的优化配置。同时加强了计生科研工作，启动了育龄人群生殖健康知识普及计划，加速了人人享有生殖健康目标的实现。区、街技术服务站充分发挥自身职能，围绕着生育—节育—不育主线，普遍开展健康查体、避孕节育、优生优育和生殖保健系列服务，年内开展育龄妇女查体4.5万人，查出各类疾病253人，均给予指导治疗和随访服务，进一步拓宽了服务领域，方便了育龄群众。同时，各级技术服务人员进一步加强对节育措施知情权选择的指导力度，坚持以落实长效节育措施为主，节育措施知情选择水平有了新的提高。

2005年，崂山区围绕"提高出生人口素质"这一主题，在全国率先建立起由政府出资，以"婚前检查、孕期保健、产前筛检"三级干预为主要内容的优生工程长效机制。为育龄群众免费提供婚前检查、优生四项检查、微量元素检测、产前筛查、孕期保健等一条龙的服务项目，将全区87%的适龄群众纳入优生工程之中。全年参加免费婚检人数为1538人，婚检率最高月份为62.7%，发放"优孕通"卡378张，建立孕产妇保健手册830人，产前检查病残二胎家庭46例，建档管理率100%，高危家庭41

2005年6月，崂山区实施优生工程启动仪式举行

例，建档率100%。全区查出早孕停止发育、胎儿畸形等病例38起。

2. 加强建章立制，全面推进依法行政。2001年12月，第九届全国人大常委会第二十五次会议审议通过了《中华人民共和国人口与计划生育法》，计划生育基本国策有了国家基本法律的保障。《人口与计划生育法》以及《社会抚养费征收管理办法》的颁布和地方条例的修订实施，标志着人口和计划生育工作全面进入依法管理、优质服务的阶段。2003年，崂山区制定《崂山区计划生育行政规范》和《计划生育行政执法责任制》，实行计划生育政务公开，下发了《政务公开手册》，开通了"人口与计划生育公众信息网"，将相关法规、审批事项、办事程序、举报电话等对社会公布，接受社会监督。认真组织开展了计生法律法规学习宣传活动，分级分批对不同层次的党政领导与计生干部进行系统培训，规范了各种执法文书，落实了政务公开、公示制度和群众申诉案件办理制度，依法审批了计生技术服务机构执业许可证和计生技术服务人员合格证，把人口与计生工作全面纳入法制化的轨道，有效地促进了整体工作水平的不断提高。2004年3月26日，全省计划生育法制工作调研观摩会在中韩街道山东头居委会召开，会上，崂山区作典型发言。

2004年，崂山区对不具备建立居委会的物业小区和零星楼座重新进行登记，对计生管理状况进行分析和评估，对现居住地管理情况重新定位，在全市率先出台了《关于在物业小区和零星楼座聘用计生协管员的实施方案》，在全区范围内组织实施。7月30日，崂山区首批商住小区、零星楼座计生协管员30人，经过岗前培训正式上岗，并签订聘用协议，建立并落实了物业小区、零星楼座各项计划生育管理与服务制度。11月30日，全市流动人口暨封闭物业小区计划生育工作经验交流会在崂山区召开。会上，崂山区计生委作典型发言《建立协管员制度，发挥协管员作用，推动商住小区与零星楼座计划生育工作落实》，此项工作得到了国家计生委综合改革评估组的充分肯定。

2005年，崂山区重点加强对流动人口的计划生育管理，流动人口计划生育各项指标达95%以上，实现了第四次人口出生高峰的第一个峰值年控制目标。2005年7月，国家人口和计划生育委员会副主任王国强一行20人到崂山区考察。

3. 开展管理体制改革，利益导向机制得到完善。2000年10月，崂山区成为国家确定的首批人口计生综合改革试点区，2001年初，青岛市在崂山区启动了计划生育管理体制改革工作试点，5月23日，全市计划生育管理体制改革现场会在崂山区召开。崂山区以"立足实际、开拓创新深入扎实地推行计划生育管理体制改革"为题在会上作了交流和推广。经过一年的试点工作，获得初步成功，改革试点经验在全国计生改革研讨会上进行书面交流。2001年，国家计划生育委员会主任张维庆一行、国家计生协常务副会长刘汉彬一行分别到崂山区考察计划生育工作。2001年12月17日，全市计划生育统计改革试点工作现场会在崂山区召开。

2002年，崂山区开始实行人口属地管理制度，建立街道办事处直管、村（居）委员会协管，全面落实计划生育法定代表人责任制，把户籍人口和人户分离人口全部纳入现居住地管理，共建立计划生育协会173个，会员达2.2万人。在74个村实行了计划生育计算机信息管理。2003年，崂山区计划生育村（居）民自治工作不断强化，全区有21个村达到计划生育村民自治示范村的标准，占村数的15.1%，2个后进村得到转化，计划生育合格村达100%。2003年8月，山东省副省长王军民到崂山区调研计划生育管理体制改革情况。王军民副省长及与会领导对崂山区实现以现居住人口的属地统计管理；建立街道直管、村居协管，全面落实计生法定代表人责任制；物业协管、楼长主管，把户籍人口和人户分离人口全部纳入现居住地管理；围绕群众需求、建立计生优质服务运行机制等做法给予了充分肯定，普遍认为崂山的做法解决了新时期城市人口与计划生育发展中遇到的矛盾和困难，对全省城乡接合部地区计划生育工作开展起到了示范作用。

2004年，继续坚持把农村作为计划生育工作的重点，大力开展"三级联创"活动，根据创建标准和实施规划，加强分类指导和动态管理，全区28个村达到村民自治模范村的标准，四个街道全面跨入优质服务先进街道行列。全面规范了计划生育村民自治，落实了村党组织和村委会的责任，建立健全了"依法建制、村务公开、民主管理、综合服务"的村级工作机制。

2001年4月，成立"崂山区计划生育协会办公室"与计生局合署，为副处级事业机构。2003年建立起全区计划生育公益金，已对50多户计生困难家庭给予了救助。2004年1月16日，区计划生育委员会、区卫生局实行合署，不再实行一套机构两块牌子的管理体制。合署后，区计划生育委员会、区卫生局内部机构和领导职数分设，财务独立核算、独立运行，均使用行政编制。区计划生育服务站、区流动人口计划生育管理办公室、区计划生育协会办公室划归区计划生育委员会管理；区卫生监督所、区疾病控制中心、区妇幼保健院、区农村大病统筹医疗办公室、区精神病医院和四个街道卫生院划归卫生局管理。调整后的区计划生育委员会机关设置办公室、计生科 2 个职能科室，确定行政编制 7 名，其中主任 1 名，副主任 1 名，科长（主任）2 名。2005 年 6 月，崂山区计划生育委员会更名为"崂山区人口和计划生育局"。7 月，成立"崂山区计划生育信息站"，为区人口和计划生育局正科级事业单位。

2003 年，在农村大病统筹中实行对计划生育户的优先优惠，把属于大病救助范围的独生子女及父母的救助比例提高了 5%。建立起全区计划生育公益金，区、街筹集 30 万元作为启动资金，共对 16 户符合条件的计生贫困户实行了救助，充分体现了党和国家对实行计划生育家庭的责任感，使计划生育家庭不仅感受到了政治上光荣，而且经济上得到了实惠。

2004 年，进一步完善了计划生育利益导向机制。根据党中央、国务院以及省、市党委关于实施农村部分计划生育家庭奖励扶助制度的要求，崂山区出台了具体的实施意见，建立起资金管理、资格确认、资金发放和社会监督四个方面的制度。4 月 28 日，出台崂山区《建立独生子女死亡父母不再生育家庭保障制度实施方案》，充分考虑了农村独生子女死亡家庭的养老问题，建立了对这类家庭每人每年增发 600 元养老保障金的制度。建立了计划生育病残及意外伤害困难家庭的救助制度。

2005 年，制定《崂山区关于优生工程的意见》《崂山区优生工程实施细则》《关于开展关爱服务维护流动人口育龄妇女合法权益工作意

2005 年 9 月 17 日，全国人口和计划生育新机制建设工作会议在崂山区政府大厦召开

见》等文件，完善融奖励、优生、优惠、救助、扶持、保障"六位一体"的计生利益导向机制，全面推行农村计划生育家庭奖励扶助制度，为293名奖励扶助对象发放奖励扶助金17.25万元。2005年9月17日，全国人口和计划生育新机制建设工作会议在崂山区政府大厦召开。国家人口计生委主任张维庆、山东省副省长王军民、青岛市委副书记蔡伦斌等100余人出席会议并参观了金家岭社区、银都景园等现场点。2005年，崂山区人口计生局获省卫计委授予的全省人口和计划生育系统行风建设先进单位称号，中国计划生育协会授予的青春健康国际合作项目支持奖、青春健康国际合作项目先进单位称号。

（三）统筹解决人口问题的改革阶段（2006年至今）

2006年，党中央、国务院发布了《关于全面加强人口和计划生育工作统筹解决人口问题的决定》，明确提出了我国新时期人口和计划生育工作的指导方针、总体思路、目标任务、政策体系和保障措施，是指导当前和今后一个时期我国人口和计划生育工作的纲领性文件。我国进入稳定低生育水平，统筹解决人口问题，促进人的全面发展的新阶段。崂山区结合新时期发展趋势，不断创新工作思路和方法，将以人为本、优质服务的理念引入了计生工作中，积极开展应对人口老龄化行动，促进人口长期均衡发展。

1. 倾心呵护母婴健康，全面实施优生关爱工程。2006年12月31日，国家人口计生委授予崂山区2006年全国计划生育优质服务先进县。

2007年，崂山区在全国率先建立起长效避孕措施奖励机制，出台了《关于建立长效避孕措施激励机制的实施意见》，对落实长效避孕措施三个月以上或采取长效避孕措施意外妊娠流引产的，均可享受300元的补助。对不适合放置常用宫内节育器的农村育龄妇女，可免费放置新型宫内节育器。对交通不便的育龄妇女，由街道派流动服务车来回接送。今年全区共放环1505例，比去年同期增加790例，增幅达到了110%，生流比也由年初的0.51降至0.388，有效保护了育龄群众的身心健康。此项工作被列入全市计生创新项目，在全市推广，国家和省的重要内参件《人口和计划生育情况》分别给予了报道。区政府将街道、社区两级计生服务站（室）基础设施标准化、形象规范化建设作为十件实事之一加以推进。先后投资129万元为四个街道服务站配备了计划生育服务车、全数字便携式黑白 B 超等设施，为 131 个社区服务室配备了妇科检查床、B 超检查床等设备，并按照人性化、温馨化的原则，高标准改扩建了计生服务（站）室，为育龄群众服务创造了良好的条件。全区 4 个街道服务站、94% 的社区服务室均高标准建成国家基础设施标准化建设要求的计生服务机构，形成了以区站为龙头、街站为骨干、社区为基础、流动车为纽带，"形象统一、布局合理、设施标准、功能完善、服务规范、环境温馨、满足群众需求"的优质计生服务网络体系。沙子口街道计生服务站接受了全市计生服务站标准化建设的现场观摩。

2008 年，启动了免费"生殖保健工程"，在各社区开展生殖保健知识培训，在免费生殖健康查体的基础上，对患者进行针对性的物理治疗，提高了育龄妇女的生殖健康水平和长效避孕节育措施的续用率。新婚和待孕妇女的宣传培训率达到 100%，建立孕产妇保健手册 2394 人，婚检 1174 对，优生四项监测 1828 人，出生缺陷发生率控制在 2.94‰ 以内。将避孕药具免费自取设备推进青岛大学、中国海洋大学崂山校区以及麒麟大酒店等院校和高档酒店，设立多处免费自取箱。

2009 年，在全省率先建立了依法生育子女的农村居民住院分娩补助制度，王哥庄街道将分娩补助资金提高到 1000 元。6 月 24 日，国家人口计生委新农村新家庭现场观摩会在中韩街道金家岭社区举行。王修林副市长作出了重要批示，市人口计生委予以推广。同时，加强出生缺陷一级干预，进一步完善了农村育龄妇女孕期保健免费制度。这一制度的实施，使全区优生工作从婚前检查、孕前干预到孕期检测、新生儿健康体检等各个环节建立起了一系列免费服务保障体系，极大地提高了出生人口素质，人口出生缺陷率由 2004 年的 4.9‰ 降为 2009 年的 1.7‰。

2010 年，深入推进优生工程和妇女健康保健行动。重点加强出生缺陷一级干预措施，婚检率提高到 91.9%，孕前查体 977 人，产前筛查

百万计生设备送基层

1762 例。对政策外妊娠引产手术和医学需要终止妊娠引产手术费用实行免费；对病残儿母亲再生育进行全程跟踪，免费进行产前诊断，确保病残儿母亲再生育质量。将实施"两癌"检查列入区政府"十件实事"之一全力推进，为所有参加"两癌"检查的妇女建立了个人健康档案，制定科学规范的动态管理制度，采取送服务上门的方式，对查出异常情况的妇女提供诊断、治疗、咨询、转诊和后续随访服务。沙子口和王哥庄街道还建立了乳腺癌患者补助制度，共对 45 名患者发放救助金 3.5 万元。2010 年 12 月，崂山区妇幼保健院更名为"崂山区妇幼保健所"（崂政办发〔2010〕110 号）。

2011 年，崂山区在全国率先实现全方位的免费优生系列工程，全面实施婚前检查、孕前保健、孕期检查、产前筛查、新生儿保健和病残儿母亲再生育保健等优生工程一条龙的免费保健服务项目，服务对象由户籍人口向全人口转变。自 2005 年以来，全区出生缺陷率平均降到 2‰，位于最低水平，为建设幸福崂山创造良好的人口环境。在全国率先建立计生药具发放电子商务平台，育龄群众可随时随地登录注册领取（指免费药具，计生干部上门赠送）或网上订购，物流配送（自费）各类计生避孕药具，创造了与现代国际城市相适应的药具发放新模式。

2012 年，全面实施孕前健康查体、产前筛查和再生育家庭监护，近两年来全区人口出生缺陷率保持在 2.00‰左右。为 48600 名育龄妇女提供免费孕环情监测和生殖健康查体，对 3600 名妇女实施"两癌"筛查，为查出异常情况的 1446 名妇女提供了诊断、治疗、转诊、回访服务。

2013 年，崂山区财政预算投入 45.5 万元，增加乳腺彩超、HPV 检测，将孕前优生的检查标准提高到每对 800 元，建立起完整的出生缺陷一级干预模式。积极与市级医院合作，创新开发了融"两癌"筛查、生殖健康查体、孕环情监测于一体的"生殖健康服务包"工作模式，检查标准达到每人 108 元，受益人群 4 万余人。

2014 年，崂山区重点关注大龄二胎待孕家庭生育质量，在规定的孕前优生项目基础上，共完成拟生育二孩 HPV 病毒筛查和乳腺彩超 586 人。实行"孕前优生健康结果报告书"反馈制度，所有检验结果由过去的"存档式"管理改为"发放式"管理，受到查体群众的一致好评，实现了宣传立体化、管理制度化、质量标准化和服务人性化。全年参加免费孕前优生检查 2760 人，覆盖率达到 96.8%，有效地降低了出生缺陷发生率，提高出生人口素质。做好孕产妇系统管理，崂山区连续 7 年保持孕产妇零死亡率。出台了《关于建立计划生育特殊困难家庭辅助生殖补助制度的意见》（试行），设立专项资金 10 万元，帮扶育龄期内的"计划生育特殊"家庭再生育。加强新生儿疾病筛查，加大儿童保健系统管理，加强病残二胎优生监护，共管理独生子女病残儿家庭 65 个。拓展技术服务范围，为 300 名退出育龄期妇女免费取环，确保"退出育龄期，服务不间断"。

2015 年，崂山区积极拓展二孩孕前优生服务项目。将孕前优生检查的范围由农村居民拓展到城镇居民，由常住人口拓展到流动人口。将艾滋病纳入孕前优生检查项目中，实现了艾滋病在母婴之间的零传播。在全市率先将"两癌"免费筛查范围从农村妇女扩大至城镇妇女，年龄段由国家规定的 35~59 岁扩展到 30~64 岁。充分发挥医联体优势，采用政府购买服务的形式，由青岛中心医院、青岛第八人民医院、青岛市立医院麦岛社区服务中心三家医院组织妇科、乳腺、B 超专家入村查体。同时加强与科研院所合作，对宫颈癌的筛查采用世界先进的三阶梯筛查方法，提高筛查准确度。在全市率先实施人工辅助生育补助政策，对实现人工辅助生育的夫妇给予 2 万元生育补助，通过资金补助、生育指导等方式帮助计划生育特殊家庭圆梦。为 3 户有生育意愿的家庭进行了免费体检，建立了跟踪随访档案。

2016 年，积极应对国家"全面二孩"政策，免费孕前优生项目实现城乡全覆盖，开办"大龄妈妈学堂"、为二胎待孕家庭增加乳腺彩超、HPV 病毒筛查，2016 年完成孕前优生查体 3670 人，覆盖率达到 107%。开发运用高危孕妇、高危儿童管理软件，对高危孕妇、高危儿童进行专案分级管理，共管理高危孕妇 198 人、高危儿童 120 人，孕产妇系统管理率达 97.08%。邀请岛城知名产、儿科专家开展了"名医大咖孕婴讲堂" 6 讲，受益孕妇近 600 人。实施乙肝、艾滋等母婴阻断项目，艾滋病、梅毒和乙肝检测率均达到 95%以上。继续由三级医院承担"两癌"免费筛查，筛查出的可疑患者通过医联体绿色通道直接到三甲医院进行进一步治疗。全年完成筛查 14000 例，查出宫颈原位癌 5 例、浸润癌 1 例，确诊乳腺癌 3 例。在省内率先将病残儿再生育家庭纳入辅助生育补助范围，同时增加了孕前检查及产前诊断的补助费用，对符合政策在具备相应资质的医疗机构实施了人工辅助生殖技术的每对夫妇给予最高 3

万元的经济补助。

2017 年，崂山区全面实施"优生关爱工程"，孕前查体服务人群涵盖农村、城镇常住人口及符合条件的流动人口，共完成孕前优生查体3002 人，免费发放叶酸 7201 瓶。为全区符合条件的育龄妇女（包括流动人口）提供免费产前筛查，将孕妇精准基因检测列入区政府实事项目，在全市率先实施遗传性耳聋基因筛查和无创 DNA 基因监测或产前诊断。投入 70 余万元对产前筛查高风险、临界风险孕妇实施免费无创 DNA 基因检测或产前诊断，投入 175 万元实施孕妇耳聋基因检测，受益孕妇达到 3000 余人，有效降低了全区出生缺陷率。崂山区妇幼保健计划生育服务中心荣获全国耳聋基因筛查基地称号。

2. 夯实基层基础工作，提高统筹解决人口问题能力。2007年，查处违法生育案件 27 起，征收社会抚养费 70.2 万元，共办理《生育证》518 个，审批正确率、及时率均达到 100%。不断创新完善流动人口管理服务体系，实现流动人口网上信息建档率、通报率、反馈率均达到 90% 以上，信息准确率达到 95% 以上；深入开展 "关爱加盟、连锁服务"活动，为流动人口提供劳动培训、就业中介、法律援助服务 6539 人次，《中国人口报》《青岛日报》等多家媒体予以报道。加强对违法生育人员政治资格审查制度，对各级党代表、人大代表、政协委员、劳动模范及各类综合性先进候选人进行了审查把关。各相关部门还结合各自实际，制定出台了有利于计划生育的社会经济政策，形成了优势互补、资源共享、各负其责、齐抓共管的良好局面。在世纪华庭商住小区成立了青岛市首家以业主委员会、物业公司、计生协管员"三位一体"模式为主要内容的商住小区计生协会，搭建起了物业公司与业主委员会、协管员共同进行计生管理服务的平台，按照群众自治思路，发挥群众团体的生力军作用，有效解决了新建城市社区"计生干部无法管、有关部门不愿管、物业公司不让管、小区居民不服管"的难题。

2008 年，制定出台了《崂山区关于全面加强人口和计划生育工作统筹解决人口问题的实施意见》，将实施流动人口免费优生工程、加强基层计生技术力量配备、建立未成年病残独生子女救助和农村居民依法生育第一个子女住院分娩补助制度等新举措纳入其中。建立了长效措施落实情况通报、奖惩制度；在拆迁社区增加了育龄妇女孕环情监测次数，提高了务工补助标准，并将孕环情监测、违法生育处理与社区的福利挂钩，增强群众实行计划生育的自觉性。把违法生育查实和社会抚养费征收一并执行，将责任落实到社区，继续实施"一票否决"。2008年共办理《生育证》365个，查出违法生育案件52起，征收社会抚养费102万元。对流动人口违法生育、建筑工地流动人口计划生育管理服务工作，部门联动出台具体实施意见，形成了齐抓共管的合力。

2009年4月29日，国务院第60次常务会议审议通过了《流动人口计划生育工作条例》，国务院总理温家宝签署555号国务院令予以公布，自2009年10月1日起实施，为新时期流动人口计划生育工作提供了法律保障，为维护流动人口计划生育合法权益提高了法律依据。2009年，崂山区在流动人口管理服务上实现了新突破，全省率先建立社区流动人口计生协管员制度，中韩街道由街、居出资聘用流动人口协管员，有效推动了流动人口计生管理服务工作的落实。深化流动人口"关爱加盟连锁服务"活动，全面实施了流动人口免费优生系列工程，省政府办公厅以《信息专报》的形式推广此项做法，省政府主要领导圈阅，市分管领导给予充分肯定。在违法生育查处和依法征收社会抚养费上实现新突破，在全区推广实施人口计生信息实名登记电子"一证制"，在接生医院、婚姻登记处和区、街计生服务站均安装了二代身份证读卡器，对育龄妇女的妊娠、生育、节育措施落实等信息实行全程跟踪服务，动态掌握各项变动状况。崂山区四个街道均建立了孕环情监测误工补助制度，由街道或社区出资对参加监测的育龄群众给予一定的误工补助，调动了育龄群众参与孕环情监测的积极性，检测率达到99%，筑牢了遏制违法生育的第一道防线。

2010年，统筹解决人口问题的格局日趋完善。崂山区委、区政府将计生工作列入了对四个街道因重大问题扣分和一票否决内容，并首次拿出5分作为排序考核，与公安、劳动等10个部门的信息比对形成了常态。创新考核方式，取消年终一次性考核，建立通报、预警、公示制度，迎接省、市级检查7次，组织实施区级监控和考核6次，涉及的社区覆盖面近50%；完善"黄牌警告、红牌警示、一票否决"三级责任追究制度，对5个出现违法生育的社区、1个驻区企业和1个机关单位实施了否决。推进《人口和计划生育居民自治章程》的修订工作。全区139个社区按照修订程序，将计划生育家庭的奖励优惠政策、对不履行计划生育义务的社区制约措施以及移风易俗、男女平等等重要内容纳入《人口和计划生育居民自治章程》，把社区群众的切身利益与是否履行计划生育义务相挂钩，打造了社区和居民双向承诺的人口和计划生育基层群众自治模式，这对于从根本上引导广大人民群众转变旧的生育观念具有重要意义。

2010 年，崂山区"三大平台"引领计生信息化建设的发展，在全国率先研发创建了"手持智能人口信息采集平台"，实现了随时随地在线对育龄群众信息进行采集、变更和上报。建立了"人口计生短信服务互动平台"，实现了宣传教育的零距离。开发了"驻街单位和人户分离人员信息交流平台"，实现了人口计生管理的一盘棋。实现了用信息化管理技术将计生工作贯穿起来，将规范的工作流程渗透到整个计生管理体系。省人口计生委副主任孙传英到崂山区进行调研，给予高度评价。市政府信息专报刊发崂山区的经验做法，副市长王修林给予批示肯定。

2011 年，崂山区通过信息比对、媒体曝光、法院强制执行等措施，推动违法生育案件的处理实现历史性突破。2006 年以来累计违法生育案件共 322 件，处理 314 件，处理率达到 97%，征收社会抚养费 750 余万元，征收到位率达到 85%。进一步完善了流动人口、法人单位和城市社区三支计生协管员队伍，通过日常监控、定期通报、绩效考核，推动了工作任务的落实。中韩街道探索建立的流动人口旅馆式管理模式，被中共中央办公厅刊发，得到国家领导人的肯定性批示。

2012 年，崂山区针对区内楼宇、商贸城位置相对集中、人员成分复杂、计生服务管理难的实际，设计研发了"楼宇、商贸城人口信息采集系统"，实现了信息采集及时、准确、有效。该项研究成果得到了市领导的重要批示，全市信息化现场会在崂山区召开。继续完善流动人口、驻街单位

2012 年 4 月，全市人口和计划生育信息化工作现场会在崂山区召开

和城市社区"三支协管员队伍"建设，对不配合计生管理的单位、市场，加大了媒体曝光力度。崂山区探索新形势下小商户集中区域的人口计生服务管理新途径分别在《中国人口报》《新华社山东参考》、区市政府《信息专报》刊发。

2013年4月1日，国家卫生计生委召开全国计划生育依法行政工作电视电话会议。深入贯彻落实党的十八大和2013年全国两会精神，总结全国计划生育依法行政工作情况，对进一步做好计划生育依法行政工作提出要求。2013年6月2日，山东省第12届人大常委会第2次会议审议通过了《山东省人民代表大会常务委员会关于修改〈山东省人口和计划生育条例〉的决定》，不再执行从1988年起实行的"申请生育第二个子女的夫妻，女方初育的须年满25周岁，女方为再育的须年满30周岁"的规定，由夫妻理性、自愿选择二孩生育的时间。崂山区结合金融新区建设和典型社区人口计生服务管理工作，在全区28个新型社区增设计生服务窗口，配备便民服务宣传触摸屏15处，实现了人员下沉、13项计生服务下沉，将"和谐人口 诚信计生"服务品牌深入千家万户。公开办证程序，落实首接责任制和一次性告知制，对有特殊需求的群众，采取预约办证和上门服务的方法，多项措施彻底解决办证难问题。省《人口和计划生育情况》对《青岛市崂山区依托新型社区建设强化便民服务》予以刊发。打造"好一家"装饰城信息化示范点，率先开发应用"一次性养老补助"平台，"3G"移动办公、楼宇信息采集平台等应用均属全省首创。率先提出建立崂山区居民公共信息服务平台的设想，将人口计生信息化纳入智慧社区建设，构建政务信息资源数据库。

2013年11月，党的十八届三中全会审议通过《中共中央关于全面深化改革若干重大问题的决定》，决定指出，坚持计划生育的基本决策，启动实施一方是独生子女的夫妇可生育两个孩子的政策，逐步调整完善生育政策，促进人口长期均衡发展。崂山区通过入户发放问卷、WIS信息汇总等形式，对全区符合"单独二孩"政策人群的底数及生育愿望进行了深入调研，相关报告在市、区信息专报刊发。通过引入二维码、微崂山等平台对新政策进行全方位解读，市级以上新闻媒体发稿93篇，通过广泛地社会宣传引导群众合理安排生育时间。

2013年，根据第十二届全国人民代表大会第一次会议批准的《国务院机构改革和职能转变方案》和《国务院关于机构设置的通知》（国发

〔2013〕14 号），原卫生部、原国家人口计生委的职责整合，设立国家卫生和计划生育委员会，为国务院组成部门。2014 年 8 月，崂山区机构编制委员会下发通知，明确整合区卫生局、区人口和计划生育局的职责，组建区卫生和计划生育局。

2014 年，崂山区积极应对计生政策调整，通过入户走访、WIS 信息汇总、发放问卷等形式，对符合"单独二孩"政策人群的底数、生育愿望以及对全区今后一段时期的影响，进行了深入调研，摸清全区符合政策的夫妇约 6000 对。根据年龄、选择属相等生育意愿，预测分析了近三年人口出生规模，提出有针对性的意见建议，相关报告在市、区信息专报刊发。通过网络、电视、微崂山等平台对新政策进行全方位解读，发放 3 万份宣传材料，张贴 2000 张宣传海报，并将政策内容生成二维码印制在海报上，通过社会宣传引导群众科学合理安排生育时间，平抑生育高峰。将计生宣传融入新型社区整体规划，打造宣传环境 30 余处，营造了浓厚的社会宣传氛围。与公安、食药、妇联等部门联合开展综合治理出生人口性别比巡查活动，形成齐抓共管合力。开通绿色通道，加快审核速度，将生育证审批时间由 30 天缩减至 17 天，为 960 对符合"单独二孩"政策的夫妇办理了《生育证》。下发了《关于提速落实重大妇幼公共卫生服务项目报销补助政策的通知》（崂卫计发〔2014〕4 号），将原卫生和计生的孕产妇住院分娩补助、孕妇产前免费筛查和新生儿疾病免费筛查等 4 项重大公共卫生服务项目进行整合，将 23 项申报材料合并同类项简化为 5 项，并将服务事项全部下沉到 4 个街道卫生院（社区卫生服务中心）办理，积极调动发挥社区计生工作人员和乡医作用，延伸代办功能，进一步优化申领补助报销流程，切实方便广大居民办事。

2015 年 10 月，党的十八届五中全会公报指出，促进人口均衡发展，坚持计划生育的基本国策，完善人口发展战略，全面实施一对夫妇可生育两个孩子政策，积极开展应对人口老龄化行动。崂山区严格贯彻全面二孩政策和生育服务证制度改革，切实抓好"一孩生育登记"和"预先告知制度"落实，做好对全区符合"全面二孩"政策人群的办证和生育情况监测。简化流程，做到能从业务系统内查询的信息不再让群众开证明，能通过工作人员核实的情况不再让群众去盖章，能简化的手续不再让群众送材料。结合全区驻街单位特点，在青岛五啤和杰瑞自动化有限公司设立"卫生计生工作室"。在区社区卫生服务中心、张村、华都社区打造均等化社会融合示范单位，成立"心生活驿站"工作室，增强流动人口融入力。

2016年，崂山区全面贯彻国家《关于实施全面二孩政策改革完善计划生育服务管理的决定》，改进服务管理，方便群众办事，切实抓好生育登记制度落实，进一步规范、优化再生育审批流程，开通"生育登记服务及生育证"网上办理平台，"全面二孩"政策得到较好落实。全区出生4128人，合法生育率达到99.83%，出生人口性别比106∶1。进一步规范、优化再生育审批流程。将"改革完善计划生育服务管理"贯彻落实到对各街道、履职单位的计划生育目标责任考核中，加强对基层的考核和日常监控，对工作基础薄弱的社区进行重点督查，开展基层基础示范点创建活动，沙子口街道大河东社区被评为全市计划生育基层基础工作示范点。

2017年，崂山区推动"全面二孩"政策落实，切实抓好生育登记制度，优化再生育审批流程，《生育证》10天内办理完成。制定新时期计生工作目标管理责任制指标体系，组织实施全区全年考核，开展了计划生育第三方调查工作，组织日常监控，下发日常监控通报。迎接省卫计委调研督导及市卫计委全面考核工作，督导组对全区计划生育工作稳妥扎实有序的开展给予了充分肯定。中韩街道李家下庄社区被评为市级计划生育基层基础示范点。举行"新市民健康城市行"启动仪式，深化流动人口卫生和计划生育基本公共服务均等化，清查核实流动人口服务人群底数信息31124人，全面开展国家流动人口动态监测入户调查工作。

3. 坚持以人为本，计生服务管理实现转型发展。 随着我国经济社会的不断发展，以人为本、优质服务的理念被引入到了人口计生工作之中，各项惠民制度不断推出。2006年国家人口计生委会同财政部全面组织实施了农村计划生育家庭奖励扶助制度和西部地区"少生快富"工程。崂山区面向全区计划生育困难家庭开展"生育关怀行动"。2007年，积极落实各项奖励扶助政策，"生育关怀行动"深入开展，帮扶6名计划生育困难家庭子女顺利进入大学就读，发放农村部分计划生育家庭奖励扶助金34万元，特殊计划生育家庭奖励扶助金12万元，独生子女父母奖励费181.5万元，帮扶计划生育困难家庭126户，为他们送去救助金和康宁大病保险资金共计14.76万元。国家人口计生委、财政部授予崂山区"国家农村部分计划生育家庭奖励扶助制度'少生快富'工程试点先进单位"称号。

2008 年，实施计划生育空巢家庭精神慰藉项目，为全区 46 户因独生子女死亡而形成的永久性空巢家庭建立档案，招募了以大学生、解放军战士、社区计生协会会员为主体的志愿者服务组织，通过经济辅助、精神慰藉、舆论支持等方式对计划生育空巢家庭进行慰藉。全年用于计生家庭奖励资金 254.6 万元，用于困难家庭扶助资金 17 万元；为符合政策的 25566 人发放了独生子女奖励费。

2009 年，以新中国成立 60 周年、崂山区建区 15 周年为契机，组织了"崂山区计生系统纪念世界人口日 20 周年暨庆祝新中国成立 60 周年文艺会演"，举办了"关爱女孩"书画展评，开展了"参与婚检、健康相伴"宣传活动和"和谐家庭进社区"系列知识讲座。"婚育新风进活动"作为青岛市唯一代表接受了国家调研评估组的检查评估。开展一系列生育关怀活动，在新市民中开展关爱新市民生殖健康讲座，在大学生中开展青春健康教育，针对老年人深入开展空巢家庭精神慰藉活动，针对计生干部开展关爱基层工作者活动，针对计划生育困难家庭实施关爱和帮扶，救助独生子女困难家庭 54 户，送去慰问金 2.7 万元，为 50 个未成年病残独生子女家庭发放救助金 5 万元。

2010 年，扎实推进生育关怀行动，计生利益导向实现新突破。2010 年 11 月 30 日，崂山区财政局、人口计生局联合发布《关于提高农村部分计划生育家庭奖励扶助和特别扶助标准的意见》（崂人口字〔2010〕53 号），从 2010 年 7 月 1 日开始，对全区农村部分计划生育家庭奖励扶助和特别扶助标准在原标准的基础上分别提高 30 元、40 元，使计划生育家庭更好地分享改革发展成果。走访、救助和慰问贫困计生家庭、困难计生干部和独

崂山区农村部分计划生育家庭奖励扶助金发放仪式

生子女户、双女户等家庭 127 户，发放慰问金 7.4 万余元；发放低保家庭计生专项补助 138 户 5 万余元；为 8 个独生子女意外死亡家庭投入大病保险，对 13 户独生子女意外死亡家庭及困难家庭发放资金 2 万余元；为全区 42 户计划生育空巢家庭订阅了《老年生活报》，通过敲门送报、读报的方式情暖空巢老人。2010 年 7 月 7 日，山东省人口计生委副主任宋新强一行到崂山区金家岭社区调研。2010 年 8 月 19 日，国家《人口》栏目摄制组进驻崂山，历时十天，拍摄了反映崂山区病残儿在母亲的关爱下，取得优异成绩的感人故事——《我要当冠军》，节目时长 20 分钟，在中央电视台一套播出。

2011 年，出台了《关于认真落实区直企业独生子女父母退休加发一次性养老补助问题的通知》和《关于健全人口和计划生育利益导向政策体系的通知》，完善、整合与统筹了各项计生社会保障制度、19 个计生惠民政策。在全国高标准落实奖扶特扶政策，将农村计划生育家庭奖励扶助金、特别扶助金分别提高到 120 元、160 元和 200 元。在全国率先实施计划生育空巢老人家居家政服务，由政府出资为 23 个计生空巢家庭提供了免费家政服务，打造了"关爱、亲情、和谐"的计生服务品牌。中央电视台整点新闻，《人民日报》头版，《大众日报》均报道了崂山区的做法。2011 年 3 月 31 日，国家人口计生委副主任王培安到中韩街道金家岭社区视察。

2012 年 1 月 27 日，《人民日报》头版以"青岛市崂山区招募人员上门提供服务空巢老人告别孤独"为题报道了崂山区政府买单关爱空巢老人的工作事迹，此报道是 30 年来青岛市第一次在《人民日报》头版头条报道计划生育工作，也是崂山区建区以来第一次在《人民日报》宣传计划生育工作。全力推进市办实事落实，为 1959 名育龄妇女发放住院分娩补助共计 97.95 万元。做好计生困难家庭救助。为 147 户

国家人口计生委副主任王培安（中）视察崂山区人口计生工作

计生困难家庭实施救助，对 92 户计划生育特殊家庭进行走访慰问，为 23 户空巢家庭和特殊困难家庭提供家政服务，共发放关爱救助资金 25 万余元。2012 年 3 月 17 日，中国计生协原副会长、生育关怀基金管理委员会顾问苗霞，计生协会秘书长、生育关怀基金委员会副主任李艳秋，中国计生协财务资产部副部长、生育关怀基金委员会办公室副主任孙政深，省计生协专职副会长兼秘书长王众，市计生协常务副会长孙敬友等国家、省、市计生协领导视察了崂山区生育关怀项目。各级领导对崂山区实施生育关怀项目关爱计生特殊困难家庭等工作成绩给予充分肯定。

2013 年，青岛市人口计生委、财政局、民政局、人社局联合出台《关于加强计划生育特殊困难家庭保障工作的若干意见》，建立长效救助慰藉机制。6 月，崂山区出台了《关于落实城镇失业无业独生子女父母年老一次性奖励的办法》（崂政办发〔2013〕29 号），全面解决企业退休职工中独生子女父母养老补助历史遗留问题，涵盖了 18 个城市社区和 15 个农转非社区全部符合条件人员，真正实现了独生子女父母年老奖励"农村有奖扶、城镇有补助"的全覆盖。全年发放计划生育家庭各项奖励帮扶救助金共计 2950.9 万元。

2014 年，重点关注特殊困难家庭，将独生子女伤残家庭的扶助标准提高为每人每月 300 元。在全国率先实施的基础上，进一步完善计划生育空巢老人家政服务工作。为 70 户空巢家庭订阅了《老年生活报》，为 34 户特殊困难家庭提供了家政服务。开展 "红马甲" 医疗志愿服务 240 余次，帮扶患者 998 人次；走访计生特殊困难家庭 96 户，发放慰问金 14 万元。

2015 年，健全完善集家政服务、红马甲志愿服务、医疗专家、精神慰藉服务于一体的综合服务体系，实现全区 137 户计生特殊家庭关爱服务全覆盖。组织医护人员、协会会员和大学生志愿者约 400 余人开展"一对一"结对帮扶；15 支 "红马甲" 医疗志愿服务队为计生特殊家庭建立健康档案，做好健康查体和免费送药上门等服务。投入近 40 万元为 39 户计划生育特殊家庭提供免费家政服务。全年发放计生各项奖励扶助资金 1600 余万元，惠及人群近万人。启动独生子女死亡或伤残家庭综合保险项目。投入资金 15.6 万元，为全区 521 名独生子女死亡和病残家庭成员每人每年投入 300 元的家庭综合保险，在意外身故、伤残、医疗大病、意外住院定额给付等方面提供保障。开展好人口关爱金募集工作，全区人口关爱金募集首次突破 90 万元。

2016 年，实行部门、街道、社区三级责任制，确保计划生育利益导向政策落到实处，全区共落实发放计划生育家庭各项奖励扶助资金 2000 万元，惠及群众 2 万余人次。完成国家对计划生育特别扶助金政策进行标准调

志愿者陪同空巢老人阅读老年生活报

整，及时对独生子女死亡、伤病残父母，分别由原来的每人每月 400 元、300 元调整到每人每月 500 元、400 元，共为 148 人增发了扶助金 17.8 万元。开展"新家庭计划"项目试点，为全区 160 个计划生育特殊家庭建立了信息档案，提供"一对一"帮扶、购买综合保险、政府买单家政服务、"红马甲"医疗志愿者等精准服务。

2017 年，崂山区注重做好基层调研和惠民政策落实，全区 176 户计划生育特殊家庭实行"一对一"关爱服务。共为 44 户计划生育特殊困难家庭提供免费家政服务，发放家政服务补贴 35 万元。为 110 户计生特殊家庭订阅了《老年生活报》。"红马甲"医疗志愿服务队开展"一对一"帮扶救助活动，对有医疗需求的计划生育特殊家庭老人，上门开展健康指导、诊疗等服务，对有特殊需求的请专家上门诊疗。做好计划生育特殊家庭综合保险服务，为 587 位计生特殊家庭成员投入资金 17.3 万元实施医疗综合保险项目，对住院陪护给予每天 80 元的护理补贴。扎实开展好幸福家庭创建工作，开展"拥抱青春 健康教育"和"亲子沟通技巧子"等心理健康教育讲座，学校千余名学生和家长参加了活动，促进家庭幸福社会和谐。

二、取得的成就

（一）人口素质与人口发展状况明显改善，群众婚育观念发生新的变化

人口增量的下降，为提高人均卫生、教育投资水平创造了条件。婴

儿、孕产妇死亡率大幅度下降。宣传教育扎实推进,婚育新风进万家活动和"关爱女孩"行动持续开展,妇女社会地位提高,建设文明幸福家庭的美好追求蔚然成风。一是推动群众宣传教育的常态化。计生巡回服务进社区,举办夏季纳凉晚会、文艺巡演、流动舞台,穿插有奖问答,调动群众参与积极性。结合新型社区建设,在便民服务大厅配备宣传触摸屏15处,制作宣传牌数百块,新打造宣传阵地30余处。在200户以上社区实现以人口文化雕塑、墙体画等为表现形式的宣传一条街全覆盖。通过人口e通、百场健康教育形式进行广泛宣传。开通"科长在线"24小时服务,为群众提供全天候咨询。局长做客在线访谈,科长下沉在一线,及时化解农村社区退职计生主任集体上访案件,办理群众来信来访来电答复及时率100%。二是推动生育政策调整的平稳过渡。发挥《信息专报》优势,刊发生育意愿调研情况。通过入户走访、WIS信息汇总、发放问卷等形式,摸清新增育龄人群特点,合理预测生育高峰,提出做好教育、医疗等公共服务应对准备的意见建议。坚持政策宣讲与舆情引导相融合,对工作人员进行层层培训,保证执行政策不走样。利用网络、电视、微信、报纸、发放宣传品、张贴海报等渠道解读生育政策,引导群众理性安排生育计划。加强出生情况的动态监测,完善出生人口信息报告制度,健全婚姻、生育、户籍管理等信息共享机制。三是以信息手段引领服务提升。在全省率先实现了全光纤接入,并在全市率先全面推广应用3G智能平台,实现了人口计生移动办公,信息统计周期从几天缩短到瞬时完成,规划统计工作出现了前所未有的革命性变化。创新研发三大系统。在全国率先建立"计生药具发放电子商务平台系统",创造了与现代国际城市相适应的药具发放新模式。在全市率先开发应用"一次性养老补助发放系统",规范了发放流程,解决了重复发放等难题。率先设计研发了"楼宇、商贸城人口信息采集系统",实现了信息采集"零误差"、信息通报"零时差"。

(二) 利益导向政策体系不断健全完善,计划生育家庭享受到更多实惠

着力推进人口计生利益导向体系建设,保障和改善民生,高度重视解决计划生育家庭面临的生产、生活和养老等方面的现实困难,加大利益导向政策体系建设的协调、投入和监督检查的力度,政府为主、社会

补充的利益导向政策体系更加健全完善。一是建立经济保障机制，解除计划生育家庭的后顾之忧。健全完善优生奖励、服务免费、待遇优惠、贫困扶持、困难救助、社会保障"六位一体"的人口和计划生育利益导向机制，每年投入专项资金，加大对计生家庭的优先优惠力度，提高计生协会参与公共管理和社会服务水平。设立计划生育公益金，建立多层次困难救助制度，关爱基层计生干部和计划生育特殊困难家庭。每年救助困难家庭达960余人次，资助金额达到110余万元。我国自2007年开始试点实行独生子女伤残死亡家庭扶助制度，对独生子女死亡家庭的补助标准为每人每月100元。2011年崂山区将该项补助标准提高到每人每月200元，是当时国家标准的两倍，2013年崂山区又将该项标准提高到每人每月500元。目前，崂山区共为近400人发放特别扶助金共计400多万元。同时，执行动态调整制度。当农村居民家庭人均生活消费支出累计增长达到或超过30%时，就启动特别扶助金标准调整机制，并按照国家或省市较高标准执行。二是关注青少年心理和生理健康，开展青春健康教育进校园活动。组织所辖区域内大、中专和中、小学生开展青春健康教育讲座；邀请家长参加开展"为了孩子，如何做一个称职的父母"健康教育讲座活动；聘请专业老师开展以"塑造阳光心态，积极面对学校生活"为主题的健康教育讲座，学生们逐步认识到学习的目的就是要扩大我们思想的光辉，以期在生活、学习过程中遇到困难或问题时，有更多可供思考和选择的余地。每次活动现场气氛热烈，学生兴趣浓厚，踊跃发言。目前，崂山区青春健康教育活动覆盖辖区内所有大、中专院校、中小学校和企业青年职工。三是部门联动，开展帮扶救助活动。为解决独生子女死亡家庭和特殊困难计生家庭孤独寂寞、生活无人照料这一问题，于2011年联合区文明办、区财政局、区民政局等部门出台了《关于开展关爱空

崂山区开展青春健康教育进校园活动

巢老人爱心牵手行动的实施意见》，在全国率先实施了计划生育空巢老人家政服务，由政府买单为计划生育特殊困难家庭中生活半自理或不能自理的空巢老人提供家政服务。服务内容包括做饭、购物、扶助户外活动、送水、换煤气、洗涤衣被、缝纫修补、打扫卫生等日间生活照料。截至目前，全区44户家庭享受到了不同标准的计生家政免费服务，每年区财政投入资金30余万元。2014年出台了《关于建立划生育特殊困难家庭辅助生殖补助制度的意见》（试行），设立专项资金10万元，帮扶育龄期内的计划生育特殊家庭再生育。2016年继续提标扩面，将病残儿再生育家庭纳入补助范围，补助标准最高提高到3万元。健全完善集家政服务、红马甲志愿服务、医疗专家、精神慰藉服务于一体的综合服务体系，实现全区137户计生特殊困难家庭关爱服务全覆盖。在全市率先实施计划生育特殊家庭医疗综合保险项目，为全区计划生育特殊家庭521人每人每年投入300元标准的保险保障，对意外身故、伤残、意外门诊、疾病门诊、疾病住院、意外住院，给予1000~10000元不等的赔付金，并对住院陪护给予每天80元的补贴。

（三）服务体系和组织网络不断建立健全，长效工作机制正在形成

人口计生系统从区、街道到社区，拥有健全的行政管理、技术服务和群众自治组织相结合的网络。以区妇幼保健服务中心为龙头、街道技术服务站为依托、社区服务室为基础的技术服务体系初步建立。一是注重简政便民，积极融入新型社区建设。在全省率先创建生育登记"来即办"品牌。将14项计生便民服务全部下沉到新型社区，办证窗口由4个增加到28个，实施跨区域生育登记，打通了服务群众的"最后一公里"。省《人口和计划生育情况》进行了专题报道。简化流程解决"办证难"问题。在落实"首接责任、特事特办、AB角"等7项制度的同时，简化流程和手续，实行"一门式"办公、"一站式"服务，目前，累计办理服务事项8000余件次。在全市率先实现四项补助"一站式报销"服务。将孕产妇住院分娩补助、国家孕补、产前筛查、新生儿筛查等补助资金审批事项由23项精简为5项。二是注重提标扩面，奏响优质服务主旋律。在全国率先实现了全方位的免费优生系列工程。引导群众积极参加婚前检查、孕前保健、孕期检查、产前筛查、新生儿保健和病残儿母亲再生育保健等全程的免费保健服务项目。投入100余万元用于规范化服务站

建设和技术设备更新，重点关注大龄二胎待孕家庭，增加乳腺彩超、HPV 检测等检查项目，孕前优生检查标准提高到每对夫妇 800 元。举办"大龄妈妈学堂"，设立"二孩生育门诊"，对高风险人群提供一对一的优生咨询，近几年全区人口出生缺陷率保持在 4.00‰ 以下。2017 年，又在全市率先实施遗传性耳聋基因筛查和无创 DNA 基因监测或产前诊断，筛查出耳聋基因阳性 78 人，指导产前筛查出的 400 余名高风险和临界风险孕妇到上级医院做进一步的基因检测或产前诊断。在全市率先实现"两癌"筛查提标扩面。将"两癌"免费筛查范围从农村妇女扩大至城镇妇女，年龄段由国家规定的 35~59 岁扩展到 30~64 岁，创新推出"两癌筛查"软件，通过身份读取自动识别既往查体情况。率先建立了"两癌"补助制度，每年为每人提供 1000~2000 元的经济补助。自 2009 年实施"两癌"免费筛查项目以来已进行检查 9 万余例，600 余名癌及癌前病变患者得到及时随访诊治。崂山区宫颈癌及癌前病变阳性检出率达到国内领先水平。崂山区做法在《光明日报》刊发，并在第十一次全国宫颈癌协作组工作会议暨亚太地区生殖道感染与肿瘤会议上做了经验介绍。与市级医院合作创新开发了融孕环情监测、"两癌"筛查、生殖健康查体于一体的"生殖健康服务包"，使适龄妇女足不出村就能享受到优质服务。将计划生育四项手术结算标准参考社保生育保险标准，报销比例较之前提高了 3 倍，减轻了适龄妇女区外进行手术的经济负担。三是注重促进融合，提升均等化服务水平。在驻街单位设立"卫生计生工作室"，增设"健康小屋"和免费药具自取机，邀请市级医院专家进企业举办健康教育讲座，以工作室为阵地宣传卫生健康知识和计生惠民政策。在基层医疗机构建立流动人口便民服务咨询台，候诊大厅宣传均等化服务项目，提高知晓率。在全市率先引进社会力量成立"心生活驿站"，为区内流入人口免费提供

崂山区孕妇大讲堂正式开讲

母婴护理、家政保洁、面点等岗位技能培训，面向流动人口家庭开办新生儿护理、婴幼儿心理发育及情商培养等内容的公益课堂。在全国率先建立外来人口中困难人群家庭生育救助制度，对困难家庭的流动人口给予 1000 元的住院分娩补助，对低保家庭的流动人口，纳入公益金救助范围。在流动人口高密度区域增设数字化预防接种门诊、社区卫生室等服务机构。在全市率先实现免费产前筛查惠及流动人口，2015 年全市推广崂山经验。在全省率先取消年龄限制和户籍限制，将免费白内障复明工程实施对象扩大至区内常住人口和流动人口，个人费用零负担。近年来，为流动人口提供计划生育手术、生殖健康查体等"十免费"服务 15 万余人次，央视新闻频道黄金时段展播了崂山区优生优育、流动人口均等化做法。

执笔人：李　君
审稿人：孟庆萍
签发人：李兴水

崂山审计工作的基本历程与经验启示

崂山区审计局

崂山区审计局于1994年区划调整时成立。30多年来，随着改革开放的不断深入和经济社会的突飞猛进，从组建到发展，成为确保经济社会健康发展的重要监督部门，从小到大、从弱到强，发生了深刻的变化。

在体制、编制上，从最初的2名工作人员，已经发展成内设6个科室，40多人，拥有审计、财会、工程、计算机等多名高级专业技术人员的专业审计队伍；在职能、职责上，从"边组建，边工作"到"打基础、建制度"，到"全面审计、突出重点"，再到构建"免疫系统"，审计监督的作用越来越大，党和人民群众对审计工作的期望越来越高。党的十一届三中全会以来，崂山区审计事业取得了长足发展，各项工作取得了优异的成绩。获得山东省文明单位，连续21年被评为崂山区先进基层党组织，曾获青岛市先进审计机关、崂山区青年文明号、崂山区工人先锋号、崂山区三八红旗集体、青岛市先进基层党组织等殊荣，局内拥有市级劳动模范1名，区级劳动模范1名。

一、审计发展历程

崂山区审计局始终以更好地履行监督职能为抓手，围绕中心和大局工作不断研究创新发展思路，实施有效的审计监督职能，有效地推进了全区各项工作的开展。

（一）审计的起步发展阶段（1982～1999年）

1982年，"审计"被庄严地写入《中华人民共和国宪法》，从此翻开了中国审计事业发展的第一页。1983年10月15日，《人民日报》在头版刊登消息《地方各级审计正陆续建立》，并发表评论员文章《建立一个有权威的审计系统》。在国务院做出《关于加强审计工作充实审计机构的决定》和批复国家审计局《关于加强和改革审计工作的报告》后，崂山县审计局于1984年7月成立。

1. 20世纪80年代的审计。按照"边组建，边工作"的要求，1984年在崂山县审计局成立的同时，有11个政府部门成立了内审机构，15个企事业单位设立了专职或兼职审计员。在此期间，先后开展了对企业、党政机关执行账务大检查及更深层次的审计；开展对县直机关和乡镇私用公款请客送礼，铺张浪费问题的检查，问题的不断暴露，倒逼县政府各部门必须设立内部审查机构，强化财政财务管理；进行了企业审计、领导干部经济责任审计、行政事业单位预算执行审计和专项审计调查。1989年初，崂山县升格为崂山区，崂山县审计局名称改变为崂山区审计局。在此期间，共开展审计和审计调查项目120余个，查出管理不规范金额近亿元，较好地发挥了审计监督作用。至此，审计事业迈出了可喜的一步。

2. 20世纪90年代初的审计。按照"抓队伍、打基础"的工作要求，抓好队伍是履行审计工作职责的前提，打好基础是完成审计任务的关键。1994年7月28日，区划调整后的崂山区委办公室下发文件，确定成立新的崂山区审计局，编制4人，其中局长1名。自此，审计进入建制度、抓重点的工作阶段，突出重点是做好审计工作的落脚点，建立健全各项规章制度是规范审计行为的保证。1994年，崂山区政府先后印发了《关于转发区审计局<关于初步建立若干审计业务制度的请示报告>的通知》，决定在全区建立行政事业单位定期审计制度和《企业财务收支年度审计查验制度》。两项制度的建立和实施，为审计执法提供了依据。同年，制定颁发《企业法人代表离任经济责任审计制度》，该制度的建立和实施，为规范企业法人代表正确履行职责，离任接受审计监督提供了依据。制定颁发《财政预算执行情况和决算审计制度》《基本建设项目审计制度》和《审计调查制度》，为规范崂山区财政预算执行和决算、基本建设项目和审计调查提供了审计制度保障。

3. 20世纪90年代末的审计。按照"抓重点、建制度"的工作要求，1997~2000年，陆续下发《建设项目竣工验收规定实施细则》《关于在工程建设中加强监督管理的规定（试行）》《直属企业年度财务审计暂行规定》《基本建设项目开工前审计办法》等多项制度办法，为保障基本建设投资、区直企业审计监督提供了制度保障。

起步发展的近20年，审计局先后开展了本级预算执行和财务收支情况审计；对全区粮食行业和11家中外合营企业审计，查出8项问题，为领导决策提供了依据；委托审计事务所对23个企业和9个主管部门审计；对市、区两级财政1991年安排在崂山区的"农田水利和水土保持补助费"专题审计，发现一些重要工程存在较大资金缺口，出现停工现象，提出相应的审计建议，得到有关领导和部门的重视；对人民银行崂山区支行、中国银行、工商银行崂山区办事处1991年度信贷计划执行情况审计，查出违纪金额509万元，依法予以处理；对崂山区养老保险基金和待业保险基金审计，对崂山区政府礼堂、群艺馆基建工程项目审计等审计项目336个，查处违规资金1.7亿多元，管理不规范金额2.1亿多元，提出意见建议100余条。审计力度不断加强，效果逐渐显现，财务类和工程类的审计调查范围和覆盖面逐渐拓宽，取得了明显成效。

（二）审计创新攻坚阶段（2000~2010年）

2000~2010年的十年间先后有四位同志担任崂山区审计局局长。按照"全面审计、突出重点"的需求，他们团结和带领全体审计局人员传好接力棒，一任接着一任干，改革创新、勇于实践，不断创出新实效，展现新作为。

1.审计职能和方式不断更新。

（1）**职能的拓展**。过去审计监督主要是对财务收支的监督，关注的是真实性、合法性。现在审计监督职责已经拓展到政府财政预决算、财政收支、党政领导干部任期经济责任、固定资产投资、效益审计等领域，在真实性、合法性审计的基础上，尝试评价资金使用的经济性、效率性和效果性，审计监督作用进一步显现。

（2）**方式的转变**。过去的审计属于事后监督，此阶段经济责任审计实行的是"逢离必审、辅以任中"的工作模式；固定资产投资审计采取"事前、事中、事后"审计相结合的方式，实行全过程监督。充分发挥"一审、二帮、三促"的作用。同时，加强审计机关与纪检、监察、检察、公安等的协同作战，形成监督的合力。

（3）手段的完备。过去审计采取的查凭证、看账本的人工手段，现在随着现代科技技术的发展，计算机技术广泛地运用到审计领域，通过计算机辅助审计、联网审计，从单一的静态审计转变为静态与动态审计相

崂山区"金审工程"联网审计系统

结合、现场审计转变为现场与远程审计相结合，使审计更全面、更细致、更准确，极大地提高了工作效率。逐步拓展计算机审计，计算机审计成果斐然，2个AO应用实例被国家审计署评为优秀，1个审计方法体系和2个审计方法被审计署采用并给予通报表彰。崂山区审计局作为区市代表在国家"金审工程二期"现场验收会上进行了汇报发言。

2. 审计范围不断拓展。 在此期间，查处违规资金4亿多元，管理不规范金额6亿多元，为政府节约资金2亿多元，提出意见建议240余条，营造了风清气正的工作氛围。

（1）深化本级预算执行审计。按照"全面审计，突出重点"的要求进一步增强全局观念，从有利于人大对财政的监督、有利于政府加强财政管理、有利于促进区域经济发展出发，积极开展了财政收支审计工作。同时对教育经费、水利资金两项专项资金的管理、使用、效益情况进行了跟踪审计。在审计实施中，精心组织实施，努力提高审计工作质量，预算执行审计工作取得了良好的效果。针对审计中发现的预算编制内容较粗、部分商业银行国库经收处延解、积压税款等问题，本着"分清是非，着眼管理，实事求是，宽严适度"的原则，进行了纠正，并提出了相应的改进意见和建议。促进了有关部门提高财政财务管理水平，强化了财政预算约束。依法向区政府提交了审计结果报告，并受区政府委托向区人大常委会作了审计工作报告，受到了区人大领导的肯定和好评。

（2）**强化重点企业审计**。根据审计工作计划和上级机关有关精神，先后对重点直属企业青岛旅游开发公司、青岛高科园东亿房地产开发公司经营状况进行了审计，对崂山区供销总公司新增财务挂账进行了清查审计。同

工程审计现场勘察

时，对崂山区所属企业的资产、负债进行调查摸底，为加强企业管理，促进企业改革和发展，为领导决策提供依据，审计结果为崂山区委、区政府及有关部门对企业改革、改组、改制和发展、效益评价和政策调整提供了重要依据。

（3）**关注专项资金审计**。进一步将"民本审计"的理念融入审计工作中，加大对强农惠农资金、民生工程等项目的审计力度，先后开展了农业项目扶持奖励资金、森林管护资金、残疾人康复器材资金等6个专项资金审计，注重从资金管理使用的经济效益、社会效益和环境效益层面提出审计意见和建议，有效推动了政府惠民实事政策的落实。对教育事业费审计中提出的"适时开征农村教育费附加"的建议，区政府采纳并已组织实施，通过审计进一步规范了民生领域专项资金管理使用水平。

（4）**深入推进政府投资项目工程结算审计**。坚持"工程结算必审制"，这个时期审计项目一千余个，审计工程款近17亿元，为财政节约资金2.6亿元。同时，按照中央、省、市统一部署，积极开展工程建设领域突出问题专项治理，建立"每月一报"制度，定期总结，有效指导政府投资审计，促进投资审计更加关注招投标、合同签订、建设程序、施工管理等工程建设关键环节，深挖并解决涉及投资体制的共性问题。

（5）**加大跟踪审计力度**。按照关口前移、提前防范的精神，逐步建立起覆盖面广、手段先进，贯穿项目立项、资金流动和建设实施、问题整改全过程的跟踪审计体系，实现由事后监督向事前、事中、事后

全过程监督的转变。在继续跟踪审计中小学校舍安全工程、3个农村新型集中社区住房建设和崂山水库上游污水治理工程等5个项目的同时，新组织开展了抗旱救灾款物和建设工程、中韩片区整村改造、崂山路建设、大干200天市容环境综合整治4个项目的跟踪审计。共提报跟踪审计专报5期，提出审计建议32条次，被审计单位采纳25条。

（三）审计提质增效阶段（2011~2016年）

十二五期间，为全面发挥"审计免疫系统"功能，崂山区审计局认真履行审计监督和服务职责，累计完成审计项目1371个，查出违规违纪及管理不规范金额约216.9亿元，为财政节支资金约16.9亿元，充分发挥了审计"免疫系统"功能，切实为全区经济社会发展保驾护航。

1. 预算执行审计成效显著，开拓新方向。五年来，共对61个单位的预算执行情况进行了审计，在实践中充分运用"点面结合"的方法，加大对政府性资金监督的力度，有效促进公共财政体制建设。逐步扩大审计范围，力争横向到边，将政府性资金全部纳入审计范围，既关注预算内资金，又关注预算外资金和其他政府性资金；全面拓展审计内容，将重大基础设施和重大项目全部纳入审计范围，重点关注政府性债务、违反中央八项规定、三公经费支出等内容；2016年又实现"两个首次"，即首次实现精准审计，按照"点面结合"的方法，延伸审计11个部门的42项专项资金，对部门单位政策执行情况从账面资金到业务流程等各方面进行精细化审计；首次依托"大数据"计算机方法，综合运用"金审"联网审计综合分析平台，对千余个预算安排事项支出执行情况进行全覆盖审计，全面分析全区财政一体化管理数据，首次达到"横到边、竖到底"的全覆盖，提高了审计质量和效率。

2. 财力投资审计得到强化，迈出新步伐。五年来，着眼于建立科学的政府投资建设管理体制，严格监督建设领域各关键环节，实现工程结算审计的全覆盖。五年间共审计工程建设项目1183个，审减资金3.75亿元，仅2016年核减工程价款就达1.39亿元，较2015年同期增长26%，有效维护了财政资金的安全和效益。自2013年至今，相继出台有关村庄改造项目资金监督管理、重大建设项目跟踪审计监督、政府投资建设项目审计监督等方面的实施办法3项，有效促使财力投资项目审计取得实质性成效。

3. 专项资金审计力度加大，拓展新领域。紧紧围绕社会关注和领导关心的问题，开展包括市容环境整治、城镇保障性安居工程投资建设、政府投资项目工程款拖欠、党费使用管理、公务支出和公款消费等百姓关注的新情况开展了专项审计，重点关注资金的使用绩效，揭露管理存在的问题，促进各类资金使用的健康规范，为推进当地经济稳定增长发挥了积极作用。

4. 全过程跟踪审计全面铺开，步入新阶段。逐步建立起涵盖财政资金和工程项目，融汇手工审计和联网审计，贯穿立项决策、财政资金流动、工程进展和问题整改全过程的跟踪审计体系。立足"关口前移、超前防范"的工作目标，先后对新型集中社区住房建设项目、崂山水库上游污水治理工程、中韩片区村庄改造项目、创业园二期、金融中心等16个重大项目进行跟踪审计，共提出审计建议642条，上报审计专报10余篇，全力确保项目建设的合法、规范、有效。

5. 经济责任审计深入扎实，开拓新思路。坚持"离任必审，辅以任中"的原则，圆满完成组织部门委托的所有项目。以促进领导干部科学民主决策、依法行政为核心，在资金、资产管理等常规审计基础上，以权力运行为主线，重点关注领导干部决策权、执行权、监督权的运用情况，将任期内宏观政策的落实情况、决策程序的建立执行情况、区委区政府确定事项的完成情况、重大政府投资项目的建设管理情况以及中央八项规定精神、厉行节约、反对浪费和国务院"约法三章"要求落实情况作为重点审计事项。围绕推进党的执政能力和干部队伍执行能力建设，五年来共完成了86位领导干部的经济责任审计项目，提出审计建议近200条，为领导决策和相关职能部门加强干部管理监督提供了依据。2016年

崂山区经济责任审计联席会议

1月，组织召开全区经济责任审计联席会议和领导小组会议，研究出台《崂山区党政主要领导干部和国有企业领导人员经济责任审计办法》等3项制度办法，为领导决策和相关职能部门加强干部管理监督提供了重要依据。2016年对崂山旅游集团和青岛全球财富中心两家国有企业领导人员开展了经济责任审计，这是审计局首次对大型国有企业进行审计，审计局逐渐成为区委区政府监管国有企业的重要力量。

6. 审计质量逐年提升，成果运用结新果。更加注重发挥审计在看住钱、盯住权、促廉政、保发展方面的服务作用，从制度上促进民生及有关问题的解决，推动出台了村庄改造项目资金监督管理等相关制度办法，增强审计实效。加大审计整改力度，全面梳理近三年涉及34个部门尚未整改的140个问题，建立整改调度台账，形成《审计整改专报》，确保审计整改调度常态化，联合区政府督查室开展跟踪督办，对各部门办理落实情况进行通报，有效解决了一些长期遗留问题，营造审计整改的良好氛围，传递审计正能量。2015年底，形成《致各部门单位的一封信》在全区普发，撰写工程类和财务类审计发现问题的两份专报，分门别类列举问题并提出意见建议，区主要领导均作了重要批示，各部门单位均反响较好，起到了督促提醒的作用。2016年10月再次普发一封信，进一步督促各部门单位规范财政财务管理。区政府再次作出批示，要求各部门单位通过强化制度建设和执行落实，避免违反财经纪律的问题发生，"一封信"已经成为审计整改的一剂良药。

7. 队伍建设不断强化，审计效能呈现新节奏。把提高社会公信力作为审计工作的基本目标，全方位加强自身建设，提高审计质量和效率。一是促进制度规范化。制定了《崂山区政府重大建设项目跟踪审计监督暂行办法》《崂山区党政主要领导干部和国有企业领导人员经济责任审计办法》等多项制度，促进各项审计工作程序化、规范化管理。二是加强计算机技术手段运用。财务审计项目全面实施计算机审计，审计效率进一步提高，《坚持厉行节约、规范"三公"经费管理》等16项计算机审计方法分获山东省审计厅和青岛市审计局优秀奖项。三是优化审计队伍能力提升。打造青年干部培养品牌，通过春季业务专训、组织调训、集中授课、引导自学等方式，加强审计干部教育培训和审计人才培养，目前，崂山区审计局干部中具备中高级职称资格30人，占70%。

通过深入开展群众路线教育、"三严三实"专题教育，"两学一做"学习教育，全局讲纪律、守规矩蔚然成风，严格落实审计纪律"八不准"规定，层层压实责任，树立起依法文明审计、廉洁高效审计的良好风气。

（四）审计新目标新征程阶段（2017 年至今）

审计工作是一项政治性、政策性都很强的工作，责任重大，使命光荣，这就要求我们牢记使命，不忘初心，在新的历史征程上适应新常态，践行新理念。

2016 年 8 月，崂山区委、区政府对崂山区审计局主要领导进行了调整，组成了新一届领导班子，不断创新审计理念，完善审计机制，依法履行审计监督职责，大力推进审计全覆盖，充分发挥审计在党和国家监督体系中的重要作用，更加主动地适应把握引领经济发展新常态，创新审计理念，转换思维方式，提高审计实效，以良好的精神面貌迈入"十三五"新的历史阶段。2017 年度共完成审计项目 244 个，发现问题 89 个，查处违规及管理不规范资金 40 亿元，节约财政支出 1.49 亿元。

1. 拓宽财务类审计覆盖面。继续加大稳增长政策跟踪审计力度，促进政策项目落地，维护群众利益。在"大数据"联网审计的大背景下，加大对审计人员计算机水平的培训，推进计算机审计在预算执行审计过程中的广泛应用，提高审计精准度。统筹安排好全区换届后的领导干部经济责任审计项目，保质保量完成组织部门委托的审计计划。结合崂山区民生项目开展的实际情况，在完成上级确定的专项资金审计任务基础上，深入挖掘崂山区体彩公益金管理使用等重大专项资金项目，促进资金规范使用。积累国有企业审计工作经验，查缺补漏，扬长避短，高效完成 4 家区属国有企业的经济责任审计。2017 年 3~8 月，首次全面开展全区 161 个社区的审计督查工作，有效规范了社区财务管理，为社区"两委"换届奠定了坚实基础。

崂山区社区审计督查工作培训会

2. 探索工程类审计新思路。 修订工程结算审计相关制定办法，以报审值200万为界限，采取结算审计工作新模式，促进全区财力投资建设领域的审计更加科学规范和高效。不断推进登瀛客服中心、金融中心大厦、中韩片区改造等项目的跟踪审计，针对项目存在的财务管理、建设管理等方面的问题，积极提出合理建议，协助建设

崂山区投资审计工程经验推介至中华人民共和国审计署网站

单位预防和纠正，确保全区民生项目平稳推进。积极参与金家岭金融区教育基地项目，配合建设单位为项目立项、勘察设计、招标合同、施工控制、竣工结决算等各个环节提供全程咨询，实现监督与服务并重，确保全区重大工程建设稳步推进。

3. 推进审计整改新举措。 建立协调督办机制，继续加大对相关单位审计发现问题的整改督办和全程跟进力度，分类研究，逐个问题击破，并阶段性向区分管领导和主要领导报送审计整改情况，有效提高整改率。做好审计发现问题的动态调度，确保责任单位及时整改完毕，对整改积极、效果显著的单位树榜样立标杆，以《审计专报》的形式予以宣传，对整改不认真、能改而不改的部门，将联合区政府督查室予以通报，情节严重的提请区纪委、区委组织部进行约谈并问责。

4. 探索融合审计新模式。 创新审计管理模式和组织方式，推广"总体分析、发现疑点、分散核实、系统研究"的数字化审计方式，构建大数据审计工作模式，提高问题查证精准度，提升审计监督的能力和效率。构建"一体化"现代综合审计模式，在审计内容和范围上，形成财政、金融、企业、经济责任、资源环境、民生审计一体化；在审计作用

审计局党支部队伍党性教育现场

发挥上，形成查处问题与促进发展、分析原因与推进改革、促进整改与推动问责一体化；在审计结果运用上，形成惩治腐败与促进廉政、揭示风险与维护安全、促进公平正义与推进民主法治一体化，不断提升审计工作的层次和水平。

5. 提升队伍素质新高度。大力倡导"工匠精神"，推进"研究式审计"，把客观求实的职业理念、严格规范的标准定位、精益求精的价值追求、敬业守责的工作态度，融入审计工作的每一环节，全力打造过硬的审计干部队伍。健全审计干部培养和管理机制，鼓励审计人员积极参加各级各类培训，重点推进计算机审计能力和水平的提高，逐步适应审计新常态的现实需要。推进审计职业化建设，按照全省人财物改革试点工作要求建立分类科学、权责一致的审计人员管理制度和职业保障机制，确保审计队伍专业化水平。坚持实施党风廉政建设责任制，狠抓审计队伍作风建设，营造崇廉倡廉的良好氛围，诚审惟公、廉洁从审，打造一支政治强、业务精、作风优、纪律严的审计铁军，努力为建设宜居宜业的现代化山海品质新城贡献力量，以优异的成绩向党的十九大交答卷。

二、经验启示

随着审计工作科学转型升级，崂山审计事业发展再上新高度，充分发挥"免疫系统"的重要功能作用，服务地方经济社会科学发展，促进深化改革和民主法治建设，维护地方安全和促进反腐倡廉建设。与此相适应，审计职能决不仅仅局限于查处和揭露问题，更重要的是向为经济建设服务方式的新形势、新任务、新要求转变，这既是审计机关的职责所在，也是时代赋予审计工作的迫切要求。

（一）找准目标，正确处理审计与社会经济发展的关系

审计机关是政治机关，是国家治理的重要部门，在经济社会发展中的作用日渐重要。一是服务经济社会发展，要服务经济发展方式转变。在具体审计工作中，各项审计都应关注有关转变发展方式、调整经济结构相关政策措施落实情况。二是服务经济社会发展，要从建设生态文明和保障经济社会可持续发展的高度，充分认识我国资源环境面临的严峻形势，加强对节能减排资金及冶金、电力、水泥和污水处理等行业执行节能减排政策情况的审计和审计调查，促进落实节能减排目标责任制。三是服务经济社会发展，要进一步加强审计人才培养和干部队伍建设。为促进工作跨越式发展提供了最大的智力支持。四是服务经济社会发展，要进一步加强审计法制建设，为审计工作的科学发展提供坚实的法制保障。五是服务经济社会发展，还要把握审计工作发展规律。认识和把握审计工作发展规律就要树立科学的审计理念。

（二）理清思路，正确处理审计监督和审计服务的关系

审计监督和审计服务的关系，历来是审计机关需要认真面对的永恒主题。审计监督与审计服务是同时诞生、相辅相成、不可分割的辩证统一关系，从根本上讲，审计的职能是监督，而其作用实质上是服务。审计的服务对象既包括行政机关、企事业单位、其他社会组织，也包括党政主要领导干部和国有企业领导人员，以及与具体某个审计项目无关的社会公众。事实上，我国《审计法》对审计监督主体和客体的关系已有明文规定，为此，在审计监督过程中，要注重贴近经济建设这个中心，优化审计服务，着力当好"四士"角色，充分发挥审计保障经济社会健康运行"免疫系统"功能。一是当好"高层谋士"，服务领导决策。紧扣经济建设这个中心，积极服务全面建设小康社会的战略目标，把党委政府重大决策部署，社会关注的热点、难点问题和人民群众的切身利益作为工作重点，抓住其经济社会运行中的普遍性、倾向性、新生性、潜在性问题，进行全面、系统、辩证地分析，从体制、机制、制度层面提出建议，为领导宏观决策提供可靠依据。二是当好"经济卫士"，维护经济秩序。实现审计工作全覆盖，不仅注重揭示和暴露财政改革、资金管理、工程质量等方面的问题，更注重结果运用，充分运用审计公开、审计通

报、责任追究等手段，拓宽审计结果运用渠道，使审计监督与社会监督和舆论监督紧密结合。三是当好"反腐勇士"，促进廉政建设。严查和防范经济领域违法犯罪作为重要任务，注重查找大案要案线索，深挖违法乱纪的蛛丝马迹，始终不忘在反腐倡廉建设中的职责和使命。四是当好"理财护士"，促进管理规范。坚持"审、帮、促"相结合的原则，在促进问题整改上下功夫，对审计处理意见和建议进行跟踪检查，督促被审计单位纠正问题，消除"病害"；在提高审计建议质量上下功夫，切实增强审计建议的合理性、针对性、深刻性和可行性，促进被审计单位建章立制，规范管理，提高效益，防止违纪违规问题发生。

（三）找准定位，正确处理全面审计和突出重点的关系

"全面审计、突出重点"，既是做好审计工作的重要指导方针，也是行之有效的工作方法。全面审计是前提，突出重点是关键，两者是辩证统一的关系。既要充分保证审计工作的覆盖面，不留盲区，不留死角；又要抓住主要矛盾，突出对重点领域、重大行业、重要资金以及党委政府关心、群众关注的热点难点问题的审计，以点带面，最大限度地发挥审计监督作用。一方面，科学谋划审计项目计划。审计项目计划管理上树立全覆盖的新理念，通过中长期审计项目计划和年度审计项目计划相结合、财政财务收支审计和绩效审计相结合、预算执行审计与经济责任审计相结合、行业审计和专项审计相结合等，统筹谋划，循序推进，在此基础上，明确审计目标，确定审计的重点资金、重点内容、重点部位等，力求收到事半功倍的审计效果。另一方面，突出审计重点。要分轻重缓急和主次先后，进一步突出对重点领域、重点部门、重点资金的审计，围绕促进政令畅通，做好政策措施落实情况审计；围绕推进财税体制改革，深化预算执行审计；围绕加强对权力的监督和制约，强化经济责任审计；围绕人民群众利益需求，加强重点工程和民生审计；围绕"保发展、促反腐"，加大对违法违纪问题的查处力度，从而起到查一儆百的作用。

（四）坚持原则，正确处理依法审计和客观公正的关系

依法审计和客观公正既相互联系，相互依存，相互渗透，也是《审计法》规定的诸项原则的核心。这就要求审计机关在坚持依法审计的同时，更要坚持实事求是，从实际出发，客观公正地处理问题。一是遵守法定程序。要严格依照《审计法》《行政处罚法》《行政复议法》《行政诉

讼法》等法律法规和《国家审计准则》等工作程序和执法要求开展审计全过程的工作，做到审计程序合法、审计方式遵法、审计标准依法、审计保障用法，提升审计证据的充分性、适当性和问题定性的准确性、合理性以及审计评价的恰当性、公正性等，确保审计结果客观公正，经得起社会各界的质疑。二是遵循客观规律。要从客观实际出发，清晰客观地观察问题，既要弄清问题的性质、分清是非，又要分清责任、实事求是、客观公正地做出审计结论和审计评价，防止主观臆断和机械地执行某些法规，出现审计结论的偏差或者错误，影响审计的权威性。三是坚守原则底线。要敢于坚持原则、坚守底线、动真碰硬，严肃查处失职渎职、以权谋私、贪污受贿、骗取侵占、毁损资源、破坏环境等严重违法乱纪问题，绝不姑息迁就，切实维护审计执法的严肃性。

（五）全面把握，正确处理审计质量和结果运用的关系

审计质量是审计工作的核心和生命线，而提高审计质量是提升审计结果运用的前提，审计结果运用则是审计质量的最终体现。一是抓住关键环节，扩大审计结果的运用分量。要将审计重点落实到领导关注、群众关心的问题和社会热点、难点问题，依照法定职责、权限和程序认真开展审计工作。在审计过程中，应以成果为导向，明确审计成果转化利用目标，要突出对苗头性、倾向性和普遍性问题的分析研究，苗头出现的问题从管理上抓预防，反复出现的问题从规律上找原因，普遍出现的问题从体制上寻对策。二是提升审计质量，增强审计结果的公信力。要构建"以计划管理为龙头、现场管理为重点、成果运用为倒逼、考核引导和队伍建设为支撑"的全面质量管理体系，建立健全涵盖计划管理、现场实施管理、结果运用、考核奖惩等的全过程质量管理制度体系，实现对审计质量管理的全方位、全覆盖、全过程，以保证审计结果的公信性、准确性，为审计结果变成服务党委政府决策提供重要的参考依据，促进政府以及有关部门规范经济管理，修改完善有关政策法规，提高经济效益；要通过审计结果促进理清财政资金管理和使用的脉络，提升审计效率和质量。三是完善联动机制，形成审计结果运用的合力。要严肃审计执法，努力提高审计结果运用的时效性，对于审计中发现存在严重违反财经纪律的问题、违反廉政规定和涉嫌犯罪的行为，除按照法律法规下达审计决定书外，还要及时移送有关部门。对重要的审计项目要争取党委政府和人大等部门支持，督促落实审计决定，并将审计结果运用

纳入被审计单位年度目标考核的范畴，把经济责任审计结果作为干部使用、管理和监督的重要依据之一，合力推进审计结果的运用。

（六）统筹考虑，正确处理自我约束和外部监管的关系

自我约束和外部监管的目标，都是为了保证审计机关科学转型升级。一方面，加强自我约束。严格落实审计纪律"八不准"和"四严禁"，建立健全审计审理、执法公示、审计听证、审计回访、审计质量检查、审计责任追究等一系列制度和办法，推行服务承诺制、限时办结制、首问责任制，用制度管人、按制度办事，规范审计行为，以制度引导审计工作持续深入发展。另一方面，实行审计结果公开制度。对审计结果除在被审计单位班子成员和中层干部、下属单位负责人范围内进行通报外，还有选择性地在政务信息资源共享平台上予以公告，不仅给人民群众更多的知情权，而且扩大审计的社会影响力，让审计监督置于党和政府的领导之下，置于广大人民群众的监督之下，推进依法审计、文明审计，改善审计作风，树立良好的审计形象。

执笔人：王丽莎

审核人：李建东

签发人：邓子部

全国第二次经济普查地理区域划分与
制图工作的背景、实践与经验

崂山区统计局

2007 年 11 月 15 日，国务院印发了《关于开展第二次全国经济普查的通知》，明确提出"建立健全覆盖国民经济各行业的基本单位名录库、基础信息数据库和统计电子地理信息系统"。其中建立统计电子地理信息系统是全国第二次经济普查的重要目标之一。这一系统的建立能实现统计数据信息与地理信息的匹配，是常规统计进入空间统计时代的标志，是统计信息化的一次革命。在建立该系统的过程中，通过普查区域划分与制图对普查小区进行电子化管理是重要的基础性工作。为检验普查区域划分与制图工作方案的科学性和可行性，国家统计局选择在山东、山西两省开展普查区域划分与制图试点。按照这一安排，山东省确定崂山区为全省唯一的试点县区，并于 2007 年 12 月上旬~2008 年 1 月下旬组织开展了全国第二次经济普查地理区域划分与制图试点工作。

一、普查地理区域划分与制图实施的背景

（一）普查地理区域划分与制图是统计电子地理信息系统建立的重要基础

国务院组织开展的人口普查、经济普查、农业普查等重大国情国力调查，都涉及普查小区划分与普查小区图绘制，这是普查的一个重要步骤和必需的工作阶段。科学合理的地理区域划分与普查区图绘制，可以确保普查范围覆盖全部行政区域，普查对象不重不漏，也有利于合理安排工作进度，充分调动人财物力，提高普查效率和普查数据质量。

2008 年以前，我国历次重大普查的普查小区划分及普查小区图绘制基本处于在纸介质上手工绘制的阶段。这些纸质普查小区图图例不规范，标准不统一，不便于保存和维护，也不利于将小区图拼接成更高级别的区域电子地图。每逢重大普查，都要重新划分普查小区，重新绘制普查小区图，而每次的小区划分及地图绘制在以后的普查工作中都没有发挥应有作用，重复性工作造成了人财物力一定程度上的浪费。特别是纸质小区地图的信息不能和单位以及人口等统计对象的空间信息关联，使得统计地理信息系统的建立缺乏微观基础。历次普查实践证明，普查小区划分及普查图绘制有其相通和一致的地方，完全可以在一个平台上进行电子化管理并进行相互转换、调整或维护。同时，将调查单位、人口等与小区图中的建筑物关联建立地理信息系统，对进一步发挥经济普查的作用，拓宽普查数据应用领域具有重要意义。

（二）全国第二次经济普查决定建立"统计电子地理信息系统"，使得"在电子化条件下进行普查地理区域划分与制图"工作更为迫切

国际上对于普查小区划分及普查地图绘制在普查工作中的重要性已有充分的认识和实践。2007 年 6 月，联合国在纽约总部召开了关于"普查地图绘制及地理信息系统应用"的联合国专家小组会议，重点讨论普查地图绘制的不同方法及框架，地理信息系统、全球定位系统、遥感及互联网等现代技术在普查地图绘制过程中所能提供的支持等内容。2007 年 9 月，联合国又在泰国召开普查制图及管理的地区培训班。世界上很多国家和地区结合地理信息技术实现了普查地图的电子化管理，大大方便了普查工作的开展，也有效地提高了普查数据的质量。

在原手工绘制纸质普查小区图例方式不可持续，同时也受国际统计形势影响和其他国家经验启示的情况下，我国计划通过第二次经济普查，探索在全国范围内实现普查区域的电子化管理，将单位和各项经济信息与地理空间信息有效地关联起来，进一步发挥经济普查的作用，拓宽普查数据的应用领域，更好地为各级政府和社会各界服务。

2007 年，国务院下发了《关于开展第二次全国经济普查的通知》（以下简称《通知》），决定在 2008 年开展第二次全国经济普查。《通知》指出，第二次全国经济普查的主要目的是"为了摸清我国第二、第三产业发展的结构、效率，建立健全覆盖国民经济各行业的基本单位名录库、

基础信息数据库和统计电子地理信息系统"。与第一次全国经济普查相比，这次国务院明确提出要把建立统计电子地理信息系统作为第二次经济普查的一项重要目标，而通过普查区域划分与制图对普查小区进行电子化管理的探索与尝试也日益迫切。

二、全国第二次经济普查地理区域划分与制图崂山试点的实践操作

崂山区作为山东省唯一的国家级试点区域，有很强的代表性。崂山区位于青岛市区东部，总面积 389.34 平方千米，2008 年户籍人口 22.38 万人。辖中韩、沙子口、王哥庄、北宅 4 个街道办事处，139 个社区居委会（不含新设立的 7 个城市性社区）。其中中韩街道毗邻青岛市市南区，地处城乡接合部，经济发达，经济单位密集，是崂山区乃至青岛市正着力构建的高新技术产业核心区、国际旅游度假区、现代服务业聚集区的主要区域，而其他三个街道则兼具城市和农村的双重特性，农村性质比较明显。这些特点符合试点"要分别在城市、农村、城乡接合部选择有代表性区域"的代表性规定。同时，作为试点区域，崂山区也有坚实的统计基础。全区统计系统工作基础较好，数据质量、统计服务、创新等方面的工作均得到了上级部门的认可，崂山区统计局先后获得全省统计工作先进集体、档案管理省特级单位、全市统计工作先进集体、市级文明单位、全区目标绩效考核优秀单位等荣誉称号，统计事业处于蓬勃健康发展的阶段。从崂山新区建立以来，这是全区统计史上第一次承担国家级试点，是全区统计工作中的一件大事，也是全区工作中的一件大事，任务艰巨，使命光荣。

这次试点的主要目的是，在电子化条件下，检验经济普查地理区域划分与制图的规范、标准、工作流程、软件以及与调查单位清查工作衔接的适应性；检验普查区图绘制与管理软件的可行性，并完善普查区图绘制与管理软件；拿出一套可操作的实施方案、工作细则及管理程序，以便在第二次全国经济普查中正式推广使用，最终达到普查区图电子化管理以及建立统计电子地理信息系统的目标。

（一）准备阶段

2007 年 12 月上旬~2008 年 1 月 14 日。此阶段完成机构、人员准备，

选定试点区域，讨论、制定工作方案，数据准备，人员、物资筹备 5 项内容。

1. 迅速成立领导机构和各级工作机构。为做好这次试点工作，山东省统计局、青岛市统计局专门下发了《关于做好第二次全国经济普查地理区域划分与制图试点工作的通知》，并分别成立了由分管局长挂帅的省市两级试点工作协调小组。试点工作筹备期间，国家统计局普查中心处长宋雪清、省统计局副局长潘振文亲临青岛市和崂山区进行指导，市统计局副局长周善忠多次带队到崂山区深入调研，就如何做好试点工作进行了具体研究与部署，对试点工作提出了明确要求，强调一定要做好试点的全过程记录，及时发现和解决问题，确保试点各阶段工作的顺利进行，为国家、省、市普查工作的全面展开打好基础、铺好路子。崂山区政府非常重视，召开区长办公会进行专题研究，听取了区统计局关于试点工作的专题汇报。区政府主要领导明确提出了具体要求，成立了以常务副区长李明为组长，区统计局、区民政局、区城市建设规划局以及 4 个街道分管领导为成员的试点工作领导小组，制定并明确了各成员单位的职责分工，强化了组织领导。试点中，区统计局制定试点方案，负责试点的组织实施；区民政局负责行政区划地图及相关信息的提供；区城市规划建设局负责行政区划矢量地图、城市规划图及相关信息的提供；各街道组建试点办公室，选调普查指导员和普查员，并具体负责本街道试点工作开展。

2. 认真研究试点工作方案，制定崂山区具体工作计划与实施方案。地理区域划分与制图是一项全新的工作，没有可以借鉴的经验。制定周密科学的工作计划和切实可行的实施方案是试点顺利进行的重要保证。崂山区统计局抽调多名骨干力量，深入各街道、有关社区进行实地调研，广泛听取各方面的意见和建议，并根据国家、省及青岛市关于试点的要求，紧密围绕国家统计局提出的试点要解决的问题，结合实际情况，制定了完整科学的《试点工作实施方案》（以下简称《方案》）。该《方案》包括计划安排、工作流程、普查员及指导员工作细则等一整套方案内容，为整个试点工作扎实有序推进打下了坚实的基础。

3. 精心选调普查指导员和普查员。普查人员以参加过多次大型普查、熟悉本社区情况的会计员、基建员作为优选条件。同时，充分考虑了普查人员队伍的稳定性，避免人员频繁更换造成工作被动。经精心选配，聘用了284名普查指导员和普查员。

（二）实施阶段

2008年1月15日~1月25日。此阶段完成地理信息整理，宣传、动员、培训及普查区指界，建筑物清查及普查区界调整，地图数字化及汇总四项内容。

1. 宣传先行，贯穿始终，努力营造良好的社会氛围。统计地理信息系统的建设对于绝大部分人来说是件陌生的事情。为使更多的人了解统计地理信息系统，崂山区试点工作组细分了三类人群进行宣传：一是对领导的宣传，就是要引起各级领导的重视，争取领导的关心和支持；二是对普查员的宣传，使他们了解地理信息系统的基本知识、普查职责和纪律等；三是对社会的宣传，就是要将试点工作宣传到社会各方面。"三类人群"的细分宣传增强了宣传的针对性，提升了宣传效果，为试点工作的顺利开展营造了良好的氛围。

2. 召开动员会，全面部署试点工作。此次试点涉及全区4个街道139个社区居委会，按照国家统计局安排，整个试点工作须在2008年1月底完成，时间紧、任务重、技术难度高，而且又临近年关，其他各项工作繁多，为充分调动各方面力量，崂山区组织召开了全国第二次经济普查地理区域划分与制图试点工作动员会议，各街道、区有关部门的主要领导，各街道经管统计审计中心主任、各街道普查指导员，各社区150多名普查人员参加了会议。国家统计局普查中心副主任杜希双、

2008年1月22日，全国第二次经济普查地理区域划分与制图试点工作动员会议在崂山区政府行政大厦召开

177

省统计局副局长潘振文、青岛市统计局局长郑卫星、崂山区副区长段训田等领导出席会议并分别作了重要讲话，要求各级各部门要充分认识试点工作的重要性，加强领导，密切协作，精心组织，严格工作流程，扎实做好每个环节的工作，认真做好试点工作总结，圆满完成试点任务。

3. 积极做好相关地图数据的收集、分析与预处理。对于建筑物集中、经济单位众多的城区，使用大比例尺地图。经过充分的预处理，可以大大降低建筑物清查及绘图的工作量和难度，提高工作效率与工作质量，能起到事半功倍的作用。因此，前期能否收集到完整的大比例尺的电子地图，数据预处理是否充分，直接关系到后续工作的进度与质量。按照《全国第二次经济普查地理区域划分与制图试点地图数据准备说明》的有关要求，省、市、区三级试点工作组做了大量工作，经过反复细致地沟通，在完成保密承诺等规定手续后，从市勘察测绘研究院、区规划局、区民政局等部门，收集了丰富翔实的地图数据资料，主要有：中韩街道1:500电子矢量地图①，包括8层数据，街道区域界线、道路、主要单位、建筑物等要素在图上标注得非常齐全清晰；沙子口、王哥庄、北宅3个街道1:10000的纸质地图，1:47000的行政区划地图，1:25000的城市规划图。1:10000的纸质地图中主要道路、主要单位及成片建筑物标注比较清楚。行政区划地图和城市规划图中，街道行政界线比较齐全，主要干道、居委会驻地标注清楚；收集第一次经济普查、第二次农业普查以及第五次人口普查手工地图，作为绘图的参考依据。认真开展数据分析，积极做好数据的预处理。由于1:500电子矢量地图数据丰富翔实，可直接用作电子地图的主背景数据。1:10000纸质地图，经过扫描、矢量化、配准、校正后，与1:500的电子矢量地图共同形成了本次试点的背景数据。

4. 举办多层次立体叠加式培训，提高普查队伍的业务素质。普查指导员和普查员大多初次接触地理信息系统，对此系统较为陌生。为迅速提高普查员、普查指导员的业务素质，崂山区统计局采取三级立体叠加的方式进行培训，取得了较好的效果。所谓三级立体叠加式

---

① 电子矢量地图：区别于电子栅格地图而言，基于矢量化的电子地图，当放大或缩小显示地图时，地图信息不会发生失真，并且用户可以很方便地在地图上编辑各个地物，将地物归类，以及求解各地物之间的空间关系，有利于地图的浏览、输出。

培训是指普查指导员和普查员要接受国家、区、街三级培训。国家级培训主要使普查指导员和普查员掌握整个工作的面与线，明确工作任务与工作流程，解决为什么干，了解怎么干；区级培训主要是通过强化培训，突出重点，使普查指导员、普查员全面掌握怎么干，工作中应注意什么；街道级培训，主

2008 年 1 月 23 日，北京超图公司技术人员对崂山区普查人员进行培训

要是通过言传身教，强化指导，实现如何干好。在培训手段上注重多样性，综合采用多媒体、纸质挂图、现场绘图演示等多种手段，还编写了《普查员普查指导员工作手册》作为培训教材。期间，请北京超图公司技术人员演示了统计地理信息系统在社会管理等方面的广泛应用，使普查人员真切地体会到统计地理信息系统与自身生活密切相关。扎实细致的培训使普查指导员和普查员对电子地理区域划分与制图有了全面的理解和掌握，克服了畏难情绪，树立了做好工作的信心和决心。

5. 大胆创新，积极探索定界、分图以及普查区底图打印方法。定界分图与普查区底图打印是普查员顺利开展好下一阶段工作的基础。为此，崂山区统计局在工作方法步骤方面进行了大胆创新和探索。一是在开展居委会边界界定前，普查员提前实地勘查社区边界，做到心中有界，脑中有图。分图时，除了普查员要参加外，熟悉社区边界情况的人员也要参加，如居委会的会计、基建员、计生员。二是为确保居委会边界定界的准确性，保证不重不漏，相邻社区参与，共同研究确定相邻边界。同时为提高定界效率，备印了街道简图，分发给普查员，让他们提前熟悉地图。三是使用大比例尺地图（1∶500）的中韩街道各居委会在进行定界时，普查员直接在电子矢量地图上指界，由计算机操作人员利用软件在电子地图上标识。采用这种方式的优点是可以充分发挥电子矢量地图的自由缩放、移动、修改等功能，提高准确度。对于使用1∶10000的纸质地图进行定界时，采用分街道 A0 纸质直接划分居委会边

界，后由计算机人员利用软件在电子矢量地图上标识划分。四是边干边总结。及时总结中韩街道分图经验，并进行提炼规范，形成了新的绘图流程和模板，并在其他街道推广，大大提高了其他街道分图效率。五是打印大幅面底图，充分发挥大比例尺地图的作用。在定界结束进行底图打印时发现，将1∶500大比例尺电子地图打印在A3纸上，建筑物会显得密密麻麻，根本无法进行建筑物的核实与编码，发挥不出大比例尺地图的优越性。如果把一个社区地图分块打印，又让地图的直观性方便性大打折扣。为此，对中韩街道各居委会采用了A0纸①出图，对建筑物特别密集区域再次进行局部放大，作为附图，补充主图，保证了建筑物的清晰。其他3个街道的各居委会则采用A3纸出图。六是在打印社区底图时，适当扩大打印区域，包含界线以外的部分区域，这样更增强了地图的直观性与整体性，便于定位，也更好地满足了对地图边界再次调整的需要。

6. 扎实开展普查制图与建筑物核查编号工作。此阶段是试点的一个重要阶段。为保质保量完成试点工作，采取了四项措施。一是经国家试点工作组同意，选取中韩街道的石老人社区，按照原方案对其区域内每个建筑物进行登记编码，其他社区除对有生产经营单位的所有建筑物单独登记编码外，对居住区采取20幢楼作为一个建筑群进行建筑物登记编码。这样，既能达到试点原方案的要求，又能保证清查登记编码高质量按时完成。二是各社

2008年1月19日，青岛市统计局普查中心副主任宋波（左二）在中韩街道金家岭社区工地现场指导地图绘制

---

① A0纸：我国采用中华人民共和国国家标准 GB/T 148-1997《印刷、书写和绘图纸幅面尺寸》，规定以 A0、A1、A2、B1、B2 等标记来表示纸张的幅面，幅面规格为 A0 纸的幅面尺寸为 841mm×1189mm。

区抽调会计员、基建员、计生员及其他熟悉社区情况的人员，组成联合工作小组，进一步实地确认社区界线，并对界线进行认真调整与标注。三是市、区、街试点人员，组成联合督查组，深入各社区加强业务指导与检查，及时发现并解决各类问题。四是加强审核，确保质量。建筑物清查、编码及绘图

2008 年 1 月 19 日，在中韩街道金家岭社区居委会研讨定界

结束后，各街道办事处组织各社区普查员按照《普查员手册》中的相关规定认真进行自查，在此基础上，进行集中联审与会审。

（三）总结阶段

2008 年 1 月 26 日~1 月 30 日。此阶段完成讨论总结，多媒体资料制作，工作及技术总结 3 项工作。

1. 积极组织力量，完成内业上图与汇总。如何将普查员手工绘制的地图，准确描述到普查电子地图数据库中，是试点要完成的一个重要任务。上图阶段，难度大、技术性强、对参与人员要求高，试点工作组组织了市、区、街道三级专业人员，并聘请 5 名青岛高新职业学校计算机专业的学生参与数据处理。数据处理人员在上岗前，由北京超图公司专家对他们进行了严格的业务培训。为确保上图质量，对绘图工作明确责任，分片包干到人，同时专家现场指导，发现问题及时指导，最后两级校对。第一级是对普查区信息进行校对，第二级是对整个街道区域的完整性进行校对，取得了良好效果。

2. 强化保密意识，加强数据与资料的管理。大比例地图涉及安全保密问题，为了加强管理，防止泄密，试点工作中采取了四项防范措施。一是在打印分发底图时，对每张地图都进行编码登记。二是对回收的底图进行严格管理，废弃的地图及时销毁。三是在培训会议上进行保密宣传，严禁各居委会私自复印。四是及时做好资料的存档管理工作。

3. 坚持问题导向，探寻解决路径。国家统计局提出的试点中要解决的 9 大问题，关系到在电子化条件下地理区域划分与制图的科学性以及在全国推广的可行性，试点结果将对全国普查工作产生极大影响。崂山区试点工作组充分认识到试点的重大意义和重要责任，结合试点实际，从地图数据资料收集，到普查区地图分割打印，再到普查员绘图、建筑物编码、图纸描述等各个环节，始终认真做好各个阶段的总结分析，努力寻找解决这些问题的途径，为准确回答主要研究的 9 个问题积累资料。一是各级试点工作组指定专人对每天工作进展情况做详细记录，包括工作进程、发现的问题、解决问题的方法及对策；二是落实碰头会制度，群策群力研究解决发现的问题；三是切实抓好阶段小结，各街道办事处对每个阶段的工作开展情况和存在的问题及时组织业务骨干进行深入研究，积极提炼经验做法，总结不足。

在国家统计局地理区域划分与制图试点工作组和专家组的指导下，在省、市、区各级相关部门的大力配合下，崂山区统计局全体人员和全区 284 名普查员、普查指导员克服重重困难，对电子化条件下，实现地理区域划分与制图的科学性与可行性进行了积极探索，圆满完成了国家试点的工作任务，获得了国家统计局肯定性评价："青岛市崂山区统计局作为国家级试点工作的承担单位，在今年年初组织开展了试点工作。崂山区统计局在工作中既严格执行试点方案，又大胆实践、勇于创新，坚持边试点、边总结、边解决问题的工作思路，精心组织，科学实施，对电子化条件下，实现地理区域划分与制图的科学性与可行性进行了有益探索，圆满完成了国家试点工作任务，为全国第二次经济普查的正式全面展开做出了积极的贡献。"可以说，崂山区在这次试点中不负重托，不辱使命。

2008 年 3 月 21 日，第二次全国经济普查普查区划分与绘图试点工作总结会在青岛海景花园大酒店召开

三、经验启示

(一) 基本工作经验

1. 思想统一、领导重视、组织有力是建立普查电子地图数据库的根本保证。试点工作中，参与人员认识到，只有思想高度统一、认识到位，才能高标准高质量地做好试点工作。此次试点时间紧、任务重，要在不足 2 个月时间内调动全区 284 名普查员、指导员，完成普查区的界定、建筑物的清查核实、登记以及后期的数据处理工作，难度可想而知。工作的高效推进离不开国家、省、市统计局和崂山区各级领导在试点工作各个环节的支持和协调，特别是在组织机构、经费保障、地图收集、人员保障等方面。

2. 普查员的业务素质是重要保证。地理区域划分与制图是一项技术要求较高的工作，普查员素质的高低和业务知识的掌握程度直接关系到试点工作质量。所以，在这次试点中强化了两个环节：一是抓好普查员选调环节。普查员主要从村会计员、基建员、计生员等熟悉基层情况的人员中进行精心挑选，并不特意强调学历和年龄，而更注重他们的责任心以及对居委会情况的熟悉程度。二是抓好普查员培训环节。多层次立体叠加式培训，并辅以图文并茂的多媒体手段，使普查员全面掌握工作方法与操作技巧，提升了工作技能。

3. 地图等前期相关数据的收集是基础。前期的数据收集及预处理工作非常重要，是后续工作顺利进行的基础。前期数据收集是否齐全完整，特别是能否获取大比例尺电子地图，直接关系到后续工作的进度与质量。对情况复杂的城区，使用大比例地图，经过扫描、配准、叠加处理，可以大大降低建筑物清查及绘图的工作量和难度，会起到事半功倍的作用，提高工作效率与工作质量。

4. 把好"四关"是提高工作质量的关键。一是协调关。既要充分做好测绘、民政、城建等相关部门间的协调沟通，理顺基础数据获取渠道，又要做好上下级业务部门间的协调，保证试点方案的贯彻落实和不断完善。二是业务指导关。在试点工作的各个阶段中，加强业务指导，及时解决工作中出现的问题。三是地图审核关。通过层层审核，确保地图区域界定清楚，建筑物标注准确。四是数据处理关。严格内业上图工作规范，加强数据事后校对，确保上图准确可靠。

（二）取得的试点启示

1. 大比例尺矢量地图数据库的建立难度较大。从本次试点来看，建立大比例尺矢量地图数据库能够大大降低工作量，提高普查区地图的质量和精确度，但获取难度较大。一方面是因为许多地区根本就没有大比例尺地图。另一方面是大比例尺电子矢量地图涉及保密问题，尤其是 1:10000 电子矢量地图属于国家级保密资料，不能随意提供，即使提供，也要与有关部门签订保密协议，在工作中丢失 4 幅以上地图就要追究责任人的刑事责任，最高可判 7 年徒刑。最后是费用问题，主要是购置大比例尺电子地图的费用比较高，其费用多达几十万元，投入太高，基层单位无法承受。

2. 手工绘制城区普查区地图精度无法保证。对于经济不发达地区，由于其经济活动单位相对较少，也比较分散，相邻普查区的界线相对清楚，在没有大比例尺地图的情况下，完全可以手工绘制普查区地图。但对于经济比较发达、建筑物比较密集的城区，如果没有大比例地图（分辨率达到每个具体建筑物）的辅助，单纯由普查人员进行独立手绘普查区图，会产生误差，其难度和工作量都大，需要的时间也长，绘图的精度无法保证。

3. 技术要求高，操作复杂。试点工作涉及的数据预处理、地图矢量化、配比、页内上图等工作环节技术要求高。试点期间，平面地图的矢量化、地图的分割打印和不同比例尺地图的配比等工作，均由测绘、地理、计算机等综合素质高的专业人员来完成，非专业人无法完成，统计系统的工作人员也很难完成，影响了全面推广。

4. 对普查人员素质要求高。由于这项工作技术要求高，普查人员既要特别熟悉区域内建筑分布情况，又要具备一定的绘图制图和计算机操作能力，这对选调基层普查人员提出了更高的要求。

5. 配套设备不完备。在地图扫描和打印输出过程中，采用了大幅面的输入输出设备，减轻了工作量，提高了工作效率。这种大幅面的输入输出设备只有专业公司才有，使用价格比较高，而且查找起来比较困难，给工作带来一定的难度。

6. 电子地图信息系统后期维护困难。随着各地区经济的快速发展，乡村建设、城市化进程的不断加快，地理地貌每年都会发生很大变化，旧建筑物不断消失，新建筑物不断出现，这给电子地图的后期维护带来了很大的困难。

7. 电子地理信息系统建立要循序渐进，量力而行。电子地理信息系统是一项系统工程，涉及面广，难度大，技术水平高，不可能一蹴而就，应该分步实施。首先考虑选择经济发达，基础扎实，或有条件的省市做进一步的试点检验，不断完善方案，建立各项实施细则，包括普查员普查指导员的选调、工作流程、制图规范、培训等，有统一的标准要求，便于实施开展，确保工作质量。不断优化软件各项功能，增强其操作性。在方案得到全面的完善、软件实现了充分优化的基础上，再渐次展开，全面推广。在定位上，应该首先满足经济普查需要，在设计软件时可考虑采取层的概念，普查区—普查小区—建筑群—建筑物—户，经济普查时应先建立起建筑群级电子地理信息系统，等经济普查电子地理信息系统完善后，再借助于人口普查、农业普查，完善整个系统。

执笔人：范玉霞
审核人：刘文东
签发人：王修子

青岛市崂山区人民法院
人民陪审员管理工作的发展与成效

崂山区人民法院

人民陪审员制度是中国特色社会主义司法制度的重要组成部分，是中国特色社会主义民主政治制度在司法领域的生动实践。党的十八大指出，要保障人民知情权、参与权、表达权、监督权，让人民监督权力，让权力在阳光下运行。党的十八届三中全会决定提出，要广泛实行人民陪审员制度，拓宽人民群众有序参与司法渠道。为更好地发挥人民陪审员制度的作用，崂山区人民法院深入贯彻全国人民代表大会《关于完善人民陪审员制度的决定》，研究相关法律和上级法院规定，大胆创新，研发了人民陪审员信息管理系统，实现了人民陪审员选任、管理、考核"一网通"，开创了人民陪审员工作科学化管理的新局面。2015年4月，被最高法院、司法部确定为全国人民陪审员制度改革试点法院后，崂山区人民法院积极探索，在人民陪审员信息化管理，确保均衡参审，探索大合议庭模式等方面做了有益尝试，为改革工作提供了值得借鉴的经验成果。

一、人民陪审员制度的由来及兴衰沉浮

陪审制度是国家司法机关吸收普通公众与职业法官共同分享审判权的重要政治制度和基本司法制度，是司法专业化与司法民主化相结合的产物，为当今世界大多数国家所采用。我国的人民陪审员制度是由人民法院组织法、现行三大诉讼法等法律所规定的一项基本诉讼制度，其最早提及见于1950年《中南军政委员会司法部关于诉讼程序与审批方式的初步意见》，这标志着我国的陪审制以"人民陪审员制度"的名称诞生。

人民陪审员制度以法律的形式固定下来则追溯于 1951 年的《中华人民共和国人民法院暂行组织条例》，该条例第 6 条规定："为方便人民参与审判，人民法院应视案件性质实行人民陪审制。陪审员对陪审的案件，有协助调查、参与审理和提供意见之权。"随后，1954 年第一届全国人民代表大会第一次会议通过的《中华人民共和国宪法》第 75 条规定："人民法院审判案件依照法律实行人民陪审员制度。"至此人民陪审员制度首次上升为由宪法直接规定的基本国家政治制度和法律制度。

"文革"期间，全国法院审判工作陷入半瘫痪状态，人民陪审员制度处于停滞阶段。"文革"结束后，1978 年《宪法》再次确认了人民陪审员制度，规定人民法院审判案件，依照法律规定实行群众代表陪审的制度，但出于陪审员参加实践中存在种种困难等现实考虑，1982 年新修订的《宪法》中，有关人民陪审员制度的规定被删除。自此，从 20 世纪 80 年代初到 90 年代末，人民陪审员都未被广泛适用于司法审判之中。直至 1999 年 10 月，《人民法院五年改革纲要》将"完善人民陪审员制度"列入法院的发展规划之中，2000 年 10 月，最高人民法院向九届全国人大提交《关于完善人民陪审员制度的决定草案》的议案。经多次研讨，2004 年 8 月 28 日，十届全国人大常委会第十一次会议正式通过了《关于完善人民陪审员制度的决定》（以下简称《决定》）。《决定》实施后，最高人民法院开始就实施人民陪审员制度相关准备工作进行部署，并相继出台了《关于人民陪审员选任工作若干问题的答复》《关于人民陪审员管理办法（试行）》《关于人民陪审员经费管理有关问题的通知》《关于人民陪审员选任、培训、考核工作的实施意见》等一系列相关规定。2005 年 5 月 1 日，《决定》在全国范围内正式实施，各地法院陆续开始开展此项工作。

二、崂山区人民法院人民陪审员管理工作发展历程

（一）建院初期的人民陪审员管理工作（1994～2003 年）

1994 年，崂山区人民法院成立，各项工作处于起步发展时期，而 20 世纪 80 年代初到 90 年代末，在全国的司法大环境下，人民陪审员未被广泛适用到司法审判实践中，遂崂山区人民法院人民陪审员管理工作较其他工作而言，起步较晚，未形成完整体系。这段时期，崂山区人民法院的人民陪审员人员相对固定，大多来自于党政机关、企事业单位的工作人员或退休人员，学历大多是大专以上文凭，人民陪审员参审案件类

型主要集中于刑事案件中，参审范围相对较小。

（二）人民陪审员管理工作的起步与发展——打造规范化管理模式（2004～2011年）

崂山区人民法院根据《决定》和上级法院的相关要求，建立规范化制度，在探索中不断发展人民陪审员管理工作，形成了规范管理、考核科学的管理模式。

1. 建立规范化选任平台，优化陪审队伍结构。 人民陪审员的选任是管理工作的第一步，也是极为重要的一步，选任的公平公正是人民陪审员制度作为司法民主的主要形式的最佳体现。2004年通过的《决定》中第8条规定："符合担当人民陪审员条件的公民，可以由其所在单位或者户籍所在地的基层组织向基层人民法院推荐，或者本人提出申请，由基层人民法院会同同级人民政府司法行政机关进行审查，并由基层人民法院院长提出人民陪审员人选，提请同级人民代表大会常务委员会任命。"此规定中将个人申请和组织推荐放在了同等重要位置，进一步强调了陪审员制度的民主性。为确保人民陪审员队伍的整体素质，充分发挥陪审作用，崂山区人民法院从选任做起，把好第一关，改进选任方式，严格选任流程，拓宽选任范围，建立规范化选任平台，为陪审员队伍结构优化、素质提升奠定了良好基础。

2005～2011年，崂山区人民法院先后三次进行人民陪审员选任。2005年2月25日崂山区第十五届人大常委会第十六次会议任命王君峰、权齐禄、孙典忠、杜书兵、李宏达、李思奎、辛海霞、沙恒金、周玉海、姜元祥、程国明、蓝文芳11名人员为崂山区人民法院人民陪审员；2010年1月5日崂山区第十六届人大常委会第十八次会议任命刘汉让、李廷勇、曲知悟、朱念香、王悦海、袁绍明、王希魁、陈正云、李伟华、曲延河、辛辉11名人

2011年，人民陪审员选任面试现场

员为崂山区人民法院人民陪审员；2010 年 5 月 27 日崂山区第十六届人大常委会第二十一次会议任命沙恒金、辛海霞、姜元祥、王君峰 4 名人员为崂山区人民法院人民陪审员。

在实际选任中，崂山区人民法院根据《决定》精神，采取了定向推荐选任和面向社会公开招选两种方式。选任初期，通过报纸、电视、网络向社会发布公告，公布招选人民陪审员的名额、条件、报名程序等相关事宜，并进行广泛深入的宣传发动。选任过程中，严格按公布选任条件、申请报名、资格审核、组织考察和提请任命 5 个环节开展选任工作，并及时公示选任办法及图示化工作流程，实现陪审员选任工作的公开、公正。

崂山区人民法院人民陪审员的选任范围广泛多样，注重从不同行业、不同性别和不同年龄段的人员中选任陪审员。既侧重于从大院大所等领域选任"权威"人士，更注重增加村民组织、社区、企业等领域的应有比例，尤其注重增加农民工、工人、社区调解员等"亲民"型陪审员的数量。对人民陪审员的任职条件除法律规定的一般条件外，注意好中选优，特别强调"四好、一热爱"——即选聘的人民陪审员文化素质、专业技能、社会阅历、道德品质好；热爱人民陪审事业，且尽量选任在时间上更能自主支配的人员，从而更好地实现人民陪审员的"审判员""联络员""协调员""调解员""宣传员""监督员"等多重角色。

2. 构建科学化考核平台，激发陪审热情动力。崂山区人民法院积极探索建立科学合理的考核机制，制定了《人民陪审员考核办法》，将考核主要内容细化为陪审工作实绩、审判纪律、审判作风、业务培训和工作创新等方面，涉及陪审数量、调解案件数量、调查案件情况、信访投诉情况、提出建议情况、调研成果等各个环节，并对每个环节进行量化和指标化。

2011 年 5 月，崂山区举办人民陪审员调解工作培训班

对人民陪审员的考核方式实行"三考合一"，即"述职考核+量化考核+廉政考核"。述职考核，陪审员将履职情况于年终进行书面述职，并将其与逐月汇总通报的参审案件一案一评相结合，作为考核的重要依据；量化考核，由政治处定期对陪审案件进行质量检查，考核参训和出勤，陪审员信息管理系统自动考核其庭审业绩，并与陪审津贴挂钩；廉政考核，由纪检监察部门对人民陪审员的廉洁陪审情况进行管理监督考核。

崂山区人民陪审员的考核工作坚持"严格奖惩，奖罚分明"的原则，为每名陪审员建立工作档案，一人一档，实行一年一考核、一年一确认。建立符合程序的人民陪审员更替机制，对陪审员工作表现按照优秀、称职、基本称职、不称职四类作出鉴定，对工作表现突出的，给予表彰和奖励，并抄送区人大常委会、陪审员所在单位及其本人；对年度考核等次确定为不称职的、无故不参加培训或未能履职次数超过全年庭审安排次数 1/3 以上的及出现违法违纪等情形之一的，经查实后，由院长提请区人大常委会依照法定程序免除其人民陪审员职务。

（三）人民陪审员管理工作的完善——开启智能化管理模式（2012～2014 年）

随着《人民法院第三个五年改革纲要（2009—2013）》《最高人民法院关于人民陪审员参加审判活动若干问题的规定》《最高人民法院政治部关于人民陪审员工作若干问题的答复》《最高人民法院关于进一步加强和推进人民陪审工作的若干意见》等法律和有关规范性文件的颁布，我国人民陪审员制度进入定型化的发展阶段。崂山区人民法院在加强规范化管理的同时，借助信息化技术，开发使用了人民陪审员信息管理系统，管理工作开始步入 E 时代，开启了智能化管理模式。

1. 研发智能化管理员。崂山区人民法院人民陪审员初期的管理及数据统计等工作全凭人工，工作量大且存在误差，不够精确。对此，崂山区人民法院经多方调研分析，结合实际工作，2012 年与东软载波科技股份有限公司合作，主导开发了人民陪审员信息管理系统，2013 年 1 月 1 日该系统投入使用。该系统实现了人民陪审员选任、管理、考核"一网通"，具有内容全面、操作简便、统计准确、科学规范、智能高效等特点，使人民陪审员管理由"粗放型"向"精细型"转变，年均陪审率达到 90%，从根本上杜绝了人民陪审员不到庭、不陪审而虚报陪审案件数量等现象。自此，崂山区人民法院人民陪审员管理工作借助网络技术步入了 E 时代。

崂山区人民法院人民陪审员信息管理系统功能内容翔实全面，包括文件汇编、选任办法、人员管理、人员考核、工作监督 5 个部分。总共涵盖了法律法规、规章制度、人民陪审员工作大事记、选任流程、个人档案、申请程序、案件统计、评价体系、视频监督、短信发送、业绩考核等在内的 30 多项内容和指标，人民陪审员的选任、使用、管理、考核等工作，全部在网上完成，内容丰富，功能全面。同时，该系统能够与审判管理系统信息互联，参审数据与审判数据互通共享，达到了真正意义上的"一网通"。

通过人民陪审员信息管理系统，崂山区人民法院建立了当事人、审判长、庭审监督三个评价体系，实现对参审情况的"全方位"即时监管。开庭时，开庭视频实时监督人民陪审员的开庭情况，开庭后，当事人可通过当事人评价系统对人民陪审员的表现给予"满意、基本满意、不满意"的评定；审判长每个月对在此期间参加陪审的所有陪审员逐一做出评价意见；政治处每年年终对陪审员的全年参审工作情况给予综合评定，使评价认定更加客观和全面。

2. 坚持人文关怀管理理念。

人民陪审员来法院陪审案件，往往是开庭前来，开完庭后就走，这种短暂的"停留"，使陪审员对法院少有归属感。对此，崂山区人民法院注重给予人民陪审员人文关怀，不仅使其在执行陪审职务时享有与法官同等的权利，还使其在点滴细微之处感受到法院大家庭的关爱。

为方便与人民陪审员的沟通交流，崂山区人民法院借助互联网开辟了"微沟通"交流平台，

2014 年 6 月，崂山法院人民陪审员信息管理系统获计算机软件著作权登记证书

包括短信、微信、电子邮箱三种方式。短信平台与人民陪审员信息管理系统相衔接，当系统随机抽选出参加陪审的人民陪审员时，便生成含有陪审时间、地点、案由、联系电话等相关内容的短信，并自动发送给陪审员，告知其出庭陪审。利用微信软件受众面广，使用便利的特点，成立了"崂山法院陪审团"微信群，由陪审员工作负责人员、现任人民陪审员及部分法官、书记员组成，采用轻松自由的交流方式，鼓励群内成员发表各类工作意见、日常见闻、生活感悟、友情提示等丰富多样的信息。电子邮件，则主要是用来发送各类与陪审员工作相关的文件规定、法律法规，涉及信息大多内容多样，字数较多，可以有效弥补短信、微信发送内容有限、保存不便的不足，方便人民陪审员查阅和储存。

　　为了使陪审员在法院感受到尊重与关怀，崂山区人民法院在开设人民陪审员办公室的基础上，2013 年分别在每层审判区新增设人民陪审员候审室，内配电脑、饮水机等必需品，为陪审员查阅卷宗、庭前休息、庭后合议提供便利场所。为解决参审陪审员停车难问题，设立了陪审员停车专区，并为陪审员车辆发放通行证，凭证进入，凭证停放；针对全天参加庭审、庭审时间长的人民陪审员，为其提供免费午餐，全力做好后勤服务保障。

2014 年 5 月，人民陪审员在陪审室参与合议庭合议案件

（四）人民陪审员管理工作的新起点（2015 年至今）

　　2015 年 4 月，十二届全国人大常委会第十四次会议作出的《关于授权在部分地区开展人民陪审员制度改革试点工作的决定》，共授权北京、河北、黑龙江、江苏、福建、山东、河南、广西、重庆、陕西等 10 个省、市、自治区的 50 个法院为试点单位。其中山东省有 5 家，分别是青岛市中级人民法院、青岛市崂山区人民法院、威海市环翠区人民法院、枣庄市峄城区人民法院、章丘市人民法院。崂山区人民法院是青岛市唯一一家入选试点的基层法院。同时，最高人民法院和司法部联合印发了

2015年4月，《人民法院报》公布崂山区人民法院被确定为全国人民陪审员制度改革试点法院

《人民陪审员制度改革试点方案》（以下简称《方案》）和《人民陪审员制度改革试点工作实施办法》（以下简称《办法》），对人民陪审员选任调解、选任程序、参审范围、参审机制、参审职权、退出和惩戒机制、履职保障制度等方面进行改革。这是自2004年8月28日第十届全国人大常委会第十一次会议通过的《决定》之后对人民陪审员制度范围最广、影响最大、幅度最深的一次试点改革。

崂山区人民法院被确定为改革试点单位后，积极探索，根据《方案》和《办法》的具体要求，在人民陪审员选任、参审和履职保障等方面大胆探索，通过增加人民陪审员数量，加大培训力度，创新参审机制等方法，提升了人民陪审员管理工作的整体水平，总结了先进的经验，对改革的健康发展起到了良好的推动作用。

1. 推进选任工作，实现结构合理、分类均衡。此次人民陪审员改革中，对选任程序提出新的要求，《方案》规定，法院要从符合条件的当地选民或常住居民中进行随机抽选，并建立一个人数为当地法院法官员额数5倍以上的候选人信息库。在对候选人进行资格审查并征求本人意见后，再随机抽选不低于法官员额数3~5倍的人员提请人大常委会任命。2013年10月30日，崂山区人大常务委员会根据崂山区人民法院提出的人民陪审员倍增申请，全票通过了崂山区人民法院提出的人民陪审员倍增计划，将原有的人民陪审员名额由35名增加至104名，与一线法官人数实现2比1，率先在全市基层法院完成"倍增计划"名额审批。崂山区人民法院倍增计划的实现为《方案》中选任程序改革的探索奠定了基础。经多次选任，现有陪审员102人，已达到员额法院人数的3倍。

《方案》要求，人民陪审员的选任应当注意吸收普通群众，兼顾社会各阶层人员的结构比例，注意吸收社会不同行业、不同职业、不同年龄、不同民族、不同性别的人员，实现人民陪审员的广泛性和代表性。崂山区人民法院完成"倍增计划"后，人民陪审员的结构分布更为合理。其中原有人民陪审员的学历主要是大学以上，增选后人民陪审员大专学历占比67%，高中以下占比17%；就职业分布而言，原有人民陪审员以事业单位职员为主，职业分布较为单一，而增选后人民陪审员职业分布较以往更为广泛，其中社区工作者所占比例较大；年龄方面，增补的人民陪审员在各个年龄段都有所涉及，其中40岁以下人数占比减少，50岁以上人数占比上升。（陪审员基本情况统计表附后）

2.充分保障陪审职能，适应改革需求。崂山区人民法院结合改革要求，完善规章制度，先后制定了《青岛市崂山区人民法院人民陪审员选任办法》《宣誓规定》《人民陪审员管理办法》《人民陪审员工作考核办法》《陪审工作纪律》《人民陪审员廉洁参审规定》《人民陪审员权利义务清单》《任期内人民陪审员退出规定》等一系列制度，使人民陪审员工作成为一个全方位、立体化、规范科学的管理体系。同时注重总结经验成果，加强理论调研，2016年10月下旬，最高人民法院政治部与《人民司法》杂志社联合开展了"人民陪审员制度改革理论与实践研究"征文活动。2017年4月中旬，公布的获奖名单中，崂山法院法官所撰写的《流连于事实和法律之间——论人民陪审员参审职权的变革》一文获优秀奖，是山东省唯一一篇获奖论文。

为适应改革需求，崂山区人民法院积极转变培训理念，合理设置培训课题，更加侧重对人民陪审员权利义务、审判程序、证据认定、司法礼仪与行为规范等内容的培训。结合陪审员自身职业特点，注重加强其自学监督，采取"一报、两本、三会"的培训方式，即为陪审员订阅一份《人民法院报》，配备《人民陪审员法律汇编读本》和《陪审工作笔记本》，定期举办庭审观摩会、业务交流会和工作总结会。2016年1月~2018年6月，崂山区人民法院先后进行了刑诉法、民诉法以

2016 年 6 月，人民陪审员兼任调解员，调解工作受认可

及涉毒案件、道路交通纠纷案件、婚姻家庭纠纷案件等专业培训，促进人民陪审员履职能力的提升。

　　崂山区人民法院充分发挥人民陪审员自身优势，积极组织人民陪审员参与法院活动，增强荣誉感和归属感。2015年5月，崂山区人民法院召开了"纪念《关于完善人民陪审员制度的决定》实施十周年"座谈会，就陪审员制度改革试点工作向法官和陪审员进行了传达和学习交流，组织了专题座谈。2016年5月，青岛市中级人民法院组织"廉洁司法大家谈"主题演讲活动，崂山区人民法院派出三名陪审员参加，其中一名陪审员获得"三等奖"，另一名陪审员被确定为青岛地区唯一一名陪审员参加省高院的比赛，并于2016年9月，在全省法院"廉洁司法大家谈"演讲比赛中获一等奖。

　　3. 积极探索"3+4"大合议庭陪审模式，保障陪审员"话语权"。《方案》扩大了人民陪审员的参审范围，明确涉及群体利益和社会公共利益以及影响较大的一审案件，原则上要求实行人民陪审制审理，在重大案件中，可探索由3名以上人民陪审员参加合议庭机制。在"3+4"大陪审模式中，人民陪审员只对案件事实认定问题发表意见，不再对法律适用问题进行表决。人民陪审员数量由2人增加到4人，更有利于发挥人民陪审员富有社会阅历、了解社情民意的优势，且与职业法官形成思维和知识上的优势互补，能够更加全面有效地查清案件事实、化解

2016年9月，在全省基层法院首次适用"3+4"大陪审制审理案件

矛盾纠纷。同时，法官人数由1人增加为3人，且均为审理该类案件的资深法官，使合议庭的专业化水平进一步提高，在法律适用问题上更加细致精确。

崂山区人民法院根据《方案》要求，积极探索适用"3+4"大合议庭陪审模式审理案件。2016年9月13日，崂山区人民法院采用"3+4"审判模式依法公开开庭审理了原告颜某与被告某地产公司房屋买卖合同纠纷案件，该案是崂山区人民法院被最高人民法院确定为全国人民陪审员制度改革试点法院以来，在全省基层法院中适用"3+4"大陪审制审理的首起案件。2017年4月12日~5月24日，崂山区人民法院将大合议庭模式延伸至行政、刑事领域，先后开庭审理了刑事、民事、行政6起案件，均为群众关注度高的典型案件。

崂山区人民法院还大胆尝试人民陪审员参与诉前调解。2016年6月，崂山区人民法院成立了"诉调对接中心"，从陪审员队伍中选任了2名生活经历和社会阅历丰富，并具有一定法律知识和调解经验特长的人民陪审员，专门调解婚姻、养老、邻里纠纷等案件。2016年6月~2018年6月，2人共调解案件702件。

二、工作成效

人民陪审员制度是中国特色社会主义司法制度的重要组成部分，完善人民陪审员制度，完善人民陪审员管理工作，对于充分发挥人民陪审员作用，推进司法民主、促进司法公正、提高司法公信力具有重要意义。崂山区人民法院结合审判实践经验，建立科学合理规范的人民陪审员管理机制，借助现代化科学技术和网络发展，研发人民陪审员信息管理系统，抓住改革契机，大胆创新，积极探索，使人民陪审员管理工作走上了信息化、科学化的道路，让人民陪审员真正走进了"陪审"角色，实现了司法的公开公正。

（一）科技助力，陪审管理科学规范

崂山区人民法院借助现代化科技手段，研发了人民陪审员信息管理系统，颠覆了传统意义上的人民陪审员管理模式，用信息化手段实现了对人民陪审员选任、管理、考核、监督的"一网通"工作模式，并细化对陪审员的参审服务，建立陪审员远程在线阅卷合议平台，加强了陪审员的使用管理和考核体系建设，提高了工作效率，节约了人力资源，杜绝了管理漏洞，为人民陪审员更好地发挥陪审作用奠定了有力基础。

（二）保证参审，推进司法公开公正

崂山区人民法院借助科学规范的人民陪审员管理系统，陪审实现随机抽取，均衡抽取，使每位陪审员享有均等的参审机会。为陪审员开通庭前阅卷功能，便于陪审员提前了解案情，保证其在庭审中行使审判职责。参审过程中坚持"应陪尽陪"，严格按照试点工作实施办法的要求，请陪审员与法官一起，共同对案件事实部分作出认定。自 2013 年以来，陪审率年均 90% 以上，从根本上确保了陪审员参审的公平公正，推进了司法的公开公正。

（三）注重交流，经验成果积极推广

2013 年，崂山区人民法院人民陪审员管理工作的先进经验先后被《人民法院报》《最高人民法院简报》刊登采用，供全国法院参阅，全省、全市法院系统人民陪审员管理工作调度会和推进会在崂山区人民法院召开。2014 年 6 月，崂山区人民法院"人民陪审员信息管理系统软件 V3.0"获得《中华人民共和国国家版权局计算机软件著作权登记证书》，随后，山东省高院建议在全省法院推广使用。2017 年 5 月 11 日，最高院组织的人民陪审

2017 年 5 月，最高法院人民陪审员制度改革试点工作经验交流会议

员制度改革试点工作会议在北京国家法官学院召开，崂山法院参加会议并作了题为"多措并举，勇当人民陪审员制度改革的先行者"的经验交流发言，受到与会代表的一致好评。2013年以来，崂山区人民法院先后接待了福建高院、陕西高院、廊坊中院、枣庄中院、潍坊中院、中国社科院、清华大学等20多家外地法院及单位关于陪审员制度的调研与参观。崂山区人民法院在人民陪审员管理工作及人民陪审员制度改革方面的积极有益探索，为全国的人民陪审员管理及人民陪审员制度改革提供了值得借鉴与推广的宝贵经验。

人民陪审制度作为我国司法制度的一项重要内容，让普通公民参与审判案件，见证司法、参与司法、协助司法，推动了民主与法制建设的进程，促进了司法公开公正，提升了司法公信力。改革之路，任重道远，崂山区人民法院将继续秉承大胆创新、开拓进取的改革精神，一如既往走好改革路，奋发有为走出新成绩。

执笔人：王莹莹
审核人：朱　强
签发人：李伦山

青岛市崂山区人民陪审员基本情况统计表

人民陪审员数量及占比	陪审员总数	性别分布			学历情况			政治面貌			职业分布										年龄分布情况					来源	
		男	女	少数民族	大学以上	大专	高中以下	中共党员	民主党派	群众	基层干部	人民团体成员	事业单位职员	专业技术人员	工商业人员	社区工作者	普通居民	农民	进城务工人员	其他人员	30岁以下	31~40岁	41~50岁	51~60岁	61岁以上	组织推荐	个人申请
2011年人民陪审员数	18	8	10	0	11	7	0	10	1	7	0	0	12	1	0	1	1	1	0	2	5	6	4	3	0	10	8
占比（%）		44%	56%	0	61%	39%	0	56%	6%	38%	0	0	67%	5.5%	0	5.5%	5.5%	5.5%	0	11%	28%	33%	22%	17%	0	56%	44%
2018年人民陪审员数	102	62	40	0	16	68	18	59	3	40	0	1	23	3	1	40	5	2	0	27	6	25	29	29	13	61	41
占比（%）		60%	40%	0	16%	67%	17%	58%	3%	39%	0	1%	23%	3%	1%	39%	5%	2%	0	26%	6%	25%	28%	28%	13%	60%	40%

199

青岛市崂山区人民检察院
派驻基层检察室工作发展与成效

崂山区人民检察院

改革开放以来，崂山区检察院在工作中认真贯彻落实中共崂山区委关于"社区稳则崂山稳"的工作理念，始终把服务于和服务好社区稳定和基层发展作为依法履行法律监督职能的一项重要任务。从流动宣传车到王哥庄街道检察官工作站，从检察院社情民意联络点到现在的派驻王哥庄检察室，检察工作对接基层的机制措施逐步完善，力度逐步加强，效果更加彰显。

一 发展历程和成效

（一）1978～1998年，以单项司法活动为主要方式的探索阶段

这一期间，崂山区检察院没有在离中心城区距离较远的偏远街道设立常驻机构，主要是结合日常办案和工作，以涉及偏远地区的司法案件为依托，加强与街道、社区工作联系，不定期到基层开展工作，维护基层稳定，促进基层发展，但主要侧重于维护稳定。

1. 不起诉和不批捕案件的宣布活动。主要是在涉及王哥庄街道的案件出现不起诉和不批捕等情形时，对部分重点或敏感以及引起重大社会影响的案件，为确保涉案当事人恢复正常的生活秩序并督促其遵守有关法律规定，同时向涉案单位以及有关案件被害人等其他有关人员宣布检察决定，告知法律依据，并对有关疑问现场答复，最大程度上平息有关各方的信访隐患。在依法办理案件的同时，同步实现法律宣传、

普法教育的作用。宣布场所一般选择在社区居委会、涉案单位，较少数选择在被宣布人或其他涉案人居所。据统计，截至 1998 年 12 月 31 日，崂山区检察院共在王哥庄街道各社区宣布不起诉、不批捕决定 211 件、243 人次（部分不批捕案件与不起诉案件为同一当事人），现场参与的涉案单位人员及亲属以及社区居民 4000 余人。这 211 件案件中，亲属之间的轻伤害案件 109 件，邻里之间的轻伤害案件 47 件，合计为 156 件，占比 73.9%，另有其他案由案件 55 件。据统计，亲属与邻里之间的轻伤害案件，均是由分家析产、赡养老人以及公用胡同使用、日常言语差错等生活琐事引发。对这些案件以现场宣布检察决定的形式处理，既依法维护了法律权威，规范公民行为，又最大限度修复了社会关系，让本是血脉相传、比邻而居的居民重新友好相处，起到了处理一人、教育一家，处理一案、警示一村的多重目的。

2. 与部分社区的廉政共建活动。崂山区检察院深入推进预防工作进乡村活动，与举报多、反应问题多的农村社区进行廉政共建。针对农村基层组织人员职务犯罪的现状和特点，开展了农村职务犯罪预防专项活动，努力构建农村职务犯罪预防网络，为巩固基层组织政权、维护新农村建设服务。针对重点对象开展职务犯罪预防。村支书、村主任、村会计是农村职务犯罪的高发群体，崂山区检察院注重把握重点，深入开展有针对性的预防工作。累计将部分农村社区的书记、主任、会计 346 人次列为预防的对象。特别是对有群众举报的农村社区进行重点预防。如有两个农村社区的社区干部在惠农资金使用中，被举报存在贪污问题。崂山区检察院深入相关的农村社区和街道办事处进行细致的调查走访，查清了举报信中反映的问题。该案虽不符合立案的条件，但是通过查办案件反映出社区财务存在账目混乱和不公开的问题，对

1997 年 7 月 9 日，检察官苏诚强、徐振凯邀请社区老党员协助做好涉及分家析产等案件的调解工作

其提出加强财务管理、及时公开账目的建议，以便与人民群众加强监督，并适时开展警示教育，取得了较好的社会效果。建立了农村社区职务犯罪专项预防制度。把在经济建设开展犯罪预防的成功经验和做法向农村社区和农业领域延伸，对涉及救灾扶贫资金、社会公益资金、国有土地管理资金、土地征用补偿费的使用和管理，以及代缴税款、计划生育、户籍、征兵等领域和环节，通过预防调查、检察建议、跟踪监督等形式开展专项预防活动，做到热点项目提前预防、重点领域重点预防，共开展各类预防活动291次，进行大型的警示教育187次，从中发现和查处各类职务犯罪8件14人，挽回经济损失780余万元。

3. 涉检法律宣传活动。依托检察职能，有效开展普法宣传，是检察机关服务经济社会发展的一项重要职能。针对偏远地区群众法律意识淡薄等特点，崂山区检察院针对某一时期多发案件，采取了集中宣传普法的工作方式。在普法宣传地点的选择上，主要是选择了王哥庄大集和部分较大的社区。在普法宣传材料的制作上，主要是采取以案说法和法条解读等群众易读易懂的材料形式，编制以案说法材料13版次，法条解读23版次。累计开展普法宣传118次，发放各类宣传材料1000余份。同时，主要业务科室干警参与现场答复群众咨询、受理群众举报和申诉，共解答法律咨询498个，受理举报和申诉108个，移交办理27个。

4. 成立综合各方面人员的涉检工作组。根据检察职能和信访案件反映的问题类别，崂山区检察院组建了刑事和解组、民事调解组和

1997年10月8日，崂山区检察院在王哥庄大集设立临时法律宣传点

矛盾化解组，分别由院领导、职能部门检察干警和聘请街道的区人大代表、政协委员、妇联及社区"老干部、老党员、老模范"等人员组成，在调解室通过乡里乡亲、民情民俗的说理讲法，公开坦诚的问询答询等争取谅解，取得和解，化解矛盾。王哥庄晓望社区居民姜某因琐事与人互殴致对方轻伤，

构成故意伤害罪。案件历经 5 年刑事诉讼、3 年民事诉讼，一直未能终结。崂山区检察院随即启动刑事和解、民事调解机制，办案人员首先讲清故意伤害案件的法律规定及量刑幅度，又根据司法解释说明可以和解并可能从轻处罚规定，当地的调解人员则针对被害人"让法律给说法，坚决让他蹲些年"不依不饶的态度，从邻里情、宗族亲等方面入情入理地劝导，经过多次协调说服劝解，最终使被害人松开了坚守的底线。被害人心悦诚服地说，"咱王哥庄这些代表、老人们都是会做人做事的，他们说得咱信"。通过这种方式，已促成调解的有 20 多件，涉及民商事和执行案件当事人主动履行案款 300 余万元。

5. 建立社区动态连接平台，及时做好处置矛盾纠纷工作。 制定了王哥庄街道、北宅街道"一图三联"制度，设置社区情况分布图，对社区地理位置、人口、维稳和社区管理等情况有明确标示和基本情况及相关人员联系方式等内容。1 名干警联系 1 个社区，每个社区聘请 1 名联络员，并与街道和相关执法部门建立维稳联动机制，及时掌握分析涉及社区人口、经济状况、刑事案件、民事纠纷、信访举报、邻里矛盾等信息，对社区存在的廉政风险、治安风险和信访风险进行动态评估，便于准确及时有针对性开展维稳防控工作。加强与社区维稳和涉法涉诉问题联动。崂山区检察院及时向偏远社区的两委成员和社区联络员发放"检察联系卡"，方便及时联系并联合处置涉法涉诉问题。及时将本院掌握的不稳定因素通报社区，社区则协助做好稳定工作，实时关注其动态和情况。社区发现影响稳定的苗头后，迅速与办案干警取得联系。崂山区检察院则根据反映情况及时进行风险评估，按照应急预案启动处置程序。对可能出现重大上访问题的，则与街道、司法所联动共同参与处置；对一般性问题，则根据情况会同相关联动部门及时协调解决。某社区张某与邻里之间因房屋修建发生争执，张某自觉受了委屈，盗取少量采石炸药放在邻居后窗上引爆，幸好炸药爆炸只炸碎了窗户未伤及人员，但因窗外系公共通道，危害公共安全，被依法追责判处了缓刑。但张某不思悔改，经常骚扰和恫吓邻居，有着严重社会危害性。社区联络员反映这一情况后，崂山区检察院迅速深入了解情况取得相关证据，并向法院通报，建议撤销缓刑，法院依法再审，对其判处了实刑。

（二）1999～2012 年，以定点定时服务为主要方式的发展阶段

1999年以来，随着社会经济形势的快速发展，城镇化的快速推进，基层群众对涉检司法需求日益增长，此前零散化、随机性的工作方式已经不符合社会形势需要。崂山区检察院根据实际需要，在距离中心城区最远的王哥庄街道办事处相继设立了检察官办公室，成立了社情民意联络点，并在

2012年8月27日，青岛市人民检察院检察长视察派驻王哥庄检察室的电子防控图

2012年正式设立了有正式编制的派驻王哥庄检察室，检察工作服务偏远基层发展的机制、措施更加规范、完善。

1. 设立检察官办公室。 1999年1月11日，针对王哥庄街道民事、刑事案件以及涉法涉诉涉检信访急剧增多的发案态势，崂山区检察院在王哥庄街道办事处成立了检察官办公室，提供涉检法律服务工作，

2010年3月2日，崂山区检察院在王哥庄街道设立民生检察联系点

在街道办事处内设置了专门的办公场所以及必要的工作设施。在工作方式上，崂山区检察院每周三从事刑事检察、民事检察、控告申诉检察以及反贪污贿赂、反渎职侵权等有关部门选派1名检察官，到检察官办公室驻点办公。在工作职能上，主要是受理群众信访、举报、申诉以及解答涉检法律咨询、协助调解矛盾纠纷，同时对街道办事处以及社区有关涉检涉法法律事务提供检察职能范围内的法律支持。检察官办公室累计受理各类咨询、申诉、举报119件次，化解矛盾纠纷179件，接待群众来访213人次。

2. 设立社情民意联络点。 2010年3月2日，为更好地服务偏远

地区群众，崂山区检察院在检察官办公室的基础上，建立了检察长热线，在线受理包括偏远地区群众的涉检涉法诉求。同时，在部分社区建立社情民意联络点，聘请了王哥庄街道晓望社区调解主任江安先、崂山八中总务处主任高仕良等 13 人为联络员。社情民意联络员共承担着 15 项职责，内容包括：收集并反映人民群众对检察机关的意见，提出合理化建议；向检察机关提供有价值的控告、申诉、举报线索；协助检察机关做好涉检信访矛盾纠纷排查调处和法制宣传工作；综合分析本社区的社情民意，及时向检察机关反映，使检察机关深入了解和把握人民群众的所想所盼所求，找准履行检察职能与服务民生、保障民生的结合点，积极探索服务民生、保障民生的有效途径和方式方法。崂山区检察院安排专人每月走访四个联络员和两个联络点，听取群众诉求。同时，崂山区检察院建立了多种联系方式，保证第一时间掌握第一手基层资料。一是每季度邀请社情民意联络员进行座谈交流，对联络员所在单位的民情民意进行详细调研，了解各阶层群众最期待、最关心的热点，有针对性的改进检察工作。二是院党组成员分别带领联络小组，31 次深入基层，走进乡村，走进企业，了解社情民意，帮助群众和企业、学校等单位解决实际困难，扎扎实实为人民群众做好事、办实事、解难事。三是充分发挥检察长热线的桥梁作用，建立了一整套完善的信息记录、办理和反馈机制，受理的 793 个来电，均依法转办、承办和办结，妥善化解各类矛盾纠纷，解决各类民生问题，确保纠纷化解在当地，问题解决在基层，为新农村建设和和谐社会建设做出实实在在的贡献。

3. 做好涉法涉诉和社情民意风险评估。对在执法办案和与社区、法庭、司法所的社情民意联络中，多发案件和各方面反映比较集中的问题，及时进行分析，探究问题原因，提出解决对策，消除和减少不稳定因素。2000 年前后，崂山区检察院发现，受理的民事申诉案件中，群众质疑以加盖"社区公章"为诉讼证据的案件明显增多。从发案时间点看，社区换届后此类案件比较多，争议焦点是盖有社区公章的"欠条"。据反映，提起诉讼方一般是离任的社区领导，究其原因是公章管理混乱，可能有私盖或虚假诉讼侵害集体利益问题。在依法办理这些案件的同时，崂山区检察院对社区公章管理情形进行了调查，发现社区公章管理的确存在很大的漏洞。有的社区公章由个人"揣着"，"私有化"现象严重，难免被不法者所用，对此社区群众反响十分强烈，有的离任干部与群众对峙，甚至出现围堵伤人群体事件。事关群众集体利益和社区稳定大局，问题非常严重。根据调研结果，崂山区检察院及时向中共崂山区委提交了"规范社区印章管理的报告"。中共崂山区委高度重视，责成责任部门迅速制定下发了由街道统一管理社区公章的意见，有效化解了影响社区稳定的重大隐患。

4. 建立预防犯罪连接平台，及时启动查办警示防控机制。 社区两委成员是职务犯罪的高发群体。这部分人员犯罪往往直接侵害群众切身利益，极易出现不稳定因素。检察室注意把职务犯罪预防工作作为重点，根据社情民意调查情况和社会矛盾点，定期请院里的检察骨干到检察室和社区，组织社区干部分期进行预防犯罪法律知识教育培训、参观警示教育展览、观看警示教育片，提高廉洁履职的自觉意识。2012年5月，崂山区检察院还利用区委党校平台对34个社区"两委"成员进行了职务犯罪、刑事犯罪、民行检察、廉政规定等知识的集中培训，加强警示教育，增强反腐防控意识，施加检察机关教育惩处的影响力。

（三）2012～2017年，以设置正式机构为主要方式的完善阶段

2012年2月，山东省检察工作会议认真总结检察工作服务基层发展的工作经验，作出了设立派驻基层检察室的工作部署。根据青岛市人民检察院统一部署，崂山区检察院整合驻王哥庄街道检察官办公室以及社情民意联络点等工作职能及措施机制，于2012年7月6日成立了派驻王哥庄街道检察室。

2012年7月6日，崂山区人民检察院派驻王哥庄检察室揭牌仪式举行

1. 基本情况。 派驻检察室位于王哥庄街道中心大街中段，拥有专门的办公场所，建筑面积470余平方米，设置预防职务犯罪宣教室、社区矫正和便民服务区，配备接访室、听证室、检察宣告厅等办公活动场所，配备了纸杯、雨

伞、报纸等便民设施，接访室实现网上办公办案和远程视频对接。检察室具有独立的政法编制，政法编制3人，设主任1人，副主任1人，工作人员1人，目前实有工作人员5人。

2. 基本职能。派驻检察室主要有8项职能：一是接受群众举报、控告、申诉，接待群众来访。群众不服法院的生效判决、裁判的，可向检察室提出申诉；可通过举报、控告或报案，向检察室检举、揭发犯罪嫌疑人的犯罪事实或者犯罪嫌疑人线索；检察室对来访群众做好登记工作，可以现场答复的，现场答复；现场无法答复的，约定答复期限，并做好事项登记。对接受的举报、控告、申诉和来访，属于检察机关管辖的，将材料转交崂山区检察院相关业务科室；不属于检察机关管辖的，按照有关规定，移送主管机关处理，并通知当事人。二是发现、受理职务犯罪案件线索。检察室通过社区廉政举报信箱、群众来信来访和社区走访，发现、受理职务犯罪线索。检察室对线索实行台账管理，线索材料统一交由院控告申诉科登记备案，按程序分流至院反贪污贿赂局、反渎职侵权局。检察室跟踪查办结果，及时反馈举报人或相关人员。三是开展职务犯罪预防。定期组建宣讲团，对驻地国家工作人员和社区两委成员开展预防犯罪法律知识教育培训、参观警示教育展览、观看警示教育片，提升有关人员廉洁履职的自觉意识。开展多种形式的行贿犯罪警示活动，加强源头控制。四是发现、受理执法不严、司法不公问题，对诉讼中的违法问题依法进行法律监督。通过受理群众举报和申诉以及参与行政执法及司法活动，配合院有关业务科室，通过抗诉、检察建议、立案监督、诉讼违法调查、追究刑事责任等方式，加强对驻地司法所、派出所等行政部门和法庭等司法部门的执法活动的监督，维护群众合法权益，保障国家法律正确实施。五是开展法制宣传，化解社会矛盾，参与社会管理综合治理和平安创建。通过法律宣传、法律咨询、法制讲座、典型案例剖析等多种形式，开展送法下乡活动。根据检察职能和信访案件反映的问题类别，组建刑事和解组、民事调解组和矛盾化解组，根据群众意愿，开展调解工作。对具有代表性的案件或问题，深入调研，研究对策，向有关单位提出检察建议。六是监督并配合开展社区矫正和法制建设工作，参与并促进社会管理创新。对社区矫正人员矫正方案的落实等工作进行监督和配合；对社区矫正人员逐人建立矫正档案，定期核查、核对，防止脱管、漏管。与崂山区检察院、驻地街道、社区及派出所、司法所和法庭建立联动机制，形成工作合力，对影响社会稳定、侵害群众权益的矛盾隐患早发现、早化解。对案件反映出来的社会管理环节的问题，依法建议有关部门加以整改。七是开展为民、便民、利民服务和涉农检察，依法保障群众合法权益。深入基层、深入群众，有针对性地开展法律宣传、法律咨询、法律服务工作，依法妥善解决群众司法诉求，为群众办实事、解难事。积极发现涉农职务犯罪案件线索，协助查办涉农职务犯罪、破坏农村基层组织换届选举犯罪，依法处理涉及土地、能源资源、生态环境等纠纷和案件，切实维护群众合法权益。八是崂山区检察院交办的其他工作。

3. 工作机制。为加强对基层执法机构的法律监督，派驻检察室与驻地司法所、派出所以及法庭会签了工作意见，建立了信息互通机制，各部门受理的涉及社区居委会或社区"两委"班子成员的民事案件、刑事案件或行政案件以及其他矛盾纠纷，或其他重大事项，每月25日下午2点前（遇节假日顺延）汇总形成台账，通过金宏网发送检察室。检察室对4部门台账汇总形成总台账，2日内发送各部门。建立每月座谈机制。每月最后一个周五下午，由检察室召集，在检察室会议室举行工作座谈会。各部门通报本部门进行工作重点以及需要其他部门配合的工作事项。座谈会形成会议纪要，分别报请本部门派出单位主要负责人审阅。建立季度联系会议制度。每季度最后一个月的25日（遇节假日顺延）下午，由检察室召集，举办联系会议。由检察室对本季度各部门工作联动情况、矛盾化解情况以及行政及司法工作中涉及检察监督的问题和上季度待解决问题的处理情况等进行通报。派出法庭开庭审理涉及社区居委会的民事行政诉讼，应于开庭前3日通知检察室。检察室可派人旁听庭审。派出所办理涉及社区"两委"班子成员的行政处罚案件、刑事案件，立案后及做出行政处罚后，应于3日内向检察室通报。司法所办理的涉及社区"两委"班子成员的矛盾纠纷，结案后应于3日内向检察室通报。司法所就社区矫正工作向检察室通报每月计划，检察室根据情况参加矫正工作同步监督。建立联络人制度。各部门确定1名工作人员为联络人，负责各部门工作联系。

4. 机制创新。针对近年来涉农举报件不断增加的情况，在依法严惩犯罪的同时，在检察室设立了"清风茶室"，建立了廉政约谈制度。院里根据来信来访、控申举报和查办职务犯罪案件情况，以及检察室了解到群众的反映，由院机关安排有关领导和人员，对有群众举报但尚未查实或经查未构成职务犯罪的"两委"成员，请其到"清风茶室"喝茶，进行廉政约谈，向其讲法律、点问题、说案例、论危害，开展有针对性的个案预防，起到了很好的教育警示作用。王哥庄街道某社区书记高某、主任常某被多人实名举报，反映他们在使用水利专项资金的过程中存在违法行为，经检察室调查查证，虽然举报情况不属实，但是发现他们在资金使用过程中有不规范的问题，在对举报人逐一进行公开答复后，检察室把他们约到"清风茶室"，指出其在专项资金使用和社区管理过程中的问题，讲明法律"红线"，列举了几起类似的犯罪案件，使他们很受震动，说："真惊出汗来了，都怪自己平时大咧咧，差一点就犯罪了，得多来你们这儿学学。"

5.品牌建设。按照检察室驻在社区、贴近群众，能够更直接更及时地服务民生的工作优势，院党组提出了"情载检察、法助民生"工作要求，让检察室成为检察机关服务民生的桥梁，把立检为公、执法为民的检察情怀送到社区群众心中。让法律回应民生需求，法助民生保障之情。依托检察室，将为民、便民、利民、富民理念融入执法办案各个环节。检察室真切关注民情，在每个社区设置民生检察联系箱，在检察室设置廉政举报箱，从每个社区聘请民生检察联络员，建立了检察室与联络员联系制度，民意民情收集、梳理和办理情况反馈制度，及时掌握社区民情第一手资料，有针对性地开展民生保障工作，帮助社区解决发展中的问题。在了解到西山社区水库因年久失修、蓄水量大大减少、严重影响村民生产生活的状况后，检察室及时与街道联系，与水利部门联系，与有关工程建设单位联系，协调40万元资金用于水库扩建，使该工程于当年顺利完工，水库蓄水量增加2万多立方米，很好地解决了

2013 年 10 月 8 日，崂山区召开民营企业法律风险防范维权岗成立一周年座谈会

西山社区七个自然村 700 余居民的用水问题。

6. 保障权益。让法律走进千家万户，开启依法维权之门。积极开展法律宣传、法律咨询、法制讲座、典型案例剖析等多种形式的"送法下乡"活动，年均走访社区、企业 40 余家，开展法律宣传 20 余场次，发放宣传资料 5000 余份。在检察室院外以大型展板的形式，设立了检务公开"宣传栏"，介绍检察职能、国家支农惠农政策和相关法律知识、典型案例，使驻地周围群众能够随时了解法律。在检察室内设置了电子查询系统、"法律宣传角"，通过不断更新、完善检务公开电子文档和现行法律法规，使来访群众能够及时查询法律、释疑解惑。在受理王哥庄街道某社区反映某建筑公司收取该社区建筑预付款，但未按合同施工、拒不退还预付款的申诉案件后，经审查发现该案眼看要过诉讼时效，民行部门及时向社区发出督促起诉检察建议书，并向法院发出支持起诉意见书，促使法院依法立案，同时与法官一起对双方当事人做调解工作，促使双方达成了和解，为社区挽回了经济损失 20 余万元。

7. 青春护航。让法律护航特殊群体，承载检察温暖之情。针对特殊群体的特殊阶段和特殊情况开展不同形式的教育帮扶活动。开展青春护航活动，针对青少年犯罪特点，检察室深入学校，与崂山八中等学校开展了"零犯罪校园"共建活动，通过案例警示、模拟法庭等方式，加强教育引导，规范青少年行为，使他们远离犯罪诱惑。在青山小学开展"一对一"帮扶活动，每年组织干警对 10 名家庭困难的学生提供各种帮助。开展对弱势群体帮扶活动，与 3 户贫困家庭建立了长期帮扶关系，积极帮助他们发展生产、解决生活困难。开展社区矫正帮扶工作，积极帮助外执犯李某的儿子走出自我封闭状态，安排他参加了厨

2013 年 9 月 4 日，与崂山八中举行共建"零犯罪校园"签字仪式

师培训并取得了餐饮资格证书，使其拥有了独立生存的能力，得到了社区群众的好评。

8. 联系群众。建立群众诉求连接平台，及时受理解决涉法涉诉问题。本着让数据多跑路，让群众少跑腿的服务理念，为保证检察室与检察院工作资源共享、同步管理，崂山区检察院与派驻检察室开通连接"三线三网一台账"，即检察长热线、举报专线、民生检察热线，检察专网、政务网、互联举报网和控申台账，作为来信来访、受理控告申诉及查询联系交流工作的信息化平台，实现与本院控申科等有关部门的网络及视频全程对接，使群众诉求有线可连、有网可通、有人可诉，确保了及早了解民诉民求、民情民怨，便于及时进行信息沟通交流和实时视频咨询答疑及释法说理工作。2014 年 6 月，王哥庄一社区的刑事申诉被害人向青岛市人民检察院递交了申诉书后不久，即来检察室询问办理情况，表示如果没有结果就到院里去找。检察室工作人员了解这一情况后，随即与崂山区检察院控申科联系反映。院控申科迅速与市检察院联系了解案件办理情况，然后通过视频与申诉人直接对话，说明案件在办情况，讲清有关法律规定，使申诉人非常满意。

9. 查办犯罪。积极实施惩防工作机制对接，起到惩处一个、教育一片、稳定一方的效果。对于发现社区干部侵占挪用贪污犯罪线索，特别是涉及政府支农帮农资金，侵害群众利益，群众反映强烈的，坚决依法予以查究，平息民怨。王哥庄街道某社区原书记张某利用担任社区领导之机，贪污挪用数万元涉农资金，激起社区群众的强烈不满，而且对相邻部分社区也产生不利影响，纷纷要求街道和社区干部说明解释相关情况，造成社区和街道不稳定。检察室了解情况后，到街道和相关部门调取有关情况，迅速向院领导报告，反贪部门迅速展开调查。不久即对该社区书记依法立案审查，使其最终被判处刑罚。

为进一步实现检力下沉，重心下移，崂山区检察院还依托派驻检察室，建立了检察工作、检察干警三个"面对面"长效机制。

一是与社区群众面对面，了解了基层民情民意。崂山区检察院把检察室作为全院检察工作的窗口，虽然检察室配置了 3 名固定人员，但是采取轮流派出检察干警到检察室工作的方式，一方面解决警力不足的问题，一方面也是锻炼干警群众工作能力的需要。实行"每周一值"制度，崂山区检察院内设部门按周轮流值班，形成了"控告申诉周、刑事监督周、民事检察周、自侦预防周"等，建立了以业务骨干为主、综合人员为辅的检察干警联系社区制度，向王哥庄街道34个社区选派了联系干警，建立"民情日记"，明确了联系的方式方法和民情问题反馈及处置程序等规定，使干警能够及时深入了解掌握社情民意，并学会用群众语言宣传法律，与群众交流。在联系返岭社区活动中，检察干警了解到他们四百户村民到现在还没有自来水，造成生活不便，水质无保障。经了解区里有供水计划，因种种原因未能及时实施。为此，检察室积极向群众宣传科学用水、合理用水知识，取得群众支持，同时积极协调水利部门和街道，帮助社区落实50余万元建设资金，很快完成了自来水入户工程，得到群众欢迎。2016年，检察室依法处理驻地某社区水库污染纠纷，20余万元赔偿款一周内赔偿到位，山东省电视台进行了报道。

二是与基层干部面对面，增进了执法为民情感。基层社区干部来自于群众，干的就是与群众打交道的事，对群众所思所想非常了解。检察干警到检察室除了接待来访、办理工作事项外，有一项重要的工作就是，采取电话联系和直接到社区的形式，与至少3个社区干部交流民情民意，特别是涉法涉诉和矛盾排查、维稳及社会治安情况，了解特殊群体情况和有无帮扶解困事项，在与社区干部面对面交流中，加深了群众感情。同时崂山区检察院还邀请驻地执法监督员、社情民意联络员每天轮流参与检察室工作，加强干警与基层人员的交流学习。在一次联系交流中，检察室发现姜家、王哥庄、桑园等几个社区都反映存在水污染问题，为

2015年5月6日，检察官苏诚强、周英进行现场走访

此，崂山区检察院派出检察干警深入社区与社区干部一道追根溯源。经排查发现几个社区水源上游有一家养殖户饲养了十几头牛，牛粪等污秽直接排入河水中，导致水源污染。检察干警随即找到养殖人，表明来意，说明危害，指出其行为违反养殖

和环境保护、资源保护等有关法律政策规定，要求其将养殖区退出水源地，确保水资源安全。经过检察干警耐心疏导，养殖人认识到问题的严重性，诚心向几个社区道了歉，迅速搬离了水源地，从而及时有效地解决了关系民生的用水安全问题。

三是与矛盾纠纷面对面，增强了群众工作能力。基层社区的矛盾纠纷千头万绪，有的来访人来到检察室情绪激动，耍态度、又哭又闹，甚至要求检察干警迅速把某某人抓到检察室追究查办；有的举报事实不清、无证无据，还提出无理要求，缠访缠诉等情况，都是检察干警要面对和妥善处置的。这些问题考验的就是派出检察干警临阵独立处置矛盾纠纷的能力。2015年初，检察室接待一位拎着旅行包的来访人，他自称系一起民事案件当事人，因不服在王哥庄法庭打的官司败诉了来申诉，认为法官收了人家的好处办了错案，要求追究法官受贿和枉法裁判罪，改变判决，否则马上就赴省进京上访，连检察院一起告，言语激烈，态度蛮横。接访人员发现来访者眼睑微红，有酒后之态，见此情况即态度平和地给他端上水，请他坐下慢慢说。同时，检察室派工作人员与法庭联系了解该案判决情况。原来，是因为一起海产品加工合同纠纷，法庭以合同违约为由判决他承担违约责任。他想不通，因为工人过节提早回家，耽误供货，随后加工好了对方既不付款也不提货，还要他承担违约责任。情况明了后，接访人员拿出相关法律条款，对照他们的合同一条一款地给他分析讲解，同时指出无端捏造诬告的法律责任，使其逐渐平息了激动的情绪，慢慢地和检察干警交流起来，他明白了法律，气也消了。

检察干警直接与基层社区、与基层群众面对面接触，提高了处置疑难复杂问题的能力，既增强了"立检为公、执法为民"的意识，深化了"忠诚、为民、公正、廉洁"的核心价值观，也提升了做群众工作的能力，使派驻检察室成为提升执法效能、锻炼检察队伍的实践基地。

二、经验启示

（一）检察工作只有在服务基层中才能实现更好的发展

检察工作进基层、接地气是实践社会管理创新、实现检力下沉的要求，也为更好地履行法律监督职能开辟了广阔天地。特别是近几年来，崂山区检察院依托派驻检察室，有效整合服务相对偏远的王哥庄街道群众的机构及措施，经历了检察官办公室、民生检察联系点等形式，检察职能服务偏远地区发展的工作更加规范和有力。派驻检察室也根据需要，内设机构更加完善，现设有民生服务接待室、接访室、调解室、培训室、民情室、清风茶室等，建立了维护稳定、服务民生各项工作机制和信息化保障系统。派驻检察室按照"干在实处、干出实效、走在前列"的工作要求，将检察工作与偏远基层社区实现了连接，有效弥补了基层法律监督的薄弱环节，使派驻检察室成为检察工作的枢纽和连心桥，实现了检察职能到基层、矛盾化解到村头、服务民生到炕头，认真倾听民意，解诉求、息民怨，贴近群众送温暖、化纠纷，切实发挥了前沿阵地作用，畅通了民生保障渠道，提高了检察干警的群众工作能力。

（二）检察职能只有在服务基层中才能得到更好的发挥

改革开放以来，崂山区检察院服务偏远地区群众的工作逐步完善和加强，使得检察机关联系群众、服务基层、促进区域经济社会发展更加直接，强化法律监督、促进基层党风廉政建设和反腐败工作更加透明，参与社会管理、促进社会矛盾化解更加便捷。这些年，崂山区检察院在推进派驻检察室建设中，做到了"三个坚持"，一是始终坚持把维护驻地社会稳定作为第一要务，妥善做好息访罢诉、化解矛盾纠纷工作；二是始终坚持把保障服务民生作为第一要旨，有效开展普法宣传、涉法说理工作；三是始终坚持把服务基层群众作为第一目标，切实增强检察干警的群众感情以及做群众工作的能力。正是由于这三个坚持，检察干警能力的提升增强了检察履职的成效，提升了服务大局的实效，检察职能也得到了更好地发挥。

（三）检察机关只有在服务基层中才能得到更强的生命力

崂山区检察院组织全院干警通过定期

2012 年 9 月 8 日，山东省检察院吴鹏飞检察长视察派驻王哥庄检察室

或者根据案件需要、民生需求，排班到检察室工作已经成为常态。干警们通过与群众"打成一片"，既了解了民意民情，又学到了人民群众纯朴的优良传统，拉近了与社区群众心理和情感距离，派驻检察室也成为培养和提升干警做群众工作能力的摇篮。派驻检察室直接面对基层群众对检察工作的各项诉求，这既是检察工作的着力点，也是检察工作的创新点。根据基层发展的需要，派驻检察室先后建立了与驻地法庭、派出所、司法所等单位的促进驻地大局稳定的联动机制；根据社区发展的新形势，派驻检察室先后在部分社区设立联系点，并组建了包括社区老党员、老教师等在内的矛盾化解等专门的工作小组；根据基层矛盾的特点，派驻检察室在创新中贯彻以维权促维稳的司法理念，先后与民政、司法行政等部门协调配合，形成了法律援助、司法救助和心理辅助等三位一体的工作机制，保障群众权益、促进基层发展的合力进一步凝聚，检察机关也在服务基层中获得了新的生命力。

执笔人：贺世国

审核人：贺世国

签发人：毛永强

崂山区工会工作发展历程与成就

崂山区总工会

一、工会情况概述

1978 年 12 月党的十一届三中全会的胜利召开，给工会工作带来了生机与活力，崂山县工会的各项工作迅速得到恢复、整顿、提高、发展。根据党和上级工会的要求，崂山县各级工会组织不断地完善和发展。截至 2017 年，按工会统计，全区有基层工会组织 1083 个，涵盖法人单位 6264 个。在 1083 个工会组织中，有国有企业 21 个，集体企业 58 个，外商投资和港澳台投资企业 143 个，机关和事业单位 119 个，私营企业 381 个，股份制企业和其他企业 361 个。在 1083 个工会组织中，建立女职工组织 1083 个。全区各级工会组织有专职工会工作人员 795 人，兼职工会工作人员 2029 人。其中，专职女职工工作人员 197 个，兼职女职工工作人员 760 人。建立工会组织的单位共有职工 12 万余人，其中女职工 4 万余人，农民工 4 万余人；有工会会员 12 万余人，其中女会员 4 万余人，农民工会员 4 万余人。

二、崂山工会工作发展历程

（一）整顿、转变，逐步发挥工会职能作用期间的工会工作发展及成就（1978～1994 年）

1978 年 12 月党的十一届三中全会召开，实现了新中国成立以来中国历史上具有深远意义的伟大转折，端正了党的指导思想，重新确立了马克思主义的思想路线、政治路线和组织路线，同时也指明了中国工人

216

运动和工会工作的方向，重新开拓了工人运动健康发展的道路。1978 年 10 月 11 日至 21 日，中国工会第九次全国代表大会在北京隆重举行。在党的十一届三中全会和中国工会第九次代表大会路线的指引下，各级工会组织认真清除"左"倾错误的影响，分清新中国成立以来工运历史上的路线是非，明确工会职能，平反冤假错案，落实劳动模范政策，开始了工运领域中的拨乱反正。1980 年 4 月，召开青岛市崂山县工会第三次代表大会，各级工会在区党委统一部署下，认真学习了党的十一届三中全会精神、中国工会第九次代表大会会议精神，积极开展真理标准问题的讨论，对职工进行辩证唯物主义思想路线的教育，从根本上解除了"两个凡是"的束缚，为克服多年来的"左"倾思想的影响，明确了工会的性质、任务和工人运动的路线、方针，展开了全面建设社会主义现代化，充分发挥新形势下工会的社会职能和作用的新时代。

1988 年工会十一大第一次提出工会具有维护、建设、参与、教育四项社会职能，第一次将维护明确规定为工会的职能，改变了计划经济时期工会"三位一体"的工作方针。会议提出的《工会改革的基本设想》将工会改革的目标确定为：遵循党的纲领和路线，把中国工会建设成为独立自主、充分民主、职工信赖的工人阶级群众组织，在国家和社会生活中发挥重要作用的社会政治团体。1990 年 10 月，召开青岛市崂山区工会第四次代表大会，崂山区各级工会组织带领广大职工进一步解放思想，转变观念，积极投身改革开放；加强对广大职工进行思想政治觉悟和明辨是非的能力的教育，特别是在 1998 年春夏之交，教育广大职工不信谣、不传谣、不上街游行、不围观、不搞任何形式的声援，团结带领职工顶住了各种形式的煽动停工、停产的活动，全区所有工厂企业保证了正常的生产秩序，以实际行动表明工会组织是坚决拥护党的领导并能经得住任何政治风浪考验的。

1. 积极动员和组织广大职工投身改革和建设，生产力得到进一步的解放。各级工会组织紧紧围绕经济建设这个中心，动员和组织广大职工以工人阶级主人翁的精神投入改革。增强企业活力，积极参与了各种经济承包责任制的推行，支持厂长负责制和行使职权，参加企业民主管理。广大职工在企业领导体制、经营机制、分配制度及社会保障制度等各项改革中发挥了积极作用。围绕提高企业的经济效益，各级工会根据本行业的特点，充分发动职工开展了多种形式的社会主义劳动竞赛和"双增双节"活动，并把劳动竞赛与经营责任制与企业抓管理上等级相结合。1990年，在崂山区范围内开展了"振兴崂山奖"社会主义劳动竞赛，激发了广大职工的主人翁精神和忘我的劳动热情，涌现出一批先进模范人物和先进集体，他们的先进事迹和先进思想，为振兴崂山发挥着表率作用。

2. 发展工会组织，大力开展整顿建家活动，增强了工会工作活力。 随着改革和建设的发展，职工队伍不断壮大，工会组织迅速发展，会员队伍中除了传统意义上的产业工人外，还有知识分子、机关干部和正蓬勃兴起的乡镇企业职工。根据形势发展和上级工会要求，成熟一个发展一个，规模达到中型以上的乡镇企业都建立了工会组织。1984年开始，根据全总和省市提出的"抓基层、打基础、促改革"的指导方针，在全区范围内有计划、有步骤地用四年时间开展了"整顿工会基层组织，建设职工之家"活动。充分发动教育职工群众，提高建家自觉性，从实际出发，突出建家重点，严格检查验收，增强了基层工会活力，工会工作具有了强大的生命力。

3. 维护职工群众的合法权益，调动了职工积极性。 随着改革不断深化，各级工会自觉把发展生产力同维护职工合法权益统一起来，坚持在维护国家整体利益的同时，积极参与了政府有关职工劳动保护、劳动保险、工资和物价等方面改革方案的制定和政策研究，并提出具体意见，依法维护职工的利益。重视和加强了职工劳动保护工作，积极开展各种形式的安全监督检查活动，工伤事故逐年下降，确保了国家财产和职工群众生命安全。积极为女职工的利益提出建议，协助行政改善了女职工的劳动保护措施。督促协助行政广泛开展职工生活后勤达标竞赛，推动了企事业单位职工集体福利事业的发展，促进了"五小"福利设施的配套和兴建工作。

4. 积极参政议政，企业民主管理进一步加强。 各级工会积极代表和组织职工参与了企事业的民主管理，较好地发挥了民主参与和社会监督作用。1985年，通过贯彻省委、省政府《关于工会参加党和政府有关会议和工作机构的问题的通知》和《关于进一步加强工会在政府工作中的民主参与者和社会监督作用的通知》，给崂山县各级工会参政议政创造了条件。区总工会负责人参与了政府和有关部门的劳动、工资、保险、物价等方面改革的专门机构，参与涉及职工利益的重大方针政策的研究、制定和实施。各基层工会通过认真贯彻《企业法》《职工代表大会条例》等，使企业党政领导进一步提高了对加强民主管理重要意义的认识，形成了党政工齐抓共管的新格局，职代会的各项职权逐步落实，民主管理工作逐步形成制度化、规范化。

5. 加强职工思想教育和文化技术教育，职工队伍素质不断提高。围绕党的中心任务，从自身特点出发，将系统教育和职工群众自我教育相结合，积极对职工进行党的基本路线、工人阶级历史使命、民主与法制、理想纪律、职业道德等方面的多种形式的教育。1987年，开展了党的基本路线"一个中心、两个基本点"大学习、大讨论活动；1989年，在全区职工中进行了"忆十年、话改革"的形势教育活动；1990年，在广大职工中开展振兴中华读书自学活动，并坚持职工岗位培训，使一大批技术骨干和自学成才者脱颖而出。1986年3月~1987年10月，兴建了崂山县工人文化宫，1990年，成立了区职工业余技术学校，开办了专业大专班。

（二）社会主义市场经济建立、经济结构战略调整时期工会工作发展及成就（1994~2002年）

1992年，青岛市为贯彻落实邓小平南方谈话精神，抓住机遇，加快发展，在青岛东部规划成立了青岛高科技工业园。1994年，为拓展发展空间，优化城市发展布局，青岛市进行了行政区划调整，高科园与新成立的崂山区实行园区合一的管理体制，辖中韩、沙子口、王哥庄、北宅四个镇。这段时间是崂山区改革开放、经济发展、城市化建设和各项社会事业不断取得进步与变化的时期；全区各级工会组织，在青岛市总工会领导下，顺应时代发展，围绕中心、服务大局，不断开拓创新，努力拼搏进取，全面履行各项社会职能，做到"三个最大限度"（最大限度地把广大职工组织到工会中来，最大限度地维护广大职工的合法权益，最大限度地调动和发挥广大职工的积极性）；全区广大职工立足本职，勤奋工作，维护改革、发展和稳定大局，崂山区共有9项工作获省总工会的表彰，有55项工作获青岛市总工会的表彰，连年被评为青岛市工会工作优秀单位，连续三次被评为山东省工会工作先进单位。

1. 创新思路抓组建，加强自身和基层组织建设。

（1）崂山区总工会正式成立。1994年12月8日~10日，在崂山宾馆召开青岛市崂山区工会第五次代表大会。这标志着区划调整后新的崂山区总工会正式成立。123名来自全区各条战线的工会代表参加了会议，审议通过了题为"团结带领广大职工为建设现代化国际城市新城区努力奋斗"的工作报告。大会经过充分酝酿，民主协商，选举产生了青岛市崂山区总工会第五届委员会和经费审查委员会。结合机构改革，提出并完善了机关和街道等工会组织机构的建设。随着崂山区工会工作的影响力逐步增加，2002年10月25日～27日，崂山区总工会当选为全国高新区工会工作会议第三届理事会会长单位。

（2）以新建企业为重点，狠抓组织建设，组织领域得到拓宽，工会基础不断夯实。坚持"摸清底数、明确目标、重点突破、分类指导"，坚持创新、突破的工作思路，将工会组建工作列入党建工作目标责任制同考核，创造了以村级工会或社区工会组织为依托的区域性组建模式，努力探讨区域性、行业性工会组织的建立，并对进城务工人员加入工会等出台了切合实际的工作意见。具体工作中，坚持典型引路，攻克重点，破解难点，抓大不放小。通过积极开展基层工会组织"建设年""组建月"等系列活动和工作措施，每年以20%的发展速度，2002年，全区工会组织由区划调整之初的20余家发展到808家，会员发展到52935人，工会组建率和会员入会率都在90%以上。崂山区在工会组建工作中的创新做法，得到了上级工会的充分肯定，经验和做法在全市进行了推广。全总《工会信息》登载崂山区加强工会组织建设工作经验。

（3）以建设职工之家为载体，基层工会组织建设不断健全规范。全区各级工会组织，坚持开展"职工之家"创建活动，使基层工会组织逐步走向规范。首先，确保组织健全。在建立工会委员会的同时，建立工会经费审查委员会和女职

2002年10月25日～27日，2002年全国高新区工会工作会议召开

工委员会，做到同步组建，同步按时换届。第二，确保职能作用发挥。通过指导基层建立职工代表大会制度和厂务公开制度，建立劳动争议调解组织、法律监督组织，建立安全生产和劳动保护组织，建立劳动竞赛和职工技协组织，较好地发挥了工会组织维护职工合法权益、参与民主管理和经济建设、文化建设的职能。第三，确保基本条件具备。通过对"职工之家"创建工作进行考核验收和典型的选树以及做好工会法人登记等工作，使基层工会在办公场所、活动经费、工作档案等方面逐步健全完善。同时，结合区域外交商投资企业多的特点，不断加强外商投资企业工会规范化建设，开展"双爱双评"活动，并率先在全市将"双爱双评"活动由外商投资企业推广至全区各类企业中，同时将这项表彰由崂山区总工会升格为区政府表彰。崂山区总工会连年获得青岛市"双爱双评"活动先进单位。

2. 健全机制抓维护，全方位构筑职工维权保障体系。

（1）平等协商、签订集体合同工作机制扎实推进，成效显著。全区各级工会组织，以贯彻《劳动法》和《集体合同规定》为契机，从保持党和国家长治久安的高度和改善投资软环境、促进企业健康发展的大局出发，扎实地开展了建立平等协商、签订集体合同机制工作。坚持实行目标责任制，与区劳动局、经贸局和工商局等部门密切协作，做好日常工作督导，以非公有制企业为工作重点，注意选树典型，坚持开展集体合同"四好"评选活动，并率先实行了区域性和行业性签订集体合同。青岛市劳动局和青岛市总工会专门在崂山区召开现场会，宣传推广崂山区"扎实做好集体合同工作，切实维护职工的合法权益"的工作经验。崂山区被评为山东省"建机

1995年，崂山区总工会、崂山区劳动局等主要领导同志，在《劳动法》宣传现场传达解答咨询

制、签合同、重履行"先进单位和山东省工会法制宣传教育工作先进单位。

（2）积极推行职代会和"厂务公开"制度建设，不断提高职代会的规范化。在坚持做好国有、集体及其控股企业职代会和厂务公开工作的基础上，探索和推进在非公有制企业中的民主管理工作。注重源头参与，如区园制定出台《区园股份制企业管理办法》时，崂山区积极参与研究，并就改制企业的工会机构设置、干部配备、集体合同、职代会等工作提出明确意见，使改制企业工会的地位和作用得到了保证和加强。2002 年，在全省率先以区委和区政府两办文件的形式正式出台了《青岛市崂山区非公有制企业职工民主管理工作暂行意见》，对于推进非公有制企业管理的民主化、正规化和法制化建设，促进非公有制企业健康发展，具有重要指导意义。工会民主管理工作被山东省总工会评为先进单位、厂务公开工作被评为青岛市"厂务公开"先进单位。

（3）积极建立劳动争议调处机制，劳动关系三方协调机制，努力做好社会稳定工作。1999 年 5 月，崂山区率先在全市成立了职工权益维护中心，承担着职工法律咨询、劳动争议调解、职工消费合作社和职业介绍 4 项职能；2001 年 7 月，建立了崂山区劳动关系三方协调机制，主动、科学、依法做好劳动争议处理。建立了区、系统（街）、企（村）工会劳动争议调解组织三级网络，通过组织网络作用的发挥，适时做好预测、预防和超前化解工作。达到了把劳动纠纷与矛盾"解决在基层，消灭在萌芽状态"的工作要求。此项工作在全市劳动争议调解会议上作了专题经验介绍，全总、省总、市总领导也到崂山区进行了专题调研，都对崂山区的经验和做法给予了充分肯定和高度评价。《山东工运信息》

2004 年，青岛市协调劳动关系三方会议现场座谈会召开

报道了崂山区建立劳动关系三方协调机制情况。

（4）努力构建为职工群体办实事、办好事的长效机制，积极为党和政府排忧解难。全区各级工会组织认真履行基本职责，切实代表和维护广大职工的利益，协助党和政府在解决职工的生产、生活问题方面，积极为职工做好事、办实事。情系困难弱势职工，扎实深入开展"送温暖工程"。积极开展访、谈、帮系列活动，建立健全了全区困难职工档案，并实行动态管理，使"送温暖工程"趋向经常化、制度化和社会化，使困难职工的基本生活得到保障。崂山区被评为山东省、青岛市实施送温暖工程先进单位。结合助残、助学等活动，开展了多种形式的捐助与慰问活动。共向学校、企业、困难职工、困难户、帮扶村等发放慰问金、救助金，救助物资共计300万余元，在崂山区广大职工群众中，树立了工会组织的良好形象。配合政府做好对下岗、失业职工再就业的帮扶工作。

3. 服务大局，促进发展，为经济建设做出积极贡献。

（1）围绕经济建设中心，深入开展劳动竞赛和经济技术创新活动。各行各业工会组织，结合各自实际，通过开展增产增效、节能降耗、创造发明、技术革新、优质服务和提合理化建议等不同形式的活动，发扬了主人翁精神，促进了企业的生产经营与管理，取得了良好的经济效益和社会效益。崂山区坚持每年都筹备召开全区劳动竞赛和职工技协工作总结表彰动员大会，制定全区劳动竞赛和经济技术创新活动方案，并对先进典型，给予表彰奖励。将劳动竞赛拓宽至机关、事业单位和新经济组织中，如法院结合争做优秀法官开展竞赛；一些韩国企业在亚洲金融危机时，工会积极组织开展以"增产节约、增效降耗"为主要内容的劳动竞赛，帮企业渡过难关，使企业和职工都得到了利益。

（2）认真抓好安全生产和劳动保护工作。坚持把安全生产和劳动保护作为劳动竞赛工作的重要组成部分来抓。不断建立健全工会安全生产与劳动保护三级监督保障机构和网络体系，特别是通过开展"安康杯"竞赛和推广应用"安全生产信息卡"等活动，较好地发挥了工会组织在安全生产和劳动保护方面的民主参与和民主监督作用。崂山区荣获山东省"安康杯"竞赛优秀组织单位和区安全生产工作先进集体的称号。

（3）劳模评选与管理工作不断做出新成绩。每年"五一"期间，通过崂山电视台等宣传媒体，通过制作劳模光荣册、劳模光荣榜、拍摄劳模事迹专题片等方式，对劳动模范的主人翁责任感、劳动热情和无私奉献精神进行广泛、深入的宣传，使劳模光荣成为社会共识、时代新风。日常做好劳模的服务与管理。通过召开座谈会、走访、慰问，对生活困难的和退休的老劳模给予资助，让劳模感觉到在岗奉献无上光荣，离岗退休深感温暖。

1995年，崂山区总工会组织召开青岛高科园/崂山区首届职工运动会

4. 积极开展各项宣教文体活动，为创建文明新城区做出贡献。崂山区一直把组织和指导基层开展丰富多彩、喜闻乐见的文体活动作为重点工作之一，两年举办一次全区职工田径运动会和沙滩趣味运动会，每年"五一"期间，都举办大型职工文艺演出和系列文化活动，得到了全区上下的高度重视和广泛参与，成为崂山区"文化活动"的亮点。结合各种纪念日和节假日，积极组织不同形式的文体活动，全区各级基层工会组织更是发挥了基层文化宣传阵地的作用，在1997年迎接香港回归时期，在1999年做好"法轮功"修炼者思想工作中，在2000年迎接21世纪到来等节点，开展了大量宣传、学习，举办了系列文化体育活动，带领广大职工，团结一致，为创建文明新城区做贡献。

（三）全面完善社会主义市场经济体制，经济政治文化社会协调推进的崭新阶段工会工作发展及成就（2002年至今）

2002年是我国加入WTO，也是修改后的《工会法》贯彻实施的第一年。进入新的阶段，对于工会工作来说，新的形势、新的挑战、新的任务、新的特点、新的要求可以用五句话来概括，这就是"搞好工会工作的机遇难得，参与涉及职工切身利益改革的任务突出，依法维护职工合法权益的任务艰巨，保持职工队伍和社会政治稳定的任务紧迫，促进经济发展和社会进步的任务繁重"。工会工作是党的群众工作的重要组成部分，崂山区始终坚持把工会工作放到党的工作大局中去考虑、去把握，与党的工作同步、同心，切实找准位置，充分体现价值，有效发挥作用。在劳模评选管理、工会组织建设、开展劳动竞赛提升职工素质、困难职工精准帮扶、安全生产"查保促"活动开展等方面创出了全国领先的先进经验，经验多次在《工人日报》《山东工人报》上推广。2003 年 9 月，崂山区总工会主席作为代表参加了中国工会第十四次代表大会。中韩街道工会荣获全国百佳示范街道工会称号，青岛朗讯科技通讯设备有限公司、海克斯康测量技术（青岛）有限公司、华仁药业股份有限公司、崂山玻璃有限公司工会被评为全国模范职工之家。

1. 广泛动员全员全区广大职工发挥主力军作用，为崂山区改革发展做出新贡献。

（1）开展职工技能竞赛，在创新创业中发挥主力军作用。以争创"工人先锋号""工人先锋"为载体，引导带领职工开展"我为崂山建功、勇当时代先锋"主题竞赛活动，号召广大职工为崂山"同舟共济保增长、建功立业促发展"，青岛市总工会在崂山区召开现场会进行推广、省工会网站予以报道。在区级层面，立足崂山特点确定劳动竞赛内容，坚持与生产经营紧密结合，与新形势、新情况、新要求结合；与崂山的突出优势和地域、行业特色结合，紧扣"创新崂山、财富崂山、美丽崂山"建设中心任务，组织举办了崂山茶炒制、海产

2016 年，崂山区总工会组织渔家宴行业职工技能大赛

品加工、重点工程劳动竞赛、渔家宴制作、客房餐饮服务、景区护林防火实战技能演练、卫生计生系统护理技能比武等特色竞赛活动。每年全区都会开展几十个工种上百场次各具特色的职工技能比赛，参赛职工达 11 万人次。并建立健全奖励激励制度，竞赛优胜选手被评为

2016 年，崂山区总工会组织卫生计生系统护理技能比武等特色竞赛活动

"行业状元""技术能手"，其中的优秀者直接当选崂山区劳动模范和工人先锋，形成正确的工作导向和激励导向，使竞赛活动真正成为一线职工切磋技艺、展示风采，创新创造舞台，引领职工以实际行动掀起比、学、赶、帮、超、"练绝活"劳动竞赛热潮，做实叫响"工匠精神"。崂山风管局流清管理处、崂山区交通局获得国家级"工人先锋号"称号。

（2）做好劳动模范推荐评选服务工作，发挥先模引领作用。崂山区共有区级及以上劳动模范 390 人，其中，全国劳模 3 人，省级劳模 33 人，市级劳模 164 人，区级劳模 190 人。弘扬劳模精神，每年"五一"前后制作专题宣传片，公益广告，2008 年，编辑出版《先锋》一书，宣传区内劳模事迹与精神，每年中秋节、春节走访慰问困难劳模和年老或生病的劳动模范，并发放救助金，组织开展劳模免费参观学习、健康休养、查体等活动，在全社会营造"工人伟大、劳动光荣"的时代新风。加强劳模的管理服务，发挥劳模的创造力和影响力。2003 年，崂山区在全市率先出台了《崂山区劳动模范评选与管理工作暂行规定》，该《暂行规定》对崂山区的劳动模范的评选与管理工作做了明确规定，并在打破劳模终身制等方面做了积极地探索，使劳模评选管理工作更趋规范；创建劳模创新工作室，发挥劳动模范"传帮带"和示范引领和骨干带头作用，在规范硬件建设的基础上组建团队，开展群众性技术创新、技术

攻关、技术改造、合理化建议等活动，推动经济社会发展，企业降本增效、激发职工创新创优，促进职工成长进步。

（3）**深入开展职工"安康杯"竞赛，进一步改善职工安全生产劳动保护**。2004年2月开始，为进一步坚持"安全第一，预防为主"的方针，崂山区动员各级工会深入开展"安康杯"竞赛、"安全生产标准化班组创建"活动，走进百家企业生产一线宣传新《安全生产法》《班组安全文化知识》等，与职工面对面进行座谈交流，发放宣传材料，组织开展职工"安全健康伴我行"安全知识培训竞赛活动，崂山区获市优秀组织奖。2013年12月开始，扎实开展"查保促"群众性安全生产活动，切实履行工会组织在安全生产工作格局中的监督检查职责，实现"查保促"活动全员化、制度化、常态化。在具体工作中，成立工作领导小组，制发行动方案，明确职责分工，落实责任到人，加强宣传教育培训，扎实开展隐患排查大检查。采用抽查和循环互查的方式，开展专项督导，重点督导各级工会开展教育培训、组织应急演练、完善安全隐患台账、搭建活动载体、以建筑、化工等高危行业和劳动密集型企业、渔业行业、旅游行业等重点行业企业为重点，广泛发动职工，人人彻查身边安全隐患，对职工排查出的隐患及时告知企业整改，并报区总工会、区安监部门备案，形成排查—报告—整改—备案良性循环，达到职工身边无违章、无隐患、无事故的"三无"目标。完善制度，长抓不懈，在维护职工劳动安全生产保护权益中发挥了重要作用。《工人日报》《山东工人报》《中工网》等媒体以"崂山工会三管齐下推进'查保促'"等为题多次介绍崂山区"查保促"活动。沙子口街道工会在全国、全省召开的职工开展"查保促"活动会议上作经验交流发言。崂山区荣获"全国职工职业

2015年，崂山区总工会组织开展职工"安全健康伴我行"安全知识竞赛活动

安全卫生知识普及教育学习和答卷竞赛优秀组织单位"称号。

2. 主动、依法、科学维权，职工合法权益得到全面保障。

（1）推行平等协商和签订集体合同机制的落实。开展工资集体协商，督促企业落实工资指导线，开展劳动安全卫生和女职工等专项集体合同的签订，并逐步推行行业性、区域性工资集体协商，使广大中小企业职工的工资、福利等得到保障，从源头上维护广大职工合法权益。崂山区共有900余家各类企业建立了平等协商、签订集体合同制度，占应建企业的90%以上，职工对工资集体协商的满意率达到了95%以上。2004年，全国总工会集体合同工作部副部长李志培来崂山区进行工作调研，青岛市总工会向全市推广崂山区《2004年企业建立平等协商、签订集体合同机制工作的意见》，要求各区市工会组织认真学习借鉴崂山区的做法。

（2）不断完善协调劳动关系机制，以创建劳动关系和谐企业为载体，推动和谐劳动关系建设。完善评价标准和维权维稳机制，经考核达到各级劳动关系和谐企业标准的有146家。目前已建工会企业的创建活动覆盖面达到85%，崂山区已签订集体合同989份，覆盖面不断扩大。引导企业将人性化的管理模式作为构建和谐企业文化和劳动关系的有效载体。如青岛特锐德电气股份有限公司工会通过实行"亲情工资卡"的形式，使企业员工有归属感。

（3）做好劳动争议调解和调处工作。充分调动社会各方面力量联合预防调处劳资纠纷，开通维权热线，建立健全劳动争议调解委员会和劳动法律监督委员会组织网络，及时妥善解决劳动争议，构建和谐稳定的劳资关系，加强矛盾纠纷排查，加强预防预警，协助党政处理好劳动关系纠纷和职工群体性事件，依法维护职工群众的劳动经济权益。发挥帮扶中心直接面对群众的优势，深入企业了解职工反映强烈的问题，指导企业运用好法律、法规，加强信访接待工作，及时有效地解决职工反映的问题，化解社会矛盾，将劳资纠纷等引起的集体上访事件解决在萌芽状态。2007年7月25日，在崂山区人民法院建立了"崂山区总工会劳动争议案件调解室"，法院委托工会组织调解劳动争议案件工作正式开启。2008年，面对突发的金融危机，崂山区在对40多家企业深入调查研究的基础上，及时下发了《崂山区总工会关于在全区企业职工中积极做好应对危机、保稳定促发展工作的意见》和《崂山区总工会应对劳动关系纠纷预警方案》，安排专人负责，建立预警机制，及时掌握企业裁员和减薪信息，发现问题及时化解并汇报，崂山区在金融危机期间没有发生重大劳资纠纷。2014 年 12 月，聘请 8 名律师为职工提供政策法规咨询和法律援助等服务，并与区司法局联合发文，把职工法律援助纳入其中，帮助解决职工维权法律服务工作中遇到的实际困难和问题。2014 年，成功调处崂山区一起"外企老板非正常撤离，职工诉企业欠发职工工资和经济补偿金"案，为 472 名职工争取到了 400 余万元的工资及经济补偿款。成功调处青岛富士端子有限公司（日资）工人罢工，要求增加工资案，为 200 余名职工争取到了每人每月 300～400 元不等的工资增幅。

3. 积极构筑困难职工帮扶特色、长效机制，实现"温暖到家"。 近年来，按照精准帮扶的要求，健全工作制度，落实责任到人，挨家挨户摸底，建立困难职工档案，因人因困施策，实行动态管理，每年实现解困脱困的比例达到建档困难职工 20%以上，目前崂山区共有困难职工 1007 名在册。在帮扶中，崂山区积极创新帮扶机制，把"春送岗位、夏送清凉、金秋助学、冬送温暖"等具有鲜明工会特色的救助制度与日常化帮扶有机结合，全区各级工会共帮扶救助困难职工 2 万余人次，发放救助资金 1500 万余元；帮助 180 名困难职工子女入学，发放救助金 55 万余元；开展助你创业行动，选树省市级创业带头人 199 名、创业基地 26 家，通过就业培训、职业介绍、创业指导等形式，带动就业 9351 名。在此基础上，崂山区每年还发动全区企事业单位、劳动模范、工会干部和 150 户困难职工家庭结成帮扶对子，共结对 500 余户，因

2018 年 2 月 1 日～2 日，崂山区总工会向坚守工作岗位的环卫工人开展"送温暖"走访慰问活动

人施助、标本兼治、实现脱困。《崂山区总工会真情服务温暖职工群众纪实》等多篇经验材料在《工人日报》《中工网》等媒体刊登宣传。2004年7月16日，崂山区困难职工帮扶中心正式挂牌成立，在全市属于首家。2015年，建立了和区政务大厅合署办公的区职工服务中心，在四个街道设职工服务站。打造信访接待、帮扶救助、权益维护、工友创业、劳动争议调处、综合服务六大工作平台，为职工服务、为企业解难、为政府排忧。职工互助保障工作有新突破。在社会大保障机制下，为广大职工构筑第二道职工互助保障救助防线。2014年5月，在青岛市总工会对每名参保职工补贴30元的基础上，崂山区再对全区内参加该保险的职工每人补贴15元。近五年，共为全区13.46万余名干部职工办理了互助保障，保费达760.25万元，赔付金额达276.69万元，仅职工医疗补充保险一项，崂山区就补贴了83.59万元。崂山区工会职工保险会代办处，连续六年获得"全国职工互助保障基层先进单位"荣誉称号。《山东工人报》以青岛崂山总工会"职工保险为患病职工减负"为题进行了宣传报道。

4."上山下海进村"，工会组织建设实现全覆盖。为贯彻"组织起来，切实维权"工作方针，按照"扩大覆盖面、增强凝聚力"的要求，坚持"党建带动工建、工建服务党建"，创新工会建会思路、组织形式和活动方式，大力加强工会组建工作。全区工会组织发展到1083家，发展会员12万余人。2004年10月29日，崂山区建筑业企业工会联合会，这是青岛市第一家区级建筑业企业工会联合会。2009年9月，崂山区渔业行业工会联合会成立。创新组建思路，以业务局、主管单位和行业协会为依托，建立行业工会组织，并发挥积极作用，《青岛崂山区工会组建工作"上山下海进村"》分

2010年6月21日，《工人日报》刊发《青岛崂山区工会组建工作"上山下海进村"》

别在《人民日报内参》和《工人日报》刊发，2016年山区在省总第十三届四次会议上做了《不断探索工会组建新路，实现"上山下海进村"全覆盖》发言交流。具体工作中，坚持"应建尽建、应入尽入、不留空白"的工作目标，以私营企业、外商投资企业组建为重点，以各行各业全覆盖为目标，把农民工作为职工队伍的新生力量，积极吸纳农民工入会，重点抓好行业工会和社区工会建设。创新建筑业、渔业、非公有制企业等领域的行业工会组建模式，总结推广崂山茶、农家宴、家庭旅馆等行业工会组建新做法，通过社区工会和行业工会联合会把职工组织起来。在大力推动基层组织建设的同时，认真抓好基层工会组织作用发挥，2008年10月，青岛市总工会在崂山区召开了全市社区职工之家现场会，推广了崂山区社区职工之家在旧村改造、带领居民致富、发挥作用方面的先进经验，此项工作在全国得以推广。全面开展基层工会规范化建设达标活动，为鼓励表彰区级先进职工之家和职工书屋建设，制定下发《关于对区级先进职工之家和职工书屋资金补助的规定》，经考核验收合格，对区先进职工之家奖励2万元，职工书屋奖励1万元。2013年12月将工会七项服务（基层工会组建、工会维权法律咨询服务、基层工会法人资格登记办法、职工互助保险、劳模服务、助你创业行动、金秋助学）项目名称、办理条件、办理流程、提报材料、公开电话、办理人及办理时限等内容网上公开，开展网上职工服务，方便了职工群众和企业单位。

5. 贯彻"两个条例"，职工的民主权利得到进一步落实。

加强非公有制企业厂务公开民主管理工作。每年联合区委宣传部、区经发展、区工商联下发《关于进一步加强非公有制企业厂务公开民主管理工作的意见》，全面落实《山东省企业职工代表大会条例》和《山东省厂务公开条例》，进一步明确非公有制企业厂务公开民主管理工作的目标要求，强化职工代表大会基本载体建设，努力推进非公有制企业厂务公开民主管理法制化建设，着力打造"推行协商民主、强化社会责任"工作品牌，切实加强对非公有制企业厂务公开民主管理工作的组织领导。职代会建制率和质量显著提高，职代会或职工大会制度保证了职工的知情权、参与权、监督权。以开展职代会星级创建活动为载体，积极推动厂务公开民主管理工作，公有制企业和事业单位职代会建制率达到100%，非公有制中小企业职代会制度建设也有突破性进展。厂务公开民主管理工作扎实有效开展，职工参与民主管理的意识普遍增强。国有及其控股企业100%实行了厂务公开。目前，崂山区有职代会先进单位91家。深入开展厂务公开和区域性职代会创建活动，大力加强基层民主政治建设。与区纪委等多部门联合落实厂务公开督查制度，在公有制企事业单位全部实行厂务公开的基础上，向140余家非公企业延伸。

6. 全面提升职工、文化、技能水平，打造高素质职工队伍

提升职工队伍素质作为战略任务，各级工会深入开展了"创建学习型组织、争做知识型职工""铸造诚信"和"职业道德建设"等活动。涌现出44个市区级职工诚信示范岗、11个市级职业道德建设先进单位。积极推动"职工书屋""书香企业"建设，建成2个全国"职工书屋"示范点、44个省市级"职工书屋"、44个市级"书香企业"。通过培训班、主题演讲、知识竞赛等多种形式，进行各具特色的学习教育。开展职工职业技能培训活动，提高职工创新创业能力。崂山区自2015年开始，积极搭建"职工大讲堂"培训平台，利用社会资源，委托有资质的职业培训学校，对18~45周岁的崂山常住人口进行免费技能培训。自2015年以来，共投入126.43万元资金对13个工种1288名职工进行职业技能素质提升培训。对符合条件的参训职工每人免除近千元的培训费和鉴定费。学员考试合格取得人力资源和社会保障部门统一印制的《中华人民共和国职业资格证书》，还可以获得千元奖励。通过引领带动，不断提升职工自身综合素质和职工队伍整体素质，为实现经济文化强区建设提供智力支持和人才保证。2007年，崂山区在全市工会系统率先举办"我为奥帆赛添光彩，争做文明职工"活动现场会，组织奥运知识答卷竞赛、演讲比赛、礼仪展示大赛等一系列宣教活动；以"迎奥、庆奥"活动为主线，圆满完成市、区安排的奥运和全运火炬传递观众组织任务。积极组织职工开展各类

2015年，崂山区职工大讲堂开班仪式举行

文艺和体育健身活动，举办了十届崂山区职工运动会、九届职工沙滩趣味运动会及四届职工大众体育联赛，开展了庆祝新中国成立60周年、改革开放30年等系列活动，以丰富多彩的文体活动为平台，引领职工健康生活、激发企业团队活力。在2008年四川汶川特大地震发生后，全区广大职工深切关心、心系灾区、伸出援助之手，向灾区群众捐款捐物共计600余万元；在抗击浒苔、奥帆赛举办期间，各级工会组织广大职工，勇挑重担，为奥帆赛等重大活动的成功举办发挥了重要作用。

三、经验启示

（一）做好工会工作，必须始终坚持党的领导，将党的领导作为工会工作的重要保证，始终围绕中心，服务大局

马列主义、毛泽东思想、邓小平理论和"三个代表"重要思想、科学发展观和习近平新时代中国特色社会主义思想是指导我们前进的科学理论，也是工会工作的根本指导思想，只有坚持以科学理论为指导，运用马克思主义的立场、观点和方法，与祖国共奋进，与时代同发展，认真研究解决不同时代背景下的工会工作遇到的重大问题，才能保持理论上的清醒和政治上的坚定，使工会工作不断适应时代的要求，保持正确的发展方向。

改革开放以来，全区各级工会组织自觉接受同级党组织的领导，同时，区委、区政府和各级党、政领导，对区总工会和各级工会组织在工作上给予了大力支持，区总工会开展的各项工作，特别是多项创新性工作，都得益于区委、区政府等各大班子的支持，应该说，党的领导是工会工作取得成绩的保障。

同时，工会工作又是党的群众工作的重要组成部分，历来是为党的中心任务服务的，只有始终把工会工作放到党的工作大局中去考虑、去把握，与党的工作同步、同心，找准服务大局的切入点和着力点，才能切实找准位置，充分体现价值，有效发挥作用。

（二）做好工会工作，必须始终把推动党的全心全意依靠工人阶级的根本指导方针的贯彻落实作为工会工作的主线，认真履行维护广大职工合法权益这个工会的基本职能

工人阶级是我们党最坚实、最可靠的阶级基础，全心全意依靠工阶级是我们党一贯坚持的根本指导方针。工会只有坚定不移地推动这一方针的贯彻落实，不断探索贯彻落实这一方针的有效形式和途径，并使之贯穿于工会工作的始终。维护广大职工的合法权益，是党和国家依法赋予工会组织的重要任务，也是工会存在和发展的必然要求。

改革开放以来，全区各级工会组织始终自觉地把服务大局和服务职工统一起来，把维护全体人民的整体利益与维护职工的具体利益结合起来。探索和把握工会工作发展的基本规律，建立健全工会工作长效机制，分析问题，指导工作，推动实践。心里装着职工群众，凡事想着职工群众，工作依靠职工群众。把为职工群众服务作为工会一切工作的出发点和落脚点，实实在在地为职工说话办事，使工会工作保持了旺盛的生命力。

（三）做好工会工作，必须立足崂山区实际情况，以求真务实的态度和开拓创新的勇气，努力探索新时期工会工作的新路子，找准工会组织的新坐标

崂山区是随着开发建设的脚步"出生"的新区，集高新产业开发、旅游度假、风景名胜于一身，既有得天独厚的优势，也有诸多客观条件的制约。区内，各种新型经济组织数量多、规模小、更替快，组织结构新；职工队伍构成多样、成分复杂，劳动关系多元。这种特定的环境，给崂山区工会工作带来了不少困难和挑战，同时也带来了不少机遇。传统意义上的工会工作体系、工作方法不能适应崂山区的现状，没有现成的工作法则让我们遵循，要有作为、要在工作上出成绩，就必须要勇于改革、大胆创新，使工会工作更好地体现时代性，富于创造性。

改革开放以来，崂山区总工会坚持从实际出发，围绕全区工作中心，拓展工作思路，坚持每年工作都有突破点，并使之成为工会工作的闪光点。如工会组建实行"上山下海进村"，区域性、行业性工会组建全覆盖；劳模的评选与管理工作制度化，劳模创新工作室的带动作用；集体合同工作中的机制创新、制度建设和规范运作；开展劳动技能竞赛、安全生产"查保促"；唱好精准帮扶"四季歌"；开展职工技能免费培训；建立职工互助保障体系；工会经费实行地税代征；建立职工服务中心，聘请律师做好法律援助和劳动争议调解等。这些工作经验都得到上级工会领导的好评，其中有的经验和做法在《工人日报》和《中工网》等媒体上进行推广，有的在全国高新区工会工作会议及省、市专题会议和现场会议上进行经验介绍，受到了全总、省总、市总和与会同行的充分肯定，为崂山区工会赢得了荣誉，也极大地激发和调动了广大职工的创造性、积极性。

（四）做好工会工作，必须切实加强对职工群众的引导教育，提高广大职工的整体素质，引导全区广大职工为实现宜居宜业的现代化山海品质新城建功立业

改革开放以来，全区各级工会组织发挥工会教育阵地的优势，突出思想政治引领，利用好工会组织宣传栏、网络等宣传阵地，在职工中深入开展政治理论、形势任务、民主法制、科技文化、职业道德、专业技能等多方面的教育引导，将党的意志和主张转变为职工群众的自觉行动，把职工群众更紧密地团结在党的周围，听党话，跟党走，积极投身实现中国梦的伟大实践，有力地推动了"四有"职工队伍建设。围绕企业和生产经营中的重点和难点，推进理念创新、管理创新、技术创新和服务创新，开展职业技能培训，提升了崂山区职工队伍的整体素质。

执笔人：朱莒蓉

审核人：王鹏海

签发人：宋　军

改革开放以来崂山区残疾人事业发展的基本历程、成就及经验

崂山区残联

改革开放以来，崂山区残疾人事业经历了从诞生、发展到壮大的光辉历程。崂山区坚持以人为本，以科学发展观为统领，以促进残疾人平等参与共享为目标，认真贯彻落实中央、省、市关于促进残疾人事业发展的方针政策，制定实施了一系列重大举措，残疾人身心和生产生活环境不断改善。现阶段随着改革开放的不断深化，残疾人社会保障和服务政策体系更加完善，各项服务保障工作不断得到创新和发展，残疾人事业已经发展成为领域广阔的综合性社会事业，是促进崂山社会事业建设中的一支重要力量，形成了具有崂山特色的残疾人事业发展格局，全区残疾人事业发展处于全国县区级先进水平。

一、崂山区残疾人事业的背景和基本情况

1990 年 3 月 5 日，崂山区成立残疾人联合会。主要职能是履行"代表、服务、管理"职能：代表残疾人共同利益，维护残疾人合法权益；开展各项业务和活动，直接为残疾人服务；承担政府委托的部分行政职能，发展和管理残疾人事业。1991 年 5 月，中国第一部《中华人民共和国残疾人保障法》实施，进一步明确和规范了残联的各项职能。1994 年青岛市区划调整，崂山区残联整建制划归城阳区。1995 年 1 月 17 日，新崂山区组建残疾人联合会，为隶属区政府领导的副处级全额拨款事业单位，挂靠在区民政局，编制 3 人。1996 年 4 月，崂山区编委确定区残联为正处级单位，工作人员参照《国家公务员暂行条例》管理，由区政府直属管理。1997 年 5 月 4 日，区残联加挂"崂山区残疾人劳动就业服

务中心"牌子，不增加编制，职能由残联担任。2011年1月28日成立崂山区残疾人就业服务中心，加挂崂山区残疾人综合服务中心牌子，为隶属区残联的正科级全额拨款事业单位，编制5名。同年，崂山区成立社区残疾人协会，并选聘残疾人工作联络员开展残疾人工作，区、街、社区三级残联组织更加健全，进一步增强基层残疾人组织活力，形成了"横向到边、纵向到底"的组织网络。2011年11月，崂山区残疾人综合服务中心建成并投入使用，为残疾人提供就业、康复、培训等综合类服务。

崂山区成立残疾人联合会以来，树立了情为残疾人所系，权为残疾人所用，利为残疾人所谋的良好形象，不断谱写了残疾人事业的新篇章。崂山区的残疾人事业发展在许多方面居全省和全国先进行列，多次获得上级表彰，先后获得"全国白内障复明无障碍县""全国'两刊'宣传工作先进单位"、山东省助残先进集体、"青岛市创建'全国残疾人工作示范城市'先进集体"、连续五年获得"青岛市残疾人工作先进集体"等荣誉称号。

二、残疾人事业的基本发展历程

（一）起步发展阶段（1990~2000年）

1990年3月，崂山区成立残疾人联合会，残疾人组织和业务体系初步建立，各项残疾人工作逐步开展，为今后残疾人事业的快速发展打下了坚实基础。但由于历史的原因和生产力水平的限制，崂山区的残疾人事业还落后于社会经济的发展，残疾人就医难、就业难等问题尚待进一步解决。

1. 残疾人教育培训。1990年，崂山区把残疾儿童、少年教育纳入了九年义务教育的轨道，使他们在普通学校随班就读，并对残疾学生和贫困家庭的残疾人子女全部减免学杂费。1990年底，成立了一所特殊教育学校（崂山区聋校），承担着崂山区和城阳区的听力残疾儿童少年的九年义务教育，在分类教学改革的前提下，向学生传授文化科学知识，利用现代化的助听仪器进行语言康复训练，多渠道开设市场需要的职业教育，使学生毕业踏上社会后能与健全人平等竞争，并能成为社会的有用人才。

2. 残疾人就业服务网络基本建立。1992 年 6 月，崂山区建立了两级残疾人就业服务网络，崂山区残疾人劳动就业服务中心正式挂牌，具体负责残疾人就业咨询介绍、技术培训、劳动能力评估、建档立卡、统计数据和残疾人保障金的收缴、管理工作。1996 年 10 月，崂山区印发了《崂山区按比例就业安置残疾人就业工作的实施办法》，开展残疾人就业安置和就业保障金收缴工作。截至 2000 年，崂山区成立福利企业 43 家，集中安置残疾人就业 800 多名；按比例安置残疾人就业的单位 162 个，安排残疾人就业 360 多人，年收缴就业保障金 50 余万元，残疾人就业率达 89%。2000 年，残疾人个体就业队伍逐步扩大，全区共有 460 名残疾人从事个体经营工作。由于残疾人就业工作成绩显著，连续 4 年被市残工委、人事局授予青岛市残疾人就业工作先进集体。

3. 残疾人康复服务。1996 年，崂山区残疾人社会康复培训服务体系基本建立，由组织管理网、技术指导网、服务网三部分构成，在残工委的协调下，残疾人康复训练与服务工作纳入了社区卫生服务、初级卫生保健、特殊教育和残疾人事业等发展计划。1999 年，成立区残疾人康复指导中心，各街道卫生院建立了残疾人康复指导站，村（居）委会成立了残疾人康复工作联络小组，为残疾人提供就地就近、简便实用、效果明显的康复服务。残疾人事业"九五"发展纲要实施以后，崂山区残疾人康复工作逐渐向多元化方向发展，1996 年，在区残疾人工作协调委员会的统一协调下，区卫生、区残联等部门组织动员社会力量，实施白内障复明手术计划，至 1997 年，崂山区完成白内障手术 20 例。1998 年，又组织实施"视觉第一中国行动"计划，在青岛市率先进行"光明行动"，先后筛查出 380 名疑似白内障患者，首批对 32 人实施人工晶体植入手术。1999~2000 年，先后对 85 名白内障患者实施复明手术，患者术后视力均达到 0.4 以上，成功率 100%。

4. 出台《崂山区保障残疾人合法权益实施办法》。1992 年 5 月 26 日，崂山区十二届人大常委会第十六次会议通过《青岛市崂山区保障残疾人合法权益实施办法》，并于 1992 年 6 月 24 日发布实施，为保障残疾人合法权益，发展残疾人事业提供了法律保障。1999 年，为维护残疾人的合法权益，区残联、区司法局、区妇联、团区委等部门共同建立了法律联络中心，并利用"148"法律服务热线，向广大残疾人宣传法律、法规、政策，使残疾人知法、懂法、守法、维法，增强法制观念，从而达到自觉运用法律武器维护自身合法权益的目的。

5. 组织联络维权建设。1995 年，崂山区 4 个街道均成立了残联，并有专（兼）职理事长和残疾人专职干事。1995 年，区残联及各街道成立盲人协会、聋人协会、肢残人协会、智力残疾人亲友会、精神残疾人亲友会等专门协会。专门协会是残疾人联合会内设的群众组织，由区残疾人主席团委员中的残疾人、残疾人亲属按残疾类别组成，在区残联领导下，发挥联系残联及残疾人的纽带作用。

6. 文化体育。1996 年，崂山区选派优秀节目参加青岛市残疾人文艺会演，由区聋校 12 名聋儿组演的舞蹈《春天的爱》荣获三等奖。1998 年，在青岛剧院举行的青岛市第六届残疾人文艺会演中区代表队演出的舞蹈《女兵的风采》获二等奖。

（二）快速发展阶段（2000～2010 年）

这一时期，随着经济社会的全面发展，残疾人发展获得越来越多的关注，崂山区将残疾人事业的发展纳入全区经济社会发展总体规划和公共服务体系，崂山区残疾人事业呈现融入大局快速发展的态势，残疾人事业财政投入力度不断加大，残疾人各项服务保障政策逐步建立并得到有效落实，残疾人平等参与社会生活的环境不断优化。

1. 大力发展残疾人教育事业。将失明、失聪、脑瘫、自闭症、重度肢体残疾、重度智力残疾和多重残疾等残疾儿童少年的义务教育纳入残疾人重点工作，基本实现残疾儿童少年义务教育"零拒绝"。加快发展学前特殊教育，开展 0～3 岁残疾儿童早期干预和早期教育训练，为 3～6 岁残疾儿童提供早期教育服务，提高学前特教质量。开展"扶残助学春雨行动"，确保接受义务教育、高等中等教育和全日制专科及以上学历教育的残疾学生

崂山区残联荣获青岛市特殊教育工作先进集体

顺利完成学业。

2. 建立残疾人康复服务网络。制定出台《崂山区残疾人"人人享有康复服务"实施方案》《崂山区残疾人康复器材使用管理规定》《崂山区残疾人辅助器材管理规定》《崂山区街道残疾人康复指导站标准》和《崂山区社区残疾人康复服务站标准》等一系列文件，进一步完善残疾人康复服务体系。建立健全康复服务网络体系。依托卫生服务网络建立了1个区残疾人康复指导中心、4个街道残疾人康复指导站、104处社区残疾人康复服务站（其中49处社区残疾人康复服务站通过了市残联康复部验收），并配置经济实用、便于残疾人康复的器材和便于租借的辅助器具、康复读物等，实现了残疾人在社区内就地就近得到康复服务的梦想。为贫困白内障患者提供手术救助，达到发现一例救助一例。从2004年起，率先开展白内障复明无障碍区创建活动，制定出台了《崂山区贫困白内障患者复明工程实施方案》，用两年时间对全区贫困白内障患者进行彻底治疗，共筛查白内障患者600余名，实施救助白内障患者手术305例，使众多白内障患者重见光明，并荣获全省首批"白内障复明无障碍区"，中残联将崂山区此项工作作为示范向全国推广。在市残联的组织协调支持下，争取到了美国轮椅慈善机构和JAF世界轮椅组织援助，为486名下肢残疾人免费配备了轮椅或拐杖，使他们走出了家门。

3. 依法维护残疾人合法权益。做好第二代残疾人证核发管理工作。2009年起，在国家、省、市残联统一部署下，按照第二代残疾人证管理办法要求核发第二代残疾人证，截止到2010年，崂山区已发放残疾证4928个，确保残疾人及时享受各类优惠及福利政策。积极争取残疾人参政议政。根据国家、省、市残联《关于抓紧做好残疾人和残疾人工作者参政议政工作的

2012年5月4日，崂山区残疾人法律救助工作站揭牌仪式举行

通知》精神，崂山区委、区政府根据区残联提出的关于在人大、政协换届时吸纳残疾人参政议政的建议，在 2003 年的换届中分别增设了界别，并确定 2 名残疾人人大代表、2 名政协委员和 1 名残疾人工作者政协委员名额，较好地满足了残疾人参政议政的要求。健全残疾人法律援助网络。区、街两级残联与司法局（所）联合成立"残疾人法律援助中心"，组织专业律师、法律工作者和大学生志愿者，免费为残疾人提供优质的法律服务。区残联与区司法局、区法院共同成立残疾人调解委员会，协调处理涉及残疾人合法权益保护和纠纷调解，切实保障了残疾人的合法权益。

4. 丰富残疾人文体生活，保障残疾人文体权益。崂山区公共文化、体育设施和机构普遍对残疾人开放并提供优惠服务，崂山区博物馆、旅游景点等机构全部对残疾人开放并都能提供减免费用或方便残疾人的特殊服务。如针对残疾人看电影难的实际情况，由区残联和区文化新闻出版局举办"重温经典情满崂山"流动电影进社区活动，为残疾人放映专场。崂山区图书馆免费为残疾人办理图书借阅证，各级图书阅览室也为残疾人提供借阅服务，满足残疾人文化需求。广泛开展群众性文体活动，啤酒节期间组织残疾人游览啤酒城，"助残日"组织残疾人游览五四广场、极地海洋世界，丰富残疾人精神生活。注重青少年残疾运动员苗子的发现和培养，培养了一批较高水平的运动员。智力残疾人王正斌在世界特奥运动会帆船比赛中取得铜牌，聋哑残疾人刘世峰在省残运会上获得中长跑三块银牌。

5. 参 与 创 建"全国残疾人工作示范城市"。2007 年 9 月，中国残联首次提出"创建全国残疾人工作示范城市和评选全国残疾人工作爱心

2010 年 10 月 13 日，崂山区创建全国残疾人工作示范城市工作调度会召开

城市"。2009 年，经山东省政府残疾人工作委员会同意并推荐，中国残联批准青岛市创建全国残疾人工作示范城市。2010 年，青岛市政府工作报告将创建"全国残疾人工作示范城市"列为年度工作重点，同年，崂山区政府把创建全国残疾人工作示范城市作为年度工作的重要内容。崂山区从残疾人的需求出发，出实招、办实事、求实效，把创建全国残疾人工作示范城市作为让全区残疾人得实惠、残疾人工作上水平、残疾人事业迈新步的契机和动力，不断完善残疾人保障体系和服务体系，不断满足残疾人需求，改善残疾人参与社会生活环境，提高残疾人生活质量，各项业务目标均达到中国残联规定的示范城市标准。2011 年 4 月 13 日，青岛市顺利通过中国残联检查验收组的验收，崂山区获创建全国残疾人工作示范城市先进集体。

（三）全面发展阶段（2011 年至今）

这一时期，崂山区委区政府高度重视残疾人事业发展。残疾人社会保障、托养、就业、残疾儿童康复与救助、无障碍设施建设、文化体育、基础设施建设等工作全面发展并处于全市前列，残疾人事业在全区民生大局中的地位层次不断提高，残疾人保障水平和基本公共服务水平不断提升，得到的实惠与日俱增，具有崂山特色的残疾人事业发展局面正在不断深化。

1. 残疾人事业经费投入力度不断加大，残疾人的基本生活保障水平大幅提高。崂山区残联抢抓发展机遇，立足崂山实际，2011 年至今，新制定和修订实施涉及残疾人生活补助、康复救助、教育救助、就业生活补贴、文化生活等近 30 项优惠扶持政策，有力推动了残疾人各项事业的跨越式发展，经费总投入近 2 亿元，居全省前列。低保残疾人生活补助金标准连年提高，并

2018 年 5 月 17 日，助残日期间李鸿雁副区长走访慰问残疾人家庭

于 2016 年实现城镇和农村残疾人生活补助金同标统筹，分别达到一级每人 370 元/月、二级每人 290 元/月、三四级每人 190 元/月，位居全省前列。探索实施了重度残疾人护理补贴、困难重度残疾人就业生活补贴、残疾人医疗保险费用补贴等专项救助政策，并在全市率先为残疾人购买人身意外伤害保险，解除残疾人二次伤害为家庭带来的经济风险，政策覆盖面和标准不断提高。在全省率先实施城乡残疾人水、电、气、暖四项补贴政策。2015 年，出台了《关于为崂山区残疾人家庭发放生活用电、水、燃气、采暖费用补贴的实施办法》，为具有崂山区户籍的农村残疾人家庭和城镇低保残疾人家庭发放生活用电、水、燃气、采暖费用补贴，城镇和农村低保残疾人家庭每年可享受 1508 元补贴，农村非低保残疾人家庭减半享受。为残疾人提供托养服务。为减轻残疾人家庭在生活照顾、日常护理、长期看护等方面承担的巨大压力和困难，崂山区于 2011 年 9 月起为残疾人提供生活照料、康复、探视、精神慰藉等方面的机构安养和居家托养服务，历年来服务满意度始终保持 100%。

2. 多渠道抓好残疾人就业创业，残疾人就业工作走在全市前列。崂山区加大政策宣传和落实力度，依法发挥按比例安置主渠道作用，促进机关企事业单位按比例安置就业。进一步完善残疾人就业岗位补助、保险补贴等扶持政策，加大超比例安置残疾人就业奖励力度，残疾人就业保障金征缴金额连年攀升，居全市前列，切实增强了用人单位履行按比例安排残疾人就业这一法定义务的自觉性和积极性。推进残疾人集中就业。积极发展残疾人辅助性就业机构、残疾人就业扶贫基地，辐射带动残疾人就业脱贫。扶持残疾人自主创业灵活就业。为残疾人提供个体户创业扶持金、基本养老和医疗保险补贴、盲人保健

崂山代表队参加青岛市第三届残疾人职业技能竞赛，图为获奖选手合影

按摩机构经营性补贴和示范店奖励等资金扶持，激励残疾人创业。进一步稳定街道残疾人专职干事、就业指导员、康复指导员队伍，将其纳入社会工作者队伍管理范围并落实相关待遇，逐步提高社区残疾人工作联络员的工作补贴。广泛开展残疾人就业创业援助行动。每年至少举办一次残疾人就业专场招聘洽谈会，为用人单位及求职残疾人搭建用工平台。每年初与区人社局等部门联合开展"春风行动"就业援助月活动，为残疾人送政策、送信息、送服务。在全省率先开展规范化残疾人职业技能培训工作，内容涵盖办公自动化、服装裁剪、美容美发、家政服务、民间绝活等专业，全面提高残疾人就业创业软实力。发挥残疾人就业实训基地作用，免费为残疾人提供职业技能和实用技术培训，有针对性地组织"订单式"培训和"送技术下乡、送服务到门"活动，使有就业能力的残疾人掌握1~2门实用技术，依靠自己的双手脱贫致富。继续提供日常性职业介绍服务。在全市率先建成了标准化就业服务大厅，并获得青岛市服务窗口"十大笑脸"提名奖，成为全市残联系统唯一一家获奖单位。通过建立残疾人失业登记制度、就业实名统计制度和岗位信息多渠道发布制度，切实帮助失业和未就业残疾人制订个性化培训计划和人生职业规划，使有就业能力的残疾人都能得到就业创业援助服务。

3. 完善康复服务网络，残疾人"人人享有康复服务"的质量水平不断提升。 残疾人康复服务范围、质量、标准不断提高。建立了崂山区残疾人康复服务中心。中心建设面积2000多平方米，内部设有器材展示厅、多功能康复训练室、自闭症训练室、语言矫治室和心理咨询诊疗等科室。中心提供康复技术指导、康复训练、辅助器具适配等服务功能，为全区大部分残疾人提供不同类型的康复训

2018年3月3日，崂山区残联在社区卫生服务中心举办第19个全国"爱耳日"大型义诊活动

练与服务。以实施重点康复项目为切入点，为残疾人提供全面康复服务。对全区有康复训练需求的0~15岁残疾儿童全部实施了康复救助，项目实施以来，共为残疾儿童提供康复救助166人次，其中，脑瘫43人次，孤独症101人次。在全市率先制定出台了《崂山区精神残疾人康复救助实施办法》，困难精神残疾人服药和住院分别可以享受到每人每年2000元和10000元的救助，非困难的可以减半享受，将救助范围扩大到全区所有精神病人家庭，实现了救助全覆盖，精神残疾人服药救助、住院救助面和力度全省最大。制定完善了《崂山区残疾人辅助器材管理规定》，向全区困难残疾人免费发放辅助器具1180多件，实实在在地为残疾人提供便利服务，帮助他们提高生活、学习、参与社会活动的能力和质量。加强人员培训，提升管理和服务水平。采取集中和以会代训的培训方式，对基层管理人员和社区康复协调员培训，培训合格率达95%以上。配合卫生部门对全科医生进行培训，培训学时达120学时，考核合格持证上岗。开展了盲人定向行走训练服务等项目。

4. 残疾人家庭无障碍改造标准全省最高，功能最完善。2012年起崂山区在全省率先对残疾人家庭进行了无障碍改造，户均投入1.2万元，最大限度地完善残疾人家庭无障碍设施。2012~2014年投入180余万元，为240户困难残疾人家庭进行无障碍改造，以满足肢体残疾人自行进出家门、做饭、如厕等日常生活基本需求，进一步提升了残疾人生活质量，收到良好社会效益。该项工作作为全市样板进行推广，得到市政府领导肯定，并在崂山区召开现场会。

5. 在全国率先建成县（区）级标准化残疾人综合服务中心。2011年11月，崂山区残疾人综合服务中心建成并投入使用。中心总投资约3000余万元，建设

2012年11月16日，崂山区困难残疾人家庭无障碍改造工程启动仪式在崂山区综合服务中心举行

2011 年 11 月 4 日，"崂山区残疾人综合服务中心"启用仪式举行

面积 8200 平方米（含地下车库 2000 平方米和 1200 平方米的二层附楼），设有残疾人就业服务中心和康复中心，面向全区残疾人提供残疾人康复服务与训练、就业服务（就业大厅）、职业技能培训、辅助器具展示与适配、法律援助、文体活动、盲人按摩指导七位一体的综合服务，是全省首家符合中残联建设要求的高起点、功能完善的县区级残疾人综合服务中心，也是崂山区现有的唯一一处残疾人综合服务中心。成为全省地市级残联理事长会议的观摩点。率先将中心康复业务采取外包服务模式运营，进行了积极有效探索。

6. 繁荣残疾人文体事业，大力营造扶残助残的社会环境。

2013 年成立崂山区残疾人"梦想艺术团""书画协会""棋牌竞技队""乒乓球运动队"四支残疾人文化体育队伍，区财政投资 10 余万元为"四支队伍"购置了硬件设施，通过文化艺术会演、社区纳凉晚会、文化艺术作品展和残疾人文化艺术大讲堂等文化活动，丰富了残疾人的精神文化生活。崂山区选送的文艺节目在全市残疾人文艺会演中连续获多个一等奖，先后有两个节目被市残联选派参加全省会演。2015 年，区残疾人"梦想艺术团"在四个街道进行巡演，受到社会好评。为解决聋哑残疾人收看电视新闻信息障碍问题，崂山区投入专项资金购买

2013 年 5 月 28 日，崂山区第二届残疾人文艺会演暨残疾人"梦想艺术团"成立仪式在崂山区残疾人综合服务中心二楼多功能大厅举行

《中国电视数字手语系统》，并于 2011 年 7月 9 日，在全国县区级电视台首家推出电视数字手语新闻，为残疾人提供新闻手语翻译服务，帮助聋哑残疾人及时了解全区经济社会发展动态。与此同时，在全省率先制作并常年播放扶

2013 年 8 月 13 日，崂山区举办了第四届残疾人棋牌、首届残疾人乒乓球比赛

残助残公益广告，还为残疾人制作了《残疾人便民服务手册》，彰显了残健共融的人文关怀，营造了扶残助残的良好社会氛围。文化产业初露头角。2014 年成立了崂山区残疾人文化艺术创作展销中心，搭建了残疾人文化艺术产品分散创作集中展销的服务平台，迈出了残疾人文化艺术作品走向市场的坚实一步。

三、经验启示

如何对待残疾人和解决残疾人问题，是衡量一个社会文明进步程度的重要标准。改革开放以来，崂山区委区政府认真贯彻落实中央、省、市关于促进残疾人事业发展的意见，实施了一系列发展残疾人事业的重大举措，帮助和促进残疾人平等地参与社会生活，共享社会物质文化成果，积累了一定的经验，概括起来如下。

（一）必须坚持党委领导、政府负责的残疾人工作领导体制

坚持党委领导、政府负责的残疾人工作领导体制，是残疾人事业发展的根本保障。将残疾人事业列入各级党委和政府的重要议事日程，在经济社会发展全局中统筹规划、同步实施、兼顾特点、协调发展，使残疾人工作在服务大局中加快发展，在加快发展中更好地服务中心工作。崂山区成立区残联以来，出台了数十件促进残疾人事业发展的文件，涵盖了残疾人工作的各个方面，有力促进了残疾人事业的发展。一系列惠及残疾人的优惠政策，为残疾人提供了就业、康复、托养、辅助器械适

配等人性化服务。

（二）必须坚持将残疾人事业纳入法制化的发展轨道，依法保障残疾人权益，推进残疾人事业

自 1990 年《中华人民共和国残疾人保障法》颁布实施后，《山东省实施〈中华人民共和国残疾人保障法〉办法》（1993 年 3 月 5 日省七届人大常委会第 33 次会议通过）、《中共山东省委山东省人民政府关于加快推进残疾人事业发展的实施意见》（鲁发〔2009〕12 号）等，以及市、区大量法规、政策相继出台，逐步建立和完善了残疾人事业的法律法规政策体系。各级残联认真贯彻和执行相关法律法规，加强依法行政、法制宣传和法律救助，将残疾人权益保障和事业发展纳入法制化轨道，促进残疾人权利的实现，为残疾人事业持续健康发展提供根本性的法制保障。

（三）必须坚持将残疾人事业融入经济社会发展大局，推动协调发展

经济社会发展为残疾人事业提供物质保障，而残疾人事业发展水平决定了全面建成小康社会的质量和程度。2010 年，国务院办公厅《转发中国残联等部门关于加快推进残疾人社会保障体系和服务体系建设的指导意见》（国办发〔2010〕19 号），在结合我国经济发展水平的基础上提出了到 2015 年建立起残疾人"两个体系"基本框架，到 2020 年，残疾人"两个体系"更加完备。崂山区综合全区经济社会和残疾人事业发展的现实情况，坚持普惠与特惠政策相结合，把残疾人事业纳入全区社会保障和公共服务体系予以优先发展，到 2012 年建立起崂山区残疾人"两个体系"基本框架，到 2015 年，残疾人"两个体系"更加完备，保障水平和服务能力大幅提高，实现了残疾人事业与经济社会协调发展。

（四）必须坚持广泛运用社会化的工作方法，动员社会力量参与和支持残疾人事业

扶助残疾人是中华民族的传统美德，是社会文明进步的重要标志，也是全社会的共同责任。残疾人群体的特殊性，构成的复杂性，分布的普遍性，需求的多样性，参与社会生活的全面性，涉及工作领域的广泛性，这诸多的因素都决定了残疾人工作不能仅仅由政府"包揽"，而应广泛动员、运用社会力量参与和支持残疾人事业，最终达到残疾人平等参与、融入社会生活的积极效果。残联作为集"代表、服务、管理"三种

职能于一体的事业团体，要充分发挥慈善团体、民间公益组织的作用，提高残疾人工作的效率与社会积极性，通过新闻媒体广泛宣传尊重、关爱、帮助残疾人及残疾人自强不息、艰苦奋斗的典型事例，与此同时，向民间机构购买服务等形式，能为残疾人提供更加专业、科学的康复、托养、培训服务，形成全社会扶残助残的良好风尚。

（五）必须坚持弘扬人道主义精神，秉持以人为本的理念

以不断满足残疾人日益增长的物质和精神需求为主要目标，始终把改善残疾人状况作为残疾人工作的根本出发点和落脚点，针对残疾人的迫切需要和实际状况，以注重解决实际问题、直接为残疾人服务为工作重心，重点抓好康复、教育、就业、托养、扶贫等受益面广、适用有效的工作，不断完善残疾人事业的业务体系、组织体系、政策法规和理论研究体系与长效机制，夯实残疾人事业发展的基础，不断拓展工作领域和服务内容，使残疾人真正共享改革发展成果。

（六）必须坚持引导并鼓励残疾人及残疾人组织积极参与，有效发挥作用

残疾人平等参与社会生活，有赖于社会的帮助，更取决于自身的奋斗。残疾人虽然身体存在部分缺陷，但自身仍蕴藏着丰富的智慧和力量，是重要的人力资源，是全面建成小康社会的重要参与者，必须充分发掘残疾人潜能，引导残疾人组织发挥带头、号召作用，鼓励残疾人走出家门就业创业，通过自身努力实现人生价值。

执笔人：陈姝利

审核人：王友谊

签发人：邵绪春

改革开放以来崂山区文学艺术事业的发展历程和经验启示

崂山区文学艺术界联合会

崂山历史悠久，文化璀璨。改革开放以来，更是异彩纷呈，且具有鲜明的地方特色，是崂山文化中绚丽的篇章之一。崂山区文学艺术界联合会成立于2003年，2008年4月起独立办公，是崂山区文学艺术领域最大的人民团体，是中共青岛崂山区委、区人民政府联系广大文艺工作者的桥梁和纽带。现成立事业单位崂山画院和8个文艺家协会，即崂山区作家协会、崂山区书法家协会、崂山区美术家协会、崂山区摄影家协会、崂山区音乐家协会、崂山区舞蹈家协会、崂山区民间文艺家协会、崂山区收藏家协会，各协会会员总数500余人。吸纳国家级会员20余人，省市级会员百余人。

一、改革开放以来崂山区文学艺术事业的发展历程

（一）起步探索与发展阶段（1978～1994年）

党的十一届三中全会后，崂山区文学艺术事业日趋兴盛。文学、戏剧、书画、摄影等各艺术门类均取得发展。改革开放之初，以文学艺术爱好者为主体的"书社""诗社""画社"等极为罕见，而乡村百姓为主体自发成立的文学艺术团体，多见于山村渔乡，成为繁荣乡村文学艺术创作、活跃乡村文化生活的主干。1991年，崂山区民间文艺家协会、美术家协会、音乐家协会成立。各协会成立后，先后组织会员创作并发表了大批文学艺术作品。1993年由中国海洋大学出版社和青岛出版社分别出版了《崂山民间故事全集》《崂山历代名人故事集》《石老人的传说故事集》，并先后组织崂山美术、书法展上千次。同时，崂山区文化部门

已开始自觉挖掘提炼本土文化艺术资源，积极组织本土艺术家参与国家、省、市各级文艺赛事，通过群众喜闻乐见的文艺形式开展文艺宣传、发展本土文化。

1．文学创作。崂山的文学创作丰富多彩，具有浓厚的地方特色。明、清以来，崂山地区小说、游记创作颇盛，但作品多散失于战乱兵燹中，所存无几。清代文学家蒲松龄在其短篇小说集《聊斋志异》中就有以崂山神话传说为素材而创作的短篇小说《崂山道士》《香玉》等篇章。这些作品对后来崂山的文学创作活动颇具影响。

1980年3月~1991年5月，崂山县（区）文化部门先后24次组织了418人次深入偏远的山村、渔村实地采风。12年间，采访了628个村中2000余位农民、渔民和林场工人，搜集了4000余个故事。经过筛选整理，先后编印、出版了21个崂山民间故事专集，在全国32家报刊上发表了1000余篇。其中，3个故事专集中的302篇故事，先后6次获得全国民间文学作品奖和山东省优秀民间文学作品奖；50多篇作品被译成日文、英文在国外发行；部分作品被收入高等学校教科书和《中国新文艺大系》。1993年，由张崇纲主编的《崂山民间故事全集》（上、下两卷）问世，该书收集民间故事1200余篇，320余万字。

党的十一届三中全会以后，小说创作日趋活跃。《魂》《海风告诉我们》《耕耘曲》3部中篇小说分别载入省、市报刊。报告文学《这样的秋天》于1984年由山东省人民出版社收进《致富的报告》专辑中。截至1987年，崂山本土作家在地市级报刊上发表短篇小说32篇、中篇小说3篇、长篇小说1部。朱光琼长篇小说《痴恋》为新中国成立以来崂山第一部长篇小说。1991年，《陈昌本中短篇小说集》由青岛出版社出版，并被收入《琴岛文库丛书》。

20世纪60年代，崂山区内诗歌创作空

崂山民间故事集

前繁荣。到 80 年代，先后在《人民日报》《大众日报》《解放军报》等报刊发表诗歌 771 首，其中张崇纲的作品结集出版。

2. 戏剧艺术。 改革开放后，戏剧艺术如获新生，尤为可喜的是演出剧目不局限于传统剧目，而且开始有了新剧本、新题材的创作和演出，渐次涌现的现代剧，把崂山人民的新生活搬上了戏剧舞台。

崂山县吕剧团 1978 年排练演出由王中来根据蒲松龄《聊斋志异·香玉》改编创作的吕剧《香玉》，获得好评，并获全市文艺创作奖。1984 年，崂山县吕剧团根据河南同名曲剧剧本整理改编成吕剧《飞犬奇案》，在全县巡回演出 300 余场，1986 年由山东省电视台将其拍制成电视戏曲片，多次在省电视台播放，反响很大，该剧的主要唱段"情法一字连万家"被编入山东省戏曲志。

3. 书法篆刻。 改革开放后，崂山区举办书法展览 20 余次，展出 1300 余幅书法作品、100 多件篆刻作品。在参展作品中市级获奖作品 20 余幅、省级获奖作品 4 幅、省外书法展获奖作品 3 幅。区内有 50 多名较有成就的书法爱好者，其中近 30 人多次参加市级以上举办的书法篆刻展览。期间，涌现出牟嵩高（书法篆刻）、杨之栋、阎立智、张册（书法篆刻）、王旭先等大批书法家。陈博州篆刻的《崂山名胜印谱》及《杨之栋书法作品选》《牟嵩高隶书长恨歌》《阎立智书法作品选》《王旭先书法作品选》等作品先后出版专辑。

4. 美术活动。 改革开放后，崂山的美术活动从内容和表现形式上推陈出新。至 1993 年，本地作者参加省市级美术展览参展作品达 150 件次，省市报刊采用 20 余件，获奖 10 余件。参加市级以上展览的作者达 50 名之多。除此之外，崂山籍的省内外美术人才，有济南军区政治部创作室一级美术师、山东省美协副主席、山东省雕塑家协会主席仇志海。还有省美协会员王克举、牛锡珠、邱兵、袁晖、纪家才、李云德、华岳以及原籍崂山的中国台湾著名画家陈丹诚、王汉金等。

5. 摄影艺术。 20 世纪 70 年代末至 80 年代初，照相机走进百姓家，摄影艺术开始普及。由县文化馆、乡镇文化站、业余爱好者组成的摄影组织已发展到 50 多个。1982 年"崂山县摄影学会"正式成立。至 1992 年的 10 年间，举办过 5 届崂山县摄影艺术展览，参展作品达 600 多幅，编辑出版了 3 本摄影专集。其中，《中国崂山》由山东友谊出版社出版；《崂山县摄影艺术展览作品选》由崂山县文化馆编辑、青岛出版办公室准印；《张开明摄影艺术作品选》由香港天时出版印刷有限公司出版印刷。1988 年，张开明拍摄的《在潍坊国际风筝会上》和《春日》被选为第十三届全国摄影艺术展览参展作品。张椿先拍摄的《舞龙》在首届山东省农民摄影艺术展览中入选并获奖。

（二）初步发展阶段（1994~2011 年）

1994 年新崂山区成立后，崂山区文化部门继续开展本土文化资源挖掘整理工作，各文艺领域人才辈出、佳作涌现、百花齐放、百家争鸣。2003 年，为进一步整合崂山区文化资源，加强与社会各界的联络交流，组织开展各类文化艺术活动，繁荣发展崂山区文化艺术，崂山区委、区政府印发《青岛市崂山区党政群机关机构改革实施意见》，成立崂山区文学艺术界联合会。2008 年崂山区文学艺术界联合会开始独立运行，并于2009 年相继成立了崂山区作家协会、崂山区美术家协会、崂山区书法家协会、崂山区摄影家协会、崂山区音乐家协会、崂山区舞蹈家协会、崂山区民间文艺家协会 7 个协会，同年成立崂山画院。文学艺术团体的群体化，标志着更加灿烂辉煌的文学艺术创作新时期的到来。

1. 文学创作。1994 年后，崂山区文化部门会同政协、档案等部门和文化人士继续挖掘、采集、创作民间故事，先后出版了《青岛崂山》（1997 年）、《崂山道士》（1998 年）、《崂山史海采珠》（2000 年）、《崂山的传说》（2000 年）等书籍。2000 年，崂山区被文化部授予"中国民间文学之乡"。2002 年《崂山的传说》获得了山东省文学艺术家联合会十年一评选的民间文学奖。2004 年后，每年举办民间故事演讲比赛。2005 年，出版了《二龙山的传说》。此外，

2009 年 5 月 25 日，区文学艺术界联合会第一次代表大会在崂山区政府召开

还先后出版了《崂山茶》《崂山的传说》《崂山餐霞录》（崂山文史资料）、《崂山志异》等崂山民间文学作品。

1994年青岛市新的区划调整后，崂山区的小说创作渐趋繁荣，涌现出辛克竹、李凤海、于奎元、于钦福等一大批中青年小说作家。辛克竹著有中篇小说集《在海的那一边》，长篇小说《雪域追梦》《胭脂女》《心之祭》《元凶》《山妖》等。2004年，长篇小说《雪域追梦》获山东省"五一"文化一等奖，2006年长篇小说《胭脂女》获第六届青岛文学艺术奖等；于钦福相继在《青岛文学》《山东文学》《短篇小说》《喜剧世界》等刊物发表十余部中短篇小说、小小说。2005年《钻石戒指》荣获第四届全国微型小说年度评选三等奖，入选《青岛文学60年作品选》。《光棍王贵的爱情生活》《别墅里的秘密》《败选》《胜选》等作品入选《小小说选刊》《2007中国年度小小说》等书籍。

诗歌创作方面，崂山区的业余作者在《琴岛诗刊》等刊物上发表了500余首咏歌崂山的诗词。先后出版了《万古崂山千首诗》《崂山诗词选》等诗词专集。其中，许多诗词被收入《中华当代诗词大典》《中华诗词家大鉴》等国家级刊物。自此，诗歌创作在崂山区域各个层面都形成了浓厚的氛围。机关干部刘从文忙里偷闲，创作出版个人诗词集达15册；企业老总钟照同利用业余时间创作诗歌达千余首，出版诗集《带你走进我的心路》。曲同强、刘赞科、庞学杰等机关干部和一线教师都有其诗作精品并刊有诗集。

改革开放以后，崂山散文创作活动开始活跃。1994年后出版了《凡人之福》《东部黄金海岸》《崂山文集》《散文薮微》《汉柏凌霄》《韵味崂山》《九水畅想》《赶海》《崂山撷拾》等散文集，精品佳作达千余篇。《九水畅想》获2005年山东省"五个一文化奖"一等奖。

2. 书法篆刻。1994年后，崂山区的书法篆刻艺术发展较快，影响较大的有高篪、曲知良、朱子良等。1999年，为庆祝共和国50华诞、迎接澳门回归和21世纪的到来，崂山区结集出版《青岛市崂山区美术书法摄影作品》一书，收录优秀书法作品44幅。2000年，高篪的《书历代咏崂山诗选作品选》入选山东省优秀中青年书法家系列丛书。2002年全国书法类最高奖"兰亭碑"首届中国书法大赛由崂山区政府承办，有1.1万件作品参赛，57名来自全国各地的书法、篆刻高手赴会参赛。

3. 美术活动。1994年新崂山区成立后，有成就的美术工作者不断涌现。1997年，王哥庄民间剪纸艺人苏霞与其母创作的迎香港回归剪纸作品，进京展出获一等奖。1999年《崂山区美术书法摄影作品》中收录300余件美术作品，包括油画、国画、水粉、水彩、装饰画、版画、剪纸、木雕、玉雕、蜡染、布艺、纸塑、豆子粘贴、瓷砖彩塑等，其内容丰富形式多样、前所未有。同年，《石磊画集》出版。2000年出版的《中国崂山》中收录了60幅优秀美术作品。同年，蒲慧华绘崂山民间故事连环画一套，以中英文说明出版。2002年，"崂山画院少儿画苑"在华楼海尔希望小学挂牌，并在崂山区行政大厦举办"崂山画院少儿画苑美术作品展"。2004年，周至元《崂山名胜画集》出版。同年，崂山区还承办了首届全国壁画展（青岛巡回展）。2005年，举办"翰墨飘香""帆船之都""天地有正气"等书画展，组织参加全省"海耀杯"文明山东从我做起美术书法作品展。2006~2011年，崂山区先后组织"山海情怀·魅力崂山"大型图片展、"彩云崂山"水彩画展、"印象崂山"油画展、"军旅作家曲直画展"、"一帘如水"王春江主题画展、"齐白石后人·启功家族书画展暨和田玉精品展"等系列展览活动。结集出版《印象崂山》《岛城行吟》《山海意象》等系列画册。

这期间，代表人物有蒲慧华、孙玉国、王清建、刘延兑、孙正亮、庞学杰等。中韩街道车家下庄社区车天德系中国美术家协会会员、山东画院高级画师，其代表作《唐人诗意图》被香港《情系中华》画册选用，被当作国家礼品送给外宾。中韩街道大麦岛社区兰立克系青岛大学美术学院教授、硕士研究生导师、中国美术家协会会员、山东美协理事，曾应邀赴日本、韩国、德国、法国、马来西亚等国家和中国台湾进行学术交流和举办画展，被中国文联授予"中国百杰画家"称号。

4. 摄影艺术。20世纪90年代，崂山区的摄影人才不断涌现，其代表人物有张开明、陈俊豪、闫培森、路泉等。张开明拍摄的《三水垂帘》于1994年赴新加坡展出；《崂山云海》于1996年赴俄罗斯展出；《在青岛国际啤酒节上》于1997年在"97中国旅游年摄影大赛"入选并在北京中国美术馆展出；《吉时》于1999年入选日本国佳能摄影年鉴；《张开明崂山风光摄影艺术》（数幅），于1999年人民摄影报曾用半个版的篇幅对作者和作品给予了介绍；《路》入选全国第八届群星奖；《吉时》入选全国十二届群星奖，并获银奖。陈俊豪，主要以大画幅创作为主，有3幅作品入选新中国成立60年100名大画幅摄影家作品集，多幅作品参加中、日、韩摄影家交流展并入选 2010 年青岛市美术书法摄影作品集。2005 年，崂山区举办《崂山人眼中的世界大型摄影展》，展出全区摄影爱好者优秀作品 100 余幅。闫培森 2006 年出版风光画册《天然雕塑公园·中国崂山》《崂山名胜》。

5. 音乐创作。崂山本土歌曲创作盛行于 20 世纪 90 年代，刘公稞 1996~2005 年创作歌颂高科园和崂山区为题材的歌曲 20 首。其中，《新崂山晨曲》获中国原创歌曲山东赛区十大金曲奖。2002 年，刘新海等创作的《美丽青岛》在全国 500 首参评青岛之歌中获特别奖。2003 年，描写"抗击非典"的歌曲《永恒》《边防战士的歌》在中央电视台二套、三套《影视金曲》栏目播出 50 余次。《美丽青岛》《永恒》获省精品工程展播一、二等奖。刘新海创作的歌曲《记着老百姓》两次在中央电视台《激情广场大家唱》栏目中播放，在保持共产党员先进性教育活动中成为唯一一首入选"要唱响的十首歌"的原创歌曲，并分别获得国家、山东省反腐倡廉歌曲创作大赛二等奖、一等奖；手风琴、二胡器乐合奏曲《赛马》获文化部"蒲公英"奖金奖；歌曲《心底无私天地宽》在全省青年歌手大赛中，获演唱三等奖和优秀创作奖；儿童琵琶合奏《故乡的太阳》获"蒲公英"2005 年全国银奖。

6. 影视艺术。崂山不仅仅是著名的电影外景拍摄地，以崂山为题材的电影也很多，如 1981 年创作的动画片《崂山道士》深受孩子们喜欢。崂山人自己也在不断创作当地的电影剧本，《海的女儿》即为其中之一。该影片是崂山人辛克竹根据其长篇小说《胭脂女》和《心之祭》两部作品改编而成的电影剧本，由北京泛亚时空影视文化有限公司与崂山区合作共同摄制，于 2011 年 5 月于央视六套播出，受到观众的广泛好评。本土化创作是这部影片的一大特色，崂山人写崂山事，不仅实地取景拍摄，景点也都采用实名，极具艺术特色。

由于崂山与电影的深刻渊源，2010 年 3 月，国字号电影文化产业品牌项目"中国电影交易中心"落户崂山区，成为一个以国家电影交易发行平台为核心支撑的大型综合性城市文化综合体，作为体制创新、模式创新的电影文化产业项目，中国电影交易中心目前尚属国内首创。

改革开放后，崂山的电视片持续发展，尤其是 1995 年以后佳作频出，取得可喜成绩，有 60 余件电视作品获省级以上奖励。其中，1998

年纪录片《都市放牛人》获1997~1998年度"中国彩虹奖"人物专题二等奖；1999年电视散文《激流》获第二届全国电视诗歌散文展播三等奖；2001年8集系列片《崂山》获第二届电视纪录片《中华荟萃》二等奖；2005年MTV《走姥姥》获第四届中国儿童音乐电视大赛银奖；2011年5集理论片《伟大的创举》获全国"五个一工程奖"。

（三）全面创新发展阶段（2011年至今）

2011年起，崂山区创新工作体制机制，激发文艺教化美育的社会功能，以挖掘崂山本土文化艺术资源为工作重点，以协会建设为抓手重视文艺人才培养和引进，以开发整合本土丰富文艺资源、促进对外文化交流等为努力方向，积极策划开展文艺品牌推介系列活动。

1. 着力培育本土文艺品牌。

（1）以"青岛山水名家崂山行"为代表的书画艺术品牌。

青岛山水名家崂山行

古往今来的丹青高手、书画名家游历崂山，舞动笔墨，挥洒才情，创作出大批有关崂山题材的书画作品。近代诸多书画高手走进崂山，倾洒笔墨丹青，追风而入丽，沿波而得奇，形成艺术特点突出的"崂山画派"，影响了青岛书画界近一个世纪，在岛城美术史上具有重要的历史地位。"崂山画派"书画艺术薪火相传，翰墨丹青代不乏人。当今青岛画坛活跃着一批高水平的山水画家，他们以描绘崂山为己任，继往开来，把"崂山画派"的书画艺术推向极致。

崂山区于2011年启动"青岛山水名家崂山行"活动，邀请岛城山水画名家12人组成创作团队，传承崂山画派"以崂山为师"的创作传统，两年间数十次深入崂山写生创作，并于2012年在青岛市博物馆举行"青岛山水名家崂山行"活动成果汇

2012年5月30日，"青岛山水名家崂山行"活动成果汇报展开幕

报展。此次活动共展出山水作品百余幅，不仅展出创作团队自 2011 年活动启动以来近一年创作的山水作品，还征集展示了已故岛城山水大家的山水画作及当代优秀山水画家的山水精品，多维度展示岛城山水画创作的历史与现状，表现了岛城历代山水画家"以崂山为师"前后相继、一脉相承的优秀传统，大大深化了山水国画作为崂山文化意象符号的深刻内涵，真实反映了"山水崂山 故乡情怀"的活动主旨。同时，通过打造崂山山水画派的实力和影响，崂山文化的传播力和辐射力也得到进一步提高。此次展览客流量达 5000 人次，创市博物馆单次展览人流量最高纪录，切实扩大了活动辐射力和影响面。

崂山表情

继山水画创作之后，崂山区于 2014 年举办近年来青岛市最高水准崂山专题油画展览"崂山表情"——中国名家崂山风情油画作品展暨专题研讨会。参展艺术家 18 人，省级以上会员 15 人，均多次在全国美展获奖。"崂山表情"创作采风活动历时 2 年，邀请呼和浩特、哈尔滨、杭州、成都等全国一线油画家开展崂山实景采风，足迹遍布北九水、华楼、崂顶、太清宫、华严寺、白云洞、二龙山等崂山代表性景观；同时整合海大、青大、青科、青理、青农等岛城各大高校美院 70 后优秀教师参加活动。展览形成《崂山的表情》画集，成为崂山对外宣传赠送的首选文化礼品。活动吸引国家、省市区各类媒体及观众 500 余人，《美术报》《青岛早报》专版宣传，极大提升崂山文化美誉度。

2016 年，成功举办"知道维新"——崂山文化艺术创作主题展。集中展示崂山主题国画、书法、篆刻、陶艺 4 个艺术门类精品佳作。我市国画名家数次深入崂山写生采风，合作完成气壮山河的 12 米崂山山水长卷。朱培尔、陈靖、范正红等中国名家制作完成崂山十二景印章及印谱制作，成为宝贵的崂山文化遗产；邀

2014 年 12 月 13 日，"崂山表情"——中国名家崂山风情油画作品展在青岛墨非墨当代艺术馆开幕

请旅法文化学者端木泓朱杰、康有为研究学者张启祯调研采风，创作崂山古体诗词 30 余首；青岛大学美术学院副院长许雅柯、吉林美院院长夏墨等参与陶艺创作，山水创作团队画家尝试崂山山水青花瓷瓶的创作，收获了一批精品佳作。

（2）以《名家笔下的崂山》为代表的文学艺术品牌。

《名家笔下的崂山》

民国时期，青岛旅游业进入一个承上启下的崭新阶段。在跻身崂山旅行的群体中，文化名人格外引人注目。他们上承古代文人雅好山水的传统，遵循读万卷书、行万里路的古训，流连于山海秀色和文物史迹，访寻遗踪旧影，荡涤尘世铅华，其行其文，向崂山馈赠了一笔享之不尽的珍贵文化财富。

2014 年，崂山区出版发行目前最完整收录名人崂山题材散文的专门性文化图书《名家笔下的崂山》，编者为崂山区作协主席、青岛大学文学院周海波教授。该书选录民国时期以来各界知名人士崂山题材的散文 36 篇、画作 68 幅及珍贵历史资料图片百余幅，创造性加入崂山本土史料贴士近 30 条，生动展现崂山自然风光、历史底蕴和风土人情。根据图书文本内容同期搜集现当代文化历史资料图片 500 余幅，征集创作崂山题材画作 40 余幅，有效积累崂山文化资源图片资料。目前该书已被市档案馆收藏并在新华书店上架销售。

"中国作家崂山行"活动

为继承弘扬中国优秀文化传统，吸引更多的艺术家走进崂山、体验崂山文化，2016 年与中国作家协会合作开展为期三年的"中国作家崂山行"活动。2016～2017 年已累计在全国范围内邀请王蒙、冯骥才、葛剑雄、刘醒龙、葛水平、王剑冰、彭见

2016 年 10 月 25 日，"中国作家崂山行"活动在崂山拉开序幕

明、素素等 30 余位中国著名作家、学者来崂山采风创作，他们中有曾经获得过鲁迅文学奖、茅盾文学奖和冯牧文学青年批评奖以及全国少数民族"骏马"文学奖的知名作家，也有作品入选全国大中小学课本的文坛精英；既有来自全国各地的不同民族作家，也有耕耘不辍的青岛本土作家。现已集结作家们亲笔撰写关于崂山题材的散文、游记等文学作品 20 篇。待整个活动结束后，将结集出版《中国作家崂山行》作品集。活动期间，还就文学话题和崂山主题举办当代中国文学论坛，葛剑雄、冯骥才、曹安娜、台湾诗人林焕彰等也应邀到崂山访问并开展讲座活动，与青岛市知名文化学者进行广泛深入的文学交流。

（3）以青岛高校大学生街舞精英赛为代表的文化品牌。

街舞大赛

历经 2012 年一年多的准备，在与各大高校对接、联络、策划的基础上，2013 年通过招商吸引证大·大拇指广场参与赞助，由专业街舞俱乐部运作举办街舞大赛，吸引了中国海洋大学、青岛大学、青岛科技大学，城阳区的青岛农业大学、黄岛的山东科技大学、中国石油大学等驻青高校具有较高水平的近 200 余名选手参赛，20 多支街舞团队在两天内参加 battle 和齐舞等 4 种代表性舞种比赛，各单项分别评出一、二、三等奖，获奖人数近 40 人，发放奖金累计万余元。此次活动在普及提升街舞运动的同时，成功营造了崂山青春、动感、活力的城市文化氛围，凝聚人气商气，为崂山证大·大拇指广场等一批产业元素开辟新的发展空间，有力且持久地培育塑造崂山现代化城市品牌。

2015 年成功举办第二届高校大学生街舞精英赛。活动吸引海大、青大、科大等岛城十几所高校的十几支街舞队伍、200 多名街舞爱好者参赛。4 个舞种在两天内分别进行海选、决赛，奖金累计 15000 元。这是

2013 年 5 月 1 日，首届青岛高校大学生街舞精英赛在证大·大拇指广场举行

目前岛城规模最大、影响范围最广、竞技水平最高的街舞赛事，让市民观众享受一场青春活力的视觉盛宴的同时，为崂山区打造出一张动感活力的城区新名片。

摄影大赛

2011~2012 年举办两届"东海崂"奖摄影大赛，主题分别是"品质崂山"和"山系列"，通过摄影大赛的方式引导更多人们关注崂山发展，发现崂山之美，分享崂山记忆。2011 年邀请加拿大友人加布里埃尔·赛福鼎举办"一个外国人眼中的中国"主题摄影展览，建设文化交流国际平台，开阔崂山人民文化视野，进而提高崂山文艺知名度和美誉度。

2017 年成功举办《山·海·镜》崂山美丽乡村·平遥国际摄影展。组织全市专业摄影力量开展崂山美丽乡村图片拍摄，搜集具有文献价值的历史老照片，征集 300 余人原创作品 500 余幅，最终有 100 余幅作品入选。展览邀请"鲁迅文学"奖获得者葛水平担任策展人并撰写前言。曾担任平遥国际摄影大展艺委会委员、副秘书长的马建刚、仙永峰担任学术主持。此次展览由"景、人、业、居、道"五个板块构成，同时设计推出崂山传统产业史、崂山村居建筑文化、崂山象形石文化等三套极具崂山地域特色的纪念版明信片，将崂山地域文化特色以凝练的地域文化元素的形式呈现给国内外参展观众，是一次极具创意效应的崂山地域文化展示推介活动。

2. 持续开展区域文化研究。地域文化的魅力与文化产业发展的动力植根于其历史文化的精神与内涵。崂山区 2011 年起历时 5 年开展崂山本土地域文化研究。先后邀请国内城市学、历史学、社会学等领域教授专家调研崂山近 40 个农村社区。与海大文学院、华中师大道教文化研究中心合作，搜集普查提炼崂山物产、美食、宗教、民俗等第一手文化资料，形成《崂山区域文化研究纲要》《崂山典型文化元素库》（初稿）等成果，完成资料史料搜集 20 余万字，图片资料 3000 余幅，20 余人参与论证，凸显崂山文化在青岛城市文化发展中的地位与影响力。

2016 年，继续深入开展崂山地域文化展示空间建设课题研究，为崂山主体性博物馆建设积累素材。走访有关街道和社区及区内博物馆，搜集整理"十三五"规划及文化旅游海洋等有关方面资料。起草撰写舟山、杭州考察调研报告 2 万余字，走访本外地博物馆场所 20 余处。修改完善崂山区域文化展示空间可行性研究报告，包括理论梳理与研究，调研报告的撰写与分析，结合崂山区域文化特色，总结具有展示性的区域文化并突出重点。开展了对解家河、晓望、西山等美丽乡村建设、村落文化建设调研工作，完成对崂山西山村自然与人文生态基本情况的调查与分析。进一步拓展崂山地域文化研究成果，完成崂山主题性展示场馆可行性报告的前期文本起草工作和王哥庄社区（美丽乡村）生态保护与利用的调研报告起草工作。已完成崂山区博物馆群落建设、白云洞道教遗存展示、西山自然生态与人文生态保护3个对策性研究子课题。

3. 逐步加大公益文化力度。

（1）文化惠民。在精心组织元旦、春节期间"送文化下乡""文艺进社区"等系列活动的同时，开展崂山人文讲堂活动，组织发动区民协、区藏协等协会骨干到基层讲座采风；区音协、舞协与驻区高校加强合作，组织在校优秀贫困大学生深入社区培训文艺骨干；开展"陶艺名家进社区"服务活动。

积极探索适合本地区的动员机制、激励机制、保障机制，在王哥庄街道"苏霞剪纸工作室"、沙子口街道"崂山书画院"、二月二农场、中海裕源生物技术咨询有限公司挂牌成立"文化志愿者服务工作站""崂山区文学艺术活动基地"，扶持青岛市时代青年艺术研究院、拙朴轩手工陶艺馆等开展相关油画、陶艺等艺术惠民活动。组织驻区文化艺术工作者深入社区为群众提供高质量、高层次的文化培训志愿服务，努力扩大文艺志愿服务的覆盖面，进一步提升文艺惠民水平。累计组织油画艺术交流会、"剪纸进校园"等崂山人文讲堂活动，吸引驻区居民、校园学生近800人参与活动。

2013年1月30日，崂山区开展"文化同行、温暖下乡"送福下乡活动，为福利服务中心的孤寡老人们送福字、寿字及各类窗花

2012 年 9 月 4 日，崂山区中韩街道华都社区文联成立揭牌仪式及文艺会演

（2）公益文化。2010 年、2011 年连续举办两届"同写一个爱"崂山区慈善文艺晚会。

2014 年区民协联合青岛科技大学以崂山区道德模范魏青刚、王爱英等人物事迹为原型，设计剪纸图样 40 余幅，用传统艺术形式开展四德建设推广宣传工作；为"我们的中国梦"全国剪纸艺术大赛设计"渔文化"主题剪纸作品《丰收》《回娘家》并入展，在弘扬社会主义核心价值观的同时彰显崂山本土文化元素。

2015 年为配合开展第二个中国文艺志愿者服务日主题活动，联合青岛今日艺术研究院、墨非墨当代艺术馆、区美协有关人员到崂山区特殊教育学校开展"到人民中去——手拉手·走近你"主题活动。

公益歌曲《同写一个爱》词作者、区音协副主席盖尧 6 月 28 日举办"奏响大爱·呵护小草——中国海洋大学盖尧教授师生公益音乐会"。

4. 努力创新社会管理方式。 在华都社区建成岛城首个社区文联，下辖书画协会、民艺协会、健身舞蹈协会、武术协会 4 个协会，吸纳各类社区文艺爱好者加入，并邀请驻区书画、民俗领域艺术家担任社区文联顾问或主席团成员，在创新文联参

2013 年 1 月 5 日，青岛今日艺术研究院成立揭牌仪式在麒麟皇冠大酒店举行

与社会管理方式、促进社会和谐等方面做出有益尝试。

与驻青五大高校共同发起成立青岛首个当代融创艺术研究机构——青岛今日艺术研究院，邀请北京、成都、杭州等地当代青年艺术家30余人在青岛市博物馆举行研究院成立展并召开"融创·今日"艺术专题研讨会。

政府和市场是文化发展的两个"轮子"，两者缺一不可。崂山区坚持政府"有形之手"、市场"无形之手"联动，巧借市场之资、整合市场之力，弥补政府单一主体建设带来的财力投入、人才保障、管理运作等方面的欠缺和不足，实现政府投入的最小化、市场作用的最大化、社会效益的最优化。2015年联合中国美协综合材料绘画艺委会发起并主办"画境——2015综合材料绘画学术展"。活动采取政府补贴与市场运作相结合的方式，展出10位综合材料绘画领域新锐艺术家的40余件新作，出版画集《画境》；邀请当代著名策展人朱小钧先生策展，中国美术馆副馆长、中国美术家协会综合材料绘画艺委会主任胡伟先生担任学术主持，充分展示学术性、前沿性综合材料绘画的最新发展态势。

5. 重视文艺人才队伍建设。继推荐苏霞获首批"齐鲁文化之星"称号后，报送曲宝来、刘德先获第二批、第三批"齐鲁文化之星"称号，成为全市唯一连续三次获此荣誉的推荐单位。选送"王哥庄面塑"文化品牌荣获青岛市首批"特色文艺之乡"荣誉称号，"王哥庄茶文化""民俗文化村"入选第二批"特色文艺之乡"和"特色文艺示范基地"之列。组织文艺家协会会员参加省委宣传部、省文联举办的"话说齐鲁·首届山东省民间故事大赛"获最高奖项"故事大王"称号。

崂山区文联报送的"民俗文化村"获青岛市第二批"特色文艺示范基地"称号

二、经验启示

（一）在理念思路上，构筑"一个体系"，即崂山地域文化体系

文化自觉是对文化地位作用的深刻认识，对发展趋势的准确把握。文化自信是对文化价值的充分肯定、对自身文化发展成就的坚定信心。对于崂山区来说，做到既在现有成绩中增强文化自信，更在把握未来发展大势中增强文化自觉，进一步创新理念、优化思路，加快实现从"重建设"向"创特色"转变。当前，随着文化交流的深入，各地文化发展雷同化、同质化、无差别化现象比较普遍，文化发展正上演"同一首歌"。因此，必须始终把"创特色"作为主攻方向，更加注重提升文化的特色化、品牌化、竞争力。在前期开展崂山地域文化研究开发的基础上，围绕"仙山文化"体系的构建，进一步提炼崂山文化特质与精神，推动崂山地标性文化元素的前台化、显性化，打造一批具有地域特色的文化产品。持续推进崂山传统文化资源库建设，围绕十大范畴、十大地标性元素展开资料整理、搜集和田野调查，形成一批在地域文化研究及社科领域有影响力和学术地位的研究成果。

（二）在发展方向上，推进"一个工程"，即中外名家崂山系列创作工程

坚持公益为主，以公共文化与精品文化作为两大抓手。要大力发展群众基层文化，创新繁荣社区文化、村落文化，定期举办内容丰富、形式多样的文化活动，引导鼓励基层群众、业余团队广泛参与，形成"一社区一品牌、一村落一特色"，让文化活动成为群众日常生活元素；更要拓展高端领域，提升精品文化品牌。把打造精品文化作为提升文化竞争力的突破口。主攻"文艺精品"这一关键，强化创作扶持，优化项目推介，打造一批"叫好又叫座"的龙头项目、文艺精品，做大做强崂山精品文化。弘扬"地域文化"这一特色，深入挖掘历史文化资源，把文化资源的"原生矿"变为文化事业的"金名片"。挖掘提升崂山丰富的人文历史资源，运用财政资金的引导功能，调动社会资源，邀请和引进中外知名艺术家，逐年有计划、有序列地开展文学、美术、民间艺术等方面的艺术创作，为崂山文化积累和保留一批体现时代印记的名篇佳作，

不断强化崂山文化的社会认同、现实认同和历史认同意识，形成推动崂山现代化城区建设的文化凝聚力、向心力。

（三）在体制创新上，完善"一个机制"，即建立文艺家协会自我完善、滚动发展的体制机制

在坚守主阵地、唱响主旋律的前提下，创新文艺家协会参与社会管理的体制机制，强化协会自律意识，建立自我滚动发展的机制。以文艺家协会换届选举为契机，进一步优化协会会员结构，积极发现和培养优秀青年文艺工作者，不断营造创优环境、激发创作活力。建立健全文艺志愿服务动员机制、运行机制、保障机制和评价激励机制。

执笔人：程惠君

审核人：李兆开

签发人：韦志芳

崂山区住房保障事业的
发展历程与成就

崂山区房地产开发管理局

　　住房保障事业是重大的民生工程。1994 年行政区划以来，崂山区所辖区域大部分为农村，城市化程度不高，只有与市区相邻的部分具有城市雏形，居民住房主要以村庄宅基地房屋为主。面对城市社区少、农村社区多的现状，崂山区认真贯彻落实中央、省、市有关住房保障方针、政策，特别是 2011 年纳入全市住房保障统筹以来，崂山区牢牢把握以人民为中心的工作理念，心系百姓冷暖，履职尽责办实事，倾心尽力解民忧，坚持全域统筹推进住房保障事业，勇于突破性打开工作局面，积极探索，敢闯敢试，推出了一系列住房保障惠民、利民、便民的创新性举措，让崂山区居民最大程度分享住房保障统筹的"红利和蛋糕"，让居民不仅要"住有所居"，还要"住有宜居"，居民幸福感、获得感愈加充实。十几年来，崂山区住房保障事业经历了从无到有、从量到质的提升过程，住房保障工作已逐步成为解决中低收入家庭住房问题的重要举措和主要方式。

　　截至 2017 年底，崂山区共落实保障性住房 10 个项目，共 9768 套。其中已竣工交付的项目 4 个共 1660 套：其中南龙口项目 620 套公共租赁住房、河畔家园项目 474 套经济适用住房和 238 套公共租赁住房、龙泽书苑项目 190 套限价商品住房、中联锦城项目 138 套公共租赁住房。正在建设的公共租赁住房项目 4 个共 6593 套：其中午山馨苑项目 3925 套、株洲路项目 2200 套、静山悦园项目 276 套、海逸公馆项目 192 套。从 2006 年开始，共发放住房补贴 368 万元，通过货币补贴方式保障了 589 户。

一、基本发展历程

（一）起步探索阶段（2006～2010 年）

1. 启动廉租住房补贴发放工作。住房保障制度是我们国家城镇住房制度从福利分房到住房市场化改革不断推进的产物，从国家、省、市等不同层面都经历了从无到有的阶段。崂山区住房保障工作从 2006 年起步，青岛市国土资源和房屋管理局发布了《关于启动崂山、城阳、黄岛和各县级市廉租住房保障工作的通知》（青土资房发〔2006〕237 号）文件，崂山区于 2006 年 12 月 20 日出台了《崂山区城镇最低收入家庭廉租住房保障实施意见》，自 2006 年 7 月 1 日起施行，标志着崂山区城镇最低收入家庭廉租住房保障工作正式启动。

《崂山区城镇最低收入家庭廉租住房保障实施意见》明确了廉租住房保障范围是崂山区城镇最低收入家庭；保障方式以发放租赁住房补贴为主，实物配租、租金核减为辅；规定了经济状况、户籍、人均住房面积等申请条件；对申请实物配租的家庭，除满足上述条件外，应面向孤老或丧失劳动能力等特殊困难家庭。

2008 年，为进一步扩大廉租住房保障范围，崂山区政府根据《关于廉租住房保障有关问题的通知》（青土资房发〔2007〕195 号）文件的要求，于 2008 年 12 月 26 日发布了《崂山区关于扩大廉租住房保障范围实施方案》文件。文件适当放宽了家庭经济状况、人均住房面积等条件："人均收入不超过本区城镇居民最低生活保障标准，且已接受区民政部门连续救助 6 个月以上"改为"家庭人均月收入不超过最低工资标准（2008 年为 760 元）"；"无房户或拥有私有住房和承租公有住房的使用面积不超过人均 6 平方米"改为"家庭人均住房建筑面积 10 平方米（含）以下"；租赁住房补贴面积标准由人均使用面积 10 平方米提高到人均住房建筑面积 12 平方米，补贴租金标准为每月每平方米 14 元。

总结廉租住房补贴四年多的政策执行情况，由于是启动探索阶段，而且只针对城镇非农业户口家庭，发放补贴总额约 43.37 万元，补贴家庭总户数为 50 户，政策覆盖面相对较窄、受益人数较少。因此，需要开拓新思路，研究契合崂山实际覆盖更多人群的住房解决之道。

2. 启动建设具有崂山特色的集中居住社区。受崂山风景区和水源地保护、规划限制等制约，崂山区不再审批农村宅基地建房，而作为解决住房问题的主渠道村庄改造方面一直没有大的突破，导致农村社区居民住房矛盾日益紧张和突出，群众要求解决住房困难的呼声愈来愈高。2006年开始执行廉租住房补贴政策后，各街道开始进行住房调查，沙子口、王哥庄、北宅三个街道有5000余户社区居民存在住房困难问题。当年的调查工作成为崂山区开启住房实物保障事业的起点。

为探索解决居民住房问题，面对崂山农村和城市"二元"结构，区委、区政府提出按照适度控制、集约建设、节约土地资源的原则，使用宅基地指标建设具有崂山特色的集中居住社区，最大限度地利用好崂山区有限的土地资源，保护好崂山风景区和水源地，在此前提下，逐步解决农村社区居民住房困难问题。

为了规范集中居住社区的建设，崂山区依据青岛市廉租住房、公共租赁住房、经济适用住房、限价商品住房等管理办法，在征求市国土资源和房屋管理局、市住房保障中心以及市住房建设领导小组意见的基础上，出台了《崂山区集中居住社区住房管理（试行）办法》，对工作原则、投资模式、建设标准、户型标准、销售对象、土地性质、房屋产权等内容做出了详细的规定，为崂山区的农村社区居民安居解困工程提供政策支持，也为集中居住社区启动建设和后续管理提供政策依据。

（1）**工作原则**。集中居住社区建设坚持"四个结合""四个不变"的原则，"四个结合"即与旧村改造相结合、与景区保护相结合、与政府投入和市场运作相结合、与建立新型社区相结合；"四个不变"即社区居民土地经营权不变、社区居民改制权益不变、社区居民原社区待遇不变、社区居民户口性质不变。

在具体实施上，坚持总量调控、困难优先、满足急需、公开公平的原则。建设过程中，以降低建设成本，让老百姓买得起、住得起，严格控制开发商利润。对集中居住社区红线外的基础设施部分由政府财力投资解决。

（2）**建设模式**。集中居住社区建设由区政府负责前期协调、政策制定工作，采取土地划拨给沙子口、北宅、王哥庄三个街道办事处，由街道负责征地、拆迁、规划、施工和监理招标及定向定价销售全过程工作。采用招投标方式确定施工单位，项目招投标条件明确：集中居住社区住房以中小套型为主，中套型建筑面积不超过 90 平方米，小套型建筑面积 65 平方米左右。

（3）配租范围。2012 年，根据区有关工作部署，确定将集中居住社区住房由出售改为出租，通过长期流转配租，以最大限度、最广范围保障困难群体住房需求。配租范围主要面向住房困难的农村社区居民、核心景区计划搬迁的居民、因地质灾害隐患及洪水灾害隐患需搬迁的居民。具体配租办法由沙子口、王哥庄、北宅街道办事处拟定实施。

（4）建设资金来源。各街道根据实际情况不同，采用不同的方式解决。资金情况好的街道采用街道垫付；资金情况差的街道，由区政府先行垫付启动资金，在确定开发单位后，归还政府启动资金。区财政采取预借方式，分别向三个街道办事处拨付启动专项资金，以解决集中居住社区建设资金短缺问题。

（5）就业等配套问题。本着以人为本，科学合理选址，完善社区功能，改善和提高群众生产、生活条件的原则，集中居住社区在选址时，就充分考虑到农民居住后的就业、生活、教育等配套问题。三个集中居住社区项目选址均选在配套设施齐全、生活方便且都靠近各街道办事处驻地附近。这样一方面可以利用街道办事处防火、环卫、市政、园林、绿化等工作岗位提供相应的就业机会，解决一部分社区居民就业问题；另一方面，在规划建设过程中，也考虑到集中居住社区商业配套问题，根据集中居住社区的规模，建设社区的物业用房和部分网点房，用于社区的日常管理工作，提供社区居民就业机会同时满足居民的生活需要。另外，三个街道集中社区周边均有学校，可以充分满足百姓入住后的子女教育问题。

沙子口、王哥庄、北宅三个街道集中居住社区项目以各街道为建设主体，从 2008 年开始陆续启动，到 2012 年陆续竣工交付，总套数 1115 套，总建筑面积达到 11 万平方米。当

沙子口街道集中居住社区

王哥庄街道集中居住社区

年，各街道办事处参照公共租赁住房政策出台配租细则，优先保障和解决居住条件特别困难群众的居住问题，街道办事处主导配租工作，各社区"两委"具体负责对社区内申请人的资格认定和材料审核工作并具体负责住房配租工作实施，确保配租工作公开、公平、公正。

建设集中居住社区是崂山区解决农村社区居民住房困难的重要举措，也是城市化进程中的一个崭新课题。随着户籍制度改革不断深入，崂山区不断寻求破解农村社区居民安居难题的渠道，围绕改善民生，特别是牢牢抓住城市化进程中改善住房保障这个主线，取得了实实在在的成效。

（二）全面发展阶段（2011～2013 年）

1. 打破常规，将农村居民纳入保障范畴。对农村户籍居民，崂山区主要通过村庄改造以及建设集中居住社区住房并举的方式来解决农村居民的住房困难问题，但这两种解决方式由于受地域、户籍、村庄改造进程等条件限制，局限性强，保障家庭数量十分有限，不能从根本上解决和满足农村居民的住房需求。

2011 年，青岛市下发《关于调整保障性住房和限价商品住房申请标准有关问题的通知》文件，将青岛市各区纳入统筹范围，统一各区的申请标准，青岛市每年下达保障性住房建设任务，所建经济适用住房或限价商品住房统一销售给全市符合条

北宅街道集中居住社区

件的家庭。城阳区、黄岛区将文件中关于"市区常住户口"限定为"城镇常住户口"，只将居住在城区和街道建制镇常住人口纳入统筹范围，可以在市南、市北、李沧、崂山、城阳、黄岛、高新区申请保障性住房。对于农村户籍居民，城阳区、黄岛区仍然通过村庄改造的方式解决和改善其住房困难。

为进一步解决崂山区因农村居民多年未批宅基地造成的"住房难"问题，崂山区根据国家关于住房制度改革、住房保障和户籍管理的最新政策，反复开会研究"市区常住户口"的概念和内涵，认为随着城市化进程的加快，"村庄"已经逐步成为"社区"，同时"村民"也变成"居民"。经与上级业务主管部门请示和协调，上级主管部门最终同意崂山区将农村居民纳入全市保障范围之内。为能解决因打破常规所带来的保障性住房申请资格审核漏洞，崂山区积极探索，创新保障性住房建设和管理机制，成立了保障性住房联审办公室，建立了有别于其他区市的"社区、街道、区、市"四级审核和"社区、街道、区"三级公示的工作机制，区房管、民政、国土、人社、公安、工商、税务、公积金及街道社区等部门密切协作，坚持阳光操作，接受群众、社会和媒体监督，切实做到联审工作公开、公平、公正，保证每一位申请者都能平等参与申请和分配，切实让崂山区更多的居民享受到政府提供的保障性住房资源和政策优惠，保证崂山区住房保障工作处于领先地位。

打破常规，将崂山区农村居民纳入保障性住房保障统筹范围，是政府体察民情的重要举措，切实为农村社区居民办实事的重要体现，促进了社会的安全稳定和社会和谐。

2. 全面启动保障性住房项目建设。

（1）河畔家园项目。河畔家园经济适用住房项目是崂山区2011年建设的保障性住房项目，也是崂山区唯一一个经济适用住房项目。项目位于

河畔家园经济适用住房项目

崂山区长沙路以北、张村河以南、海尔路以西、西韩小学以东，占地面积 4522.10 平方米，容积率 10.20，规划建筑面积 51261.61 平方米，共建设保障性住房 712 套，其中包括 474 套经济适用住房及 238 套公共租赁住房（含 60 套廉租住房）。该项目于 2011 年 9 月开标确定项目建设主体，同年 11 月底开工建设。474 套经济适用住房于 2013 年 8 月纳入全市统筹并面向青岛市符合条件人群公开配售，销售价格为均价每平方米 4990 元，同时对项目中 238 套公共租赁住房进行内部装修，并于 2015 年由崂山区政府出资回购。根据青岛市公共租赁住房项目"区级为主，市区统筹"的原则，配租工作由各区负责。经区政府研究，决定将 238 套公共租赁住房预留 60 套房源配租给廉租补贴申请家庭及低收入住房困难家庭；预留 51 套房源定向作为环卫公寓配租给区环卫公司特别困难的外来务工人员，其余 127 套配租给崂山区金融聚集区管委、区科创委战略平台新就业职工，以上人员需同时符合公共租赁住房（廉租住房）配租条件。全部房源 2015 年底配租结束。

（2）龙泽书苑限价商品住房配建项目。龙泽书苑项目是崂山区唯一的限价商品住房配建项目，位于九水东路 605 号，由青岛华金置业有限公司开发建设。该项目建设规模约为 13.5 万平方米，其中配建了 190 套限价商品住房，销售价格为均价每平方米 6080 元，已于 2012 年 10 月份完成了该项目配售工作，2013 年 12 月底交房入住。

（3）午山馨苑公共租赁住房项目。2012 年 6 月 16 日上午，午山馨苑公共租赁住房项目开工仪式隆重举行，市委书记、市人大常委会主任、市政协主席、市委秘书长、副市长、住房和城乡建设部住房保障司司长、省住房和城乡建设厅厅长以及区委书记、区长等领

2012 年 6 月 16 日上午，崂山区政府在午山馨苑公共租赁住房项目现场组织青岛市 2012 年保障性安居工程建设项目集中开工仪式

导参加了开工仪式。午山馨苑公共租赁住房项目位于辽阳东路延长线以南、滨海大道以东、午山社区以北，总占地面积约169亩，总建筑面积33万平方米，容积率2.25，绿地率35%，规划总套数3925套，总投资18亿元，项目共建设28个楼座。小区内配套建设社区服务、物业管理、学校、商业、金融、体育、娱乐等设施，以60平方米为主力户型，将最大限度地控制公摊面积，服务住房困难群体基本住房需求。午山馨苑作为崂山区第一个公共租赁住房集中建设项目，列入2012年保障性住房建筹指标计划，由国有直属房地产开发企业采用企业融资的方式建设。项目建成后将极大缓解崂山区中低收入住房困难家庭，尤其是新就业无房职工和外来务工人员、各类人才的住房困难，吸引中高端人才到崂山区创业，解决崂山区引进人才的后顾之忧。

（三）创新发展阶段（2014～2017年）

1. 创新利用社区集体经济发展用地建设公共租赁住房。由于区位因素影响及历史原因，崂山区在城区范围内可利用建设用地资源十分稀缺。因此，为解决中低收入家庭的住房困难，多年来，崂山区将保障性住房作为一项民生工程列入政府实事，全力推进保障性住房项目建设。

2013年保障性住房建设任务下达后，面对新的挑战，崂山区立足区情，积极探索保障性住房建筹模式，拟利用株洲路周边郑张、王家麦岛、南张、张村社区约193亩集体经济发展用地建设公共租赁住房，即株洲路公共租赁住房配建项目（锦绣河山、幸福里、依山伴城、自在山居）。由于政府投资集中建设保障性住房财政资金压力较大，崂山区组织房管、国土、规划、财政、街道等单位多次深入探讨，通过与市国土资源和房管局、市住房保障中心对接，争取到上级部门的政策支持。在充分调研的基础上，经多次讨论研究，历经一年时间，委托专业评估公司进行可行性测算，建立了基本框架模型，初步确定了"社会投资、适当增加配建比例"的建筹模式，形成了该方式下运营指标体系，为项目推进提供了指导性依据。该模式经区委常委会、区政府常务会议研究通过。

充分的调研，精密的测算，取得了突出的成效：一是增加保障性住房建设套数。在此模式下，相比新增建设用地20%的公共租赁住房配建比例，可多建公共租赁住房700余套，有力确保了崂山区年度建筹指标的完成。二是缓解政府财政压力。政府投资建设公共租赁住房将长期大量占用财政资金，政府财政压力较大，在此模式下政府实现了公共租赁住房建设资金零投入、民生高产出。三是丰富建设资金来源。在此模式下社会资金参与保障性住房建设的积极性得到充分调动，丰富了公共租赁住房建设资金来源渠道。四是有力实现民生保障目标。该项目建成后将配建公共租赁住房 2200 套，占 2013 年度全市保障性住房建设数量将近 1/5，项目的建成将大大加速崂山区中低收入人群实现住有所居的梦想，也有力实现了民生保障目标。五是确保多方共赢。在此模式下，不但政府可以完成保障性住房建设任务，而且项目建设主体可通过商品房开发获得利益，社区居民、社区集体利益得到了最大保障。按照市城规委会确定的 3.5 容积率计算，四个社区除可实现土地出让金收益约 9.2 亿元外，还可通过社区集体商业用房实现长期稳定收益，实现了社区集体、项目建设主体和政府多方共赢。

2. 严格执行新增建设用地配建保障性住房政策。

（1）文张（中联锦城）公共租赁住房配建项目。中联锦城项目位于株洲路 96 号，是由青岛文张盛业置地有限公司开发的住宅及配套商业工程，占地面积 16537.2 平方米，总建筑面积 75752.16 平方米，配建 138 套公共租赁住房，均为套一户型。该项目于 2016 年底分配给已取得《青岛市住房保障资格准予登记通知书》且在有效期内的崂山区户籍家庭，并根据低收入户籍家庭的支付能力实行差别化租金标准。该项目是崂山区第二个公共租赁住房配租交付项目，在一定程度上缓解了崂山区一部分户籍家庭的住房困难问题。

（2）午山（海逸公馆、静山悦园）公共租赁住房配建项目。午山公共租赁住房配建项目分为两个地块，即海逸公馆项目和静山悦园项目，分别于 2015年 12 月、2016 年 3月开工建设。海逸公

株洲路公租房配建项目
（锦绣河山、幸福里、依山伴城、自在山居）

馆项目位于辽阳东路 77 号，是由青岛海逸仁和房地产开发有限公司开发建设，总建筑面积为 80622.58 平方米，地上建筑面积为 62057.4 平方米。其中公共租赁住房 192 套，建筑面积 11482 平方米。静山悦园项目位于辽阳东路以北，滨海大道以西（辽阳东路 99 号），共配建 276 套公共租赁住房，建筑面积 16600 平方米。两个项目预计 2018 年竣工交付。

3. 创新公共租赁住房后期管理模式。目前崂山区已竣工和在建的保障性住房约 9768 套。2015 年 9 月 25 日，根据区委全面深化改革领导小组第五次会议同意崂山湾发展集团有限公司成立崂山保障性住房建设运营管理中心有限公司（以下简称"运管中心"）。2016 年运管中心注册成立并开始试运行，主要职责为负责保障性住房建设、配租和运营管理等相关工作。目前，运管中心已参与完成河畔家园、中联锦城公共租赁住房配租工作。2017 年运管中心受委托开展公共租赁住房后期管理工作。主要完成了两项工作内容：一是河畔家园公共租赁住房房租收缴正式移交运管中心负责，全年租金收缴工作已顺利完成。二是 2017 年803 套公共租赁住房（午山馨苑 800 套、河畔家园 2 套、中联锦城 1 套）配租公告在《青岛日报》、市住房保障网、崂山政务网发布，此次分配的报名登记工作设立在运管中心，运管中心的工作人员主动热情的服务保证了配租工作的顺利完成。

2018 年，在试运营基础上，将通过区政府常务会议确定运管中心全部职责，进一步完善公共租赁住房管理模式和住房保障管理机制。

4. 多措并举，加快人才公寓建设，助推全区产业升级和新旧动能转换。全市出台实施人才公寓建设政策以来，克服土地资源紧缺、项目用地拆迁难等因素，积极探索多渠道建设人才公寓的模式和途径，支持各类人才落户崂山区、服务崂山区，为株洲路片区产

崂山区保障房建设运营管理中心

业升级、新旧动能转换打下了坚实的基础。一是以人为本，招拍挂黄金地段地块建设首批产权型人才公寓。金泽国际人才公寓项目位于劲松七路东侧，属于崂山区黄金地段。区政府不

金泽国际人才公寓

惜损失一部分财政收入，通过招拍挂方式建设了 4.2 万平方米 300 套产权型人才公寓，已全部定向定价配售给青医附院、齐鲁医院及金融高级人才，满足了引进人才迫切的住房需求。二是大胆尝试，利用大学校区自有存量用地建设人才公寓。根据市人才公寓政策，与青岛科技大学积极对接，提出利用校区自有存量国有建设用地、自筹资金建设人才公寓，所建人才公寓产权为学校所有，为青岛科大吸引留住各类人才，促进"产、学、研"融合建设提供了有力保障。三是提前谋划，促进株洲路产业区企业集中建设和配建人才公寓，缓解各创业企业及人才住房困难问题，提升园区配套服务。目前，已落实澳柯玛产业园、海泰新光等企业集中建设产权型人才公寓和配建租赁型人才公寓，项目正在根据相关政策办理前期规划手续，建成后将为志愿扎根崂山的各类人才提供住房保障。

二、主要成就

（一）全市保障性住房并轨前住房保障工作的成就

让居民不仅要"住有所居"，还要"住有宜居"。崂山区结合现有的住房保障条件，标新立异，率先在全市开创了解决农村居民"住房难"的新途径——将农村社区居民纳入全市保障统筹，解决了部分农村困难家庭的住房问题，保障了民生、提升了政府诚信度和群众满意度。

一是探索新型保障模式，率先将农村社区居民纳入保障性住房全市统筹。为解决因多年未审批宅基地而产生的农村居民住房困难问题，崂山区在廉租住房、公共租赁住房、经济适用住房、限价商品住房管理办

法基础上，探索研究将农村社区居民纳入全市统筹保障，一方面指导街道办事处实施了具有崂山特色的集中居住社区项目，另一方面经与上级业务主管部门协调，上级主管部门最终同意崂山区将农村居民纳入全市保障范围之内，开创了保障性住房保障方式先河，极大地解决了部分农村社区居民住房困难问题，实现了困难群众诉求。

二是完善申请审核机制，打造保障性住房联审平台，建立公开、公平、公正分配秩序。为解决因打破常规所带来的保障性住房申请资格审核漏洞，崂山区积极探索，创新保障性住房建设和管理机制，成立了保障性住房联审办公室，建立了有别于其他区市的"社区、街道、区、市"四级审核和"社区、街道、区"三级公示的工作机制，区房管、民政、国土、人社、公安、工商、税务、公积金及街道社区等部门密切协作，坚持阳光操作，接受群众、社会和媒体监督，切实做到联审工作公开、公平、公正，保证每一位申请者都能平等参与申请和分配，切实让崂山区更多的居民享受到政府提供的保障性住房资源和政策优惠，保证崂山区住房保障工作处于领先地位。

三是释放统筹保障红利，百姓得到最大实惠，居住条件得到极大改善。青岛市住房制度设计覆盖了各个收入阶层群体，崂山区依此逐步建立健全了以廉租住房、公共租赁住房、经济适用住房、限价商品住房和商品住房为主体的住房保障和供应体系，基本实现了"低端有保障、中端有支持、高端有市场"的住房供应格局，充分释放统筹红利，崂山居民在本区可以申请廉租住房和公共租赁住房，还可以在全市范围内申请经济适用住房和限价商品住房，符合申请条件的不同收入阶层和住房困难群体都能按房源类型实施轮候保障，百姓得到最大实惠，居住条件都得到了极大改善，居民幸福感、获得感愈加充实。

（二）全市保障性住房并轨后住房保障工作的成就

崂山区委区政府高度重视保障性住房项目建设，始终站在以人为本的高度，狠抓落实，作为重大民生工程的保障性住房项目进展顺利，每年都高标准、高质量地完成了上级下达给崂山区的保障性住房建设任务，不仅取得了科学发展考核突出业绩，还获得了良好的社会效益。

一是攻坚克难，积极推进保障性住房项目建设。崂山区高度重视中低收入家庭住房困难问题，全区各相关单位、部门，以积极负责的态度，克服重重困难，开通保障性住房前期手续绿色审批通道，确保崂山区保障性住房项目建设的顺利推进。通过几年的项目积累，目前崂山区已建成或正在建设的保障性住房项目有龙泽书苑、河畔家园、午山馨苑、中联锦城、锦绣河山、幸福里、依山伴城、自在山居、海逸公馆、静山悦园等多个项目，保障性住房总建设套数达到 9768 套，建筑面积 57 万多平方米。

二是优化程序，努力扩大住房保障范围。为进一步扩大保障性住房的受益群体，根据青岛市《关于推进我市保障性住房并轨的实施意见》，崂山区积极优化工作程序，首先统一了保障性住房的申请方式，缩短了审核流程；其次规范了新就业职工和外来务工人员申请审核程序，结合可配租房源，按项目进行申请。同时，降低了租赁补贴发放条件和准入门槛，较并轨政策实施前相比，扩大了受益面，最大限度扩大了保障范围，让来崂山区就业的人群得到保障，使越来越多的居民住房条件得到改善，真正做到了应保尽保。

三是开拓创新，多渠道建筹人才公寓。由于区位因素及历史遗留问题，崂山区在城区范围内可利用建设用地资源十分稀缺，严重制约着崂山区"筑巢引凤"人才公寓建设工作。为进一步挖潜增效，崂山区积极与上级部门对接，争取政策支持，多渠道建筹人才公寓，在挖掘国有用地建设人才公寓的基础上，鼓励企事业单位利用自有存量建设用地建设人才公寓，以增加人才公寓存量规模。经过多年积累，已建成使用和在建、拟建的各类人才公寓项目总建筑面积约 60 万平方米，最大程度助推全区产业结构升级和新旧动能转换，为"宜居宜业品质崂山"建设做出了应有的贡献。

执笔人：徐　平　房英第

审核人：张华东

签发人：王立园

改革开放以来崂山公安工作的
主要成就和经验做法

青岛市公安局崂山分局

改革开放初期，设有青岛市崂山县公安局；1989 年 1 月，设立青岛市公安局崂山分局；1992 年 12 月 31 日，青岛市公安局高科技工业园分局正式挂牌成立；1993 年 7 月 1 日，青岛市行政区划调整，崂山撤县设区，青岛市公安局崂山分局成立；1994 年 4 月 23 日，原青岛市公安局崂山分局划归城阳区，同年 7 月 22 日新的青岛市公安局崂山分局举行隆重的揭牌仪式。崂山建区以后，崂山公安经历了由崂山区委、区政府直接领导，业务工作接受市公安局指导，到由市公安局垂直领导的两个阶段，时间节点是 2009 年 12 月 25 日。

一、改革开放以来崂山公安工作的主要成就

（一）1978～1994 年，是现有行政区划调整前的变动阶段，也是公安工作适应改革开放新形势，面对错综复杂的治安工作，守土尽责，实现了保一方平安目标的阶段

1. 积极开展平反冤假错案工作，促进社会治安秩序的稳定。1978 年，作为平反冤假错案工作的重点，县局也开始对 1966～1976 年逮捕、拘留、戴帽的 744 名各类犯罪分子（其中法院判处 408 名，公安直接处理 336 名）进行全面复查和甄别。认真总结推广了夏庄公社联防片的经验，在李村、城阳组织厂社联防进行夜间巡逻，并以铁路沿线为重点，加强了路社、厂社的治安联防，取得较好效果。共发生各类刑事案件 126 起，与去年相比下降 16.5%，破获 87 起，破案率69%。根据

全国、全省的侦察工作会议精神，适应当时的政治形势需要，县局还加强政治侦查工作，破获了2起反革命标语和反革命言论案。

1979年，一年来共收缴空飘和海飘反动传票140余种4348张，衣服12件，食品袋9个，塑料筒2个，大气球2个。对71起政治案件、33起申诉案件，开展复查，平反纠正了83起，占79.8%。对3起投诚起义案件进行了复议，平反纠正了2起，复议了遣返案件30起，按中央有关政策予以落实。从2月开始，历时3个月，对全县原有戴帽的1377名四类分子，予以纠正32名，占2.3%；外逃多年下落不明的有24名；其余1321名，经群众评议和上级批准，摘掉帽子的1284名，占97.1%，继续戴帽的46名。

2. 积极开展严厉打击严重刑事犯罪活动，促进社会治安秩序的持续好转。 1981年，组织专门力量在夏庄公社开展收缴爆炸物品试点，然后在全区范围内开展了群众性的清理收缴工作，共收缴炸药630千克，雷管543个，导火索425米。同时整顿了爆炸物品管理队伍，狠抓了特种行业和公共娱乐场所的治安管理，总结推广了崂山影剧院、崂山旅社、新城饭店的安全保卫工作经验，建立健全了各项规章制度，对预防和打击犯罪起到了积极作用。针对不断发展的旅游事业出现的治安秩序问题，于五六月对风景区治安秩序进行了整顿，查处治安案件6起，对酗酒滋事、聚众斗殴的21名违法人员给予了治安处罚。一年来，针对盐区出现的群众性哄抢、偷拿食盐的治安问题，配合企业内部采取治安措施，共查获了哄抢、偷拿、贩卖食盐人员500余名，其中行政拘留80多人，其余人员给予罚款、追赔损失和批评教育。对主要发生在惜福镇公社后金大队的爬车劫运团伙和棘洪滩群众哄抢瓜果等案件进行调查处理，依法逮捕3人，行政拘留5人，60多人受到罚款和追赔经济损失的处罚，确保了交通运输的

民警在崂山区主要路口设卡盘查

安全。

1982 年三四月间，全县连续发生凶杀、强奸、破门等恶性案件，犯罪分子手段残忍，气焰嚣张，影响十分恶劣，县局及时调整侦破力量，集中优势打歼灭战，很快扭转了被动局面，全年共发生大要案件 35 起，破获 33 起。针对连续发生犯罪分子利用爆炸手段报复基层干部和群众的案件，组织了 15 名具有实战经验和工作能力的干警，分为 4 个破案组，深入发案现场开展侦查，一举突破了 4 起爆炸案件，打击处理了违法犯罪分子 9 人，其中逮捕判刑 3 人，行政拘留 6 人，刹住爆炸歪风，稳定了干部群众的思想情绪。根据当前治安新形势、新特点，狠抓安全岗位责任制的推广落实工作，在 13 个公社的 35 个厂企建立了治安保卫责任制，在 358 个重点部位建立了安全岗位责任制，在 310 个大队制订了"乡规民约"，绝大部分厂企、学校制订"守则"，为综合治理社会治安奠定了坚实的群众基础。

1983 年 8 月，遵照党中央关于严厉打击刑事犯罪活动的指示精神，县局坚决贯彻"从重从快一网打尽"的方针，全年打击处理严重刑事犯罪分子 663 名，其中逮捕 326 名，拘留 71 名，劳教 19 名，收审 247 名。扭转了对犯罪分子打击不力的被动局面，改变了公安机关软弱无力的现象；提高了群众的法制观念，收到群众检举揭发犯罪线索材料 320 余份，受理群众扭送的违法犯罪分子 31 名；极大地震慑了各类违法犯罪分子，主动到公安机关投案自首、坦白交代问题的 35 名；促进了社会风气和社会治安的好转，后 5 个月发生刑事案件 64 起，比前 5 个月下降 25.6%；促进了城乡治安秩序、工作秩序、生产秩序和职工社员劳动纪律进一步好转，生产积极性进一步提高，保证了"四化"建设和工农业生产的顺利发展。加强特种行业管理，坚持对特业人员进行定期开会，经常培训，建立健全制度，调整充实治安力量和建立耳目，使特业阵地基本上掌握在自己的手中。一年来，查处违反爆炸物品管理人员 39 名，收缴炸药 389.3 斤，雷管 940 个，导火索 566.4 米，各种枪支 50 支，子弹 679 发，手榴弹 5 枚，各类凶器 113 件。

3. 积极开展打击经济领域违法犯罪斗争，努力净化社会治安环境。1984 年，针对当前对敌斗争的新特点，把侦查工作的重点放在同国内外特务、间谍和国内反革命破坏的斗争上，查获敌特转款、转信、夹寄心战品线索 6 份、海外新联系 20 份。对 6 个反动会道门骨干集中的村，进行调查摸底，落实控制措施。开展了打击刑事犯罪的两大战役行动，摧毁各类犯罪团伙 34 个，团伙成员 167 名，破获各类案件 400 余起，缴获赃款赃物 5 万余元。社会面管理，在农贸市场上依法打击欺行霸市、打架斗殴的不法之徒；在风景区深入重点地区和部位维持秩序；在铁路、公路沿线，及时查处拦截车辆、偷拿瓜果蔬菜的违法分子；对特种行业、爆炸物品、枪支和自行车加强管理；加强户口和重点人口的管理；全面落实防火措施，对存在隐患的进行整改；开展安全大检查，杜绝治安漏洞；全年治安案件进一步下降，共发生 31 起，同比下降 21.1%，处理违法人员 180 名，同比减少 28%。

1985 年，随着改革开放的深入，出入境工作成为公安工作的新热点，当年办理出国审批手续 12 起 17 人，接待和协助有关部门安置归国探亲定居 21 人。为推动社会治安持续好转，坚持一手抓打击处理，一手抓安全预防；一方面坚决惩处那些严重扰乱社会治安的害群之马，另一方面坚持了正常的社会治安管理，狠抓各项安全预防措施的落实。一是及时查处治安案件。对那些滋扰社会秩序，危害社会安定的案件抓住不放，及时查处，警告不法，教育群众。当年查处危害社会治安案件 63 起，行政拘留 194 名，其他处理 11 名。二是狠抓了查禁淫秽录像和淫秽物品活动，收缴内容不健康的录像带 2 盘，取缔个体和不合法录像放映点 23 个，减少了诱发犯罪的因素。三是查禁赌博。从 10 月下旬开始，在全县范围内开展查禁赌博活动的统一行动，发现和查获赌博线索 56 条，依法行政拘留 5 人，38 人主动到公安机关登记具结悔过。四是根据公共场所治安特点和存在的突出问题，及时调整和充实治安保卫力量，打击处理了 16 名欺行霸市、扰乱公共秩序的违法分子，使集镇、农贸市场、风景旅游区的治安秩序稳定好转。五是加强特业、爆

派出所民警与景区摊主签订服务责任书

炸物品和自行车的管理，对废品收购摊点，坚持经常性的遵纪守法教育和检查，堵塞销赃渠道，对 8 名涉嫌销赃人员依法进行了惩办。六是落实安全预防措施，经常进行以防火、防盗、防事故为主要内容的安全检查，发现不安全因素及时整改，减少了事故的发生，保证了经济生产活动的平安开展。

4. 积极开展对民警队伍建设工作，做到守土有责守土尽责。1986 年，为在四化建设中，充分发挥公安机关履行打击刑事犯罪的职能作用，树立公安干警的高大形象，狠抓了干警的政治学习和队伍建设：一是按照县委统一部署，在派出所开展了整党工作，组织全局干警认真学习党的十二届六中全会关于精神文明建设指导方针的决议，加强了对干警的理想纪律教育和职业道德教育，坚定了共产主义信念，加深了对党在新时期的路线、方针、政策的理解，巩固了全心全意为人民服务的思想意识。二是根据工作需要，组织干警学习有关法律知识，提高干警法律政策水平和对敌斗争本领。三是加强组织建设，调整充实中层干部队伍，解决了中层干部薄弱的问题。四是结合第二期整党整顿了作风纪律，对干部进行遵纪守法教育，对问题比较严重的 5 名干警给予党纪政纪处分，全年干警拒吃请 161 人次，拒礼品 44 人次。五是针对干警业务素质差和基层政治思想工作薄弱的问题，对全局各所指导员集中进行政治业务训练，对 65 名新干警分两批进行系统的业务训练。六是组织干警参加礼貌月活动和警民共建文明单位活动，密切警民关系，推动精神文明建设，当年为群众做好事 252 件，救死扶伤 21 人次，扶危解难 34 人次，抢险救灾 20 人次，发还拣拾物品 92 件 5200 余元，发还赃款赃物 126 件 1.3 万余元。

1990 年建立了每周政治学习日，不断提高干警的政治思想觉悟；加强为警清廉教育，签订《廉政勤政有关规定》和《队伍建设目标化管理责任书》，聘请义务监督员 218 名；加强干警的业务培训工作；为群众做好事 5000 件，排忧解难 1600 次，参加抢险救灾 500 次，拒收贿赂 79 次 3380 元，拒吃请 1000 次，收到表扬信 18 封、锦旗 8 面、匾 8 块；对干警进行 6 次廉政和纪律作风整顿，制定了《关于加强纪律作风廉政建设的规定》，规范干警的日常行为。

为做好重大节日和党的十三大安全保卫工作，1987 年开展以防重大恶性案件和自然灾害事故为主要内容的安全大检查，通过对 125 个单位、

130 个镇办单位、2700 个村办厂企的检查，发现不安全因素 511 条，对 12 个单位发出整改书，1 个单位发了停业整改。对全县 13 处乡镇的 13 处供药点、1 个炸药厂、504 个用药单位进行检查，整改不安全因素 78 条。对全县用于保卫、自卫的 535 支步枪、手枪和散布在社会上的 793 支土猎枪、气枪进行检查，收缴 145 支统一保管。做好来信来访工作，共收到来信 534 封，接待来访人员 320 人次；对可能铤而走险人员 11 名，可能进京上访人员 13 名，精神病患者 81 名，逐一落实控制措施。会同有关乡镇认真检查铁路沿线治安秩序，修复铁路护路房 12 处，配备护路人员 26 名，有效地保证了铁路运输的畅通。针对一些早已绝迹的卖淫等丑恶现象又有所抬头的问题，县局成立了由刑警队、李村派出所组成的打击流氓卖淫活动的专门班子，从 8 月开始短短的 2 个月里，就在李村镇挖出卖淫窝子 7 个，男女流氓 187 名，其中逮捕 2 人，劳教 24 人，其他处罚 100 余名，破获千元以上案件 2 起，为净化社会环境做出了贡献。3 月，受理了县工商转来的李村镇河北村个体联营欢乐公司土产综合商店经理祁某某特大诈骗案，查清其利用签合同的手段诈骗河北、沧口、荣城等 12 个单位现金（支票）达 100 余万元，全部赃款被依法追缴。一年来，共查处各类经济案件 12 起，查结率 100%，打击经济犯罪 20 名，缴获赃款 113 万元，汽车 2 辆。

1988 年，一是破获和查处了一批刑事和治安案件，维护了全县持续稳定的局面。年内共立刑事案件 246 起，破 212 起，破案率为 86.2%；共发生治安案件 185 起，查处 174 起，查处率为 94%。二是立案查处经济犯罪案件 48 起，其中盗窃国家集体财产 40 起，诈骗公私财物 8 起，挽回损失 25.4 万元。三是查获违法犯罪分子 698 名，打击处理 341 名，其中逮捕 216 名，劳教 15 名，刑拘 24 名，直诉 25 名，少管 2 名，收审 59 名；治安处罚 357 名，摧毁犯罪团伙 31 个，成员 167 人。四是理顺了厂企内部保卫关系，从内保系统下放了 116 个厂企到派出所作为面上控制管理，改变了经保科鞭长莫及、忙于应付的局面。五是年内发生交通事故 134 起，死 12 人，伤 35 人，直接经济损失 106650 元，与去年比较分别下降 26.4%、16%、64.7%、41.4%；火灾事故 15 起、经济损失 10 万余，与去年相比分别下降 21%、41%。六是完成了春节、中秋节、国庆节等重大节日和党和国家重要会议、国家重点工程的安全保卫，年内无集体上访，无铤而走险分子的破坏活动。七是维护公共场所、大专院校和解放军驻地的治安秩序，对发生的妨碍厂长经理依法行使职权，扰乱旅游区秩序，殴打学生和解放军战士，扰乱学校、营区秩序的事件，迅速公开查处。八是完成了中央领导人、中外游客来崂山游览等安全保卫任务 30 余次，没有发生任何问题。九是在县委、县政府的统一领导下，及时疏导、妥善平息了部分群众闹事和闹事苗头 9 起。十是配合社会面强化治理措施，年内有 500 余名群众检举扭送违法犯罪分子 539 名，有 64 名违法犯罪分子受到震慑到公安机关投案自首。十一是全局有 1 个单位荣立集体二等功，2 个单位荣立集体三等功，4 个单位受到市县嘉奖，有 5 个单位被评为文明单位。

5. 积极开展维护政治稳定工作，全面加强社会治安秩序。

1989 年，公安保卫工作紧紧围绕党中央的中心任务，以维护安定团结的政治局面，维护治安秩序的持续稳定和保卫经济建设这个总目标开展：一是破获刑事案件 724 起，查处治安案件 1372 起。二是查处经济案件 85 起，查获经济犯罪分子 137 名，追回赃款 28.8 万余元。三是查获各类案犯 3024 名，其中逮捕 310 名，劳教 21 名，刑拘 353 名，收容审查 63 名，直诉 62 名，取保候审 247 名，治安处罚 420 名，摧毁犯罪团伙 53 个，成员 600 余名。四是发生交通事故 134 起，死 42 人，伤 34 人，经济损失 10.2 万余元，同比分别下降 1.5%、4.6%、2.8%、3.8%；发生火灾事故 7 起，经济损失 3.5 万元，无人员伤亡，同比分别下降 47%、30%。五是加强了城乡和厂企内部保卫工作，通过治安联防、护厂、护校，组织治安巡逻共抓获违法犯罪分子 798 名，排除不安全因素 1300 条、重大隐患 27 条。六是在学潮动乱期间，全体干警加强信息工作，严密控制动态，积极参加制止动乱，维护秩序，保证治安秩序稳定。七是查处了一批治安案件，缴获赃款赃物折款 70 余万元，淫秽物品 133 件，收缴炸药 172 斤，各种凶器 17 件。八是圆满完成了 54 次各项重大安全保卫任务。

1990 年，充分发挥公安机关的职能作用，狠抓侦查破获，依法从重从快地严惩了一批严重危害社会治安的违法犯罪分子。一年来，共破获大小刑事案件 1362 起，查获各类违法犯罪分子 3598 名，其中逮捕、刑拘 349 名，劳教 43 名，收审 90 名，摧毁犯罪团伙 105 个成员 547 名，缴获赃款赃物折款 122.2 万元。受理查处各类经济犯罪案件 56 起，查获犯罪分子 120 名，为有关单位追回经济损失 167 万余元。年内召开宽严揭露大会 18 次，发各类宣传提纲、宣传材料 4 万余份，运用广播电视进行宣传 24 次。通过宣传，教育了群众，震慑了不法分子，先后有 126 名群众扭送违法犯罪分子 85 名，检举揭发违法犯罪线索 172 条，通过查证查获违法犯罪分子 36 名，追破案件 58 起，有 43 名违法犯罪分子主动到公安机关投案自首。强化措施，维护了四、五、六三个月的稳定。为贯彻维护稳定是压倒一切政治任务的要求，严防各类闹事苗头的发生，全局干警共加班加点 6 万余小时，深入工厂、学校收集信息情况 35 条，排出危险人物 26 名，上访人员 6 名，为领导决策提供了依据。亚运会期间，广大干警严密控制敌情动向，收集敌、社、政情信息 21 条，查获一起与敌特机关挂钩案件；检查重点要害部位 600 余处，发现不安全因素 300 余条，收缴炸药 149.85 千克，导火索 406.6 米，非法制造的土猎枪 68 支。完成了重大节日、党和国家领导人、外国元首、重要外宾访青的警卫、保卫任务 67 次，无任何纰漏。严密治安管理，积极查处和调解治安案件，共立案 375 起，已查结 315 起，查处积案 32 起，调解纠纷案件 1860 起，治安处罚 477 人，其中行政拘留 337 人，罚款 57 人，警告 56 人。抽调干警 320 人次，加强太清宫、太平宫及石老人旅游区的执勤力量，制定旅游区各项管理规定 5 条，查处扰乱旅游区公共秩序的违法行为 6 起，维护了崂山的声誉。同时成立专门组织，加强大沙海区治安秩序的维护，使该地区的发案率明显减少。刑侦工作的三大支柱和居民身份证在侦查破案中正日益发挥作用，收集犯罪资料 2891 份，年内共利用特情破案 43 起，利用技术和犯罪资料直接破案 14 起，审破案件 73 起，协助有关单位破案 43 起，利用居民身份证底卡破案 59 起。加强交通管理，四项指标全面下降。年内全区共发生交通事故 124 起，死亡 48 人，伤 32 人，经济损失 9.8 万元。

6. 积极开展全面加强社会治安综合治理工作，为经济建设保驾护航。1991 年，一是严厉打击各类违法犯罪分子的破坏活动，一年来共破获刑事案件 724 起，其中隐案和往年积案 323 起，查获各类违法犯罪分子 1740 名，从中打击 496 名、逮捕 279 名、直诉 110 名、劳教 31 名、收审 76 名、转外地公安机关处理 23 名。摧毁犯罪团伙 102 个，成员 389 名，缴获赃款赃物折合人民币 270 余万元。查处经济犯罪案件 24 起，查获犯罪分子 39 人，追回经济损失 170 余万元。完成犯罪资料 1756 份，完成率 117.1%，利用技术手段认定犯罪分子 22 人，查获犯罪分子 53 人，其中团伙 5 个，破获大小案件 86 起。二是社会治安管理得到加强，信访案件有所减少。一年来受理信访案件 92 起，查结 87 件，查处率为 94.5%，接待群众来访 148 次 300 余人，查结 140 起，查处率为 94.6%。查处治安案件 720 起，调解纠纷 275 起，查处违犯治安管理人员 1162 人。圆满完成了党和国家领导人及外国元首、重要外宾的警卫任务 89 次，出动警力 8100 人次。三是基层基础和综合治理工作稳步推进。分 4 批培训了全区治安主任 380 名，治安联防分队长以上干部 60 人。对重点人口进行整顿，新建重点人口 1632 人，对暂住人口进行整顿登记 23172 人，共发证 3256 人。居民身份证为现实斗争服务发挥了作用，破获案件 39 起，抓获各类违法犯罪分子 56 名。内部工作坚持以防为主的方针，使综合治理工作又上了一个新台阶，为经济建设保驾护航取得了可喜成绩，企事业单位达标工作 80% 以上得到落实，内部治安秩序稳定，各种案件同比下降。四是道路交通规范管理迈开大步，308 国道、青烟一级公路相继交付使用，在警力不增、工作量大的情况下，四项指标持续下降。当年共发生交通事故 123 起，死 60 人，伤 28 人，经济损失 9.025 万元，与市局支队下达的指标数相比分别下降 29.8%、3.1%、45.1%、54.3%。五是公安法制宣传得到加强，召开宽严揭露大会 12 次，走上街头开展法律咨询 5 次，发放各种宣传材料 1 万余份，运用广播电视等宣传 24 次，通过宣传教育震慑了不法分子，有 37 名群众揭发检举犯罪，有 48 名违法犯罪分子到公安机关自首，坦白交代问题。六是预审工作有了新开端，共受理案件 187 起，拘留、逮捕 310 人，已审

向群众发放违法犯罪成本宣传材料

结 168 起 279 人，预审调查人证 460 人次，审破积案 86 起。七是边防保卫和消防监督又有新起色。边防保卫做到了不外逃一条船、一个人，不内潜一条船的要求，还协助有关部门查获贩烟案件 2 起。全区发生火灾 26 起，经济损失 13 万余元，区消防中队大楼在积极筹建

中，填补了自新中国成立以来无消防中队的空白。八是信息控制、通讯联络工作取得突破性进展，全年共上报公安工作简报 120 起，信息情况 107 条，被市局采用 26 条、市委采用 6 条、市政府采用 6 条、省委采用 2 条，分列全市第三名。

时刻不放松"严打"斗争，全面遏制刑事案件上升的势头。全年共发生刑事案件 775 起，比去年下降 23.9%，破获 723 起；发生重大刑事案件 298 起，同比下降 22%，破获 197 起。查获各类违法犯罪分子 1610 名，打击处理 1050 名，其中刑拘 285 名，转捕 264 名，直诉 106 名、劳教 17 名、收审 50 名、治安处罚 486 名，摧毁各类犯罪团伙 56 个、犯罪成员 213 名，缴获赃款赃物折款人民币 170 余万元。

全面加强社会治安综合治理，维护社会治安稳定。共受理各类治安案件 916 起，查结 744 起，调处民事纠纷 289 起；受理信访案件 189 起，查处 164 件，接待群众来访 390 人次；查获违犯治安管理人员 1114 名，打击处理 438 人；开展全区性安全大检查 16 次，发现整改不安全因素 176 条，查处违犯爆炸物品管理案件 8 起，收缴各类枪支 193 支、子弹 1064 发、炸药 2.1 公斤、雷管 26 枚、导火索 21 米；组织完成了重大警卫任务 135 次，完成了重大节日和党的十四大的安全保卫任务；维护崂山风景区和海上的治安秩序，没有出现大的问题，如 5 月 25 日下等 5 时许，贵州安顺第七农产品公司业务员韩某在太清宫山坡上吃安眠药并割腕自杀，被值勤干警发现后送部队卫生队抢救脱险。

交通管理、消防监督和海防建设得到加强。以查违章、降事故、保畅通，服务经济建设为主要目标，年内交通事故发生 95 起，死亡 52 人，伤 22 人，经济损失 12.26 万元，同比分别下降 16.7%、20%、33.3%、29.8%。召开交通安全会议 18 场次，驾驶员会议 68 场次，受教育驾驶员 2300 余人，查处纠正违章 8 万余人次，办违章学习班 70 余场，教育驾驶员 3 万余名，吊扣缴销驾驶证 500 余人，搞好机动车及驾驶员年度审验工作，使受审面达 98% 以上。消防中队办公训练大楼竣工，消防监督作用得到充分发挥。加强对 4523 只船舶和 19181 名渔民的法制宣传教育和重点码头、港湾、海上的综合治理。3 月 4 日，河套镇罗家营村 4000 余亩养殖海滩被红岛镇西大洋、宿流等 5 个村的 1000 多条渔船、4000 多渔民哄抢，双方在海上展开殴斗，造成重大经济损失。经 103 天的艰苦调查，依法逮捕 2 名主要责任者，刑事传唤 18 人，追回经济损失 30

万元，有效地维护了海上治安秩序。

1993 年通过大力加强政治保卫工作，维护了全区政治上的稳定。加强了情报信息工作，广辟情报线索来源，通过各种渠道搜集境内外敌对势力、敌对分子和各种政治危险分子的信息 146 条，对一些重点部位、热点问题和敏感区域、敏感时期做到早准备，预先发现，及时处置，查处涉外案件 11 起，破获书写反动标语案件 1 起，及时消除了政治影响。加强"三资"企业和出入境管理工作，建立"三资"企业保卫组织 6 个、专兼职保卫人员 194 名，建立外管联络员 75 名。

采取各种有效措施，侦破了一批重特大刑事案件，依法惩处了一批严重刑事犯罪分子。全区共立案刑事案件 563 起，同比下降 17.8%，破案 902 起，同比上升 21.7%；查获各类刑事犯罪分子 1012 名，打击处理 726 名，拘留逮捕 240 人，直诉 80 人，收审 79 人，取保候审 243 人，劳教 9 人，治安处罚 75 人，摧毁犯罪团伙 123 个成员 445 人，缴获赃款赃物折款 648.3 万元，挽回经济损失 500 余万元。

严格治安管理，全面推进社会治安综合治理工作向纵深发展。针对群众反映强烈的治安热点、难点问题，积极查处各类治安案件，全区共发生治安案件 884 起，同比下降 3.5%，查结 769 起，查结率 86.9%，调处民间纠纷 200 余件，查获违法犯罪人员 1148 名，打击处理 575 名，其中逮捕 16 人、少管 5 人、行政拘留 286 人、罚款 76 人、行政警告 192 人，查处信访案件 98 起，开展安全大检查 26 次，发现整改不安定因素 152 条，组织区域性治安治理 6 次，消除了治安死角。年内成立暂住人口管理组织 13 个，登记暂住人口 24468 人，发证 5811 个，登记重点人口 1305 人，建立帮教组织 560 个，帮教力量 1594 人。通过对重点人口和暂住人口的管理，发现违法犯罪线索 67 条，查证破案 35 起。

以改革总揽全局，再创公安工作新局面，改革和加强刑事侦查力量，组建刑警大队，下设侦查分队和 12 个驻所侦探组，实行"分队包片"、"责任到组"的岗位责任和管理措施，保证了刑警大队内部机构的高效运转，有力打击刑事犯罪分子的破坏活动。改革派出所内部勤务制度，推行警务区试点工作，实行警长制。流亭派出所在原有治安责任片的基础上，改设警务区，使其成为集治安、刑侦、户口管理、安全防范等各项基层基础工作于一体的综合性、多功能战斗实体，形成了"各司其职、各负其责、责任到位、分片包干、职责明确、任务落实、一警多能、一警多用"的新格局。为加强城区社会面控制，确保城区治安、交通、市容卫生秩序井然，组建崂山巡警大队的筹建工作基本完成。

（二）1994～2009 年，是警务创新全面展开、逐步完善，警务机制不断取得丰硕成果，引领公安工作全面突破的阶段

1. 以建立队伍管理长效机制为抓手，警务创新机制的探索逐步推进全面结果，不断迈出扎实步伐，各项成功经验被中央和省市推广。1994 年 8 月 14 日～24 日，第四届青岛国际啤酒节期间，为了圆满完成安全保卫任务，崂山公安开始积极探索发挥民警实战能力的新型警务机制，确保了啤酒节的安全稳定，期间未发生一起大的治安、刑事案件。以后历届啤酒节的安保工作，都出色地完成。1995 年共打击处理 245 名违法犯罪嫌疑人，其中逮捕 56 名，直诉 6 名，劳动教养 15 名，行政拘留 168 名。刑事立案 262 起，破案 167 起，破案率 63.7%；重大案件发生 103 起，破案 57 起，破案率 55.3%。治安案件立案 308 起，查处 257 起，查处率 83.4%，查处 391 人。交通事故共受理 37 起，死亡 27 人，伤 47 人，直接经济损失 201085 元，案件查结率 78.8%。火灾事故 6 起，直接经济损失 7.5 万元。1997 年圆满完成全国"两会"、迎香港回归、啤酒节、党的十五大、国庆节等重大节庆的安全保卫任务。

2000 年崂山分局首次设立了警务联合服务大厅。通过不断的警务探索和创新，2001 年 2 月，分局建立以《局规 70 条》及配套措施为主要内容的队伍建设长效机制，引起了公安部、省厅、市委和市局领导的高度重视。公安部的有关领导专门进行专项调研，对分局的做法予以充分肯定。

2001 年 4 月，又相应制定了配套措施，

啤酒城安保

即建立队伍建设长效机制，制定并实施了《关于建立民警工作联系村的规定》。基层派出所和交警中队民警进村入户，实施与群众同吃同住、群防群治的工作方式，取得初步成效。

2003年9月15日，分局出台《便民服务措施100条》，包括户政、交通、外事、治安、消防等九方面的内容，对违反本措施的行为，群众可以向分局报警服务台（8890000）投诉。2003年12月18日下午2时55分，中央电视台第一套节目播出了题为"崂山警民情"的电视专题片。在15分钟的播出时间里，专题片通过一个普通民警的平凡事例，对分局组织开展的民警驻村、边防海上110、"1+2=全家福"（通过对学生的教育影响家长）等活动情况进行了专题报道，形象生动地反映了分局在积极践行"人民公安为人民"方面所采取的一系列工作措施及取得的突出成效，深刻体现了崂山公安警民鱼水深情。

2004年2月27日晚7时，中央电视台一套《新闻联播》在"立党为公，执法为民"——实践"三个代表"专栏中，推出了全国公安机关转变作风、为民办实事的情况。其中重点介绍了分局创新工作机制，建立社区警务议事会制度，整合治安资源，实现警民互助、互动，加强治安防范，打击违法犯罪，创造稳定和谐的社会治安环境的事迹。8月26日上午，公安部、省委及全国公安厅局长会议代表到分局参观，对分局科技强警、正规化、规范化建设及民警日常训练等工作给予高度肯定。

2. 突出基层基础建设重点，大力推进社区警务工作机制。2002年分局以"发案少、秩序好、社会稳定、群众满意"为总体目标，深入开展"双基工作年"活动，最大限度地把警力压到一线、向基层倾斜，着力解决影响群众安全感的瓶颈问题，转变工作作风，强化基层基础工作。

（1）实现警力下沉，推进社区警务室建设。在边远和治安状况相对较差的区域设立了12个社区警务室，实行一室多警的警力配备模式，围绕社区民警的"搜集掌握情报信息、人口管理、治安管理、安全防范和服务群众"5项职能，形成了集管理、打击、防范、控制于一体的科学、规范、有序、高效的社区警务工作机制。

（2）大力加强派出所的规范化建设。建设"一厅两室"（综合服务大厅，留置室和治安案件公开调处室），户籍派出所增设了综合服务大厅，治安派出所都设立了警官服务台，在办公设施、办事时限、服务态度等方面进一步规范，并实行首问责任制。

（3）深入开展民警驻村工作。各个派出所和交警中队每月派出一名外勤民警到辖区治安防范相对薄弱的村庄工作一周，伙食费自理，自带行李，与村民同吃同住，协调指导村庄建立治保组织，加强法制宣传，夯实"双基"工作，切实为村民办实事、办好事。

（4）开展"走村入户送法规，情系百姓保安全"活动扎实有效。抽调专门力量，深入到农户、厂企、政府机关、事业单位，给他们送去了《致全区居民的一封信》《致全区中小学生的一封信》《交通事故案例与分析》《交通业务程序指南》等宣传材料，解答他们提出的问题。并与"1+2=全家福"（通过对学生的教育影响家长）活动有机结合起来，将法规宣传与摩托车专项治理行动双管齐下，投入资金设置了一处违章摩托车停车场，增配了3辆巡逻清障车，设立了固定查车点，道路交通状态明显改善。

3. 2003年强化"七个意识"，实现"七个提高"，全力维护社会秩序稳定。

（1）强化情报信息意识，维护社会稳定能力进一步提高。大力推行情报信息全警化、社会化、激励化举措，建立大信息格局，强化社情动态控制。分局以信息化建设为先导，建立人人建情、用情的情报信息全警化预警制度，及时获取了大量情报信息，为领导决策和先期处置各类影响稳定的问题提供了可靠依据。建立了预警监控系统，努力化解各类纠纷矛盾。深入开展矛盾纠纷排查调处工作，特别对于城市拆迁、工程建设等重点问题，做到密切关注、超前预警、妥善处置，狠抓了对重点人、重点事、重点部位的排查控制措施，未发生大的问题。

（2）强化严打意识，侦查破案、打击违法犯罪的能力进一步提高。积极探索实践"队所联侦制"，坚持对黑恶势力露头就打、大要案集中优势兵力打、多发性犯罪适时打和负案逃犯穷追猛打的严打方针，先后开展了"百日会战"、打击"双抢"专项斗争、"打霸治痞"专项斗争等20余次专项治理活动，对各类违法犯罪行为展开全面围剿。共破获现行案件505起，比去年同期上升67%，完成全年指标（280起）的180.3%，打击处理（逮捕、劳教）违法犯罪嫌疑人164名，完成全年指标（135名）的121.5%，杀人案件破案率80%（指标为75%），伤害致死案件破案率80%（指标为70%），共受理经济案件78起，破案74起，追缴赃款赃物278万元，还相继破获了"4.15"特大山林纵火案、崂顶盗割路灯电缆案、制贩啤酒节假门票案等一批重大疑难案件，在社会上引起强烈反响，受到广泛好评。7月26日，青岛朗讯公司员工熊某在北九水风景区游玩时被人杀害，分局迅速开展工作，经缜密侦查仅用22个小时即将此案破获，犯罪嫌疑人被及时绳之以法。

（3）强化安全防范意识，社会治安的防控能力进一步提高。加快村庄联防化、小区科技化、道路机动化、关卡固定化、力量多元化"五化"防控体系建设，实行多警式联勤、网格化巡逻、动态型报警，进一步提高了治安防控能力，多发性、系列性案件得到了有效控制。居民住宅防盗门安装率占有条件安装户数已达到97%，楼院看护率达到96%，入室盗窃、入室抢劫、撬盗机动车等可防性案件基本上得到遏制。

（4）强化大局意识，服务经济建设水平进一步提高。在全区范围内组织开展"打霸治痞"专项斗争，由分局与12个派出所所长签订了"打霸治痞"责任书，实行"三不准"，即公安民警不准与任何工程有个人私利关系；不准与任何"霸、痞"有个人交往；不准对任何涉及工程建设方面的报警求助漠然视之。不管是公安机关的任何人，只要违反"三不准"，都要视情严肃追究有关人员的责任，触犯法律的，坚决移交有关司法部门处理。开展了"五个一"活动，推行了安商服务卡制度，设立了一部安商服务电话，每个工地统一设置"打霸治痞"责任牌，广泛开展一次摸底登记活动和每月召开一次法制会。对黑恶势力横行，人民群众、投资建设者怨声载道的地区，经分局查证属实，辖区派出所所长就地免职，分局领导向区委、区政府请求处分。

（5）强化创新意识，为民服务水平进一步提高。从端正执法思想，创新工作机制入手，完善整合近年来抓队伍和业务工作的一些有效措施，推出了包括傍站式亲民服务、互助式安民（商）服务制度和队伍长效建设制度三个制度的"警务助民工作法"及《便民服务措施100条》等，得到社会各界的好评。在派出所推行社区警务议事会制度，选聘群众直接参与警务工作，并对民警的工作进行评议。

（6）强化法治意识，治安行政管理水平进一步提高。加强交通秩序整治和消防监督管理，以深入开展"三让"活动为契机，积极开展整治交通秩序，遏制重特大事故专项治理等活动，认真排查、全面治理交通事故"黑点"，有效遏制交通事故的上升势头，道路交通秩序明显改观，主要路口机动车遵章率、非机动车遵章率、行人遵章率分别达到95%、90%、87%，交通事故查结率达87%，逃逸事故侦破率达94.4%。平安大道崂山警务工作站启用执勤；积极推进社区消防建设，王哥庄消防站建成并投入使用，在全区四个街道办事处成立了消防安全委员会，建设高质量的消防社区7个，新设10处消防宣传画廊和14个社区消防器材箱，张贴《居民防火公约》8万余张，开展形式多样的消防宣传活动140余次，群众的消防安全意识明显增强，火灾起数比去年同期下降66.1%。

（7）强化管理意识，队伍整体素质和形象进一步提高。组建民警培训学校对民警进行多种形式的业务培训，举办各种形式的理论、业务培训班40余期，开展岗位练兵30余次，实行了执法办案质量个案评判制度、网络执法办案监督制度、重点案件跟踪督办制度，建立了内部执法监督档案，进一步健全完善了一系列执法监督措施，确保了执法办案的严格公正，进一步提高了民警的业务技能和综合执法水平；在加大《局规》考核的基础上，制定出台了《关于进一步强化干部队伍责任追究的暂行规定》，对业务工作处于落后位次的单位及领导班子实行黄牌警告制，连续两年被黄牌警告的，坚决按规定提出免职建议或责令引咎辞职，有效地激发了队伍活力；开展"贯彻十六大、全面建小康、公安怎么办"大讨论活动以及机关纪律作风整顿、"一教育、两整顿"和"五看五比"活动，在窗口单位推行"每日十点"，进一步改善了民警工作作风和服务形象；深入开展"进万家门，亲情到家；问千户事，工作到家；知百姓情，安全到家"活动，制定《民警工作时间以外行为规范》，实施"一卡一单"制，即民警家属监督联系卡、民警加班通知单，扩展了队伍管理的内容和范围；深入开展"双访双送"活动，进一步密切了警民关系，树立了公安机关良好形象，使广大民警的执法素质明显提高、纪律作风明显转变、群众对公安队伍的认同感明显增强。

4. 2004年，积极投身创建"平安崂山"活动，全面提升公安工作水平和公安队伍战斗力。

（1）突出信息化的预警研判机制建设，全力维护社会政治稳定。一是建立大信息格局，强化社情动态控制。分局以信息化建设为先导，建立人人建情、用情的情报信息全警化预警制度，及时获取了大量情报信息，为领导决策和先期处置各类影响稳定的问题提供了可靠依据。一年来，共搜集上报各类预警性信息120余条，及时、妥善处置各类不安定苗头30余件（次）。二是建立了预警监控系统，努力化解各类纠纷矛盾。深入开展矛盾纠纷排查调处工作，特别对于城市拆迁、工程建设等重点问题，做到密切关注、超前预警、妥善处置，狠抓了对重点人、重点事、重点部位的排查控制措施，未发生大的问题。8月11日，成功摧毁青岛市最大的"法轮功"宣传品印刷窝点，查缴各类"法轮功"宣传材料5万余份及专业印刷器材、工具一大宗，及时消除了一重大隐患。三是顺利完成了各级"两会""五一""十一"、啤酒节、ACD会议及中央首长和外国政要在青期间的各类重要警卫任务、重大节庆活动的安全保卫任务110余起300余次，做到了万无一失，确保安全。特别是在社区"两委"换届选举期间，分局维护稳定工作成绩突出，区委、区政府领导给予充分肯定。

（2）突出科技化的决策指挥机制建设，全面掌控社会治安主动权。一是构建权威高效的指挥作战体系。建设高标准、高起点的公安指挥中心系统，在全区45个主要路口和重点部位增设电子监控设备进行远程监控，形成信息畅通、指挥有力、手段先进、运转高效的指挥体系。还投资450余万元建造了"动中通"移动卫星通信车，坚持定点监控与动态指挥相结合，公安机关决策指挥、实战操作水平不断提高。该车还通过了公安部、省公安厅的科技成果鉴定，达到同类系统国际先进水平。二是构建网格化的社会面巡逻防范网络。将25部110警车和治安巡逻车24小时屯警街头，在分局指挥中心统一指挥调度下实

广场民间文艺会演执勤

行多警联动，加强对易发案路段、易受侵害部位、易发案时间段的重点防控，街面见警率和社会面动态控制能力进一步提高。三是构建智能灵敏的重点区域技防网络。对党政首脑机关、金融单位、重要物资仓库、驻青外国使馆、高等院校及大型场所、宾馆、娱乐场所、居民小区等重点要害部位，安装了远程监控和智能拦禁系统、电脑联网固定目标自动报警设备等技防设施，并与公安指挥中心联网，一旦出现警情，公安机关可迅速赶赴现场处置。2004 年 3 月，通过中国海洋大学录像监控，成功打掉了一个盗窃古力井盖 400 多个、价值 14 万多元的 5 人犯罪团伙。

（3）突出社会化的警务工作机制建设，全面强化基层基础建设。一是建立完善以议事会为载体的社会监督考评机制。在派出所全面推行了社区警务议事会制度，建立社区议事会 24 个，由群众对社区民警工作进行评价，构筑责权明确的社区治安"议事平台"，为公安机关充分依靠社区力量、利用社区资源解决社区治安问题创造了条件，进一步夯实了基层治安防范工作根基。二是建立完善以治安防范承包责任制为主体的基层防范机制。在农村地区推行治安防范承包责任制，将村庄巡逻看护、安全管理任务以标的额方式承包给个人，明确规定治安防范的权利、义务、奖惩、赔偿等，进一步激发了村级联防的工作积极性，督促防范措施的落实。三是建立完善以社区警务为依托的区域防范机制。大力实施社区警务战略，社区民警实行弹性工作制，深入责任区为群众提供办证、咨询等便民服务，搜集掌握各类情报信息。积极落实警情播报、警情提示制度，每周对辖区治安情况进行一次动态分析，有针对性地提出安全防范措施，警示群众提高防范意识，及时堵塞防范漏洞。

（4）突出一体化的刑侦工作机制建设，全面提高攻坚破案能力。积极探索实践"队所联侦制"，将刑警队伍的专业优势和派出所的阵地优势有机结合，实行整体作战，建立大刑侦格局，侦查破案和打击犯罪能力进一步增强。全年共破获各类刑事案件 1554 起，超出全年指标（385 起）220 起；打击处理违法犯罪嫌疑人 227 名（逮捕 191、劳教 36），超出全年指标（135 名）92 名，打掉团伙 19 个，成员 177 人，抓获逃犯 81 名。期间，先后成功突破公安部督办的博益轩网吧传播淫秽电影案、省厅督办的"3·11"劫车杀人案、市局督办的午山系列抢劫案、全市瞩目的系列盗窃古力盖案、北宅"4·1"山林纵火案、金海湾台商被盗案及案值达 80 余万元的系列盗窃汽车案等一批重大案件，在社会上及时消除了影响，有力地打击了违法犯罪分子的嚣张气焰。同时，持续开展了"打霸治痞破大案"专项行动，抓获处理扰乱工程建设的违法犯罪分子 230 余名，有力维护了辖区良好的投资建设环境。

（5）突出法治化的治安管理机制建设，充分履行公安机关监督管理职能。以危爆物品管理、道路交通秩序整治、消防安全检查为重点，组织开展以防火、防盗、防爆、防投毒、防事故为重点的安全大检查 30 余次，及时发现和整改安全隐患 360 余处，杜绝了重特大安全责任事故的发生。今年以来，全区交通事故死亡人数（45 人）、受伤人数（515 人）、直接经济损失（229 万元）同比分别下降 30.8%、12.6%、39.6%；火灾事故受伤人数（1 人）、直接经济损失（44 万元）同比分别下降 50%、67.4%，无人员死亡。坚持管理、教育、服务相结合的管理模式，大力推行暂住人口"零距离"服务模式，暂住人口登记率、微机录入率、发函率均为 100%，办证率达到 99%，租赁房屋户《治安责任书》签订率达到了 100%，刑释解教人员列管率、帮教率均达到 100%，重点人口重新犯罪率为 1.9%，先后抓获各类犯罪嫌疑人 60 余名，上网逃犯 19 名，进一步消除了社会治安隐患。

（6）突出长效化的队伍管理机制建设，全面推进公安机关战斗力的整体提升。一是素质保障。组织开展"六大练兵"，即政治练兵、纪律练兵、业务练兵、科技练兵、技能练兵、体能练兵，民警队伍的文化素质、业务素质和实战能力得到不断提高；同时，大力推行执法质量个案评判制度、网上执法监督等有力措施，确保了执法办案的严格公正，分局执法质量取得大幅度提升，在 2004 年全市公安机关

对民警进行警务督查

执法质量考核中位居第一。二是责任保障。突出考核重点、工作激励、责任追究，制定了《分层次等级化管理规定》的要求，对各单位和全体民警分成 A、B、C、D 四个等级进行等级评定，以绩定级，按级奖惩，奖优罚劣，以此不断建立健全科学的奖惩激励机制，推动公安队伍整体活力。三是监督保障。自觉接受社会各界特别是人大代表、政协委员的监督，在认真做好人大代表建议和政协提案的办理工作的同时，全面抓好有关整改措施的落实，为公安机关开展各项业务工作，加强队伍建设提供了强有力的监督指导，进一步推动了公安工作发展。四是制度保障。在全局开展"贯彻二十一公、树立公安新风"大讨论活动和队伍管理"三无"活动，即个人无被投诉、单位无违法违纪和无败绩档案记录，及时发现和解决队伍中存在的各种问题和苗头，有效防止了违法违纪问题的出现。五是规范保障。借鉴企业管理经验，引入国际先进的 ISO9001：2000 质量管理体系认证，把分局的整体工作全部纳入统一的管理体系中，确保公安工作得到全程控制，实现公安执法与服务的标准化、程序化和科学化。

5. 2005 年开展"五项整治"活动，为经济建设保驾护航。

（1）公共娱乐场所开展专项整治，查堵"黄赌毒"。

（2）校园及周边治安秩序专项整治，设立"警戒线"。认真贯彻落实公安部"八项措施"，对全区 73 所中小学、170 所幼儿园的安全情况进行摸底调查，统一绘制平面图，强化内外防范措施，并建立定期联系制度，设立"法制副校长"，定期上法制教育课，切实提高了学校的治安防控能力。

（3）实有人口管控专项整治，打好"阵地战"。推行"双列管、双查究"工作制度，严格责任倒查追究制度和处罚措施，实现覆盖式、无疏漏管理，暂住人口登记率、微机录入率、发函率均为 100%，办证率达到 99.6%，刑释解教人员列管率、帮教率均达到 100%，重点人口重新犯罪率为 0.86%，先后抓获各类犯罪嫌疑人 81 名，上网逃犯 2 名。

（4）重大安全事故专项整治，剔除"隐患点"。以危爆物品管理、道路交通秩序整治、消防安全检查为重点，组织开展以防火、防盗、防爆、防投毒、防事故为重点的安全大检查。全区交通事故四项指标稳中有降，连续 6 年未发生重、特大火灾事故。

（5）信访案件专项整治，消除"上访源"。深入开展"开门大接访"活动，采取带案下访、登门拜访、当面接访、公告示访、会诊处访、结案回访的"六访"工作法，对办事效率不高，执法办案不公，造成群众信访和投诉的问题逐人接待、逐案解决，信访案件处结率、结服率分别达到98.2%、80%。

6. 2006年"三基"工程建设不断扎实推进，精确警务借力发展。

（1）变革勤务制度，推进警力下沉。分局坚持立足抓基层、打基础、苦练基本功，深化完善警务工作改革和机制创新，全面推进公安"三基"工程建设的不断深入。建立一套向基层倾斜的利益引导机制，做到"警力向一线充实、先进从一线产生、保障向一线倾斜、责任在一线落实"；社区民警把主要工作时间放在案件高发时段和易于同工作对象及辖区内群众、治安积极分子接触的时段；机关单位每天抽调1/4力量加强夜间巡逻，进一步增加单位时间的用警量，增强用警的针对性，确保了实战勤务24小时不间断。变革工作运行，抓样板、树典型、推亮点，基础工作实效不断增强。实行机关单位与派出所对口帮扶，在每个派出所打造单项基础工作的样板试点单位，强化机关单位的业务指导作用，加强与基层单位的工作衔接，克服基础工作单打独斗、各自为战的局面，全面推进分局基层基础工作开展。变革练兵模式，强化实战操作、强化考评检验、强化帮带互助，民警实战素质不断增强。建立每日一练、每周一训、每季一考、每年一赛的"四个一"练兵制度，坚持集中培训、岗位练兵、外出学习、实战演练、学历教育等多种方式相结合，利用民警培训学校举办各种形式的理论、业务培训班40余期，开展岗位练兵30余次，民警队伍的文化素质、业务素质和实战能力得到不断提高。坚持网上办案制度、个案评判制度和关口监督制度，大力推行样板案卷工程、法制宣讲团等有力措施，确保了执法办案的严格公正。

（2）"三个规范"强化责任管理，提升队伍素质。全面推行《效能管理责任制度》，全力推进工作效能的最大化。一是规范警务工作运行。将涉及民警日常执法服务、纪律作风、实战技能等方方面面的规章制度进行整理汇编，把"做什么、谁来做、怎么做、做到什么标准"以及具体的时间、空间要求，落实到每一个岗位上的民警，对公安工作实行规范化、标准化、流程化、责任化管理，以此为据对民警的工作进行全面监督考核。二是规范绩效考评。以履行职责、目标完成、纪律执行情况进行每月一考核，一月一通报，并实行分层次等级化管理和红黑榜制度，对工作成绩、业务排名、测评满意率居后位的单位挂黑旗，连续两次被挂黑旗的单位负责人要给予相应处分或进行组织调整，民警进行等级评定，以绩定级，按级奖惩，奖优罚劣。三是规范内外监督制约。在内部实行"14+1"重点环节管理，加强民警日常行为和作风养成；推行工作督办制，采取民警工作一日一清，部门负责人每天一查，分局分管领导每周一讲评，分局一事一督办等措施，加强对民警的管理和监督考核，以强化执行力的提高；在社会上，进一步以社区警务议事会为主体的服务评分制，由办事群众对公安机关服务情况进行评议，并根据评议结果对被评议民警予以奖惩，全面落实对民警队伍执法活动和日常行为的社会化公众监督、全时化责任监督、全程化督察督办，将监督力量、监督措施遍布各个工作环节、各个时间空间，确保了制度执行不走过场，工作落实不出疏漏。

7. 2007 年把握"三个关键点"、培植"三个增长点"、明确"三个落脚点"。

（1）分局牢牢把握"情报信息"这个关键点，坚持培植"民力资源"这个增长点，把工作落实到"服务发展建设、保障服务民生"这个落脚点。分局牢固树立"稳定压倒一切"的大局意识，突出全警化信息采集、社会化动态监测和系统化分析研判，不断做强做大覆盖全区、触底贴边的社会情报信息网络，将信息员队伍遍植在社会各个层面，形成了以情报信息主导警务的新型警务机制，牢牢掌握了维护稳定的主动权，一批不安定苗头被及时化解消除在萌芽状态，有力地维护了崂山区的良好形象和发展环境。一是突出抓好重大节庆活动如"五一""十一"、啤酒节，及各级"两会"、党的十七大安全保卫和139 个社区"两委"换届选举等诸多大事，期间还穿插举行了旅游文化节、中央首长在青视察等多项重大安保任务，分局通过加强"治安警情网点"建设和社区警务议事会制度的不断深化，及时有效地化解和妥善处置了各类不安定苗头 270 余起，确保了各项安保任务的顺利完成和警卫对象的绝对安全。特别是在社区"两委"换届选举期间，分局密切掌控动态，多方搜集信息，实行靠前指挥、驻点工作、重点盯守、全程跟进，先后共出动警力 3 万余人（次），全力以赴地做好期间的维护社会稳定工作，及时排查处置各类不安定问题和苗头 110 余件，对 10 名扰乱正常选举秩序的违法犯罪人员进行了依法处理，确保了社区"两委"换届选举工作平稳有序进行，全区未发生一起影响社区换届选举的重特大的案（事）件，选举秩序明显好于往届。二是突出抓好矛盾纠纷调处、群体性苗头处置、重点人员管控"三个环节"。坚持抓信息预警、事前控制和日常化解，特别对于城市拆迁、工程建设等重点问题，始终在党委政府的统一领导下，坚持主动发现控制、快速集结出动、妥善果断处置、严惩"不法行为"，依法处理扰乱秩序、妨碍公务和阻挠工程建设的违法犯罪分子 70 余名，减少了社会影响和各级工作压力。对掌握的各类重点信访人员、"法轮功"分子、帮教矫正对象，全部落实"四定四包"措施，严密跟踪控制措施，防止其捣乱破坏和外出上访滋事。三是突出抓好保障经济发展、增强群众安全、严密动态管理"三个重点"。对影响群众安全感、容易形成社会热点的各类命案、侵财型案件、黑恶霸痞案件以及扰乱工程建设、侵害企业利益案件，充分发挥刑侦信息预警研判、刑事技术分析检验、企业工地跟踪联系服务和资源整合区域群防等专群结合工作优势，有效提高了打击防控的时效性和准确性。同时，进一步完善社会群防网络建设，积极运用社会性管理、市场化运作方式，开展联户联防、联勤联动、治安承包、安保合同等多种形式的群众性安全防范活动，建立以公安机关为主，联防、保安和驻军以及社区治保组织等单位共同参与、齐抓共管的大治安格局，确保社会防范全警参与、全面覆盖、全民联动，有力地增强了全区治安防控能力。

（2）牢牢把握"基层基础"这个关键点，坚持培植"规范建设"这个增长点，把工作落实到"科学发展"这个落脚点。深入扎实地推进"三基"工程建设，深化完善警务工作改革和机制创新，全面推进了基层工作规范化和队伍正规化建设水平的不断提高。一是规范完善基础防控。全面推行主动型基层勤务机制，在基层一线单位全面推行了弹性工作制、错时工作制、轮班工作制，将警力向案件高发时段、防范薄弱时段、便民服务时段倾斜，依据群众治安需求、实际治安状况和掌控的信息线索部署勤务力量，调整打防措施，确保社会防范全时见警、全面覆盖。特别是在社区警务建设中，分局在全市公安机关中率先完成 35 个社区警务室的改造建设，建立了集社区警务室、社区警务议事会、社区 365 消防工作室、社区暂住人口管理服务分站、122 交通警务室"五位一体"的社区警务模式，最大限度地推进警务前移、关口前移、权限下放，有力地打牢了基层治安根基。二是规范完善重点管控。建立完善重点群体监控排查、重点问题集中整治、重点部位防护检查、重大隐患监管整改的责任体系，确保重大危险源监控管理到位、安全生产隐患整改到位、重点群体摸排控制到位，最大限度地遏制重大安全生产事故和非法活动发生。期间，先后组织对辖区重点要害部位、知名人士和外国人驻地、重点工程项目、公共场所、重点防火单位、重要交通路段开展不间断的安全检查整治 50 余次，针对重点高危人群、治安复杂区域开展突击拉网式清查行动 27 次，全面落实安全生产检查、道路交通管理、消防安全监督、危险品监管、公共娱乐场所整治、重点人员监控教育等各项措施，及时整改消除安全隐患 110 余处。三是规范完善基层管理。认真落实"四统一五规范"和正规化建设工作标准，对基层单位从内务设置到外观形象、从形式到内容实行"六统一"，即统一规划，统一外观，统一标识，统一内容，统一要求，统一进度，基层所队实力进一步增强。

（3）牢牢把握"素质能力"这个关键点，坚持培植"竞争激励"这个增长点，把工作落实到"打造过硬队伍、树立良好形象"这个落脚点。紧紧围绕"作风建设年"的工作部署，不断建立完善各项队伍管理的制度规范，以全程化督察、绩效化考核、社会化评议贯穿整个警务工作始终，依靠全面规范的规章制度对公安队伍实行严格的管理教育，全力打造良好的警风行风，塑造良好的社会公众形象。一是健全教育培训制度，提升战斗力。以"三懂四会"为基本要求，进一步健全"日学、周训、月课、季考、年赛"制度，进一步细化明确各警种、各岗位的练兵内容和考核标准，苦练基本功，着力提高基层一线民警的基本素质、基本能力和基本水平。加快民警训练基地建设，在全局范围内推行了"专家警务"活动，在每项业务工作中评选出"警务小专家"，承担本岗位工作的培训授课任务，以点带面，互帮共促，使每名民警都成为岗位工作的行家能手，推进各项业务工作的整体提高。二是健全日常管理制度，提升公信力。制定出台《队伍管理"三严"工作意见》《警务工作细目管理办法》等系列规章制度，从民警工作、生活习惯的点滴养成抓起，从民警的警容风纪入手，严格规范民警日常行为，设立了内部"曝光台"，组织人员对民警的执法服务情况进行暗查，对发现的问题在内部予以曝光，进一步加强了队伍纪律作风建设；完善执法质量"一案一考评、一周一检查、一月一考试、一季一培训"制度，强化执法监督管理，执法办案保持了严格公正，实现了法律效果和社会效果的有机统一，赢得了群众的拥护和支持；进一步完善制定了《警务工作督察办法》，对业务工作和队伍建设实行全方位的倒查制、信访投诉责任追究制和分局党委成员包片督导制，不间断地开展访谈教育和监督评议，狠抓重点工作目标的落实、纪律作风的查究和民警思想动态的掌控。三是健全考核奖惩制度，提升内部活力。全面推行以工作数量为基础，以工作指标为导向，以工作效能为重点的《效能管理考核办法》，将具体工作目标细化分解到各警种、各部门，明确具体责任人和完成时限，严格实行等级化单位和等级化民警考核，与经济利益、政治荣誉相挂钩，进一步凝聚警心，激发活力。同时，实行败绩记录制度，开展"民警个人无被投诉、单位无违法违纪、建无败绩档案"活动，对工作无败绩记录的，在评先选优和晋职晋级等方面要优先考虑；对被予以败绩记录的民警，认真落实末位调整、离岗培训、轮岗试岗等制度，公安机关正规化、规范化建设水平得到不断提升。

8.2008 年牢牢把握警务工作主导权，打赢了三场硬仗。

（1）立足于大局稳定，积极主动地打好平安建设"保卫战"，着力打造良好的社会治安环境。由于奥运会、奥帆赛的举行，并且崂山区作为 80%奥帆比赛海域的所在地，涉奥食品的主要供应地，国际要人、奥委会官员和参赛人员进出青岛的必经之地，安全保卫工作尤为重要和艰巨，分局面临着前所未有的压力和考验。同时，当年爆发的全球性的经济危机给辖区经济发展和社会治安带来了冲击，

奥运会安保

公安机关维护稳定压力骤增。期间，分局始终以保障全区"和谐平安"为首要任务，坚持不懈地开展和加强矛盾纠纷调处化解、严打整治、治安防控、安全管理等各项工作措施，为创造良好的社会治安环境和发展环境做出了积极努力，全区社会治安保持了总体稳定。结合季节性、区域性治安特点，以各类重点要害部位、比赛沿线海域、案件多发区域、治安混乱地区和重点路口、路段为重点，每天组织警力昼夜开展巡逻守护、设卡盘查、安全检查、防范宣传、群防组织等工作，切实加强对枪支弹药、爆炸、剧毒、放射等危险物品的安全管理，切实加强对重点要害部位的安全防范，切实加强道路交通安全管理和消防安全隐患的集中治理整治，最大限度地减少了防范管理盲区，增强了对社会面的控制力和震慑力。同时，坚持不间断地组织开展治安混乱地区和突出治安问题的集中整治行动，在全面调研分析的基础上，确定重点区域实行大兵压境、内查外堵、逐户清查的方式进行集中清理整治。期间，精心组织，主动出击，先后对6处人员复杂、治安状况混乱的社区进行了连续的集中整治，查获违法犯罪人员76名，进一步优化了治安环境，赢得了辖区群众的一致好评。将重点节会活动安全保卫工作与严打整治行动紧密结合，始终保持强劲的严打高压态势，在全区范围内部署开展命案攻坚、打黑除恶、打霸治痞、"打盗抢、抓逃犯"、公共娱乐场所治安清查、暂住人口"卫帆"等专项行动，切实提高打击效能，增强群众安全感，净化社会环境，保持全区社会治安的持续稳定。针对奥帆安保工作形势，自6月份开始在全区范围内组织开展了"拼搏六十天、平安迎奥帆"严打整治集中行动，及时有力打击了违法犯罪，牢牢掌控了全区社会治安秩序，为奥帆赛的顺利举办打下了坚实的治安基础。

（2）立足于服务民生，扎实有力地打好"三基"建设"决胜战"，着力打造坚实的公安工作根基。2008年是"三基"工程建设的收官之年和决战之年。分局坚持把"关注民生、重视民生、保障民生、改善民生"作为推进公安工作和加强"三基"建设的出发点和落脚点，累计斥资2440余万元用于"三基"工程建设，各项工作指标全部达到上级规定要求，基层所队实力进一步增强，基层基础工作进一步夯实，基层民警素质进一步提高，基层队伍正规化建设进一步推进，群众安全感和满意度进一步提高，以服务保障民生为根本的"三基"工程建设取得了明显成效。一是打造社区警务服务平台，拓建服务阵地。结合社区警务战略的推进，以加强社区警务室建设为重点，在全区重点建好"五个类型警务室"，依据职责分工向群众提供人口管理、消防检查、咨询办证、防范教育、监督评议等"集成式、一站式"服务，最大限度地推进警务前移、关口前移、权限下放，形成了集管理、打击、防范、控制于一体的科学、规范、有序、高效的社区警务工作机制，切实把社区警务打造成联系群众、服务群众、维护稳定的第一线平台。51个社区警务室，35个达到"十有"标准，共有社区民警121名，占派出所民警总数的75%，社区警务室覆盖面达到100%，社区民警比率达到省厅标准。对重点工程、重点企业进行经常性巡访和查访，开通"两访热线"，进一步加强和改进治安、边防、出入境、消防、道路交通等公安行政管理工作，积极落实登门服务、跟踪服务、承诺服务、首问负责、AB角对接、民警去向留言牌等"人性化"执法服务举措，及时发现并查处滋扰生事、影响重点工程和重点企业生产施工秩序的霸痞势力，严厉打击各类严重经济犯罪，积极挽回经济损失，为全区经济社会全面发展提供高效的执法服务。二是打造执法管理诚信平台，改善警民关系。坚持勤务模式向群众贴近、工作运行围绕群众调整、监督考核依据群众评价，对派出所现有勤务机制进行全面改革，努力做到"群众上班我巡逻，群众下班我入户"，不断提高民警的户情熟悉率。实行夜间巡逻勤务，要求社区民警每周必须进行一次夜间巡逻，社区民警每月必须组织一次流动人口、出租房屋夜查清理行动，真正做到了"警力跟着警情走，警务围绕群众转"。同时，充分发挥群众监督作用，将对社区民警工作的评判权全部交给辖区群众，对群众评议不合格、满意率不高的社区民警要予以调换，取消当年评先选优资格，有效改变了"干与不干一个样，干好干坏一个样"的状况，有力地调动了民警的工作积极性、主动性和创造性。三是打造外来人口管控平台，推行亲情化服务。在不断深化完善外来人口管理服务措施的基础上，联合区有关部门推行以外来人口"关爱加盟"活动为主的新模式，在外来人员办理暂住证的同时发放"关爱加盟一卡通"，持卡人在崂山区可以免费享受包括租房登记、救助维权、劳动培训、法律服务、择业求职、医疗计生、子女就学在内的各个方面的便捷优惠服务，从而寓强化管理于主动服务之中，既提升了工作效能，又服务了经济社会发展大局。2008年以来，已经为全区11万余名外来人员办理了"关爱加盟一卡通"，全区流动人口的登记办证率同比增长了一倍多，外来人口犯罪率下降了 11.3%。

（3）立足于素质提升，奋勇争先地打好"创一流"工作"冲锋战"，着力打造优良作风的民警形象。工作中，分局按照"创一流业绩、树一流形象、建一流队伍"的要求，结合"大学习大讨论""两整顿两规范"等活动开展，把对民警队伍的管理教育作为确保工作开展完成的重要保障，全面强化队伍的管理教育，切实为各项公安工作提供有力的队伍保障。投资 500 余万元建成民警训练基地，按照"仗怎么打、案怎么办、兵就怎么练"的要求，开展岗位、业务大练兵，技能、水平大竞赛的"双练双赛"活动，着重在提高练兵的深度和覆盖面上下功夫，系统地开展以防控、巡逻、盘查、搜身、带离、急救、通信、射击、警械使用、处置突发事件等为主要内容的实战训练，每月组织一次基础知识考试，提高民警自我防护和预防打击现行违法犯罪的能力，促进专业训练、基础训练、体能训练的经常化，最大限度地提高练兵成效，全面增强和提高了队伍实战的能力和水平。分局有 16 名民警获得"熟记百条岗位法规练兵标兵"称号。坚持源头化监督管理，进一步健全和完善民警思想状况定期分析、谈心谈话、家访联系等制度，定期分析、及时掌握民警思想新动态、新特点，形成 8 小时内外不放松，时间空间不脱节的立体化监督机制。开展单位创规范赢实绩，民警创形象赢民心的"双创双赢"活动，突出组织机构警队化、教育训练职业化、内务管理标准化、执法执勤程序化、监督制约阳光化、警务保障规范化，全面推进公安正规化建设，为安保工作奠定坚实的组织基础和素质保障。消防大队 15 名消防官兵奔赴四川抗震救灾，经过在灾区 8 天的昼夜奋战，先后参与各类抢险救灾活动 30 余次，成功搜救被困群众 6 人，疏导受灾群众 500 余人次，出色地完成了上级交给的抗震救灾任务，受到了上级领导和灾区群众的一致称赞。

9. 2009 年规范执法服务，优化了辖区投资服务环境。紧紧抓住重点信息的搜集研判、重点人员的稳控盯守、重点事件的化解处置、重点物品的管控检查、重点部位的看护安保、重点区域的排查整治，及时整治消除隐患 400 余处，全区未发生影响大、危害大的捣乱滋事活动和群体性事件，未使一件危险物品、一名重点人员流出辖区造成危害。严厉打击严重经济犯罪活动，查处经济案件 34 起，同比上升 100%，及时为企业挽回经济损失 430 余万元，切实为企业发展保驾护航。加强道路交通和消防监督管理，集中开展严重交通违法和火灾隐患整治行动，最大限度地消除安全隐患，有效预防和减少了各类重特大事故的发生，交通逃逸事故破案率达到 100%。中央电视台、人民公安报、市政府对分局治理酒驾堵疏结合的做法予以报道推介。推出深化和谐警民关系

社会面治安防控

10 项举措和便民利民 12 条措施，深化完善"五个一"安商助企、"零距离"管理服务、办理二代身份证"绿色通道"等服务经济发展和服务群众的新举措，有力地优化了辖区投资服务环境。

2009 年 12 月 25 日，崂山公安人、财、物划归青岛市公安局直属。

（三）2010 年至今，是面对更加错综复杂的社会治安环境，打造群众满意警务机制，推动公安工作全面跨越，警务管理能力、服务经济建设水平进一步提升，群众满意度显著增加的阶段

1. 多措并举抓好社会面控制，确保"四个"到位。

（1）抓维稳措施落实，确保重点稳控到位。一是加强重点人员稳控工作。组织力量进一步排查辖区各类邪教人员、国保重点人物、可能肇事肇祸精神病人及重点信访人员，认真梳理案件情况，分析信访原因，并逐一确定包案领导、包案单位和包案民警，层层落实责任，制定工作措施，加大稳控力度，确保防止重点人员外出滋事。通过积极摸排，主动介入、领导包案，围绕重点人员、重点时段和重点区域，大力开展前置式稳控，措施多、方法实、群众普遍满意，化解了一批因民族、宗教、选举及拆迁安置等原因引发的群体性事件隐患。2010 年以来，"法轮功"等邪教组织滋事案件同比下降 15%，群体性事件同比下降 13%，重点人员全部落实管控力量，在控率达 100%，并有一大批信访难

题得以化解结服，全年信访积案存量为历年最少。二是加大信访积案的化解力度。分局领导坚持做到"三个亲自"（亲自研究案情、亲自部署工作、亲自参与化解）和"三个上门"（上门约谈、上门答疑、上门回访）制度，主动走访联系上访群众，稳控化解信访疑难案件。各类信访来件结服率保持 90% 以上，信访积案结服数稳步增长，一大批"钉子案""骨头案"得以圆满结服。三是加强信访案件源头治理。规范执法办案流程，推动执法闭环优化体系强制入轨，以整体执法素质的提升减少信访隐患。采取"提前预警、信息研判、风险评估、疏堵并举"的方法，建立案件信访风险评估和预警体系，加大初访案件的化解力度，防止案件拖沓淤积，大量初访案件都得到了圆满化解，复访率同比降低 21%，因案件办理引发的信访案件同比降低超过 40%。

（2）突出情报信息作用，确保预警防范到位。一是加强信息研判。全方位、多层次、深触角地强化信息搜集研判、重点稳控盯守，对社会面各类不安定因素严密动态控制和贴靠控制，及时化解调处，争取消除在萌芽状态，严防群体性问题发生，及时将问题解决在了萌芽状态，有力地掌控了治安稳定大局。大情报体系建设向实战化推进，驾驭大局能力稳步提升。2014 年以来，投资 200 余万元建立了实战勤务指挥平台，构建了严密高效的决策研判体系，数据上实现了与社会海量信息资源的并轨对接，对"敌情、社情、警情、舆情、网情"进行综合研判，精确指导警力投放，形成"警力跟着警情走、勤务随着警情变"的新型勤务指挥模式。推出和改版《决策参考》《每日信息》等辅助决策刊物，从国际国内宏观局势到社会治安微观个案，兼容并包海量情报资源，并以及时、精确的分析研判，协助领导化解和妥善处置不安定苗头。二是落实重点维稳管控。在会议、节日等重要时间节点，加大对党政军机构驻地、商圈、重点企业和高校周边的动态管控，实施 24 小时巡防守护，派驻力量加强安全保卫，及时发现收集处置不稳定苗头，协助有关部门做好稳控工作，有效增强了社会治安大局的可控性，确保辖区未发生影响社会稳定的群体性问题。三是做好应急处突准备。在重要节会、节点期间启动应急机制，实行弹性勤务，增加街面巡防力量和机关待命力量，确保能够在第一时间赶赴事发现场及时处置。在各重点维稳时期，分局按照上级公安机关统一部署，在交运场所部署执勤警力，及时查控发现问题，确保能够快速反应、及时到位、妥善处置。

（3）落实安全监管措施，确保隐患整治到位。一是加强道路交通安全工作。以防事故、保畅通为主要目标，严查严处各类交通违法行为，在重要活动、节假日期间加大警力投入，科学实施调流，合理疏导交通，确保

崂山区举行社会治安巡防机制启动仪式

了今年重要节会及旅游旺季期间辖区道路交通秩序的安全畅通。加大对交通肇事逃逸案件的侦破力度，逃逸事故破案率连续七年继续保持100%的佳绩。二是全力清查消防安全隐患。积极推进街道"网格化"和消防安全重点单位"户籍化"管理措施，详细制定排查进度并认真落实"三项备案"，坚持"白加黑、交叉检查、错时检查、联合检查"等超常规手段排查整治隐患。分局消防部门成立了"红门课堂"，采取"请进来""走出去"的宣教方式，每年对辖区的汽车东站、青岛华仁药业、远洋大酒店、崂塑集团等60余家大型企业和青岛大学、青岛高新职业学校、崂山区实验幼儿园等20余所大、中、小学校上万名职工学生进行消防安全培训，有效提升了企业、学校和社区的消防安全管理水平。三是严格落实危爆物品管理工作。组织对辖区公务用枪单位进行检查，杜绝丢失及滥用枪械事件发生；对辖区民爆物品企业、施工爆破工地及使用剧毒化学品的单位进行逐一检查，严格存储、生产、使用、运输等各个环节的管理，严防爆炸、剧毒、放射性等危险物品被盗、丢失和发生事故，确保危爆物品管控工作不出纰漏。

（4）发挥打防管控职能，确保治安防范到位。一是严密巡逻防控。在重要节会及旅游高峰期间，分局以沿海一线、辖区主干道、高校周边及案件多发区域为重点，采取点上查、线上巡、面上控等多种措施，全力压降高发案件，最大限度地减少防范管理盲区，压缩违法犯罪空间，形成了打防结合、多警联动的防控网络，实现了对社会治安的强

有力掌控。二是加强清查整治。强化公共场所、暂住人口安全整治，组织警力开展集中行动，集中对全区出租房屋、公共娱乐场所等暂住人口聚集区域进行了不间断的专项清查整治行动，排查租赁房屋，查验暂住人口，查获各类违法犯罪嫌疑人，有力地净化了社会环境，震慑了不法。三是严厉打击犯罪。以加强刑侦体制机制建设为动力，多措并举，主动出击，始终保持严打的高压态势和强劲势头，不断掀起严打整治高潮。全区破获各类刑事案件数量及打击处理人数稳步提高。

2. 借力新型社区建设，深入推进社区警务大战略。 新型（农村）社区建设，是 2013 年市、区重点工作之一，也是党委、政府为加大统筹城乡发展力度，进一步提升城市化水平所采取的重要举措。分局按照市局和区委、区政府的部署要求，以新型（农村）社区建设工作为契机，立足"最稳定、最安全、最满意"的工作目标，统筹协调社会资源，积极创新社区警务工作新机制，以社区平安促进社会平安，全面提升基层平安创建水平，有力地维护了辖区和谐稳定。

（1）统筹协调、主动对接，优化社区警务室选点布局工作。根据崂山区新型（农村）社区的总体规划，分局主动与区有关部门协调对接，在原有警务室的基础上，积极争取将社区警务室纳入城乡社区建设规划，结合社区服务中心建设，按照"一社区一警务室"的原则，逐一落实社区警务室建设布局及相关硬件保障，确保社区警务室与社区服务中心建设同步推进、扎实落实。期间，分局多次召开会议专题研究社区警务工作，对社区警务室选点布局工作进行重点研究，重新规范了社区警务室建设标准，对相关保障推进措施提出了明确要求，确保统一标准、统一投入、统一建设。分局主要领导、分管领导多次带队深入一线，实地查看工作进度，调研指导社区警务室建设布局情况，针对已确定的 30 个社区服务中心的改造、新建，落实好社区警务室的配置布局，合理规划功能设置，为公安专用设备进场和视频监控系统接入打下了良好基础。截至 2013 年底，已全部落实了社区警务室的新建、调整工作，进驻全部到位。

（2）科学配置、强化保障，确保社区警务工作规范高效。针对全区新型社区的重新整合调整，分局事先组织对社区警务工作进行反复调研，按照"一区一警"或"一区多警"的原则，结合辖区警力、人口和治安状况，采取"民警包片""一片双警"等模式，因地制宜地配备社区民警，加快推进社区民警的进驻和服务事项的下沉，视情实行弹性工作制、错时工作制，打造便捷畅通的服务办事通道，更好为社区群众提供便捷高效的服务。在前期工作中，分局与区有关部门加强沟通联系，积极争取党委、政府工作支持，任命82名民警任社区党组织（居委会）副书记或委员，并由中韩街道出资招募150名协勤队员，专职协助公安社区民警开展工作，有力地保障了社区警务工作开展。同时，分局进一步研究制定了《社区民警警务工作制度》《社区警务室规范》《社区民警工作细则》等一系列制度，进一步规范明确了社区民警开展群众工作、掌握社情民意、管理实有人口、组织安全防范、维护治安秩序等工作职责，全面提升社区警务工作效能。

（3）立足实战、着眼实效，全力提升社区民警群众工作水平。结合社区警务战略的推进落实，分局对社区民警教育训练工作进行统筹安排，开展了为期8个月的"社区民警提升群众工作能力大培训"，采取集中授课和自学相结合的方式进行，并邀请全市公安战线的社区功模民警开展送教上门和现场答疑，提高教训效果。通过在日常勤务中对社区民警的降压减负，进一步保证其开展社区走访工作的时间，及时、准确、全面地掌握社区人、事、地、物、组织等基础信息和动态信息，提高信息的采集率和利用率。中韩派出所社区民警在下片走访中，工作细致，及时发现一非法宗教聚会点，经积极工作及时消除这一安全隐患。在"扫毒害，保平安"专项行动中，各派出所加强基础信息收集，及时获取涉毒线索，分局迅速跟进工作，先后成功抓获吸贩毒人员15名，并缴获毒品及吸毒工具一宗，有力净化了社会环境。2013年1~5月，全局社区民警共收集各类情报信息620余条，通过提供的情报、线索破获各类案件20余起，化解矛盾纠纷350余件，为分局打防管控工作提供了有力的信息支撑。

3. 奏响安全感和满意度新乐章，确保实现"四个新跨越"。2010年以来，分局把传统的以业务指标作为衡量警务效能的"唯量论绩"转变为以群众的社会安全感和满意度为衡量标准的新型"公安GDP"工作指导理念，立足基层实力提升和基础工作夯实，强筋健骨，队伍的整体素质和公众形象得到了进一步改善。

（1）改革执法服务理念，警民关系实现新跨越。将视野放宽、心态摆正、目标定准，将群众的满意度作为工作的核心要务，扎实开展"三包一创"、大走访"开门评警"等活动，创新建立执法监督员制度，开展警民恳谈、社区议事会、警营开放、警民互动等丰富多彩的活动，广大基层单位自主开展宗旨意识大讨论活动，宗旨意识进一步提升。组建30人的网络舆情导控队伍，将QQ群、微信群、BBS等网络平台作为阵地，开展宣传发动和意见征集，切实把问题解决在基层、把矛盾化解在基层。2011年啤酒节期间，分局创新思路，在啤酒城内开展包含"打架成本宣传"、警营文化展示、有奖收缴假币等内容的系列警民互动活动，取得了良好效果，实现啤酒节"零拘留"佳绩，办成了一届最安全、最祥和的啤酒盛会，受到党委政府及辖区群众的一致好评。

（2）改革执法服务流程，全警执法水平实现新跨越。正确处理好破"大案"与办"小案"的关系，破大案树形象、办小案助民生，始终将关系人民群众切身利益的小案件、小事故的办理工作摆在突出位置，针对其中存在的薄弱环节，深入推进警务流程再造和警务管理创新，进一步规范了小案办理、涉案物品管理的关键节点。2011年2640余起小案件全部纳入流程办理，受理率、现场勘查率、回访率均达100%，全面提升民生服务能力，夯实"三个基础"，实现社会管理"三个强化"。

（3）优化平安和谐"三个环境"，攻坚破案能力实现新跨越。一是突出常态严打，优化社会治安环境。仅2014年就开展季节性、专题性严打整治行动10余次，始终保持严打的高压态势和强劲势头，全区破获刑事案件507起、逮捕220人，历年逃犯到案数38人，同比上升90%；打掉团伙24个81人，恶势力团伙4个、霸痞团伙24个，超额完成市局指标。年内5起现行命案全部破获，查破命案积案2起，破案率100%；破获"两抢"案件190起，破案数同比上升427.8%；破获多起上级批示督办的重特大侵财案件、特大贩毒案等主攻案件，其中毒品案件破获数和涉毒人员抓获数均创历史新高，增幅位居全市公安机关首位。二是严打涉企犯罪，优化经济发展环境。与区工商、地税、食药监管理等建立明确的协作关系，建立健全部门间案件移交、信息共享和联动机制，开展队所"双联"工作模式，增强工作协作，重点打击各类扰乱企业经营发展的违法犯罪行为，全年破获经济犯罪案件55起，发动集群战役3次，抓获犯罪嫌疑人50名，破获大要案件4起、部督案件1起，破获有毒有害食品案件 5 起，捣毁制售窝点 15 处，挽回和避免各类经济损失近 4 亿元，其中打击整治发票违法犯罪专项行动成绩位列全市第一，有力地维护辖区和谐经济秩序。三是强化治安整治，优化群众生活环境。组织开展治安清查集中行动 60 余次，以万余人次的警力投入向治安盲点、乱点，不间断发动攻势，查处各类违法人员 324 人，查处各类治安案件 8031 起，集中清理山东头和中韩"城中村"内站街女，严控严管娱乐场所，查处"黄赌毒"案件 150 起，行政拘留 232 人，刑事拘留 15 人，捣毁赌博窝点 15 个。

（4）强化反恐防暴，应急处突水平实现新跨越。全力做好辖区涉恐重点人员摸排，严密防范涉暴涉恐组织或人员在崂山区落脚、渗透，确保对维稳重点人员的管控不留死角。严密开展对党政首脑机关、涉外场所、维稳工作重点场所的安全检查及巡逻防控，辖区全年未发生涉疆和暴恐案事件。进一步做好应急处突工作准备，自 2014 年组建 PTU 队伍以后，不断做大做强，派员赴中国人民公安大学接受专职培训，掌握了国际国内先进的战术理念，随后积极组织开展常态化的实战技能轮训，密集训练贯穿全年。熟悉完善处置预案，并始终保持备勤力量集中待命，每天保持 100 人以上的应急处突专门力量，保持车辆、装备处于良好状态，做好随时处置辖区突发案（事）件，提高对重大突发事件的应急处置能力。在 2015 年 12 月举办的全市公安特警实弹射击比武考核中，分局 PTU 队伍荣获团体第一名。

4. 2016 年以来，崂山公安全面提升公安机关社会治理社会化、法治化、智能化、专业化水平，实现全区社会大局安全稳定，治安秩序持续向好，群众安全感满意度不断攀升。

（1）主动聚焦社会形势变化，大局稳控能力获得新提升。一是狠抓预警处突，确保政治大局稳定。近年来，国外暴恐事件的接续发生使国内反恐形势骤然严峻，分局统筹协调、有序应对，全面加强街面巡控、重点看护、应急堵控和信息搜集工作，24 小时屯兵街面，开展全区常态化武装巡逻和突发事件的应对处置，确保辖区未发生影响政治稳定的案（事）件。快速成功处置重点人刘某刚扬言自焚、中国海洋大学爆炸物事件，在出租车停运、e 租宝维权、麦岛家园居民信访等群体性苗头处置中科学指挥调度，有效控制了事态发展和社会影响，均因及时有力处置避免了形成大的问题；注重加强源头控制，主动摸排，提前介入，及时妥善处置工地施工强拆、聚众讨薪等 310 余起群体纠纷警情以及"天价樱桃"网络舆情、宁夏籍回族人员"假务工"等敏感事件，有效防止敏感问题被炒作升级，有力维护了崂山形象和大局稳定；作为公安部确定的全国公安机关完善情报平台重点人员动态管控机制改革试点四个县级公安机关之一，进一步健全完善情报信息主导警务机制，取得良好实战效果，重点人员指令抓获数同比上升 29.6%，先后研判推送各类指令和研判线索 230 余条，直接查获犯罪嫌疑人 71 名，协助相关单位破案 82 起，并顺利通过了公安部和省厅的检查验收，省公安厅副厅长王金城对分局情报改革工作专门作出批示要求在全省推广。

二是狠抓安保维稳，及时消除各类隐患。各项重大安保活动场次比上年上升 10.6%，又逢国内外形势复杂严峻，各种突发性问题多、时间长、处置难。对此，分局事前做好安全检查和服务保障，合理安排勤务做好秩序管控，顺利完成二十国集团民间社会会议（C20）、"全国第五届中小学生艺术展演"、第 26 届青岛国际啤酒节及各类演唱会、体育赛事、展会活动等大型安保任务 230 余场次，未发生任何问题。圆满完成"320""528""706"等各项警卫任务 75 批次及"304"专项安保任务，确保了绝对安全和万无一失。对邪教坚持露头就打原则，破获"法轮功""中功"等邪教案件 6 起，打击处理违法犯罪嫌疑人 6 人，收缴"法轮功"宣传品 900 余份。加强信访源头控制，全力做好信访案件的化解和重点人稳控工作，化解了孔某、王某刚、段某梅等 20 余起疑难信访案件，及时查控重点人员 25 人，全年信访总量下降 8.72%；实现了党的十八届六中全会、各级"两会"、G20 峰会等重要活动和敏感时期重点人员"零非访""零失控"的目标。

崂山公安分局开展"人民群众走进机关"暨特警机动队汇报演练活动

三是狠抓安监查

控，坚决筑牢安全防线。认真吸取外地安全生产事故教训，始终保持高度警惕意识，深入开展公共安全隐患大排查、大整治，始终保持严管严控的高压态势，确保各项安全监管工作扎实到位。开展道路交通安全隐患排查整改及事故预防工作，查处各类交通违法行为16.4万余起，同比上升118.82%。伤人以上肇事逃逸事故破案率保持100%，道路交通事故起数及死、伤人数分别下降36.3%、28.6%、35.1%；深入开展消防隐患大排查，发现并督促整改火灾隐患或违法行为150余处，全区未发生较大以上火灾事故；积极调派警力协助做好森林防火重点时期巡查防护等工作，并成功破获王哥庄街道黄泥崖社区"3·20""3·31""4·1"3起山林纵火案件，有力打击了犯罪；切实做好爆破物品安全监管，审批使用民用爆炸物品炸药592.92吨，雷管71.08万发，审批销售炸药4501吨，雷管2754万发，均为全市最多；坚持每周对10余处地铁施工项目进行安全检查，确保了辖区公共安全形势的总体平稳。

（2）着力提升打防管控水平，平安崂山建设彰显新成效。一是强化严打整治，提高打击犯罪效能。保持强劲的严打高压态势，全区范围内部署开展打击"盗抢骗"犯罪、打击网络电信诈骗等专项行动20余次，全年刑事发案同比去年下降23.51%，降幅在全市遥遥领先，其中入室盗窃、诈骗、抢劫、抢夺等多发性案件同比分别下降58.03%、10.86%、21.88%和22.22%。全年破获刑事案件293起，刑事拘留399人，逮捕251人，同比上升11.4%；命案4起全部破获。抓获涉毒犯罪嫌疑人49名，查获新增吸毒人员153名，强制隔离戒毒19名，毒驾注销驾驶证27名，缴获毒品1.1千克。打掉恶势力犯罪团伙8个，霸痞团伙16个，抓获逃犯51名。成立反电信诈骗专业队，着力提升打击整治电信网络新型违法犯罪效能，打造新常态下"快接报、快阻断、快止付、快破案"的工作格局，累计成功止付、冻结涉案银行账号300余个，成功止付

举办反恐演习

电信诈骗案件 10 起，挽回被骗资金 104 余万元。

二是强化基础治理，扎牢社区安防篱笆。加强治安管理工作，查处各类治安案件 5707 起，处理违法人员 907 人，同比分别上升 12.2% 和 20.3%，为历年最多。开展严打"黄赌"专项行动，查获"黄赌"案件 133 起，同比上升 190%；抓获违法犯罪嫌疑人员 370 名，同比上升 293%；先后组织警力 2000 余人次，清查洗浴、旅馆、练歌房、足疗等各类场所 800 余家次，检查可疑人员 5000 余名，捣毁卖淫和赌博窝点 45 处，对 4 家歌舞娱乐场所予以停业整顿，查处旅馆违法经营行为 139 起，罚款 1.92 万元，取缔无证旅馆 9 家，行政拘留 4 人。破获"7·27"麦岛特大赌博案，抓获嫌疑人 29 名，缴获赌资 20 余万元；辗转 8 省、市破获"6·14"张某因卖淫嫖娼被敲诈勒索案，冻结资金 70 余万元，4 名犯罪嫌疑人全部逮捕。做好辖区养犬管理，组织收容、处置流浪狗及扰民犬只 86 只。在中韩、慈云路派出所试点建立治安案件"警调联动"调解室，调解案件 80 余起，通过了市综治办验收。顺利完成老旧小区物防、技防措施改造二期工程，共安装防拉栓、防攀刺和 B 级锁芯 2000 余个，14 个老旧小区可防性案件下降 70%，为绅园小区、海风花园、颐山源墅、鲁信未央 4 个小区试点安装"电子围栏"并实现"零发案"。申请政府专项资金 180 万元为辖区"四类车"安装电子卫士，盗窃"四类车"警情同比下降 42.5%。

三是强化服务保障，优化经济发展环境。对于影响企业正常生产秩序的违法犯罪行为坚持快查快办，坚决维护企业合法权益。共立案侦办经济犯罪案件 41 起，抓获犯罪嫌疑人 29 人，移送起诉 15 起 29 人，避免和挽回经济损失 6000 余万元，"猎狐 2016"任务完成率达 100%。通过细致侦查和积极工作，争取公安部支持发起了跨 11 省 29 市的全国首起骗取贷款类集群战役，在全国立案 35 起，涉及贷款申请人 6000 余人 6388 笔，历时三个月已打击处理犯罪嫌疑人牛某等 5 人，为海尔集团追回损失 4000 余万元。侦办全市首起逃避追缴欠税案，抓获犯罪嫌疑人 2 名，追回应缴税款 14.7 万元，并以此契机推动建立公安、国税、地税三方的警税联络协作机制。查处食品、药品与环境犯罪案件 16 起，查办全市首起环保类治安处罚案件。积极对接辖区落地的大工程、大项目，延伸公安服务触角，同时对恶意阻挠工地施工秩序的黑恶霸痞势力，坚持"露头就打、绝不姑息"的原则，果断处置"青岛科技大学人才公寓项目土地纠纷"、国家海洋局北海分局"青岛海洋科学考察基地码头改造项目"被阻挠施工等事件，打击处理 16 人次，有力保障重点项目顺利施工。

（3）深入开展警务管理创新，公安工作改革取得新进展。一是聚焦基础建设改造升级，基层保障能力实现再提升。着眼长远发展，立足辖区实际，坚持"分期分批、逐步推进"的原则，大力推进基层所队办公场所新建和修缮，积极向区委、区政府争得资金 2.8 亿元，为公安基层所队建设用地、建房、租赁和装修等事宜给予有力保障。先后完成征地 13 亩、预约征地 23 亩，完成 4 个新设派出所和 2 个交警中队共 5600 平方米的改建修缮工作，交警大队分指挥中心、8 个派出所勤务运行中心和 2 个交警执法检查站建成投入使用，总投资 5700 万建筑面积 8200 平方米的辽阳东路治安派出所及刑警业务技术楼目前已开工建设，公安基层所队基础建设取得了长足发展，受到了市局领导的充分肯定。深入推进"天网工程"建设，将新增的 1200 个监控点整合到新建的视频监控平台中，完成并争取政府投资 1.3 亿元增加 3560 个视频监控，接入社会视频监控 600 路，为社会面管控和打击破案提供便利；同时继续推动将 800 路社会视频资源有效整合到分局平台，现设计方案已通过专家评审，正在积极准备招标工作。继续推进智能交通建设，增设闯红灯自动抓拍、卡口（测速）、交通流信息采集与发布系统、交通信号控制系统等，进一步提升道路交通管理水平。

二是聚焦勤务模式转型升级，基层实战能力实现再提升。大力推进实战型指挥中心建设，对指挥中心接处警模式进行了优化，初步实现了指挥体系的转型升级，有力地推动了警务运行体制、警务工作形态的变革。深化警民联动的"4+X"街面巡控机制，采取"明+暗""车+步""巡+堵"相结合的方式，织密辖区社会面巡控网格，并根据辖区发案类别和地域特点，结合指挥中心警情研判和具体指令，有效提升大巡防工作效率。通过 110 主动抓获各类违法犯罪嫌疑人 228 名，盘查核录 45000 余人，2016 年 10 月 1 日凌晨通过指挥中心快速调度和 110 警车缜密核查，于案发两小时内快速抓获持刀抢劫杀人嫌疑人许某某，实战应急处置能力得到有效检验。结合辖区抓获嫌疑人的流出地情况，部署交警、PTU 等多警种有针对性开展设卡盘查，共出动警力 2200 余人，开展行动 180 余次，有效提高街面威慑能力和机动应急处置能力。

三是聚焦执法规范优化升级，案件查办效能实现再提升。狠抓执法质量不放松，开设"法制课堂"，邀请检法部门专题授课，提高全体民警的办案质量和执法水平。推动受案立案制度改革，成立受立案管理中心和案件受理室二级体系开展受立案监督管理。分局主要领导每月召集执法讲评会对执法问题进行剖析讲评，法制部门制发各类执法监督文书 75 件，重点解决纠纷类案事件、"小案"、不捕、不诉等案件办理过程中出现的执法短板问题，推动执法质量提升。批捕率同比上升 29.21%。中韩边防派出所被省厅评为"全省公安机关执法示范单位"。继续紧抓伤害类案件办理，伤害类积案及新发案件结案率分别上升 53.57%、26.52%，因伤害导致的信访案件同比下降 13%，大大提高了群众满意度。推进打防技战法升级，对情报、刑侦、网侦、技侦、图侦等警务侦查资源统筹管理实行联侦、联查、联控，通过网侦技术配合侦办案件 170 余起，抓获重大案件犯罪嫌疑人 16 名；通过视频侦查合成作战协助破获刑事案件 180 余起，破获的"2015.12.22 李姝颖被抢劫杀害案"被评为全省视频侦查十大精品案件之一。做强刑侦技术队伍，创新实行案发现场分类勘查，提高现场勘查专业性，通过指纹直接比中 32 人 45 起，DNA 比中 50 人 57 起，技术串并案 9 串 52 起，破获 6 串 41 起案件，在全省公安机关"一长四必"现场勘查制度推进会上，我局作为全市唯一、全省六个之一的优秀县级公安机关在会上做了先进典型发言。

（4）全面落实从严治党要求，队伍纪律作风呈现新面貌。一是提升党性修养能力，确保队伍纪律严明和忠诚履职。以"深化'三严三实'严肃纪律作风"专项整顿为主线，牢固树立"四个意识"，特别是把核心意识、看齐意识落实到各项工作中，深入学习贯彻党的十八届六中全会精神和习近平总书记重要讲话精神，全面落实从严管党治党要求，切实承担好党和人民赋予的重任。推动"两学一做"学习教育，实现了学习教育的常态化、机制化。各级党组织共举行"三会"500 余次，开展党课学习 160 余次，并围绕专题交流讨论，扎实推动了全体党员对党章党规、习近平总书记系列重要讲话的真学实用。严格贯彻落实中央"八项规定"等禁令纪律的执行监督，严格落实党风廉政建设"两个责任"，营造廉洁自律、风清气正的良好警风。加强分局训练基地各项建设，被省厅评定为全省二级民警训练基地；开展法治素养提升等"全警大培训"培训班 30 余期，组织民警参与训练 300 余人次，提升民警综合素质。开展督察网上巡查 2000 余次，发现并督促整改问题 354 个；实地明察暗访 128 次，督察基层单位 140 次，及时查纠各类问题 30 余件，促进严格公正文明执法；警务评议回访 27 万余条，满意度 99.8%。认真开展公安行政服务工作，启用崂山区机动车注册登记挂牌服务中心和道路交通事故司法联调中心，方便群众办理交通管理业务；办理居民、军人等各类身份证件 30.8 万余个、各类出入境证件 2 万余份，完成 216 人征兵政治审查工作，为 4845 家企业刻制公章 12160 个；协调增设辽阳东路治安派出所出入境证件受理点，港澳旅游签注可现场取证，极大方便了群众。加大民警维权力度，处理侵害公安民警正当执法权益案（事）件 41 起，打击处理侵权人员 48 名，在社会上形成良好的执法风气。全区广大公安民警和公安现役部队官兵牢记使命、忠诚履职，累计加班 25 万余小时，16 人次因公负伤，以鲜血和汗水诠释了打击犯罪、服务人民的坚强决心。

二是提升体制创新能力，实现队伍潜力深挖和活力释放。结合全区经济社会发展形势积极调整派出所机构设置，为建区以来首次；科学调换编制，设立 "崂山风景区" "埠东" "辽阳东路" 和 "慈云路" 4 个治安派出所并于 2016 年 3 月 1 日正式对外受理公安业务，使公安业务量与警力分布更加趋于合理，接处警速度进一步提升，公安管理服务跟进更加及时，应对急难险重等复杂问题的能力也进一步提升。同时，以此为经验，将中韩街道辖区由原来一个交警中队管辖分为三个中队管辖，合理的警力分布有效地提升了主城区交通管理工作效率，以往因交通事故处置不及时造成的拥堵情况减少 60% 以上，因执法不及时、不到位引发的投诉下降 50% 以上，同时深入调研分析辖区主要道路拥堵点的形成原因及症结所在，科学调整警力排布及管理方式，结合季节、节会、早晚高峰等时段进行

2016 年 3 月 1 日，慈云路治安派出所揭牌仪式举行

信号灯配时 120 余次，设置可变车道 7 处，解决证大·大拇指广场、青医附院、松岭路-辽阳东路等重大堵点 5 处，新增停车位 1000 个，有效改善了商务区停车难问题，赢得了社会各界的一致好评。坚持警力向一线倾斜的政策，共将 91 名民警交流充实到新设派出所中，新分配的 27 名军转干部和 4 名社招新警也全部充实到了主城区派出所和基层交警中队；补充招录 50 名高学历政府高级雇员，进一步提升整个辅警队伍的素质层次，并精简机关协勤力量，共分 3 批先后将机关协勤 61 人充实至主城区派出所，各项基层基础工作得到大力加强。警校协作共建走在全市前列，与中国刑事警察学院声像资料检验技术系合作建立视频侦查专业教学实习基地，为该系在全国正式挂牌设立的首家，进一步实现双方的优势与资源互助。

三是提升警务公关能力，统筹队伍形象再造和民意落实。探索构建"工作始于群众需求、服务终于群众满意"的民情导向型警务机制，大胆创新工作理念，在全市率先成立专职部门"警察公共关系室"，实行民生诉求一站受理、诉求事项统一推送、事项办理实时跟踪、办理结果逐件落实、结果反馈服务民生的常态化机制，形成集中分析研判并快速策划解决当前群众关注涉警热点和致力打造公安机关良好形象的全局联动大格局。受理各类群众诉求 6800 余件，办结率 100%，通过民意关注走势，集中公关解决了户政及出境手续咨询、石老人海水浴场道路拥堵等多项群众关切问题，相关咨询、投诉量下降逾 50%，民情导向型公关成效凸显。上线分局微信官方公众号、《今日头条》官方头条号，以诙谐多变的风格和新颖独特的语言通过真实案例讲解法律知识、提示防范窍门等，并精心选取能够反映分局机关和基层一线民警工作、生活的亮点以文学、影视作品等形式与群众形成更深层次交流，获得网友的大量转发和好评，掀起分局新媒体警民互动的又一热潮。专题策划组织"走进中小学""警营开放日"等

"平安防范进校园"活动

公关活动，将线上微警务交流与线下警民互动有机结合，现场参与人数近 3 万人，搭建起沟通群众、凝聚共识的多平台。不断完善舆情引导制度，积极及时妥善处置各类涉警信息 90 余条，确保了无一涉警负面信息发生。这一创新举措得到省厅、市局领导的充分肯定，多地公安机关来我局学习交流工作经验。

二、经验启示

改革开放以来，崂山公安牢记人民公安为人民的初心和使命，以崭新的精神状态和奋斗姿态，全力以赴为崂山区实现"三个率先"保驾护航、加油助力，奋力推动新时代崂山公安工作展现新气象、干出新作为、实现新突破，不断提升人民群众获得感、幸福感、安全感。

（一）必须扎实筑牢安全防线，才能全力确保社会大局稳定

1. 狠抓重点维稳，全力维护政治安全。 改革开放以来，崂山公安始终从讲政治的高度认识和重视安保维稳工作，以前所未有的超常力度，以决战决胜的顽强意志，情报预警灵敏高效，重点稳控扎实到位，社会面管控严密有序，队伍保持昂扬向上的良好状态，坚决实现了"三个不发生""五个不发生"及"七个严防"的各项工作目标，有效维护了全区社会大局持续稳定。

2. 狠抓预警研判，提前化解各类风险。 围绕重大节会、重大安保活动等建立维稳风险评估制度，实行最高等级的情报研判会商制度和 24 小时信息核查值守，全力配合区政府相关部门摸排涉恐、涉军、涉疆、民师和经济利益诉求群体底数，密切关注出租车及 e 租宝、泛亚、泽雨、上赢等涉众型经济犯罪受害群体，制定各项应急维稳处置预案 20 余个，适时启动等级勤务，先后组织出动警力，坚决防止发生聚众堵路、规模化聚集、打横幅及扩大事态等情况。密切与有关部门的信息对接，确保辖区各类重点人员全部落实稳控责任制，越级上访预警准确率达 100%。切实加大行动性、预警性信息搜集力度，成功预警涉军、出租车等重点群体的行动性信息，做到第一时间发现和处置。全力加强网络舆情管控，加强微博、微信自媒体建设，先后处置"灭九族"言论，未发生因预警不当、处置不当引起的网络舆情事件。

3. 狠抓公共安全，深入开展安检查控。 圆满完成重要会议及

各类节庆民俗活动安保工作，确保了警卫对象的绝对安全和万无一失。全面排查道路交通、消防、危爆物品、大型活动等公共安全领域风险隐患。深入开展交通秩序大整治，保持严查严管态势，开展冬春火灾防控、夏季消防安全检查、高层建筑消防安全综合治理等专项检查活动，加强寄递业、散售汽油等领域监管，开展危险爆炸物品、烟花爆竹企业大检查，推动各类公共安全隐患去存量、减增量，确保社会面治安秩序的总体平安稳定。

（二）必须全面强化打防管控，才能积极营造良好治安环境

1. 强化严打整治，提高打击犯罪效能。突出主业意识，在严厉打击各类严重刑事违法犯罪活动基础上，深入开展"三打击一整治"行动，集中力量开展严厉打击传统盗抢骗、电信网络诈骗和网络贩枪犯罪，集中整治地域性职业犯罪重点地区专项行动。打造新常态下"快接报、快阻断、快止付、快破案"的打击通信网络诈骗犯罪工作格局，推动崂山区反电信诈骗工作全面开展。扎实开展禁毒人民战争，全面推行吸毒人员网格化服务管理，实现管控率100%，社区戒毒执行率100%。

2. 深化基础治理，清剿各类治安隐患。对治安问题比较突出的社区进行专项治理，坚持对"黄赌"持续保持高压严打态势。夯实社区治安基础，深入推进"1+2+N"社区警务工作，配备社区民警90名、专职社区辅警380名、农村警务助理745名充实至派出所和社区，推动警务工作与社区工作深度融合。深入开展流动人口和租赁房屋集中整治。深化网上公开巡查执法，全面加强关键信息基础设施保护，有效夯实了辖区互联网安全管控基础。聚焦城市安全，大力实施立体巡防工程，建立动态巡控体系，实行重点部位定点巡防、特（巡）警武装巡逻，快速处置社会面各类突发警情，全区刑事警情呈下降趋势。

3. 优化投资环境，护航辖区经济发展。对于影响企业正常生产秩序的违法犯罪行为坚持快查快办，坚决维护企业合法权益，为维护崂山区市场经济秩序的良性运行做出了积极的贡献。严厉打击非法集资、侵犯知识产权等经济犯罪，深入推进涉众型经济犯罪"零发案"街道、"零发案"社区创建，全力保障民生民利。会同工商、文化、烟草等部门对接研判线索来源，强化制假售假案件侦办。积极对接辖区落地的大工程、大项目，对强揽工程、欺行霸市等重点行业领域黑恶犯罪始终坚持

"露头就打"的方针，坚决保障重点项目顺利施工。深化打击食药环领域犯罪行动，健全行政执法与刑事司法衔接机制，深入开展食药打假"利剑"行动和打击污染环境犯罪"清水蓝天"行动，食品、药品及环境违法犯罪发案量同比下降。

（三）必须主动适应发展变化，才能积极推动公安改革创新

1. 建立阳光执法办案程序，公正规范执法取信于民。 建立执法权力和执法责任"两个清单"，积极开展网上督察巡查，执法办案实现全过程网上流转、网上监督，及时发现并督促整改问题。深入开展警务回访评议，接受执法服务对象评议，排除当事人不满意引起的误解，以实际行动兑现承诺，实现推进"规范执法、动态预警、让群众满意"的目标。健全执法服务监督机制，畅通警民联系沟通渠道。全面推进刑事案件"统一审核、统一出口"工作，不断探索有效提升执法质量和执法效能新途径，强力打造实战型、服务型、专业化法制队伍。通过跟踪审核、定期通报、会商答疑等措施加大对案件的法制审核，确保每一起案件都做成"铁案"。

2. 聚焦勤务转型，提升查控联动水平。 加强实战指挥体系建设，以分局实战型指挥中心为基础，推进业务警种"分指挥中心"和城区派出所"勤务指挥室"建设，做强"1+3+5"的指挥整体架构，构建集约化、精细化的现代指挥体系和扁平化、可视化的指挥调度模式。交警大队建成了指挥调度更加科学高效的分指挥中心，处警速度大幅提高，各类警情的平均处置时间由过去的1~2小时缩短为半小时，因出警慢而造成的投诉明显减少；派出所勤务指挥室随建随战，加强街面驻勤点建设，以外围封堵构建网格闭环，以重点守候强化网格支撑，结合在建的天网二期大数据平台，形成覆盖地面

在全市率先配发执法记录仪

与空中的全方位社会治安查控体系。每个驻勤点 24 小时警力驻守，实现"一分钟处置、五分钟增援、半小时关城门"的应急实战和快速响应。深入推进警务信息化建设和应用，深化"天网"工程建设，引入人脸自动识别、车辆信息识别、模糊信息识别等先进作战系统，WiFi 围栏和可视化情报中心建设，在崂山风景区、重要景点、治安复杂部位、酒店商圈、主次干道等处新建人脸识别前端摄像机与应用解析中心，新建采集前端与后台解析中心，进一步完善全区网络安全监管能力，强化大数据和人工智能实战应用，进一步提升精确防范防控能力。

3. 聚焦简政放权，提升行政服务效能。 全面深化"放管服"改革，提升民生服务效能。针对"国字号"大型外向型企业纷纷落户金家岭金融区带来的员工户籍迁移和急需引进大批人才的问题，分局在实行一个窗口对外、一站式办公等规定服务的基础上，开辟急事急办、专事专办、特事特办的户籍管理服务"直通车"，实行预约上门办理暂住证和居民身份证等做法，进一步方便群众、服务企业，组建了由交警、司法、法院、保险等部门构成的"五位一体联调"机构，实现了事故案件交调对接、保调对接、诉调对接、小额人伤理赔等环节无缝衔接，为群众提供了极大的便利。继续推进内地居民往来港澳通行证签注权下放，协调上级业务部门为分局配备完善出入境签注配套办公设备，极大节省群众等候时间。

（四）必须坚决牢记初心使命，才能强力推进公安队伍建设

1. 培育忠诚警魂，确保队伍廉洁奉公。 深入推进学习教育常态化制度化，不断开展多种主题的集中教育，切实把全警思想统一到党的方针、政策上来。深入纪律作风整顿，严格落实党风廉政建设"两个责任"，扎实推进反腐倡廉建设工作。严格贯彻落实中央"八项规定"等禁令纪律的执行监督，营造廉洁自律、风清气正的良好警风，每逢节假日前夕，通过飞信、微信等方式推送信息 6000 余条，提醒全体干警遵守廉洁自律有关规定，杜绝"四风"问题回潮反弹。将分局党委理论学习中心组学习纳入党建工作责任制，把加强政治学习、强化理论武装作为党委理论中心组学习的主题和根本，每月至少学习 1 次。基层党组织坚持每周学习 1 次，明确学习主题，抓好党员集中学习。埠东治安派出所凝练创建的"红色埠东"党建品牌工作经验被市局"两学一做"学习教育专题网站刊发推介。全面落实从严管党治党要求，突出抓好警务技能战术训练，每年培训300余名民警，切实承担好党和人民赋予的重任，队伍能力素质和作风形象有了新提升。

2. 严守法律准绳，确保执法规范公正。以执法安全体系建设为平台，加强对执法薄弱环节的监督检查，开展执法检查、案件评议和考核监督，牢牢控制并努力减少执法事故风险点，逐步推进"规范警务"品牌建设，切实提升公安机关执法水平。坚持狠抓执法质量不放松，积极开展执法专项整治和案件评查活动，提高全体民警的办案质量和执法水平。加强对基层执法民警的法律业务轮训，每年开展规模化培训民警400余人次，110等一线执法民警受训率达100%。加强与区检察院的合作，在分局法制大队和辽阳东路治安派出所设立2处侦查监督检察官办公室，侦查监督检察官到位开展工作。紧紧围绕警令执行、促进规范执法等重点环节，开展网上巡查，及时发现并督促整改问题，促进严格公正文明执法。

3. 关注民情民生，践行服务为民宗旨。不断改进服务民生的手段，建立微信公众号、微博号和今日头条号并在11个局属单位开通微信政务号，开展网络互动、社会互动，解决群众关心的问题。开学季平安宣讲团、法制课堂、校园微信群、"童眼看交通"等一系列警校联动品牌的推出，大幅度降低了高校新生被诈骗、学校周边乱停车等民生热点问题的发生率。围绕疏堵保畅，深入调研分析辖区主要道路拥堵点的形成原因及症结所在，解决了一批交通管理顽疾。运用"互联网+停车"理念，创新提出"共享停车"方案，并在青医附院首先试点运行，盘活利用周边写字楼、停车场等闲置停车资源500余个，使青医附院全天拥堵时间平均下降1.6小时，赢得了社会各界的一致好评。积极推进"走千村万户、访社情民意"大走访活动，召开社区警务议事会、请进恳谈会等报告交流活动，走访中深入开展"警民互助""连心结对"活动，与辖区家庭贫困、成绩优秀的"春蕾女童"结成帮扶对子，自愿捐钱捐物资助完成学业，赢得了人民群众的信任和好评。

综上，改革开放以来，特别是1994年撤县设区、成立新的青岛市公安局崂山分局以来，崂山公安坚持以人民群众的安全感和满意度为出发点和落脚点，通过改革警务机制推进全区公安机关社会管理创新，着力深化平安崂山建设，科技警务创新能力不断提高，刑事攻坚破案战力显著提升，反恐维稳措施全面强化，执法服务水平取得扎实成效，全区社会治安防控能力显著增强，影响治安稳定的问题隐患明显减少，圆满完成一系列重大活动安保任务，为构建全市最安全、最稳定、最和谐的城区做出了积极的贡献，为全区经济社会全面发展提供了坚实的安全保障。

执笔人：周耀泉
审核人：董秀禹
签发人：戚　杰

站立潮头看潮涌

——沙子口街道教育发展历程、主要成就及经验启示

崂山区沙子口街道办事处

沙子口街道，像一颗璀璨耀眼的明珠，镶嵌在山东半岛的东端。翻开沙子口街道教育发展的历史长卷，你会感到无比的激动和振奋。改革开放以来，沙子口街道教育经历了恢复、发展、提升三个阶段，各项工作成绩斐然。目前，沙子口街道有山东省规范化学校 5 所，青岛市规范化学校 2 所，崂山区规范化学校 1 所，市级以上规范化学校比率为87.5%；青岛市示范幼儿园 5 所，青岛市一类幼儿园 3 所，一类以上幼儿园比率为53.3%。沙子口街道教育的发展，为当地的经济建设和社会进步做出了重要贡献。

一、沙子口街道教育发展的历程

改革开放以来，经过一代代沙子口人的砥砺奋进，沙子口街道教育水平得到长足发展。从改革开放初期的分散管理，到规范化的高效有序；从校舍破旧、欠缺，到高楼精舍、现代化教学设施一应俱全；从教师队伍建设薄弱、不稳定，到骨干教师队伍逐渐壮大和整体水平的不断提升等。现在，沙子口街道教育已实现幼教、普教、成教全覆盖，教育素养、教育水平位于崂山区前列。从沙子口街道教育发展历程看，大致可分为以下三个阶段。

（一）起步恢复阶段（1978～1985 年）

1978 年，党的十一届三中全会后，沙子口街道（时称沙子口公社）认真贯彻党的教育方针，加强学校管理，教育教学工作开始步入正轨。

1. 投资建校，提前完成"两改"（改造土台子、黑屋子）

任务。改革开放初期，根据"社社无危房、校校无黑屋、人人有课桌坐凳"的要求，沙子口公社领导在调研全公社教育教学情况后，决定首先从改造、修缮校舍入手，推进教育改革。在此期间，由崂山县教育局、沙子口公社、办学单位、学校等共集资 76 万元，新建校舍 12 处，建筑面积 5500 平方米，翻修校舍 150 多间，半日制学校均改为全日制。在继续进行"双攻"扫尾工作的同时，各校开始按"六配套"（教室、校门、围墙、桌凳、操场、厕所）的要求，进行达标建设。1985 年，沙子口镇（1984 年改称沙子口镇）达"六配套"的学校占 98%，在青岛市"两改"检查中，被评为先进乡镇。

为了让学前幼儿及早接受正规教育，1984 年，沙子口镇开始兴办幼儿园。当时采取大村独办、小村联办的方式，有改造村集体房屋，独立成园的；有附设在小学，设为学前班的。自此，沙子口幼儿教育逐步发展起来。

2. 拨乱反正，推动教育教学工作步入正轨。党的十一届三中全会以后，学校工作重点转移到以教学为中心，恢复了考试制度，各校积极进行教育改革的实验，在教学内容方面狠抓"双基"教学；在教学方法上，狠抓整顿，克服教学中的随意性。20 世纪 80 年代开始，小学毕业考试由原来的两门（语文、数学）增加到三门（语文、数学、科学），对各校毕业班毕业、升学考试总成绩进行名次排队，对其他年级进行期末统一考试或抽考，将各校成绩予以公布排队；初中毕业生升入高中或中专，分地区（市）统一考试，初中招生，全县统一考试。1983年，根据上级教育主管部门的指示精神，全镇中小学着力抓好"教"与"学"的关系，提出教为主导，学为主体，充分调动学生学习积极性，着眼培养能力，提倡发散思维，在教学中立足实际，不拘泥于教材，不能跟着考试的指挥棒转。教育教学工作开始走出传统单一的讲授模式，逐步进入正轨。

3. 整顿教师队伍，强化教师培训。1980 年，沙子口公社根据教师队伍良莠不齐、教育教学水平整体较低的实际，着手整顿民办教师队伍，通过考核，辞退了 23 名民办教师。期间，选派部分骨干教师到崂山县教师进修学校培训，学校管理人员参加了崂山县教育局举办的学校干部轮训班，干部教师队伍开始有了新的变化。1984 年，沙子口镇为稳定教师队伍，保证教师工资正常发放，实行统筹教育基金，解决中小学部分教育经费和民办教师工资；次年，教育经费主要由国家拨给，其余部分为集体办学，教师工资和学校办公经费有了保障。

（二）改革发展阶段（1986～2005 年）

1986 年，《中共中央关于教育体制改革的决定》和《中华人民共和国义务教育法》先后正式颁布实施，按照"人民教育人民办"的要求，沙子口镇党委、政府把教育列为工作的"重中之重"，沙子口镇教育发展进入了快车道。

1. 撤点并校，完成校舍新布局。 20 世纪 90 年代，沙子口镇全面实施九年义务教育。由于本镇学校布局分散，校舍与快速发展的经济建设相比仍显落后，严重制约沙子口镇教育的发展。沙子口镇党委、政府在财政吃紧的情况下，决定加大对教育的投入。在经过多方考察、论证的基础上，决定将 20 多所中小学校进行合并，重新布局，制定了基础教育"二四二"（两所初中、四所中心小学、两所村办小学）工程规划，从此，拉开了校舍建设的帷幕。

（1）新建沙子口中学。尽管不时地进行校舍改造，但与快速发展的经济建设相比，校舍仍显落后，加之学校布局分散，已严重制约沙子口镇教育的发展。为此，1995 年，沙子口镇党委政府决定将原沙子口中学与登瀛中学合为一校，斥资 2000 万元，为沙子口人民建一所高标准的现代化中学——沙子口中学新校。此事，在全镇上下及社会各界反响强烈，各行各业、各单位、部门，给予大力支持和赞助，全镇共捐资 386 万元。同年秋，镇政府征地 100 亩，开工建设新校一期工程，即建设 6000 平方米的教学楼、运动场及水电配套工程等。1996 年 9 月，新校一期工程交付使用，原沙子口中学与登瀛中学合并为沙子口中学，1927 名学生兴高采烈地迁入新校上课；1998 年 8 月，沙子口街道（1998 年 5 月改称沙子口街道至今）投资 240 万元，建设沙子口中学二期工程——综合办公楼，2000 年 8 月投入使用。2000 年，经崂山区编制委员会批准，学校更名为"青岛市崂山区第六中学"。2002 年，由沙子口街道投资 180 万元为该校建起了师生食堂、室外厕所等，并进行了局部绿化。

（2）打造"汉河教育区"。党的十一届三中全会以后，由于经济体制改革，汉河村经济发展很快，此时的汉河小学已被民宅包围，周边环境不利办学。若不改善，将影响人才培养，也将制约汉河现代化的村企发展。1986 年，汉河村"两委"审时度势，果断推出科教兴村战略，决定优先发展教育，重建小学校舍。新校选址位于村南路西电缆厂以北山坡上，总投资 20 万元人民币，新校占地面积 9324 平方米，建筑面积 1124 平方米，5 月开工，教学楼主体是起脊的三层楼房，当年竣工，1987 年 8 月投入使用。

为让学生就近入学，1987 年春，沙子口镇政府投资 60 万元，新建汉河中学，次年 7 月投入使用，同年 8 月，汉河中学成立，暂借用原汉河小学的旧校舍。1995 年 10 月完成配套建设，共投资 277 万元。2001 年 3 月，汉河中学更名为"青岛市崂山区第五中学"。

为满足当地经济发展的需要，2002 年 10 月，沙子口街道办事处与汉缆集团共投资 2700 万元，新建"汉河教育区"，重新布局办学规模。教育区分为初中部（崂山五中）和小学部（汉河小学），其中，初中部占地面积 25976 平方米，建筑面积 8008 平方米，2003 年 8 月投入使用；小学部占地面积 24552 平方米，建筑面积 6396 平方米，2005 年 8 月投入使用；同年，九水小学和龙口小学并入，组成新汉河小学。

（3）重新组建沙子口小学。1996 年 9 月，根据沙子口镇教育"二四二"工程规划，将原沙子口小学、段家埠小学、董家埠小学合并成新沙子口小学，并迁址于原沙子口中学校址。2000 年，由沙子口街道办事处和办学单位投资 70 余万元建起了综合楼，建筑面积 1270 平方米，后期陆续投资 40 余万元逐步进行了运动场地和旧厕所的翻建，改善了师生的学习、生活环境。

（4）成立登瀛小学。1996 年 8 月，登瀛中学撤销，原岭西、前登瀛、后登瀛、小河东、大河东小学撤销，合并于此，成立"青岛市崂山区登瀛小学"。2000 年 7 月，投资 140 万元，新建建筑面积 2000 平方米、可容纳 20 个教学班的教学楼一幢，硬化校园 2000 平方米，10 月投入使用。2002 年 8 月，为了优化教育资源，麦窑小学合并于该校，至此，登瀛小学的办学范围覆盖东至流清河、西至西登瀛的 12 个行政村。

（5）重建姜哥庄小学。为适应教育发展的需要，1994 年秋，由东、西、南、北姜哥庄和石湾五村自主筹资 700 余万元，在东姜哥庄村北山脚下重新选校址，启动重建姜哥庄小学工程，1996 年 12 月投入使用。学校占地 20100 平方米，建筑面积 6610 平方米。这是继沙子口中学新校，又一处投巨资建筑的高标准学校。

（6）**改建南宅小学**。随着沙子口教育事业的蓬勃发展，南宅小学陈旧的校舍已远远不能满足教育发展的要求。1999年，该校在沙子口街道办事处和办学村的支持下，共投资210万元，对原校舍进行了改建，2000年投入使用。学校占地面积5600平方米，建筑面积2536平方米。

至此，沙子口街道中小学校舍建设尘埃落定，真正完成校舍布局的合理调整，整个街道办学条件发生了脱胎换骨的变化。

2. 成人教育完成功能转型。1985年，为满足全镇农民、职工要求继续学习的迫切心愿，沙子口镇成立"沙子口镇职工业余学校"。学校有教室2间，办公室1间，面积100平方米。1991年，沙子口镇改革"职工业余学校"，挂牌成立了"沙子口镇成人教育中心"，全面担负起沙子口镇的成人教育工作。学校占地800平方米，投资1.455万元整修了校舍，至1995年，学校具备了办学条件，顺利地通过了省、市有关部门的验收。1996年，沙子口成人教育中心搬迁到沙子口镇政府驻地。2000年以来，由崂山区政府、沙子口街道办事处财政共投资63.26万元，进行校舍改造，满足了成人教育工作面向辖区全体社区居民接受继续教育的需要。

3. 健全教育体制。1986年2月，沙子口镇认真贯彻《中共中央关于教育体制改革的决定》，积极实施义务教育。1990年9月，沙子口镇成为崂山区首批实施义务教育乡（镇），同年11月，镇政府召开实施九年义务教育工作会，家长、学校及学生所在村三方签订《义务教育责任书》。1992年12月，沙子口镇在青岛市人民政府组织的义务教育评估验收中，荣获优秀等级。次年10月，镇党委、政府出台《关于教育"三制"改革实施意见》，即校长负责制、教师聘任制、岗位责任制。1994年5月，沙子口镇开始实施"四制"改革，增加了结构工资制，扩大了学校的自主办学权，提高了校长的用人权和经费管理权。1996年开始，中小学取消期中考试，各学校不得公布学生的考试成绩，不得按考试成绩排队。1998年开始，小学毕业生直接升入初中，不再进行统一考试。1999年，沙子口街道全面贯彻执行《中共中央、国务院关于深化教育改革全面推行素质教育的决定》，加快本街道教育改革的步伐，出台了《沙子口教育中心实施人事制度改革方案》，首次实行校长和学校中层干部竞争上岗，校长聘任中层干部和教职工。2002年，根据崂山区教体局"内抓管理，外树形象"的要求，沙子口街道进行新一轮教育人事制度改革，对教师实行了动态管理。同年暑期，进行了第二次校长竞争上岗。沙子口街道教育体制的不断完善，为本街道教育事业的发展提供了有效的保障。

4. 加强教师队伍建设。1987年，沙子口镇共有民办教师166名，沙子口镇教委办开始对民办教师采取考、转、退等方式进行整顿，同时决定从本镇高中毕业生中选招代课教师。1998年，沙子口街道最后一批民办教师转正，一批师范毕业生充实到教师队伍中，代课教师被安排到各幼儿园，从事幼儿教学工作。至此，沙子口街道普通教育、成人教育教师队伍实现了彻底转型，均纳入编制，幼儿教师队伍也得到了稳定、提升。2003年开始，各校（园）积极开展校（园）本培训，充分发挥各级专业人才、教学能手、优秀教师的带动辐射作用，以"青蓝工程""名师导学"工程，促进老中青三代教师共同进步。全街道所有教师不仅通过各种渠道、采取各种形式努力提高自身业务水平，还积极参加各种形式的学历补偿教育和学历层次提高教育，至2002年，小学教师学历达标率为100%，大专学历146人；初中教师学历达标率为93.9%，教师的自身素养和业务水平有了较大的提升。

5. 完善内设配套。2001年，根据"普及县工程"和"义务教育标准化工程"的要求，沙子口街道党工委、办事处及各办学村，在完成校舍改造的基础上，又重点加强了各中小学内部设施配套工作。2003年，本街道顺利通过青岛市义务教育标准化工程达标验收，助推学校教育由单一的传授知识向德智体美等全面发展的过渡，真正办成了人民需要、时代需要的教育。

（三）巩固提升阶段（2006年至今）

2006年以来，随着教育改革的不断深入，沙子口街道瞄准现代化教育这一总目标，围绕校舍精品化、学校管理规范化、教

崂山区第六中学全景（2016年4月摄）

师队伍专业化等方面，加大提升力度。现在，沙子口街道教育事业发展，已步入高速车道。

1. 校舍精品化。 沙子口街道在完成基础教育撤点并校布局后，围绕教育现代化的总要求，在区政府财政资金的大力支持下，继续完善各校的内设配套和特色校园打造工程，实现每一处校园的精品化，受到社会各界的称赞。

（1）崂山六中（原沙子口中学）。2006 年以来，崂山六中积极打造规范化、现代化以及特色学校等精品校园，由沙子口街道、崂山区政府财政先后共投资 1352.7 万余元，完成了餐厅、供暖、塑胶运动场、校园网、室外厕所、多功能室等配套工程建设。现在学校拥有标准化的物理、化学、生物实验室和音乐、美术、史地、舞蹈、器乐、科技、多媒体、心理咨询、卫生保健、德育展览等专用教室，设有 2 个微机室、2 个语音室，建起了综合电教室、综合实践活动室和机器人实验室；生均图书达到 57.85 册，实现了校园网共享和班班通，理化生常规教学仪器和探究实验仪器均达省一类标准，实验开出率 100%；音体美教学的器材配备达标，计算机学生人机比为 1∶0.11，教师人机比为 1∶1，教学设施设备均达省规范化学校标准。

目前，学校占地面积 35186 平方米，建筑面积 12490 平方米，学校固定资产总值为 2807.02 万元。

（2）汉河教育区。为进一步提升教育区的办学水平，2006 年，由沙子口街道财政投资 50 余万元在教育区内建成了文化长廊、科技长廊、科技教室、科技制作室、海模实验室和科技展示室；2007 年添置"科技教育活动室"的科普教育器材、扩建图书馆、阅览室，购买图书 2 万余册；2008 年，建成地质地震探究室和地震科技长廊；2010 年，由崂山区政府财政投资 762.7 万元，修建

崂山区汉河教育区全景（2016 年 5 月摄）

了 400 米塑胶运动场、足球场、篮排球场，并做了校舍周边的山体护坡等。目前，教育区内设配套齐全，教学仪器和设施均达省一类标准，实现了网络化管理。2012 年 6 月 19 日，举行了教育区与南京师范大学联合办学挂牌仪式。在仪式上崂山区副区

崂山区沙子口小学外景（2016 年 5 月摄）

长于鹏与南京师范大学蔡林慧副校长代表双方签字，教育区命名为"南京师范大学青岛附属学校"。此举为教育区的创新发展和教育成长增强了后劲。

（3）沙子口小学。随着学生的增加和办学水平的不断提升，沙子口小学的校舍已不能满足教育教学发展的需要，为此，2009 年，沙子口街道办事处开始着手准备沙子口小学异地搬迁事项。此项工程于 2012 年动工，2014 年 9 月正式投入使用。沙子口小学新校由崂山区政府财政共投资 9624 万元，学校占地 37620 平方米，建筑面积 23462.29 平方米，绿地面积 1 万多平方米，铺设 300 米跑道的塑胶运动场，并设有篮球、排球、足球及乒乓球场地，各种体育设施齐全。学校建有两幢教学楼和一幢综合楼，设计规模为 48 个教学班；各种专用教室齐全，其中包括体育馆及能容纳 1000 余人的餐厅。沙子口小学新校投入使用，极大地改善了教学环境和教学设施，给师生营造了良好的学习氛围。

崂山区登瀛小学外景（2016 年 5 月摄）

（4）登瀛小学。2005 年 7 月，学校通过多方面考察，由崂山区发改委牵头，对解放前校舍进行改造，根据崂山区计划局文件规定，崂山区政府财政拨款 50 万元，沙子口街道办事处投资 314.2 万元，建成 2344 平米的综合楼，2006 年 11 月投

入使用。同年 6 月，由沙子口街道办事处投资 102 万元，建成 749 平方米的食堂楼，解决了学生中午在校就餐问题。2011 年 1 月，由沙子口街道办事处投资 240 万元，建成 6000 平方米的塑胶运动场。2012~2015 年 10 月，由崂山区政府财政共拨款 365.4 万元改造基础设施、扩大食堂规模、新建配电室等。现在，校园内环境优雅，绿树成荫，适切的校园文化，庄重气派的综合楼，高速互联的校园网络，不仅立体折射出百年老校深厚的文化底蕴，还彰显着现代化学校的魅力。

（5）姜哥庄小学。由于姜哥庄小学校舍老化和学校"海洋文化"特色建设的需要，2012 年，崂山区政府财

崂山区姜哥庄小学外景（2016 年 5 月摄）

政拨款 390 万元，完成了校舍加固和校园文化建设工程；同年，由崂山区政府财政投资 359.18 万元，建成 8400 平方米的塑胶运动场；次年，崂山区政府财政拨款 180 万元，完成了教学楼走廊及安全通道建设工程。一系列校建工程为学校教育发展增强了活力。随着办学区（"四姜一湾"）旧村改造的全面推开，姜哥庄小学的校舍已不能满足将来的办学需要，2017 年，崂山区政府和沙子口街道的领导高瞻远瞩，决定在原址重新建设一座能容纳 30 个教学班的现代化学校，目前，此项工程正在有序推进。

（6）南宅小学。近年来，由崂山区政府、沙子口街道办事处财政等共投资 150 万元，逐步完

崂山区南宅小学外景（2016 年 5 月摄）

成了南宅小学校园的亮化、绿化、美化、操场塑胶化以及教学楼体加固工程等项目，为学校进一步发展奠定了基础。

2. 学前教育优质化。 2006 年以来，为优化教育资源，提升办园水平，沙子口街道进行了幼儿园区域化办园规划，所有幼儿园均独立成园，幼儿入园率为 100%。

（1）**新建沙子口中心幼儿园。** 2013 年，崂山区政府财政投资1508 万元，新建沙子口中心幼儿园，占地面积 4537 平方米，建筑面积3600 平方米。2016 年 7 月顺利完工，2018 年 2 月投入使用。

（2）**改建沙子口中心幼儿园分园。** 2015 年，崂山区政府财政投资 1370 万元，改造原沙子口小学旧校为沙子口中心幼儿园分园，建设规模为 9 个教学班。2016 年 8 月已完成一期工程，下半年开工建设二期工程，2018 年 9 月投入使用。

目前，沙子口中心幼儿园无论在办学条件还是在办学效益上均得到质的飞跃。

（3）**新建九水幼儿园。** 2014~2015 年，崂山区政府财政共投资720 万元，建设建筑面积 1440 平方米、规模为 6 个教学班的九水幼儿园工程，于 2016 年春完工，5 月正式投入使用，彻底改变了九水片区无规范化幼儿园的局面。

崂山区沙子口街道九水幼儿园外景（2016 年 6 月摄）

（4）**新建岭西幼儿园。** 崂山区政府财政共投资 720 万元，在原岭西小学旧址新建建筑面积为 2000 平方米，建设规模为 6 个教学班的岭西幼儿园工程，2016 年 10 月完工，次年春正式投入使用，极大地改善了登瀛片区幼儿入学难的问题。

（5）修缮改造幼儿园。2014 年以来，由崂山区政府财政、沙子口街道办事处共投资 1000 万元，完成了段家埠幼儿园、小河东幼儿园等其他 12 所幼儿园的修缮改造，有效地改善了沙子口街道学前教育的办学条件和办学环境。

崂山区沙子口街道段家埠幼儿园外景（2016 年 5 月摄）

3. 教育改革实效化。

（1）深化教育体制改革。2009 年 1 月，按照国务院的统一部署，沙子口街道率先在义务教育学校实行绩效工资制度，拿出绩效工资的 30%作为奖励工资，学校每年根据教职工的出勤、业务量、教学成果等进行量化积分，实行多劳多得的原则，以调动基础教育领域教师的工作积极性。同时，政府也对事业单位的福利发放出台规定，严禁在此之外发放任何福利待遇。2014 年，根据青岛市教育局、崂山区教体局文件精神，沙子口街道实行干部教师交流制度，即在一处学校连续工作六年的干部教师要进行街道内交流，每年的交流人数不低于符合条件人员的 10%，其中包括一定数额的骨干教师，以利于促进教育的均衡发展。

崂山区政府领导、汉河教育区领导和南京师范大学专家合影（2012 年 6 月摄）

（2）推进教师队伍再提升。为了解决教师队伍后劲不足的问题，2006 年暑假，沙子口街道组织所有教师参加了崂山区教体局在青岛大学举办的全员业务培训。2010 年 7 月开始，每年暑假全街道教师均参加山东省全员远程教育培训。通过登录山东省教师教育网，完成各学科规定的学习任务，并提交作业及学习心得，使每位教师接受了新的教育理念和教学手段。2012 年 6 月以来，南京师范大学组成专家团队定期来汉河教育区进行全方位的指导，提升了教师的教育教学水平。至 2018 年 6 月，沙子口街道共有省优秀教师 1 名、市学科带头人 2 名、市级优秀教师 8 名、市级教学能手 18 名、市级青年教师优秀专业人才 21 名，所有教师学历达标率 100%。

（3）提升教育教学质量。为全面贯彻落实全国、省、市、区教育工作会议精神，进一步推动沙子口街道的教育改革与发展，2005 年，沙子口街道办事处制定了《关于教育教学工作奖励的实施意见》（青崂街发〔2005〕99 号），激励了各校认真贯彻执行"深化教育教学改革，扎实推进素质教育"。根据"实施意见"的精神，沙子口街道办事处对全街道各学校在教学质量、教育科研、体育、科技艺术等方面所取得的成绩，每年在教师节前奖励一次，2005 年至今共奖励 200 万元。多年来，街道所属初中中考普高录取率均位于崂山区前三名，小学质量检测学科在崂山区均名列前茅。全街道中小学教育教学水平综合评估呈现推进式发展，始终走在全区前列。

沙子口成人教育中心积极联合国内各大中专院校，在沙子口辖区开展全日制成人高中、成人中专、成人高等专业教育教学，使 430 人获得了合格学历证书；有计划、有目的地举办多层次、多规格、多种类的技术技能培训，培训人员达 9680 人；在多年实施的"双五"富民工程中，定期组织科技讲座，接受科技培训的人员超 1 万人次。

2015 年，沙子口街道教育中心制定了《关于幼儿园人事制度和工资分配制度改革的实施意见》，进一步规范和提升了幼儿园教育教学质量。

4. 办学条件均衡化。

（1）完善内设

2015 年 11 月，崂山区沙子口街道中心幼儿园迎接国务院早教调研

配套。2006 年以来，崂山区政府、沙子口街道办事处为各校专用室配备了大量图书、教学仪器等，目前，各学校的教学仪器和设施均达省一类标准。近几年，各校实现了校园网共享和班班通，所有教室、专用室全部配用多媒体。

（2）健全教育经费保障机制。2007 年 1 月开始，崂山区政府制定《关于统一全区义务教育阶段中小学预算内生均公用经费定额标准的实施意见》的规定，统一全区城乡义务教育阶段中小学预算内生均公用经费定额标准，健全了教育经费的保障机制。

二、主要成就

（一）精神文明建设

1978 年以来，各学校认真贯彻德、智、体、美、劳为主的教育方针，把德育放在首位。重点开展爱祖国、爱人民、爱劳动等思想品德教育，通过评选"五好学生"（后改为"三好学生"），树立学生的好榜样。1996 年以来，各学校积极开展精神文明建设活动，通过加强党、工会、团、队等组织建设，定期开展职业道德教育、行为规范养成、中华传统文明及家庭美德等活动，提高了师生的思想道德水平。同时，各学校积极参与全国文明城市创建活动和社会公益活动，与驻军部队、办学单位开展军民共建活动，参与迎接香港回归、迎澳门回归、迎奥运等活动，并结合"学雷锋活动月""清明节""劳动节""儿童节""建党节""教师节""国庆节"等重大节日开展丰富多彩的主题教育活动，促进了精神文明建设。目前，沙子口街道所有学校均被评为青岛市文明单位，崂山五中、姜哥庄小学、汉河小学被青岛市纪律检查委员会、青岛市监察局授予青岛市廉政文化建设示范点。

（二）创建工作

1. 学校创建工作。近年来，沙子口街道各学校以"学生充分发展，人人走向成功，回归教育的人本化"为目标，以培养学生的创新精神和实践能力为重点，全面落实《山东省中小学管理规范》，扎实推进素质教育，积极开展各种创建活动。截至 2018 年 6 月，全街道中小学被评为山东省规范化学校的有：崂山五中、崂山六中、沙子口小学、汉河小学、登瀛小学；被评为青岛市规范化学校的有：姜哥庄小学；被评为崂山区规范化学校的有：南宅小学；被评为全国海洋教育基地的有：崂山六中、姜哥庄小学、汉河小学；被评为全国足球特色学校的有：姜哥庄小学；被评为青岛市足球特色学校的有：崂山六中、崂山五中、登瀛小学；另外，崂山五中被评为全国科学教育示范学校、沙子口小学被评为青岛市帆船运动特色学校、汉河小学被评为青岛市田径传统项目运动学校、沙子口成教中心被评为全国社区教育示范街道（乡镇）等。

2. 学前教育创建工作。 多年来，沙子口街道学前教育创建工作始终走在崂山区前列，其中，沙子口中心幼儿园被评为省级中心幼儿园、市级示范幼儿园、崂山区"六星级"幼儿园；段家埠幼儿园被评为省级中心幼儿园、市级示范幼儿园、崂山区"五星级"幼儿园；于哥庄幼儿园被评为市级示范幼儿园、崂山区"五星级"幼儿园；北龙口幼儿园被评为市一类农村幼儿园、崂山区"四星级"幼儿园；姜哥庄幼儿园被评为市级示范幼儿园、崂山区"四星级"幼儿园等。

（三）优秀人才培养工程

2008年，根据崂山区教体局出台的加快推进名校长、名师培养工程的相关政策，沙子口街道实施了优秀人才培养工程，所属学校的多名校级干部、教师分别参加了高层次培训和名师工作室。其中，2013年，崂山六中高舜忠校长参加了骨干校长赴美高级研修班培训，参观了美国哈佛大学，与当地学校教师进行了交流，深入学校了解了美国的教育现状。沙子口小学成立了曲岩名师工作室、刘春峰名师工作室、王雪红名班主任工作室；汉河小学成立了"南师大专家工作室""孙宁班主任工作室""李燕名师工作室"等。每个工作室都开展了形式多样的活动，带动一批骨干教师较快地成长起来。

（四）实施素质教育工程

在全面推进素质教育的进程中，沙子口街道中小学改变了"应试教育"模式，他们在抓好课堂教学的同时，注重对学生素质的培养。

1999年以来，崂山五中积极开展航型、海模等科技活动，2003年设立"综合实践教室"；2005年11月，学校被崂山区科学技术协会确定为"崂山区科普教育基地"；次年，学校进行了办学特色基地一期工程建设；2010年5月，学校组织学生参加全国科学论文大奖赛，被评为"全国科学教育示范学校"，同时，被青岛市科协、市教育局确定为"青岛市科普教育基地"；2013 年，新增机器人室一个。目前，崂山五中的科技教育，在青岛市处于领先的水平。

2016 年 4 月，崂山区沙子口小学校园集体舞参加全国中小学生艺术展演

沙子口小学以形成学生文明礼貌意识和习惯、学习兴趣和习惯、读书兴趣和习惯、健身兴趣和习惯、艺术欣赏品味与创作兴趣、科学探究兴趣和习惯、社会参与意识和习惯等为主线，凸显"以鱼授渔，自主成长"的办学理念，学校开辟了第二课堂，有舞蹈、合唱、篮球、乒乓球、跆拳道等二十多个社团，每周开展活动，与此同时，学校通过举办校园艺术节、体育节、读书节给学生展示的舞台。多年来，沙子口小学注重学生的素质评价，开展星级学生评选活动，通过系列活动开展 "班级之星""级部之星""校园之星"的评选，表扬奖励品学兼优的学生。

1996 年，姜哥庄小学确立了以"海洋文化"为办学特色，先后成立了海浪足球、海梦绘画、海韵书法、海风舞蹈、海燕合唱、海鹰科技、海翔标本制作、海洋科普等 20 余个社团，每周开展活动。2001～2007 年，姜哥庄小学连续七年夺得沙子口街道春季田径运动会男、女团体冠军。1996 年，姜哥庄小学举行首届"校长杯"足球赛，以后每年一次，2016 年，被评为全国足球特色学校。

登瀛小学以"爱与责任教育"作为自己的办学特色，先后成立了舞蹈、合唱、绘画、竖笛、古筝、二胡、琵琶等二十几个社团，在每年的校园体育节上，学校举行足球、篮球、跳绳、集体舞、广播操等比赛。2011 年，登瀛小学被评为崂山区篮球项目传统学校。

三、经验启示

办好人民满意的教育，必须有正确的办学目标和办学方向。多年来，沙子口街道教育所取得的成绩，得益于上级政府和教育主管部门的高度重视，在政策、经费投入及人才引进中给予支持，在教育发展的进程中，也获得了一些比较好的经验与启示。

（一）规范办学，依法治教

多年来，沙子口街道所有学校和幼儿园，全面落实《山东省普通中小学基本规范》和《幼儿园工作规程》，根据教育法律法规制定了《学校章程》，完善修订了各项规章制度，严格规范办学行为；实行对职称评聘、评优选先、晋职晋级、学校招生、绩效考核、收费项目、收费标准等内容的公示制度；严格财务管理，规范审批程序。同时，大力倡导勤俭节约，形成了良好的风气。

（二）合理布局，科学规划

根据《国家教育规划发展纲要》，沙子口街道制定了控制性规划远景，所有学校和幼儿园按照现代化学校的标准每三年制定一轮发展规划，确定中远期发展目标，分段制定推进发展目标，做到统筹使用教育资源，促进教育公平公正，营造和谐社会。

（三）深化改革，开拓创新

沙子口街道始终走在教育改革的前列，近年来，重点进行了人事制度改革、财务制度改革、课程制度改革和评价制度改革等。着力推行教育教学质量的目标管理，实行教育专家督导和社会各界共管的办学管理模式。通过推行教育教学改革，充分调动了教职工的工作热情，使沙子口街道学校、幼儿园充满了活力。

（四）扬长避短，增强后劲

随着社会的不断发展进步，广大人民群众对通过接受教育提高素质、改变命运的要求更加强烈，目前，沙子口街道还依然存在教育资源配置不够均衡的现象，特别是青年骨干教师、学科带头人、专业特长教师力量比较薄弱，甚至明显不足，导致素质教育创新后劲不足。今后，我们将立足当下，筹谋未来，积极搭建创新和发展平台，力争取得更大成绩。

执笔人：王丙胜

审核人：阎志群

签发人：王孝友

从村办企业到上市公司的嬗变

——青岛汉缆股份有限公司改革开放发展实录

崂山区沙子口街道办事处

汉缆股份就如同一个巨人，毅然耸立在青岛市崂山区沙子口街道办事处汉河社区。党的十一届三中全会以来，汉河村（社区）是一个土地资源匮乏、农民年收入不足百元、集体欠债达30多万元，地理偏僻而远近闻名的穷山村，但演绎了一场翻天覆地的转变。

1982年，穷则思变的汉河村在新上任的党支部书记张思夏等一班人的带领下，抓住改革开放的机遇，本着"一心为村民造福"的宗旨，靠借的3000元和牛棚改建的简陋车间起家，创立"青岛汉河铜铝材厂"开始生产裸电线。凭借着崂山人独有的闯劲披荆斩棘，乘着国家改革开放的东风一路前行，逢山开路、遇水搭桥，传承崂山人祖祖辈辈吃苦耐劳、踏实。女岛海缆、同和汉缆等全资子公司，用高品质、安全性、优质化服务及高度的创新思路见证中国的崛起。在奥运会鸟巢、水立方，上海世博会，深圳亚运会，三峡工程，央视大楼，海淀500kV电缆系统工程，国网1000kV特高压示范工程，浙江舟山±200kV多端柔性直流输电示范工程，京沪高铁工程，科威特水

1982年，青岛汉河铜铝材厂建厂初期

电部清洁能源 300kV 电缆项目等重点工程中，汉缆产品承担了输送动力、信息等重要任务。

一、汉缆股份改革发展历程

（一）创业起步阶段（1982～1993年）

汉缆股份青岛本部远景

1. 艰苦创业从无到有。党的十一届三中全会以来，乡（社）办和村办、生产小队办企业大发展，呈现出"大小工厂满天星"的热闹景象，而此时穷则思变的汉河村人也正在思考如何发展农业以外的生产，摆脱不堪忍受的贫穷。1982 年，汉河村迎来了新一届的党支部书记张思夏，在他的带领下，汉河村开始探索一条以工养农、以厂兴村的新路。

"最初是聘请了三位原来在电缆厂工作的退休师傅，回收废铜废铝，加工铜铝杆"，不过，随着国家政策逐渐放宽，张思夏越发感受到原来的业务出路过窄，效益也不尽如人意，转型发展势在必行。

"当时村里除了外聘的师傅外再也没有技术人员，资金也非常紧张，加之集体欠债达 30 多万元，再向银行或外村借钱也借不到"，彼时，张思夏面对的无疑是一顿"无米之炊"。

为了"找米下锅"，在一缺资金、二缺技术、三无设备，又背负大量外债的情况下，张思夏和支部一班人横下一条心，开始了艰难的创业过程。没有资金，张思夏就拿出了家里仅有的 1000 元，又向邻居借了 2000 元，作为启动资金；没有设备，他就靠聘请师傅帮助，把旧门板制成配电盘，用别人淘汰的旧机件加工成简易设备；没有厂房，他们就将四间牛棚翻新后改造成电线电缆的生产车间……终于，1983 年，青岛崂山汉河电线厂在汉河村人的翘首期盼下成立了。

创业之初，为了节省资金，他们处处精打细算，恨不得一分钱掰成两半花：生产用的螺丝他们论个买，铁丝论米买；请来的师傅也是在厂领导家吃饭。为联系原材料和产品销售，张思夏等人去市区办事，为了省钱经常不在外吃中午饭挨到回家吃晚饭。如果谈业务晚了，赶不上公交末班车，往往步行 20 多千米回来。就这样，到了第三个年头，他们终于还清了村里的 30 多万元外债。后来，张思夏又坚持采取高投入低分配的发展路子，用滚雪球的方式不断积累，终于使企业和汉河村发生了沧桑巨变。

2. 企业规模升级，技术升级，产品上档次。 成功没有偶然，最初 3000 元的启动资金发展到如此规模，很大程度上在于张思夏没有被第一桶金冲昏头脑，反而格外冷静。本着勤俭务实的工作作风，张思夏做了一个重要决定，除满足村集体必要支出的剩余部分盈利，用类似记工分的形式记到了每个员工名下，用有限的资金改造设备，提升技术水平。这在当时并不被大多数人所支持理解，但张思夏力排众议，坚持下去。

改革开放初期，处于同一个起跑线上的村镇企业，起点与汉缆股份相差无几。在启动资金不充裕的年代，用滚雪球的方法一步一个脚印走到现在的并不多，但凡是坚持走下来的企业无不在各自领域傲视群雄。汉缆也是如此，用当时赚到的钱全部投入到设备升级和技术改造当中，从汉缆股份发展历程中我们依稀地能看到以下发展脉络：

1982 年成立"青岛汉河铜铝材厂"，生产裸电线；

1983 年更名为"青岛汉河电线厂"，生产塑料绝缘电线；

1985 年生产 1kV 塑料电力电缆和控制电缆；

1986 年生产橡皮绝缘电线、橡套电缆；

1989 年更名为"青岛电力电线电缆厂"，生产 10kV、35kV 交联绝缘架空电缆；

1990 年生产 10kV、35kV 及以下交联电缆；

1992 年生产船用电缆、矿用电缆。

不难看出，汉缆不断推动技术创新，研发新产品，企业知名度不断提高。而与之配套的则是生产线及生产设备的引进和电缆产品的技术升级。回忆当时的情况，汉缆股份的创始人张思夏是如此描述的，"当时几乎每个村里都有村办企业，但经过五六年的经营后就开始出现利润下滑，多数村办企业甚至就此破产垮掉了"，之所以出现这样的情况，很大一部分原因是这些企业在探索工业承包的过程中，产权关系并不清晰，法规也不完善，无法适应持续发展的需要。"承包人拼命地拼设备，挣的钱被承包人拿走，而赔了的归集体，很多企业就这么垮掉了。"

为避免此类情形的发生，汉缆自 1992 年开始就按照生产队的记分制来管理，每年从效益中提取 30%以上的纯利润进行分配，把大部分的效益都用于企业再发展，保证新产品的开发资金需求，并在企业进行股份制改造后，将这些积累转成个人股份，使员工们尝到甜头。

1989 年，伴随着"青岛汉河电线厂"更名为"青岛电力电缆厂"，昭示着汉缆企业规模和生产的产品以及产能跻身国内电缆行业知名企业的行列。

3. 汉河电缆品牌升级。言必信，行必果，是汉缆人立身之本，也是汉缆立业之基。勤奋、节俭，源于汉缆人对劳动的热爱，对劳动成果的珍惜。勤和俭是汉缆人打造成功的左右手。说实话、办实事，求真务实，扎实稳健地创造价值、塑造未来，是汉缆人的品格。勤于学习，勇于探索，创新技术，创新管理，创新每一天，不断地超越自我、追求卓越，是汉缆人进步的源泉。诚信、勤俭、务实、创新，既立足于文化传承，又体现了时代精神，是汉缆人本色和个性的写照，也是汉缆持续发展的动力。

近 10 年来，汉缆聚焦电缆主业，通过技术升级研发高端产品，提高规模效益，打造行业第一品牌。同时，稳健地向相关产业延伸，构建以电缆为主的综合性大型企业集团。为此，汉缆坚持专业化战略，聚焦主业，带动相关产业发展；坚持技术制高点战略，发展高端产品，提升核心竞争力，带动企业整体素质的提高；坚持品牌战略，打造行业第一品牌，以品牌扩张带动规模发展，把做大与做强结合起来。

"汉河"品牌是汉缆的无形资产，对客户的庄严承诺，其核心就是讲求质量信誉。意味着对产品的精心设计、精心制造和完善服务；同时也意味着质量不合格的原材料绝不投产，质量不合格的半成品绝不进入下道工序，质量不达标的产品绝不出售；标志着产品的不断改进、创新。高质量的产品来自高素质的员工，来自员工对质量的高度负责和精益求精。"汉河"品牌的精心打造，必然换来客户对"汉河"品牌的信赖和忠诚。

1993 年汉缆荣获省级"重合同、守信用"企业称号，被确认为国家机械部定点生产企业，通过国家电线电缆生产许可证验收。

（二）稳步发展时期（1994~2000 年）

1. 汉缆模式与技术创新。汉缆用了短短的十年，从最初 3000 元启动资金的村办企业逐步发展成为国内电缆行业的知名企业，在得到了社会各界关注的同时，各种荣誉自然也扑面而来，面对这一切，张思夏表现得极为淡然。事实上对张思夏而言，村民富了、企业有钱了，固然值得高兴，但创业的艰辛与不易给张思夏烙下了勤奋朴实乃至坚韧的印记。过久了苦日子的农村汉子，忧患意识始终挥洒不去，而肩负的责任和使命也不得不使他考虑得更久更远。汉缆明天的路究竟在哪里？

电缆行业本身就是一个科技含量较高的行业，由于原材料成本逐年增高，企业未来的发展只有强化技术创新，这其中人才战略占据了企业发展的极大比重。

在设备、技术领域，汉缆投入往往不惜重金，甚至在很多前瞻性领域也加大布局。汉缆自 1994 年即领先于国内同行，开始建设高压、超高压电缆生产线和测试试验大厅、高压电缆料生产试验基地、电缆附件生产研发基地，拥有全国乃至世界最多的 6 条立式超高压电缆绝缘生产线，以及德国、芬兰、瑞士等世界一流生产和测试装备 80 多台（套），各种试验仪器 500 多台（套），重点研发试验设备已达到了国际领先水平。

在此基础上，汉缆还建立了创新投资机制，连续多年坚持每年投入巨额资金加大技术改造和自主创新力度，推动企业跳出低档产品的经营局面，进入研发和生产高档产品领域，并努力实现尖端产品国产化。

很难想象，一群曾经只懂得耕地的农民会和科技含量很高的电缆行业联系在一起，而且做得风生水起，他们就这样结伴走出了山村走向了全省、全国以至国外。汉缆的成功似乎也在向世人证明，村办企业一样也可以做大做强。这当中我们不难看到三种力量共同推动了汉缆的迅猛发展：学习原动力、人才向心力、创新推动力。三种力量汇聚在一起共同发挥出了全部的力量，助推汉缆的蓬勃发展。

1994 年成立"青岛电缆研究所"；

1995 年被认定为"青岛市高新技术企业"，110kV、220kV 交联电缆列入国家火炬计划项目；

1996 年项目与芬兰 NOKIA 公司签订了 220kV 超高压立式交联电缆生产线合同，并生产 110kV 交联电缆；

1998 年生产 10kV、35kV 海底电缆，110kV 交联电缆通过机械部和电力部鉴定；

1999 年被认定为山东省企业技术开发中心、通过国际劳氏船级社认证、与新疆喀什电力公司等单位合资成立"新疆疏勒汉河电缆有限公司"、生产 220kV 交联电缆、空气加强绝缘型母线槽；

2000 年被山东省评为"名牌产品"、通过国家煤矿工业安全认证、生产光纤通信电缆、数据电缆、同轴电缆、预制分支电缆、与德国 TROESTER 公司签订合同引进代表国内最高水平的 500kV 立式交联电缆生产线。

2. 青岛汉缆集团有限公司的成立。1997 年对汉缆来说注定是不平凡的一年，在这一年里，组建了"青岛汉缆集团"，通过 ISO 9001—1994 质量体系认证、船用电缆通过中国船级社认证，与大连电业局合资成立"大连汉河电缆有限公司"。

伴随着由"青岛电力电线厂"改制而成的"青岛汉缆集团有限公司"正式成立，如何跳出传统意义上村办企业的束缚，建立真正意义上的现代企业制度是一个值得思考的问题。考虑到当时的汉缆人普遍没有多少政治经济学知识，而身为党员的汉缆管理层明白生产力决定生产关系这一基本原理，在借鉴苏南和国外的一些先进经验后，汉缆决定按现代企业制度，建立公司制企业。

我国市场经济体制建立后，企业作为经济环境下的要素之一，都需要遵守既定的"游戏"规则。如果说企业在发展初期，管理者尚可凭借直觉带领队伍，那么当企业成长到一定规模，企业管理就必须要有制度和规则。任何一项规则，用好了都是一把利器；忽视了就将是一把毁灭自己的匕首。

青岛汉缆集团有限公司的成立，从某种意义上来说是一个重要的跨越，这个跨越对于一些大型正规企业而言，也许没有什么惊奇，但对于一个村办企业来说，却意味着脱胎换骨的变革。汉缆的创始人张思夏曾经说过："汉缆最大的敌人是自己，是现代思想与小农意识的对立，汉缆人只有勇于打败自己，才能为企业的健康快速发展奠定坚实基础，庆幸的是汉缆人做到了，勇敢地迈出了突破自我的第一步。"

在这一年里，汉缆通过的 ISO 9001—1994 质量体系认证表明汉缆已经能持续稳定地向顾客提供满意的产品。汉缆能以顾客为中心，站在消费者的角度满足顾客需求，让顾客满意。如果说汉缆集团有限公司的成立为汉缆的发展奠定了良好的硬件基础，而通过引进国际化的管理体系，则取代了原先粗放式管理模式，为汉缆的后劲发力奠定了优质的软件基础。与大连电业局合资成立的"大连汉河电缆有限公司"则意味着汉缆整装待发面向国内市场迈出了稳健的第一步。

1997年，汉缆开发的船用电缆通过了中国船级社认证。

3. 村企脱钩，产权进一步明晰。原来汉缆隶属的汉河村实行的是村企合一的管理机制，企业的主要领导兼任村里的主要领导，"一套人马，两个牌子"，企业的事和村里的事一起抓，形成发展经济的合力，以此推动村级经济和社会事业发展。好处是领导集中，权力得到集中，职位人数逐步减少，企业发展效率得到了极大的提高。

然而，伴随着企业规模的不断壮大，村民自治与企业自主这两个方面矛盾越来越明显。作为特定历史发展阶段所出现的社会性问题，所有的村企几乎都陷入这样的矛盾之中：企业发展大了、强了，企业的法人往往就出任村支书、村委会主任，村里的事情自然而然地就由企业老板说了算，村民自治、民主选举、民主理财、民主管理、民主监督都成了空话；如果村支书、村委会主任兼任着村办企业的法人，企业的自主经营也就成了空话，问题十分突出。而且凭借一个人，用类似杂技转盘的形式过问村和企业的所有事务，在精力上已经远远达不到，村民自治的问题落不到实处，村里的事务性工作和企业的事务性工作掺和在一起，纠缠不清，村民难以行使民主权利，意见分歧逐渐增多，村民中有95%在企业里供职，既是村民又是职工，如何保障双重身份的民主权利，成了提高民主管理水平的主要障碍。职责不清、交叉任职带来互为职守和互为不职守的问题，有问题出现却无具体人负责、村政和企业掺杂不清的问题，有上级政府安排的村级行政事务安排到企业里来，企业的正常管理受到干扰的问题等。

从第六届村委会换届选举开始，汉缆按照选举的要求启动了村民直选村委会程序，集团党委下设三个支部，村支部属其中之一，集团党委书记、董事长不再参选村委会成员，村党支部书记由集团党委派一名副书记出任，村民直接选出的村委会成员不在企业任职，村企分开，村是村，企是企，党委统一领导，行政各负其责，集团的职能部门不再代替村委会的职能。自此，产权明，账目清，资产集体所有，福利村民均摊，村企脱钩，产权明确，党委统一领导，行政各负其责。

（三）快速发展阶段（2000～2010 年）

1. 产业产能同步放大。 2002 年与湖南电力公司合资成立"长沙汉河创业电缆有限公司"，收购贵阳电线厂成立"汉缆贵阳分公司"，2003 年在青岛即墨女岛港建立海底电缆生产基地、在广西北海成立"汉缆北海分公司"。2005 年收购河南金龙电缆厂超高压电缆项目成立汉缆焦作分公司。2002～2005 年，依据项目规划先后在长沙、贵阳、即墨、北海、焦作成立五家企业，经济效益稳步提高。2005 年收购河南焦作金龙电缆厂后，汉缆的超高压立式生产线达到 6 条，占领了我国电缆行业的制高点，使公司发展步入快车道。从 2001 年起，汉缆主导产品超高压电缆占据了国内市场的 1/3。

汉缆先后获得"青岛市纳税突出贡献民营企业""山东省优秀民营科技企业""全国技术创新先进单位""全国火炬计划重点高新技术企业""国家产品质量免检企业""中国名牌产品生产企业""国家守合同重信用企业"等荣誉称号。其综合效益在全国同行业排第二位，并获"2006 年中国电气工业百强电缆行业第一位""中国电线电缆市场用户满意度第一品牌"等称号。

2. 科技的创新与引进扩大产业规模。 青岛汉缆成功的因素有很多，其中最重要的一点是企业参与市场竞争跨越式发展的过程中，始终致力于科技创新，超越自我，打造企业的核心竞争力，确保企业在激烈的市场竞争中始终保持了领先优势。

2000～2003 年，汉缆拥有核心技术 50 项，共完成新产品、新技术、新工艺 112 项，受理的专利 112 项，注册国内商标 11 项，先后承担各类国家、省部级项目 20 多项。此外，汉缆积极响应国家标准，承接了全国电线电缆标准化技术委员会高压电缆工作组职责，起草和审定电线电缆国家或行业标准 43 项。科技创新背后，是汉缆数十年如一日的巨额创新投入，2004 年以后，汉缆每年完成技改投入超过亿元。

企业先后投资 2000 余万美元，分别从德国、瑞士、芬兰等国引进了多条具有国际先进水平的电缆生产线和检测装置。在建成创"世界之最"的塔式生产线的基础上，又引进并组建了可填补国内超高压领域空白的 500kV 超高压交联电缆研究所。其中，在同一车间上拥有 3 条超高压交联生产线，属国内首创；拥有 4 条连硫生产线的能力和 3 层共挤生产

35kV 橡缆产品，属国内第一；公司电缆研究所对橡缆加工工艺流程的自动控制及其专用设备，也属国内领先。

目前，在青岛汉缆向国外出口的电缆产品中，还包括高压电缆附件。相对于过去我国高压电缆附件全部进口的事实，汉缆出口的高压电缆附件具有划时代的意义。

汉缆成功自主研发的高压电缆附件，不仅打破了国外企业对我国高压电缆附件的钳制，还一举使我国成为高压电缆附件的出口国，向国外输送附件，将"中国制造"、"青岛制造"、"汉缆制造"的高压电缆附件送出国门，被发达国家认可，这是汉缆为全行业做出的巨大贡献。汉缆再次用实际行动告诉世界：电缆的"中国制造"迈向"中国智造"的时代已经来临！

伴随着 110kV 以下电缆附件实现自主生产，220kV 电缆附件成功开发，110kV 电缆附件销售情况喜人。2008 年，110kV 电缆附件销售量首次超过一千套，2009 年突破 1500 套；获得生产许可证的 220kV 电缆附件，已于 2009 年 6 月正式推向市场。它标志着汉缆成为国内第一家获得该产品生产许可证的电缆企业，也标志着在高压电缆附件领域"中国制造"的诞生。

汉缆实现了高压电缆、附件的自主生产，不仅可以为全国各行业用户提供更优质服务，更将引领我国电缆业新一轮的产业升级。

全体汉缆人的艰辛耕耘，为我国电缆业的历史画卷增添浓重的一笔！

2002 年通过 ISO 9001—2000 质量管理体系认证，生产 500kV 交联电缆。

2003 年通过 ISO 14001 环境管理、OHSAS 18001 职业安全健康体系认证、美国 UL 认证、国家 3C 安全认证，获"国家免检产品"称号，生产铝合金导线。

2006 年被中国质量认证中心授予"2006 年度卓越管理奖"，获山东省机械工业十大自主创新品牌。

2008 年获国家认定企业技术中心、通过国家高新技术企业认定、110kV 交联电缆附件获"中国机械工业科学技术三等奖"。

2009 年创山东省现场管理样板企业。

2010 年设立企业博士后科研工作站，成为第四批国家创新型试点企业。

3. 品质为根，诚信为本服务客户。30 年的创业史，汉缆能在激烈的市场竞争中立于不败之地，主要归功于汉缆有一个诚信的文化土壤，在于公司建立了"诚信、务实、勤俭、创新"的企业精神。在诚信建设方面，汉缆人将诚信教育融入企业的生产、经营和管理之中，把诚信赋予服务之中。每个汉缆人都有一个 "汉缆是每个汉缆人共同的企业，厂兴我荣、忠诚公司，患难与共、努力奋斗，创造汉缆企业更加美好明天"的共同信念。

汉缆的营销业务员不靠嘴皮子建立关系，他们处处替客户考虑，赢得客户的称赞。一次，在青岛国际啤酒节期间，潍坊客户的两位家属乘兴来到青岛，询问了十几家宾馆酒店，家家爆满，眼看天黑，实在是找不到地方住。知道这一情况后，汉缆的营销业务员热情地把客人接回家，当远方亲戚来招待。该员工事后说："厂兴我荣，与客户诚信交往，就是以心换心，想客户所想，急客户所急，客户不仅仅是我们的衣食父母，更是我们的朋友，多换位思考，客户也自然就乐意与我们交往，既交了朋友又做了业务，一举两得！"

汉缆人始终质朴地认为：当一个企业把诚信融入正常的经营发展中时，企业自身也必然拥有了一种强烈的社会责任感和使命感。没有高质量的产品，就会失去市场，一个失去市场的企业无疑就失去了存在的理由。

青岛汉缆以 ISO 9001 质量认证体系为契机，整合企业资源管理，在采购、生产、营销等各个环节上建立严格的质量管理制度，并对顾客郑重承诺：我公司提供的电线电缆产品保证采用先进的工艺技术、符合 GB 或 IEC 等标准要求，保证在生产制造中完全按照 ISO 9001 质量保证体系规定的要求实施全方位监控。用质量和信誉，赢得了客户对"汉河"品牌的信赖和支持。2002 年被国家经贸委列入全国首批推荐的城乡电网建设与改造生产单位，被中石化、中石油、铁道部、建设部列为市场资源优秀供应商。

依靠产品过硬的质量，紧紧抓住市场的机遇，用刻苦拼搏、锐意进取换得了客户以及社会更多的认同与支持。从 2008 年北京奥运会到上海世博会，汉缆都是场馆建设高压电缆的主要供应商，国家 4 万亿经济刺激计划，一批大型基础设施项目建设，这都给汉缆带来机会。另外，汉缆所开发的系列新产品打破了国外世界级品牌企业的产品垄断，成为三峡工程、西气东输工程、太阳供热电厂工程、广渠门送电工程、堡头220kV送电工程等重大工程项目的电缆供应商。

订单接二连三地到来，而且每个项目都非常重要，质量方面不能有半点含糊，在国家大建设、大发展的趋势下，汉缆一直在满负荷运转，以此来保证按时保质地完成客户交付的订单。

当今社会，人性化的服务已经成为企业赢得市场、赢得客户信赖的关键因素。汉缆始终坚持以用户满意为最终目标，不断完善服务体系。多年来始终坚持对顾客实行四个100%交付，即100%的零缺陷的产品质量、100%的产品数量、100%的服务态度、100%的交付时间。不论大、小客户一视同仁，为保证合同履行，不论市场行情怎么变，困难再多，都坚守承诺，从不打折扣。2006~2009年由于受市场及金融危机的影响，铜、塑料等原材料价格不断波动，每项工程、每个合同都要求员工保质、保量、保工期、保服务，出色地完成了各项工作任务。南方冰冻和汶川地震后电力抢修，汉缆青岛总部、贵阳、长沙公司不讲任何条件，大批员工年三十都在加班加点，突击完成抗灾所需线缆。看着一辆辆挂着"抗灾物资"的长盘货车驶出公司，员工们尽管没能和家人团聚，也感到高兴，汉缆也被国家电网、南方电网公司评为先进集体。

4. A股上市。 企业的发展与壮大是企业自身的发展需求。汉缆集团联合青岛恒源电力集团股份有限公司、山东电建建设集团有限公司组

建"青岛汉缆股份有限公司"，2010年汉缆股份正式在深交所敲响了上市的钟声。

汉缆股份将不仅仅通过上市获得融资渠道，更将接受管理部门和社会监督，进一步规范企业管理，全面提高社会信誉，实现基业长青、持续发展。

2010年，汉缆股份于深交所敲响上市的钟声

（四）转型发展时期（2010年至今）

1. 持续创新的人才战略。汉缆股份发展至今一直秉承着技术创新的发展策略，在国内高压、超高压领域保持领先。上市成功后所肩负的压力以及重担非但没有减轻，反而更加的沉重。目前国内电缆行业有大小9000多家企业，不少企业处于亏损状态。同在一个"锅"里盛饭吃，许多企业举步维艰，面临倒闭。

汉缆的产品之所以能在国内国际市场上取得斐然的成绩，关键在于自己拥有的核心技术，对于一家科技含量较高的企业，核心技术就是企业发展的竞争力。此时的汉缆已经从单一的线材生产，将涉及领域扩大到石油、通讯、煤炭、海洋等多个领域。在单一领域实现技术领先，并不为奇，但一个企业可以在多个产品分支领域，做到科技领先，可谓业界传奇。

汉缆股份通过不断的科技创新，造就了汉缆科技领先的优势，持续创新的动力和源泉依靠的是下大力气培养和引进人才。汉缆始终认为，人才比技术设备更重要。汉缆用人方面采取的是引进与开发并举的方式，与郑州大学、哈尔滨工业大学等院校达成委培协议，培训人员达到300多人次；又与西安交通大学、上海电缆研究所、青岛大学等院校也建立技术合作关系。与此同时，汉缆还采取"借、聘、兼、调"等形式，聘用了198名大学毕业生、18名专家教授以及20多名各类技工。目前，企业具有高级职称人数达26人，各类专业技术人员达528人。

要把企业做大做强，就要全力推进科技开发和加大技术创新力度，实现品牌化和国际化。未来的汉缆股份将实现多元化发展，使以电线电缆为核心的产业链不断延伸，努力把企业建设成为最具影响力的电线电缆生产基地，争取做中国最优秀的电线电缆制造商，努力打造世界级的电线电缆知名品牌。

2011年汉缆股份被科技部批准为行业唯一的高压超高压的电缆工程技术研究中心，殷钢芯超耐热铝合金导线ZTACIR被科技部列为2011年国家重点新产品计划项目。

2012年220kv光电复合海底电缆通过中电联技术评审、高压超高压交联聚乙烯超净绝缘料被科技部列为国家"863"计划项目、荣获"中国电器工业十大知名品牌"。

2. 打造标准化良好企业。汉缆将通过的管理体系升级，实现简化、统一、协调、优化。建立健全以技术标准为主体，包括管理标准、工作标准在内的企业标准体系，并有效运行。

标准化是一个制定标准、实施标准、分析改进，以及再修订标准的动态过程。通过标准的体系运行，在运行中发现问题，做到生产工艺及工作流程持续改进的最终目的。

通过创建"标准化良好行为企业"发挥汉缆标准化管理的重要作用。通过建立以技术标准为主体，包括管理标准、工作标准在内的企业标准体系，实行生产、经营等各个环节的标准化管理，有利于汉缆实现良好的经济和社会效益，将标准化良好企业行为推广到跨区域的各个分公司，有利于统一管理。

作为一项系统工程，将涉及生产、经营全过程，必须服从标准化的总体方针和目标。要求从构成标准化的各个要素着手，提供扎实的技术支持。

2011 年汉缆股份被确认为国家"AAAA 级标准化良好行为企业"，被科技部批准为行业唯一的高压超高压的电缆工程技术研究中心，殷钢芯超耐热铝合金导线 ZTACIR 被科技部列为 2011 年国家重点新产品计划项目。

2012 年汉缆 500kV 电力电缆中标国网，入选 2012 年度电线电缆行业十大新闻。

2013 年至今聚焦电缆主业，发展高端产品，提高规模效益，打造行业第一品牌。同时，稳健地向相关产业延伸，构建以电缆为主的综合性大型企业集团。

3. 品牌重塑，服务社会。青岛是一座品牌荟萃的城市，

基于人才培养的技术大比武现场

也是一座让人随时都能感受到品牌力量的城市，这里诞生的包括"汉河"牌电线电缆和海尔、海信、青啤等众多知名品牌，已经影响了中国，并且正在影响着世界。

在众多品牌当中，青岛汉缆股份有限公司的经济效益每年保持 10%以上的增长速度，从 2001 年起，汉缆主导产品超高压电缆占据了国内市场的 1/3，且由于汉缆一贯坚守诚信为本、始终如一地保持着产品的高质量，2005 年的天安门改造工程、2008 年的北京奥运会各大场馆建设中，汉缆均独揽了 80%以上的高压电缆市场份额，上海世界博览会主要建筑物所使用的电缆，"汉河"牌电缆也轻松入选。

汉缆坚持专业化战略，坐稳主业，带动相关产业发展；坚持技术制高点战略，发展高端产品，提升核心竞争力，带动企业整体素质的提高；坚持品牌战略，打造行业第一品牌，以品牌扩张带动规模发展，把做大与做强结合起来。几十年不变，一如既往地聚焦电缆主业，发展高端产品，提高规模效益，稳健地向相关产业延伸，构建以电缆为主的综合性大型企业集团，打造行业第一品牌。

目前汉缆产品已经远销美国、俄罗斯、澳大利亚、巴基斯坦、埃及等几十个国家和地区，正向着一个国际化、标准化、高效性的世界级电线电缆行业的名牌企业迈进！

在为社会创造价值与财富的同时汉缆人始终没有忘记自己是谁，自己又从哪里来。历经过艰苦拼搏的汉缆人不断突出以人为本的理念，为民造福，为社区、为社会做出积极贡献。在村庄建设方面，率先实现城镇化，成立岛城首家电气化村，修建了水库、山景公园，加快了农村城镇化、现代化的过程；投资 1000 多万元，建立省级标准的汉河教育中心，抓好青少年的基础教育和思想文化教育；新上热电联产项目，改善周边区域用电、用气居住环境，使汉河人实现了三个文明建设的大丰收。

在社会公益方面，汉缆股份为青岛市慈善总会、青岛福利企业协会、青岛红十字会、青岛民政局、崂山区残联、崂山区聋校等社会公益事业捐款捐物累计 500 多万元，汉缆慈善基金每年向社会捐款 200 万元，为社会做出了突出的贡献。

二、主要成就

（一）社会价值的提升与体现

汉缆在做大做强发展企业同时，始终秉承了企业发展要取之于社会、回馈于社会的理念，增强社会责任观念，是汉缆的企业文化，更是汉缆全体员工的人生信条。汉缆的全体员工始终狠抓产品品质，坚持诚信经营，坚持创立民族品牌、保护民族品牌，使汉缆率先成为中国名牌。同时对于假冒伪劣产品坚决予以抵制，电缆行业的特殊性一旦因为产品质量的问题造成的事故，不仅仅关乎企业、国家的财产安全，更关乎人民的生命安全。汉缆还在生产过程中保持对资源消耗的高度关注，加快调整及优化产品结构，单位产值所消耗的能源逐年下降，处于较低的消费水平。高度重视环境保护，被评为省级环境友好企业。

汉缆立足于本行业在狠抓产品品质、注重诚信经营的同时不忘回报社会，积极参与慈善事业，注重在安置就业、缴纳税收、保证供给等方面的社会价值。通过吸纳更多的劳动力，安排本村及周边村民就业。通过扩大企业规模，扩大生产定期上交更多的税金，提供更多的社会资助。伴随企业盈利状况良好，不断地增加报酬，加速员工进入全面小康的步伐。汉缆的发展还发挥出作为区域带头企业所特有的地域化发展的边际效应，以此带动企业周边地区的经济发展，共同构建区域经济的和谐发展。

在 2008 年春节期间南方受灾，汉缆股份的长沙分公司、贵阳分公司、青岛本部人员同心协力加班加点为受灾地区输电系统提供所需导线 2000 多吨，在 2008 年汶川大地震、2009 年慈善一日捐活动、2010 年青海玉树地震为灾区捐款，2010 年南方旱灾累计捐款 300 多万元，为救灾重建献出爱心和绵薄之力，受到社会的好评，被青岛市政府授予"最具爱心慈善捐赠企业"，充分展示了一个企业家饮水思源，致富不忘众乡亲的高尚情怀。

（二）产业与行业价值的贡献

在党的政策指引和各级党委政府的关心指导下，汉缆股份充分发挥出了重科技、重人才、善管理、抓机遇，发扬艰苦朴素、严于律己、开拓创新、与时俱进的精神，使企业经济效益每年保持 20% 以上的增长速度，创造了山东省著名的"汉缆现象"，其管理模式获青岛市企业管理现代化创新成果一等奖，率先成立岛城唯——家市级电缆研究所，率先从国外引进首条 500kV 超高压交联生产线，率先开辟我市乡镇企业跨地区兼并国有企业"大连电缆厂""贵阳电缆厂""河南焦作金龙电缆厂"的先河，拥有突出的行业地位，在高压、超高压电缆市场的占有率排名第一，企业利润在行业内名列前茅，是国内高压、超高压电力电缆相关技术研发的引领者。

汉缆为全国电线电缆标准化技术委员会高压电缆工作组的组长单位、国家认证认可监督管理委员会电线电缆强制性产品认证技术专家组成员单位和电线电缆"十一五"规划意见中电力电缆行业唯一代表参与单位，共主持和参与国家、行业标准审定 43 项，带动了我国电线电缆行业产业升级创新，增强了公司在电线电缆领域的影响力。

汉缆的经济效益位居全国同行业前列，技术装备水平达到国内同行业领先水平，并于 2010 年 11 月 9 日成功在深圳中小板上市，2010 年实现销售收入 42 亿元，利税超过 7 亿元，被市政府授予"纳税突出贡献民营企业"，企业曾获得"青岛市十强企业""山东省优秀民营科技企业""山东最佳企业公民""全国技术创新先进单位""全国火炬计划重点高新技术企业""国家产品质量免检企业""中国名牌产品生产企业""国家守合同重信用企业"等称号。其综合效益在全国同行业排第二位，并获"2006 年中国机械行业竞争力 100 强""中国电线电缆市场用户满意第一品牌""中国驰名商标"等称号。

汉缆股份科研实力雄厚，拥有国家级企业技术中心、国家博士后科研工作站及国家科学技术部确定为第四批创新型试点企业，并通过 ISO 9001 质量管理体系认证、ISO 14001 环境管理体系认证和 OHSAS 18001 职业安全健康管理体系认证，并被中国质量认证中心评为卓越管理奖。

（三）科技创新价值的彰显

30 年艰辛历程，见证中国村办企业改革发展之路，汉缆的成就源自企业"不断占领技术制高点"的创新机制，沿着汉缆科技创新的发展脉络，可以从如下时间节点当中探寻汉缆科技发展、实业兴邦的蛛丝马迹。

1985 到 1990 年，以赶超青岛地区同行业先进水平为目标，以技术转让为手段实现了从初级产品到中端产品的跨越。从裸电线、塑料线到 1kV

塑料电力电缆和控制电缆，10kV、35kV交联绝缘架空线，10kV、35kV及以下交联电缆。

1991到1995年，以赶超国内同行业先进水平为目标，以技术开发为手段实现从中端产品到高端产品的跨越式发展，即船用电缆、矿用电缆；成立"青岛电缆研究所"，实现了从技术完全依赖转让到自我开发的伟大变革，被认定为"青岛市高新技术企业"，110kV、220kV交联电缆列入国家火炬计划项目。

1996年以来，以赶超世界先进水平为目标，通过引进世界先进技术从而达到国际先进水平，自主创新，赶超国际先进水平。先后引进芬兰NOKIA公司220kV超高压立式交联电缆生产线、通过ISO 9001—1994质量体系认证、引进德国TROESTER公司代表国际最高水平的500kV立式交联电缆生产线。研制成功500kV超高压交联电缆、220kV及以下电缆附件、220kV光电复合海底电缆等，2010年设立企业博士后科研工作站，2011年被科技部批准设立国家高压超高压电缆工程技术研究中心，标志着汉缆股份在同行业已经拥有电缆及附件等相关产品领先的科技研发实力。

汉缆人走的改革发展创新之路，与实现中国梦所必须经历的中国道路的步伐相一致，并恰好印证出中国特色社会主义的发展道路。创出中国民族工业企业向大型国际化企业集团的发展之路，反映出汉缆人对中国特色社会主义的理论自信、道路自信和制度自信，坚定不移的沿着正确的中国道路奋勇前进、自强不息。

（四）"汉河"品牌的价值

如果说企业品牌是企业文化由内而外的一种客观表现，那现今的汉缆不仅拥有先进的技术装备和有效的技术创新机制，而且奠定了良好的管理基础。

现代市场竞争，

工作现场的探讨

既是技术的竞争、管理的竞争、品牌的竞争，更是人才的竞争、文化的竞争。为了进一步增强企业的内部凝聚力和外部形象力，从根本上提高企业的核心竞争力和持续发展能力，在汉缆全体员工集体努力下通过专家的具体帮助，全面完成了企业文化策划及 CIS 设计。

汉缆企业文化凝聚了汉缆人的心血和精华，汉缆全体员工秉承老中青三代，互帮互助，把最初汉缆的创业精神始终不渝地进行传承，立志不忘企业宗旨，时时践行汉缆精神，处处遵循行为规范，增添维护汉缆荣誉，结成诚信、勤俭、务实、创新的团队，合着时代的节拍，迎着竞争的风浪，不懈进取，勇往直前，创造新的辉煌。

精辟而充满深情的话语不需要华丽的修饰更不用刻意地去表达，用非常朴实的语言，汇聚成了厚重的"汉河"企业文化精神。汉缆之所以能够在全球化激烈竞争的浪潮中拥有广阔的发展空间，其根源就在于与时俱进、充满活力的企业文化和品牌文化。

品牌是人们对一个企业形象及其产品品质、服务、文化价值的评价和认知，是一种虚拟的无形资产。汉缆以"塑造汉河品牌，真诚服务社会"为宗旨，致力于培植品牌文化，增强品牌意识，加强品牌管理，不断创新品牌技术，优化品牌品质，完善品牌服务，强化品牌魅力的基本目标，树立良好的企业形象。

未来的汉缆将重点重塑三种力量：汉缆的创新学习力、汉缆的人才向心力、汉缆的品牌凝聚力，三力合一共同打造汉缆的品牌文化。

三、经验启示

（一）解放思想、实事求是是企业发展的先导

在中华人民共和国繁荣、复兴、强盛的时代号召下，电缆行业被誉为城市化工业化的"神经"和"血管"，肩负着为各行各业制造和装备配套的职能，成为中国机械行业中仅次于汽车业的第二大产业，位居世界第一。但中国线缆产业产值仅占世界线缆产业的 15% 左右，巨大的市场还有许多的发展空间有待开发。而且在快速发展的过程中，也存在诸多问题，主要表现在：技术、工艺与世界其他国家相比仍相对不足；产业集中度低，行业大、散、乱，压价竞销形成无序恶性竞争，假冒伪劣严重；产品结构落后，产品研发创新水平总体缓慢落后。

发展的机遇和挑战并存。汉缆人通过共同的努力，一定能够实现汉缆人"实业兴邦"的中国梦，做到持续发展，基业长青。坚定实施公司发展战略，聚焦电缆主业，发展高端产品，提高规模效益，打造行业第一品牌。同时，稳健地向相关产业延伸，构建以电缆为主的综合性大型企业集团。

环境对人的禁锢无非来自两种：一种是对身体的禁锢，一种是对精神的禁锢。对于身体上的禁锢我们会去挣扎会去摆脱，然而对于精神上的禁锢我们往往是不自知的，在特定时间我们甚至还会沾沾自喜，这往往是最为可怕的事情。作为汉缆创始人的张思夏深知此中关键，从汉缆刚一起步就无时无刻不本着理论联系实际的马克思主义唯物观，艰苦创业。从汉缆的成长史当中，我们始终能感受到汉缆创始人张思夏的学习成长历程，用成绩不断地肯定自己的工作成就，用发展观不断否定小富即安的现状，用战略眼光不断地实践一个又一个的思路与构想。汉缆人上下齐心用求真务实的思想验证了属于汉缆的一个又一个的奇迹。

（二）政府引导和政策支持是企业发展的关键

汉缆现在的成绩离不开党的政策指引和各级党委政府的关心指导，汉缆最初是在1982年时任党支部书记张思夏带领村里的一些干部，本着党员带头作用，一步一步发展起来的。在之后的十几年当中汉缆无时无刻不受到党的政策影响和指引，也更加离不开各级党委政府对汉缆的鼓励与关心。

汉缆作为青岛市崂山区沙子口街道第一家上市公司，更是得到沙子口街道办事处无微不至的关怀。在得到上级党委政府的支持与指导下，汉缆人充分地发挥出"言必行，行必果"的汉缆人独有的工作作风。

汉缆作为一家企业，成长的同时也伴随着属于汉缆特有的党建工作的发展，汉缆股份的党支部提出：时刻不忘党员身份，要把党的思想建设放在首位，以尊崇党章、遵守党规为基本要求，用习近平总书记系列重要讲话精神武装革命思想。在习近平总书记的领导下，全面从严治党，党员内部的党风党纪得到极大改善。汉缆的党员更要严格遵守党章党纪，加强党性锻炼和道德修养，加强自我约束，做到政治坚定，思想常新，理想永存，永葆共产党员的本色。作为共产党员应感到自豪，珍惜党员身份，以身作则，为群众服务，做一名合格共产党员！

汉缆人坚信党的理论，坚定党的信念，坚守对党忠诚的政治品格。作为党员，要坚持党和人民的利益高于一切，吃苦在前，享受在后。在本职岗位上发挥党员带头作用，不计较个人得失，克己奉公，勇于贡献。秉持做大做强汉缆的发展理念，继续发扬艰苦奋斗的伟大作风，团结带领全体员工，为促进汉缆全面协调可持续发展而努力奋斗。

通过不断加强汉缆全体党员政治思想工作，激励公司基层党组织、广大党员时刻坚定信念，牢记宗旨，更好地发挥战斗堡垒作用和先锋模范作用。

工作过程中充分发挥出勤奋、节俭和对劳动的热爱，对劳动成果的珍惜。勤和俭是汉缆人打造成功的左右手。说实话，办实事，求真务实，扎实稳健地创造价值、塑造未来，是汉缆人的品格。勤于学习，勇于探索，创新技术，创新管理，创新每一天，不断地超越自我、追求卓越，是汉缆人进步的源泉。

（三）与时俱进、开拓创新是企业发展的内在动力

汉缆诞生于改革开放的时代大潮当中，从最初的 3000 多元启动资金和几个党员干部发挥着带头作用，敢闯敢干，逐步发展到电缆行业国内领先，市值数百亿的上市公司。其中不乏党员干部的荣辱使命感，更体现了党员干部在村一级的带头作用。先后带领着村民从贫困村迈向了现代化新农村，之后又在城市化建设的时代发展趋势下创建了现代化的新型社区。

从 1982 年负债 30 多万的贫困村，通过党员干部发挥带头作用为村民致富，30 多年的历程一路走来，无时无刻不在紧跟时代的步伐，紧紧跟随党的宏观政策的调整，在企业经营方面抓住机遇，开拓创新、与时俱进，使企业经济效益年均保持近 30% 的增长速度。同时汉缆运用科学手段整合企业资源，使 ISO 9001、ISO 14001、OHSAS 18001 体系得到持续改进，企业在 5S、6S 现场管理、清洁生产、质量管理、成本管理等方面成绩斐然，企业市场竞争力明显提高。在国家提出实施技术创新工程，加大创新型企业建设力度，促进经济发展方式转变，加快建立以企业为主体、市场为导向、产学研相结合的技术创新体系，提高持续创新能力，建设创新型企业，走创新驱动的科学发展道路，汉缆被国家工业和信息化部认定为 2014 年国家技术创新示范企业。

（四）不忘初心、诚信务实是企业发展的根本原则

汉缆股份前身仅仅只是国内无数村企当中的一员，汉缆股份创始人也仅仅只是当时汉缆所属的汉河村委书记。同一个时代下如繁星点点的村办企业有的消逝了、有的黯淡了，当然也有极少一部分更加明亮闪耀，毫无疑问汉缆就属于这极少一部分当中的一员。

在改革开放的时代大势的召唤下，全国很多地方都开始行动起来，处于同一起跑线的众多村办企业和乡镇企业，在宏观政策的号令下，犹如万马奔腾，呈现出一片繁荣昌盛的良好势态。不可否认的是在一开始汉缆就已经崭露头角，秉承崂山沙子口人独有的吃苦耐劳的奉献精神，汉缆能一路遥遥领先于国内电缆行业，这当中更多的还是一种情怀。

过惯了苦日子的汉河村人地处山区，在耕地匮乏粮食作物少之又少的情况下，生活异常艰难。但艰苦的日子似乎也让汉河人的智慧得以极大发挥，靠山吃山靠水吃水，村子里能工巧匠层出不穷。穷则思变、变则通达，极好的验证了汉河人的个性及特点。在地处山区土地相对匮乏的情况下汉河人用勤劳的双手，简朴的生活风气，世世代代善于学习利用身边一切可以使用的资源，推动村落生活的改善。

目前，汉缆产品广泛应用于电力、石油、化工、交通、通讯、煤炭、冶金、水电、船舶、建筑等各个领域，是国家电网、南方电网、中石化、中石油、中海油、神华和中煤集团、中铁电气化局等国家大型企业的战略伙伴和重点供应商；荣获中国电线电缆市场用户满意第一品牌、中国电线电缆行业最具影响力第一品牌、中国质量认证（山东）中心卓越管理奖、中国机电行业影响力企业100强、中国制造业企业500强、全球华裔高科技500强、中国线缆行业最具竞争力企业10强、国家技术创新示范企业等殊荣，被授予北京奥运电力安全保障贡献奖。

作为国际知名电线电缆供应商，汉缆产品先后参与印度、美国、俄罗斯、巴基斯坦、澳大利亚、印度尼西亚、科威特等众多项目工程，也是壳牌、力拓、西门子、英国国家电网、阿美石油、科威特水电部等跨国公司的合格供应商。产品已出口到亚、非、欧、美、澳的30多个国家和地区，汉缆人不辱使命、精益求精，为中国企业增添国际形象。

一个好的时代，一名优秀的党员干部带领了一批勤劳质朴的人民，改变了汉河村贫穷的命运，让村民过上了做梦也想象不到的好日子。除

了紧跟时代的步伐、敢于尝试、勇于创新外，更多的还有一种忧患意识，推动汉缆人不断前行，他们格外珍惜现今的生活，并继续发扬属于汉缆的独有精神，继续与时代同行，步伐稳健、昂首挺胸！

执笔人：戴鸿涛

审核人：阎志群

签发人：王孝友

崂山区王哥庄街道特色产业发展的探索与成效

崂山区王哥庄街道办事处

王哥庄街道雄峙于沧海之滨，山奇水秀之中，拥有得天独厚的地理位置，自然资源丰富，是青岛市崂山区的一颗绿色明珠。党的十一届三中全会以来，坚持改革开放，解放思想，更新观念，在全面推行经济体制改革的同时，以市场为导向，依托区位资源优势，发展高产优质的高效农业；以开展特色产业为突破口，实施全方位、多层次、宽领域的经济发展格局，实现了发展经济指导思想的战略转变，因地制宜，不断探索、完善提高，着力培植外向型、规模性生产，逐步形成崂山茶、王哥庄大馒头、水产品、特色乡村旅游业繁荣发展的态势，推动街道经济快速发展，为实施乡村振兴、建设美丽乡村奠定了坚实的基础。

一、发展历程

茶田

（一）特色产业起步探索阶段(1978～1993 年)

1. 调整农业结构，成功南茶北引。改革开放后，根据崂山区"南茶北移"政策，在太清宫林场、姜家村、常家村三地试种 25

亩茶树，经过精心管理，克服寒冷、干旱、病虫灾害，终获成功，1983年茶田面积达 33 亩。

2. 利用资源优势，发展海水养殖。王哥庄依山傍海，海岸线长达 65.04 千米，前海滩涂 2.5 万亩，良好的气候地理位置，使王

青山码头

哥庄海域成为海参、鲍鱼、扇贝、纹蛤、西施舍、对虾、梭子蟹等海珍品栖息生产之地。沿海村庄的部分村民靠下海捕鱼维持生机。1978 年，省、市科研所与港东村联营建起育苗室 200 平方米，育苗地 8 个。1983年，渔民们在废栏海坝内滩涂大规模建池，养殖对虾 140 亩，年产量 6吨。1984 年繁育参苗 41 余万只，进行人工养殖和浅海投石试养获得成功。1987 年开始，在仰口、港东海湾发展样孔扇贝，至 1992 年，发展养殖扇贝 3600 亩。

3. 完善基础设施，发展旅游服务业。1982 年，崂山被国务院定为全国首批重点风景名胜区后，从建设海上王哥庄生态旅游、观光农业和山区综合开发入手，对农业产业化和农业产品市场布局进行调整优化，大力发展第三产业，旅游业获得发展，随着旅游产业规模不断扩大，接待旅游人数及旅游收入逐年增加。1992 年，饮食服务业设施和规模不断扩大，景点和周边村庄公路边逐渐建起宾馆、饭店，有商店、摊点数百家、餐饮业 120 余处。

（二）特色产业振兴发展阶段（1994～2009 年）

1. 深化改革，推进崂山茶规范发展。1994 年，崂山区实施"大力发展崂山茶的决定"，提出"发展兴农，三产富农，依法治镇"发展战略，深入发动群众，调整农业种植结构；王哥庄街道按照"稳定粮食生产，继续抓好林果生产"的方针，实行宜林则林，宜果则果，宜茶则茶，当年种植崂山茶 524 亩，开辟了大面积发展崂山茶树的先河。同时，不断深化改革，优化产业结构，进行山坡地种植茶树基地建设，并

不断尝试崂山茶种植方式和茶树引种实验，加快崂山茶种植业发展，成立了茶叶加工厂、茶叶销售店，形成产业链，为崂山茶的发展奠定了有力的基础。2001 年，继续加大结构调整力度，以高效农业为重点，发挥农业园区建设示范作用，大力推进都市型农业发展，设立了崂山茶研究开发中心，加强对崂山茶种植技术的指导，积极推广无公害种植新技术，逐步使崂山茶向绿色有机食品发展，茶田面积达到 4310 斤，年产茶 76.3 吨，面积和产量分别比 1994 年增长了 7.2 倍和 28.1 倍，形成了崂山茶种植、加工、销售一体化生产格局。2004 年 3 月，由崂山区政府投资，区农林局、王哥庄街道办事处共同承办的"崂山茶博物馆"正式落成，该馆为北方绿茶产地第一家茶叶博物馆，馆内设有茶艺区、多功能厅、茗馨苑公园、广场、干鲜茶销售区、茶叶加工区、饮食服务区等，共包含茶源、茶兴、茶盛、茶香、茶艺、茶俗六大板块。4 月 30 日至 5 月 6 日，在"崂山茶博物馆"举办了首届青岛崂山茶节，整体推介了崂山茶，拓展茶品牌知名度及销售渠道，实现了茶文化和旅游文化的有机结合。茶节期间，开展了旅游、文化娱乐、崂山茶栽培和技术讲座、书画、崂山茶皇后、优质茶、鲜茶制作比赛和焰火晚会等活动，引来 10 余万游客，茶叶交易额达 700 余万元，同时，宾馆、饭店、工业、农业、商业也从中受益，拉动了经济全面发展，以茶节为驱动，崂山茶种植面积迅猛发展。2005~2009 年，加大产业整合力度，充分发挥崂山茶产地和骨干企业的龙头带动作用，进一步规范崂山茶生产、加工、销售等环节，推动崂山茶产业规范发展，茶田面积达到 12748 亩，年产量 736 吨，成为农业规模化生产的支柱产业。

　　2. 加强技术引导，促进海产增殖。1994 年，根据王哥庄海岸长，适宜浅水养殖的特点，坚持以水产养殖带动水产业发展，确定海参、鲍鱼、扇贝、纹蛤等海珍品为主攻方向，加快水产品养殖基地建设，养殖扇贝 4000 多亩，亩产 8000 多千克。1998 年，在稳定近海捕捞的基础上，逐步调整水产结构，狠抓了海参、鲍鱼、竹节虾、纹蛤等海珍品和贝藻混养规模，养殖扇贝 4600 亩、海参、鲍鱼 2100 亩，新发展贝藻混养面积 120 亩，裙带菜面积 1300 亩，形成以藻育贝，以贝肥藻的良性生态循环，同时引进加拿大扇贝、抗风浪网箱养鱼、半封闭式养虾新品种，利用废旧虾池养殖纹蛤 1000 亩，全年完成水产品产量 4.5 万吨，同比增长 10.4%。2001 年，崂东海珍品良种培育有限公司在返岭渔港北岸落户

王哥庄街道 1994~2009 年崂山茶面积、产量情况表

年度	面积（亩）	同比增减（%）	产量（吨）	同比增减(%)
1994	524	200.0	2	−33.4
1995	603	15.1	1.5	−25.0
1996	953	58.0	4	166.7
1997	1160	21.7	14	250.0
1998	1791	54.4	36	157.1
1999	2890	61.4	55	52.8
2000	4007	38.7	61	10.9
2001	4160	3.8	79	29.5
2002	4160	0	102	29.1
2003	4160	0	160	56.9
2004	5505	32.3	225	40.6
2005	8200	19.0	323	43.6
2006	12092	47.5	508	57.3
2007	12789	58	631	24.2
2008	12789	0	631	0
2009	12748	−0.3	736	16.6

创业。公司以结构调整为主线，不断提高科技含量和发展态势，年培育鲍鱼苗 300 万尾，海蜇苗 6000 千克、扇贝苗 15 亿粒，年收入 50 余万元。2003 年，以加快发展为主题，全面建设小康社会为目标，大力发展海珍品新模式、新品种试点，海参、鲍鱼养殖池 800 个，面积 400 亩。2006~2009 年，以强化浅海养殖、渔业捕捞、渔港扩建和生态示范区建设为重点，积极做好半滑舌鳎、西施舍、杂交贝类等水产新品种的引进培育推广工作，加大梭子蟹、对虾增殖放流量，提高对虾池的综合利用率。2009 年完成水产品产量 3.9 万吨，实现渔业总产值 3.8 亿元。

3. 挖掘传统民俗，发展大馒头产业。王哥庄大馒头是崂山民间传承的古老工艺，迄今已有 500 年历史。1996~2003 年期间，王山口、曲家庄、浦里等村的家庭妇女，挖掘民间传统的面塑艺术，先后办起 3 家大馒头店，馒头市场十分畅销，深受消费者喜爱，经济效益非常好，

影响和带动了周边妇女纷纷摆脱家务，投入大馒头加工业中。2008 年，街道设立特色产品推介办公室，对大馒头等特色产品进行重点管理、指导和推介。举办了"春缘春"杯饺子大赛、花样馒头大赛等活动，通过节会搭建平台促进特产品生产发展。2010 年，街道实施面粉补贴政策，制定了食品生产 9 项标准，进一步规范了大馒头行业，产品品质不断提升，食品面塑加工业形成规模。中央电视台《晚间新闻》《午夜新闻》《第一时间》等栏目，陆续以"灶台经济出妇女创业大市场"为主题进行了深入报道。

4. 依托资源优势，发展旅游产业。2006 年，以山谷旅游、滨海大道、王哥庄产业区、东海沿线旅游服务设施开发项目带动，依托第三届崂山茶文化节，利用旅游资源，推出山谷游、节会游、海洋游、生态游、民俗游、商贸游"六大特色项目"。茶节期间共吸引游客 25 万人次，旅游收入 1300 多万元，推动商贸、食宿、旅游服务等相关产业实现收入 3500 多万元，成功实现了产业增效、农民增收。2009 年，以创建省级旅游强乡镇为抓手，采取节会拉动等措施，促进街道生态农业、特色产业、旅游业协调发展。成功举办了第六届崂山茶文化节暨塘子观（二龙山）景点开放启动仪式、王哥庄花样馒头大赛，为居民致富增收搭建了桥梁。实施了旅游设施配套工程，在对景点进行全方位策划包装的基础上，对景区所有服务人员进行全面培训，对景点内供配电线路、宣传指示牌、公厕及部分景观进行了改造完善，并经过协调争取上级有关部门支持，实现了塘子观景点高水平对外开放。对茶文化博物馆进行了整修改造，整体水平得到了较大提高，达到国家三级博物馆和 2A 级景区水平。经过审核验收，街道被命名为山东省旅游强镇（街道）。

（三）特色产业创新发展阶段（2010 年至今）

1. 落实惠农政策，推动崂山茶产业快速发展。2010 年，

馒头大赛

街道围绕"保增长、重民生、促发展"的工作任务，加大了崂山茶文化宣传推介力度，推动崂山茶种植向产业化、规模化方向发展。通过深入实际调查研究，摸清了崂山茶生产中存在的突出问题，并详细登记造册，建立了农业生产有史以来最全面、最系统、最完整的档案资料，明确了指导生产发展经济的方向。街道结合实际实施了崂山茶"三项直补"政策，采取集中统一招标采购，免费将有机肥料、生物农药、优良茶种发放到社区、茶农手中。至 2017 年，街道共免费发放有机肥料 14985.45 吨、生物农药 174.11 吨、茶叶"三项直补"免费投入资金 3843.56 万元。"三项直补"政策的实施，进一步规范了茶田管理，提高了茶叶品质，极大地调动了茶农的积极性，加快了街道经济转型升级和茶农增收。2017 年茶叶产量 800 吨，经济收入 2.2 亿元。

王哥庄街道 2009～2017 年茶叶"三项直补"情况表

年度	肥料（吨）	农药（吨）	改良茶田（亩）	投入免费资金（万元）
2009	2401.10	17.80	160	400.00
2010	2440.50	17.80	200	378.00
2011	1439.00	17.20	30	352.35
2012	1439.55	20.89	159	369.83
2013	1455.15	12.40	20	470.00
2014	1457.45	24.12	50	346.20
2015	1459.00	22.30	17	420.00
2016	1448.70	20.00		506.18
2017	1444.60	21.60		601.00

王哥庄茶园

2. 搞好养殖基地建设，带动渔民增收致富。 2011 年，街道以渔业捕捞、水产养殖、渔港建设和生态示范区建设为重点，加快渔业结构调整步伐，积极引导渔民转变养殖思路，走高效、生态、健康养殖之路。举办养殖培训班 4 次，培训 600 余人次，通过推广沉箱和网笼养殖新模式，发展筏式养殖和网箱养殖，渔民养殖效率不断提高。同时，积极争取市、区支持，在街道海域放流梭子蟹 600 万只、海蜇 7000 万个、对虾 1.5 亿尾、偏口鱼 120 万尾，辖区海域生态环境得到进一步改善。2013 年，街道进一步加强渔业结构调整，发展沉箱和网笼养鱼养鲍新模式；积极培育美国红鲍、崂山仙胎鱼等养殖新品种，发展贝类底播养殖，培育了会场螃蟹、黄山海蜇等特色海产品，指导青岛金银港海珍品等多家专业合作社进行工商注册，带动渔民增收致富。2015~2017 年，加大对虾、梭子蟹、海蜇、比目鱼等海产品的放流力度，开展人工造礁项目，加大底播面积，提高参鲍的养殖产量和产品质量，同时，加大渔业适用技术和名优品种的推广力度，实施无公害标准化生产技术，强化水产品质量安全管理，狠抓安全生产，促进水产养殖业稳定持续发展。

3. 注重推介提质，做大做强大馒头产业。 2011~2012 年，街道联合区质检局举办了 6 期特产品生产培训班，制定出台了《馒头加工企业生产许可特殊要求及相应产品标准》等政策，进一步规范了生产流程，从源头上确保大馒头产品质量。成立了"王哥庄街道食品安全委员会"，下设 36 名食品安全信息员，设食品安全公开举报电话，完善了食品安全网络监督体系，加强监督检查，引导加工业户依法经营。同时，积极引导大馒头业户实施"大市场、大流通、大商业"战略，与利群、丽达等超市、商场达成合作意向，设置专卖、代理等连锁店，逐步扩大销售网络，使产品远销北京、上海等城

海产品养殖

市地区。2015 年以来，街道实施"以大馒头为主打，带动其他特色产品"的发展战略，整合特产、景点、酒店、社区等资源，建立网络销售平台，严格准入标准，引导业户提升产品品质。开展了王哥庄名优特色农产品城市社区巡展

王哥庄名优特色农产品城市社区巡展

活动，启动了崂矿助推崂山茶及王哥庄特色产品进超市研究，为街道特色产品推介营销及居民增收创造条件。目前，崂山王哥庄面塑入选了青岛市级非物质文化遗产，大馒头产业已成为带动街道经济、富农脱贫、改善民生的支柱产业，2017 年，街道共有大馒头加工商户 156 家，发放特产奖励资金 168 万元，全年大馒头产销量达 15400 吨，实现产值 9200 万元，为农村剩余劳动力创造就业岗位 3000 余个。

4. 优化旅游环境，大力推进乡村特色旅游产业发展。

2010~2011 年，依托旅游资源和特色产业资源优势，推动青山、晓望及港东旅游特色村规划建设，完善配套设施及旅游服务功能，打造旅游新亮点。2013 年，投资 420 万元，完成了青山特色一条街和渔村浮码头基础设施建设，设计青山特色渔村网站并顺利运行，青山书院、养生苑全面开业，餐饮住宿相关配套设施和服务不断完善，青山渔村被国家农业部评为"美丽乡村"。完成了晓望二龙山景区十个景观水潭的打造，在皇陵后建设郭秀书院，挖掘文化亮点，年内，共接待游客 12 万余人，门票收入约 100 万元。解家河社区整合现有农家宴资源成立了青岛玥竹生态旅业有限公司，投资 120 余万元实施了玥竹农特产市场和农家宴门头牌匾整修。2015~2017 年，进一步整合旅游资源，实施了二龙山景区、会场旅游特色村等相关旅游配套设施及旅游厕所等基础设施建设，建设完成黄山海洋民俗博物馆；积极打造依山环海精品旅游线路，推动曲家庄、港东、解家河等旅游特色村、特色点发展；成功举办了崂山茶文化节活动，通过花样馒头大赛、登山健身、品特色农 (渔) 家宴等，推动特色产

品、旅游产业发展。开展了旅游旺季旅游市场秩序综合整治工作，围绕交通秩序、餐饮安全、旅游环境等问题，加大力度疏导交通、整顿"黑车""野导"等违法行为，做好媒体宣传和舆情处置工作，确保了旅游旺季期间交通顺畅、秩序井然。2017年共接待游客130万人次，实现旅游收入3.5亿元。

崂山区王哥庄街道青山渔村

二、经验启示

（一）要加强组织领导，为特色产业发展提供坚强保障

为推动街道特色产业快速发展，街道成立了旅游工作领导小组，设立旅游产业发展中心，加强对旅游工作的领导，积极调度研究，制定符合街道实际和资源特色的发展思路、发展模式。设立特色产业管理办公室，配备专职人员，加强对大馒头、崂山茶、海珍品等特色产业生产的管理、引导服务，加大特色产品扶持力度，着力优化特色产业发展环境，推动特色产业健康快速发展。

（二）要完善基础设施，因地制宜发展特色产业

街道依托独特的地理、气候资源优势及传统文化特色，加大投入，因地制宜，大力发展崂山茶、王哥庄大馒头、干海产品等特色产品；依托独特的山、海资源优势，开发建设了"晓望二龙山""青山特色渔村""港东渔码头""会场渔家乐""解家河农家宴"等特色乡村旅游项目，不

断完善餐饮、住宿相关配套设施和服务，积极推进省级旅游特色村和星级农家乐等品牌申报工作，着力建设一批知名度高、特色鲜明、服务优良的乡村旅游度假景区、景点，打造集休闲娱乐养生于一体的乡村旅游度假区。

（三）要加强规范管理，着力提升特色产业发展品质

1. 落实"三项直补"等扶持政策。为规范茶业种植管理，街道实施了崂山茶"三项直补"政策，免费将有机肥料、生物农药、优良茶种发放到社区、茶农手中，确保了崂山茶品质，加快了街道经济转型升级和茶农增收。制定了《王哥庄街道特色产品奖励政策》，向为特色产品的宣传推介做出突出贡献的企业及持证（照）规模化企业发放奖励资金，推动特产加工产业发展壮大。

2. 规范大馒头行业。2010 年、2012 年，街道分别开始实施面粉补贴、酵母补贴政策，制定了大馒头生产 9 项标准，从原料选用、制作工艺、品牌管理、卫生规范、宣传推广等方面加强规范，严把大馒头质量关，促进大馒头产业快速发展。

3. 优化提升旅游环境。每年 5~10 月，街道组织旅游科、食药所、市场监管所、公安派出所、交警中队等部门以及何家、青山等交通、旅游重点社区开展旅游市场秩序整治行动，围绕交通秩序、餐饮安全、旅游环境等问题开展执法检查。全面排查街道辖区内各类旅游市场，对旅游沿线拦车的"野导游"和无旅游营运证"黑车"等非法经营行为进行集中整治，针对"驴友"穿越崂山自发游的高潮及其引发的安全隐患日益增多的现状，通过扩大旅游安全宣传、加强人员巡逻检查、增设安全警示牌和警戒线等形式，积极引导景区旅友提高自律性，降低景区旅游安全事故风险。针对无证经营和证照不齐全的农家宴、旅游购物商店等经营业户现场下达停业通知，对涉嫌向"野导游"提供高额消费回扣的经营业户进行约谈警告；对涉旅企业进行普法宣传，对相关证照办理流程进行讲解，规范其经营行为，提高服务水平，促进辖区民宿产业持续健康发展。

（四）要创新推介模式，打响王哥庄特色品牌知名度

1. 以节兴市，做大做强特色产品。街道依托资源优势，大力发展崂山茶、王哥庄大馒头、干海产品等特色产品，通过举办崂山茶节、馒头大赛、年货大集，积极为特色产品搭建展销平台，加大宣传推介力度，规范、提高产品品质，促进特色产业优质、高效发展。

2. 因节发展，推动特色乡村旅游产业快速发展。成功举办了会场赶海节、妈祖文化节及"走进王哥庄、感受大自然、休闲又健康"等节庆主题活动，吸引了众多市民前来观光游玩，带动了周边区域农（渔）家宴、民宿及街道旅游产业的快速发展。

3. 搭建宣传推介平台，打造王哥庄特产品牌。街道依托"互联网+旅游""互联网+特产"模式，整合特产、景点、酒店、社区等资源，打造了"傲江山"王哥庄电商推广平台，为游客、市民提供旅游服务和购买正宗王哥庄特色农产品的便利渠道。2016年以来，街道进一步加强宣传推介力度，开展了王哥庄名优特色农副产品城市社区巡展活动，使更多的市民了解、品尝到正宗的王哥庄特产，同时，积极引导大馒头业户实施"大市场、大流通、大商业"战略，逐步扩大销售网络，王哥庄特色产品的知名度和美誉度明显提升。

执笔人：张信生
审核人：范乃乾
签发人：姜　波

王哥庄街道改革开放以来的发展历程、成就与经验启示

崂山区王哥庄街道办事处

1978 年 12 月，党的十一届三中全会隆重召开，开启了我国以改革开放推动社会主义现代化建设的历史新时期。王哥庄 40 年的改革开放历程，充满了奋斗和艰辛，成就瞩目。王哥庄的改革开放 40 年是王哥庄人民弘扬拼搏创业精神，实现强国富民的 40 年；是中国特色社会主义建设的成功实践；是中国改革开放的一个缩影。经过改革开放的探索实践，全体王哥庄人共同谱写了一曲跨越发展的精彩华章。

1982 年，王哥庄公社根据党的十一届三中全会精神和"调整、改革、整顿、提高"的方针，决定重点调整工作布局，突出抓乡镇工业发展和企业技术改造，当年完成农村经济总收入 2274 万元。1999 年，调整农业生产结构，大力推广种植崂山茶；工业生产实施外向带动战略，招商引资，加大技改投入和新产品开发；水产生产实行养补并举的方针，扩大水面和滩涂养殖；充分利用有利条件，积极发展旅游服务业等第三产业；当年全镇农村经济总收入 1.79 亿元，比 1982 年增长 6.8 倍。2015年，青岛市建设崂山湾国际生态健康城，为振兴王哥庄经济带来了历史性机遇，为王哥庄街道的城镇功能、生产力布局和产业结构的战略性调整，提供了有利条件。广大干部居民十分珍惜这一历史机遇，奋发进取，开拓创新，以科学发展观为主题，推进项目规划，整合特色资源，拓宽发展空间，探索产业链条发展新模式，着力打造崂山茶、王哥庄大馒头、干鲜海产品、海水豆腐等特色品牌，全年完成农村经济总收入 76.86 亿元，比 1999 年增长 41.9 倍，比 1982 年增长 336.9 倍。2017 年，紧紧围绕"促发展、连民生、保稳定"三大根本任务，落实责任，强化措施，

推动经济社会发展，完成地方财政收入 1.13 亿元，同比增长 2.22%。

一、发展历程

1978 年 12 月，党的十一届三中全会以来，王哥庄街道各级党组织组织干部群众认真学习全会确定的路线、方针、政策，全面贯彻省、市、区改革开放和社会主义现代化建设的一系列决策部署，在中国特色社会主义理论指引下，坚持"强基础、促规范、创高效、惠民生"，营造科学发展、和谐稳定的社会氛围，不断解放思想，开拓创新，探索出一条符合实际的经济快速发展的道路，推动全面从严治党迈出新步伐，谱写王哥庄发展历史的新篇章。

（一）探索改革阶段（1978 年 12 月～1994 年 12 月）

1. 联系实际改革体制。1978 年 12 月，党的十一届三中全会以后，根据地处山区经济薄弱的实际情况，王哥庄公社组织广大党员、干部和群众，认真学习领会党的十一届三中、四中、五中全会精神，用邓小平理论、"三个代表"重要思想统一认识、行动，坚持改革开放搞活，认真探索农业改革举措。1979 年，认真贯彻落实中央 75 号文件，经过拨乱反正，积极探索农业经营体制改革，研究制定了小段包工、专业承包、定额联产计酬及"大包干"等统分结合的生产责任制。在农业、工业、副业、商业等经济事项中，签订协议承包经营；在耕地使用权方面，按照"明确所有权，稳定承包权，搞活使用权"的原则，在不改变土地农业用途的前提下，允许承包方承包期内依法转包、转让、入股、出租等。1980 年，公社党委在深入群众调查研究的基础上，坚持改革开放，因地制宜，指导调整工作方案。第一，停止泉心河水库工程，大小北海农场改为企业管理，实行自负盈亏。第二，利用优势扬长避短，调整农业产业结构，发展多种经营。第三，实行科学种田，加大农业投入，夯实农业的基础地位，从而减轻了公社和生产大队的负担，使经济得以休养生息，调动了生产劳动积极性。1980 年粮田 21214 亩，亩产 564 千克，总产 11965 吨，比 1978 年提高 19.4%，花生总产 438 吨，比 1978 年提高 62.5%。1982 年秋，在贯彻落实党的十一届三中、四中、五中全会精神，清除极"左"思潮影响的基础上，从农业土地入手，推行"家庭联产承包责任制"，逐步进行林果、沿海滩涂等承包，形成以土地承包为主要内容的分工、分业。在此基础上，种植、养殖、加工、运输等多种形式的专业户、重点户、经济联合体逐渐增多。在绝不放松粮食生产的同时，因地制宜地建立和健全各种形式的责任制，挖掘生产潜力，量力而行地改变生产条件，进行水利工程续建，保证农业用水；进行科学种田，一是大力培育推广优良品种，二是改革耕作制，抓好粮田间种工作，提高复种指数。1982年自然灾害较大，仍夺取了农业丰收，粮田面积21111亩，亩产440.5千克，总产9305吨，同比增长4.5%。1988年，第二次签约，承包期延长，30年不变。家庭联产承包责任制的推行与完善，调动了农民的生产积极性，促进了农村经济的快速发展。

20世纪90年代，随着市场经济的深入发展，根据市场需求，从提高农业整体效益出发，王哥庄镇制定了一系列优惠政策，动员党政机关、企事业单位、集体、个体参与综合开发，谁开发谁得益。1994年，农业以"二高一优"为目标，以实现水产业创新为重点，大力推行开发建设，退耕还林，发展板栗、山楂、梨、桃、葡萄、花卉等高效农业，带动第一产业全面发展。全年农村经济总收入872.64万元，同比增长91.59%。

2. 调整结构发展茶叶。推行家庭联产承包责任制后，农民成为独立自主的商品生产经营者，市场的需求成为生产者的导向。"以粮为纲"型的传统农业格局，逐步被现代的、城市型的农业格局所代替。1994年，根据自然条件调整农业结构，区政府投入600万元农业开发资金，专门扶持奖励经济、生态、社会效益好、技术先进、品种良好、机制创新的农业项目，王哥庄镇提出"超10亿、创强镇、进百强"的目标，深入发动群众，推广种植崂山茶，当年种植崂山茶524亩，创造了良好的开端，为当地崂山茶产业化发展奠定了有力基础。

3. 创新经营扶持水产。辖区海岸线长达65.04千米，沿海滩涂面积2.5万亩，是海参、鲍鱼、文蛤、对虾、螃蟹等海珍品栖息、生长之地，本地水产资源非常丰富。改革开放前，当地传统渔业生产以捕捞为主。1983年，人们利用王哥庄和土寨湾废弃的海坝，在其内建池养殖对虾140亩；1985年发展到2323亩，年产对虾40吨，取得了较好的经济收入。1985年，秦家土寨村秦正月投资10万元，在海滩建虾池60亩；1986年投资570多万元成立青岛崂山区王哥庄金海湾育苗养殖场，培育海参、对虾、梭子蟹苗种，扩大养殖池200多亩，年产水产品300多吨，产值1000多万元，金海湾育苗养殖场成为本地水产生产的龙头企业。20 世纪 90 年代，王哥庄镇坚持"渔业增效、渔民增收"为目标，在稳定水产捕捞和养殖生产的基础上，进行海参、鲍鱼、竹节虾、文蛤等海珍品和贝藻混养的规模化养殖。大力进行水产生产新模式、新品种试点，引进深海抗风浪网箱、底播养殖、海上筏式养殖等，加大梭子蟹、对虾增殖放流量，提高虾池利用率。1992 年春，扇贝养殖进入第一个高潮，全镇养殖面积 3600 亩；1994 年掀起第二个高潮，养殖面积 4000 多亩，亩产扇贝 4000 多千克。2004 年，街道加大渔业新技术、新模式示范推广力度，积极发展生态型、观光型渔业，全年完成水产品总产量 4.81 万吨，总产值 4 亿元。

4. 传承传统强化林果。

（1）林业。境域山区面积 90.2 平方千米，森林区占总面积的 63.73%，树种以生态经济林为主，村民的家前院后遍布果树、苗圃等经济树木。1979 年国家公布《森林法（试行草案）》。1982 年县政府制定了山林保护措施，公社成立林业站，加强植树造林、封山育林、病虫害防治工作；进行荒山滩涂、农田防护林及"四旁"植树，公路两侧及河道的防护林、风景林绿化，树木生长和保护卓有成效。1983~1993 年，平均每年全镇"四旁"植树 6.2 万株。

（2）果业。王哥庄地处山区，丘陵梯田较多，极为适宜果树生长，是崂山区果品主产区之一。推行家庭联产承包责任制后，农民逐年在自己的承包地里，增加栽植苹果、山楂、葡萄、桃等果树。20 世纪 80 年代末林果业形成规模，开始有村民建苗圃发展花卉，经济收入不断提高，改革产业结构出现良好的开端。20 世纪 90 年代，进一步深化改革，大力推动林果综合发展，推出"创强镇、进百强"的奋斗目标，发动和引导干部群众因地制宜，开发建设崂山茶基地，加强对老果园更新改造。

山林

5. 产业扩大规模畜牧。 改革开放前，当地畜牧以一家一户散养为主，以猪、鸡、羊为主，少量牛、马、驴、鸭、兔等，目的是积肥和攒钱。改革开放后，20 世纪 70 年代末，当地引进养殖安哥拉毛兔，后来出现养貂专业户。20 世纪 80 年代，放宽了政策，建立健全各种形式的生产责任制，畜牧业有了较快发展，出现了养猪、养鸡专业户、重点户。1984 年，全镇牛饲养量 161 头、猪 6801 头、家禽 71200 只、奶山羊 662 头（产羊奶 300 吨），畜牧收入 179 万元，占农村经济总收入的 5.6%。1994 年，奶山羊发展到 1760 只，奶牛 182 头，生猪存栏 1620 头，鲜奶产量 1010 吨，王哥庄镇被评为崂山区农业生产先进镇。

6. 改善经管革新工业。 1978 年，王哥庄公社机械、化工、制刷等 6 个社办企业，在资金不足、原材料短缺的情况下，改进经营管理，采取找米下锅，层层承包，革新节约挖潜的方式，革新工业发展，年末完成企业总产值 687 万元，占农村经济总收入的 84.6%。1980 年前后，公社集体有 2 个建筑公司，基本上村村有建筑队，从事建筑和修缮工程建筑；另有私营工商企业 796 家，从业人员 2618 人。1994 年，完成工业总产值 3.2 亿元，实现利税 5598 万元，同比增长 46%，外贸出口交货值 1.9 亿元，同比增长 32.2%。

7. 完善服务专精旅游。 1982 年 11 月 7 日，崂山被国务院定为全国首批重点风景名胜区，本地旅游事业迅速兴起。王哥庄镇下辖的两大风景区出现了一批饭店、宾馆、商店，服务了游客，带动了经济发展，其中太清风景区内建起了八水河、白果树、鑫海源、开源等饭店，仰口风景区内建起了仰口宾馆、山海宾馆、太平宫宾馆、长鹰酒站等饭店、商店，能提供摄像、导游等服务。

8. 全面推进社会事业。

（1）教育。1978 年，域内有幼儿园 30 所、小学 25 所、中学 5 所。20 世纪 80 年代，贯彻执行崂山县《幼儿园教育纲要》，幼儿教育逐步走上正轨，并在实践中探索幼儿教育新途径；小学由 25 所合并为 13 所，以努力办好人民满意的教育为目标，全面推进现代化建设均衡发展，不断完善教育硬件设施建设，优化育人环境，丰富教学内容，深化课程改革，提高教育教学水平。

（2）卫生保健。1978 年，开展群众性的爱国卫生运动，重点改小厕所、改水井、建设土自来水、整修道路、疏通沟渠、铲除蚊蝇滋生地等。1986年，开展灭鼠"一役"达标和治理"脏、乱、差"活动；培训乡村女接生员，实行孕妇登记建卡和产前检查，产后视访。1988年，做好文教卫生、计划生育等工作，王哥庄镇计划生育工作成绩突出，计划生育率连续四年（1988~1991年）达到100%，1989年，被评为山东省计划生育模范镇。1993年7月，镇政府制定了《爱国卫生暂行管理办法》，成立镇、村爱国卫生领导小组，安排专人打扫卫生，环境卫生有了很大改变。1994年，镇政府投资860万元，兴建32项水利工程，基本解决了群众吃水难的问题，王哥庄镇被青岛市评为水利建设先进单位。

（3）文化。王哥庄域内有深厚的民间文化和特色的地域文化。20世纪80年代，域内设有电影队、电影院、排练室、放映室、游艺室等文化设施，电影队经常巡回各村放映电影。各村成立文艺宣传队，配合党的中心工作，自编自演剧目，逢年过节在村内、邻村、周边部队营房演出，活跃了文化生活，增进了军民团结。逐渐进步兴起的校园文化艺术，作为本地文化的重要组成部分，注重发展面向现代化、面向世界、面向未来，科学的、大众的社会主义文化，为王哥庄的文化事业注入新的活力。在党的文化政策指引下，一些老文化传统得到进一步发展，新文化形式后来居上，丰富了文化内涵。1998年，建成占地5000平方米的升腾文化广场，为促进广大群众开展文化艺术活动创造了有利条件。每年春节期间，广场上举办迎新春民间艺术会演，汇集千余名群众演员表演大鼓、舞龙、秧歌、高跷、舞蹈等具有浓郁王哥庄特色的民间文艺节目，气氛隆重热烈，是王哥庄一道亮丽的文化风景，升腾广场被命名为"青岛市十佳文化广场"。每年正月初八的华严寺庙会、正月十一的老君庙会（王山口）、正月二十一的南京庙会（张家河）、四月初八日的妈祖庙会（港东）等，参与人数众多，各地举行祈福仪式，各种文艺活动丰富。乡村文化、校园文化、家庭文化不断繁荣，促进了精神文明和物质文明快速发展。

（4）民主法制。改革开放以来，坚持党的领导、人民民主和依法治镇的有机统一，积极稳妥地推进政治体制改革，加强社会主义民主与法制建设，保障人民享有广泛的民主权利。1981年，坚持依法治镇，开展法制宣传。1986年开始，开展"一五"普法教育，对工人、农民、知识分子、干部及其他劳动者，进行"法律""条例"的学习教育。1987

年底，镇政府设司法助理和司法所、法律服务所、治安联防队，负责法律服务工作，维护安定团结的社会治安秩序。1991~1995 年，进行"二五"普法教育，教育范围增加了企业经营管理人员、学校师生，普法内容为与公民工作生活密切相关的基本法律和社会主义市场经济法律知识。

（5）党风廉政建设。1978 年 12 月，党的十一届三中全会后，组织党员干部掀起学习毛泽东思想和"实践是检验真理的唯一标准"大讨论。1984 年，配合农村经济体制改革、改革开放、经济建设、两个文明一起抓等中心工作，开展党性教育，提高党员的思想政治素质，促进党风的好转。1988 年，加强党校建设，开展"学党章、正党风、讲奉献、比贡献、做合格党员"活动。1992~1994 年，每年冬天进行社会主义思想教育和党员冬训，加强思想、组织、作风建设，丰富干部党员市场经济知识，增强法制观念和党性原则。

（二）完善发展阶段（1995 年 1 月~2010 年 12 月）

1. 因地制宜，发展城郊型农业。

（1）科学管理振兴茶叶产业。2002 年，街道成立崂山茶研发中心，实施精品工程，推广无公害茶叶种植、加工技术，提高了茶叶品质，在山东省首届绿茶评比中获特优品牌 1 个、优质品牌 5 个，在青岛市第三届优质茶评比中，获特优品牌 1 个、优质品牌 8 个。2009 年，以结构调整为主线，全街道范围内加大无公害标准化生产技术和名优品种的推广力度，成立了 34 个茶园自律管理站，制定了《崂山茶科学规范用药管理办法》，由市农科院、区农林局和专业公司组成检查组，联合保障无公害茶叶的种植、加工。2010 年，开展崂山茶"万人"培训学习，培训茶农 6000 余人次，引进优质茶种，组织茶农改良茶田 30 亩。年终全街道共有茶田 12763 亩，产量 744 吨，产值 1 亿元，茶叶种植、加工成为农业支柱产业。

（2）突出特色馒头产业。随着改革开放的不断深入，人们忙于经济建设，做家务的时间紧张，连日常饮食的制作都更倾向于简化，购买成品成为越来越多居民的选择。针对此市场需求，王山口、曲家庄、浦里村的村民办起大馒头店，其产品投放市场后，深受消费者欢迎，生意兴隆，逐渐打响了"王哥庄大馒头"的名声。2006 年，在街道的协助下，王哥庄大馒头协会成立，协会加强组织领导，规范产品质量，推广

馒头大赛

引导发展，使大馒头产业逐步正规化。2008年，街道办事处设立特色管理办公室，加强大馒头、矿泉水、海珍品等特色产业生产的管理、引导服务，以增强其市场竞争力。办公室在深入调查研究的基础上，从原料选用、制作工艺、品牌管理、卫生规范、宣传推广等方面制定行业标准，严格执行，确保大馒头质量，促进大馒头业的快速发展。2010年，经过考察，择优选定了大馒头专用面粉厂家和品牌，决定并落实了面粉补贴、购置机械补贴、产品奖励等5项政策、9项生产加工标准，规范了大馒头行业。大馒头产业的生产活力持续增强，产品质量不断提高，200余家生产单位，年销大馒头8000余吨，产品在全国第五届民间工艺品博览会荣获金奖。

（3）生态绿化并举林业。2005年开始，以建设生态经济林为重点，加强植树造林和高效林业建设，实施绿地、绿林、绿带工程，以滨海公路、王沙公路、滨海路两侧，沿海一带25度坡以上梯田绿化带为主，河道绿化带为辅助的纵横结合模式，开展绿化建设生态林工程。先后在张家河、常家、东台等地荒山造林1.8万亩，2005年全街道山林面积8.6万亩，森林覆盖率达到61.2%。王哥庄的林业生产建设进入了经济效益、社会效益、生态效益同步发展的新时期。

（4）合理协调压缩果业。1996年，全镇果园面积5300亩，果品产量1250吨，面积、产量分别比1978年提高3倍、1.6倍，形成以苹果、桃为主的高效农业园、农业观光园的主体结构，果品生产达到兴盛时期。从生产情况看，茶业生产周期短，经济效益高于果品，人们逐步压缩果树改种茶树，果园面积产量大幅度下降，2015年，果园面积511亩，年产果品379吨。

（5）防治结合稳定畜牧业。20世纪90年代后，农田用拖拉机耕种，耕牛数量相应减少，至2000年，年末实有牛21头。本地水土条件好，草肥水美，事宜奶山羊养殖，2000 年，王哥庄形成奶山羊生产基地，奶山羊年末存养量 2200 头，当年出栏 1200 头，产羊奶 560 吨。随着畜牧业生产的发展，当地存在损坏树木，污染环境问题，对风景区的旅游环境和人民群众的生活产生一定影响，因此，街道进行投资治理，保持了稳定、适度发展，畜牧业生产有所下降。

（6）聚力支持水产养殖业。1998 年在稳定水产捕捞、养殖生产的基础上，调整水产养殖结构，进行海参、鲍鱼、竹节虾、文蛤等海珍品和贝、藻混养的规模养殖，养殖面积 4600 亩。新建浅海池 800 多个，养殖扇贝、海参、鲍鱼 2100 亩；扇贝、海带混养 120 亩；扇贝、裙带混养 1300 亩，形成了"以藻育贝、以贝肥藻"的良性生态循环。充分利用废旧虾池、闲置滩涂养殖文蛤 1000 亩。1998 年末完成水产品产量 45278 吨，其中海水捕捞 33593 吨，海水养殖 11670 吨，淡水养殖 15 吨，产值 14750 万元，占农村经济总收入的 7.4%，比 1977 年提高 13.1 倍。2006 年春，坚持以渔业增效、渔民增收为目标，不断强化以浅海养殖、捕捞生产、渔港扩建和生态示范区建设为重点，加快渔业结构调整步伐，实施半滑舌鳎、西施舌、杂交贝类等水产新品种的引进、培育、推广工作，加大梭子蟹、对虾、海蜇等苗种增殖放流量，提高虾池的综合利用率，扩大海洋渔业资源，促进水产生产的稳步健康发展。当年年末完成水产品总产量 4.8 万吨，产值 51900 万元，占农村经济总收入的 5.7%，比 1998 年增长 252.9%。

2. 搭建平台，强固工业支柱。 1995 年，镇政府坚持强固工业支柱，把着力点放在转换机制、优化结构、加大投入、发展外经、狠抓技改、加强管理上，"突出重点"，共创"强村强企"，使发展、速度、效益、后劲同步增长。当年合同利用外资 68

海珍品育苗车间

万美元，投资 3200 万元，完成技改 37 项。

1999 年，街道以经济建设为中心，理清思路，加大工作力度，进行了一系列改革，提高企业自身素质，挖掘新的增长点。深化改革，加强管理，与辖区内各企业签订了《经营目标责任书》，规范了股份合作制企业的运行机制，制定修改完善管理模式，使全街道产品标准覆盖率达98%。全面实施外向带动战略，加强招商引资工作，制定《鼓励招商引资办法》《投资指南》，推动招商引资工作深入进行，当年签订内外资协议 6 个，总投资 6 亿元；年完成预审、报批技改、上新项目 17 个，立项投资 5553 万元，实际投资总额 4920 万元。调整产品结构，重点开发汽车制动蹄系列产品、低熔点橡胶塑料袋、明胺、链条式管钳、万能扳钳等科技含量高、市场需求大的产品。青岛崂山海化集团公司生产的"仰口牌"海藻酸钠、甘露醇被认定为"九九中国国际农业博览会名牌"；青岛万年集团公司的毛刷系列产品成为"中国工人名牌产品"。认真贯彻落实市委、市政府制定的政策，当年鼓励和引导新发展个体私营企业 1527家，完成产值 7.9 亿元，占全街道经济总收入的 39.9%。

2003 年，在充分发挥大集团企业拉动及积聚效应的同时，克服原材料上涨、错峰限电、运输价格上调等不利因素的影响，加快企业质量体系完善、环保体制认证、技术改造和新产品开发步伐，预审、报批技改、新上项目 10 个，1 家被评定为青岛市民营科技企业；固定资产投资 1.6亿元，9 家企业通过了 ISO9000 质量管理体系认证。当年新增私营企业65 家，增加注册资金 3580 万元，全年完成总产值 33.35 亿元，同比增加17%，出口创汇 1350 万美元，同比增长 50%。

2004 年，实施外向带动战略，街道成立招商服务中心，进行王哥庄北部工业园建设，制定出台一系列激励优惠政策，积极打造发展平台，进一步推动招商引资工

青岛万年集团总部

作，年内实现合同内资 2.378 亿元，实际利用内资 1.499 亿元，实现合同外资 657 万美元，利用外资 187 万美元，全年完成产值 11.69 亿元，同比增长 16.1%。

3. 因势利导，督导旅游服务业。 王哥庄地处崂山风景区，依山傍海，人多地少。20 世纪 90 年代后实行农林牧副渔并举，大力发展特色优势农业，农业经济由数量型向质量效益型转变，人民衣食住行水平不断提高。同时，街道利用资源优势，大力发展旅游服务业、大馒头等特色产业，不断拓宽商品流通渠道，实现富民增收。

2004 年，首届青岛崂山茶文化节举办，第一次整体推介崂山茶，拓展茶品牌及销售渠道，将崂山水、崂山茶、崂山文化与崂山旅游资源融为一体，实现了茶文化和旅游业的有机结合。茶节期间，开展了旅游、娱乐、文化、书画、茶文化、茶技艺、茶炒制等活动，合计 10 万余人次参加，实现茶交易额 700 余万元。2005 年，经多次考察论证，街道制定了《二龙山开发建设一期实施方案》。2006 年，街道利用第三届崂山茶文化节，推出了"茶乡风情游"，使茶节与旅游、文化、经济、民俗结合，推动乡村旅游升级；加快整合茗香风情园、千亩茶田观光园、农业生态观光园等一批旅游示范区；引导港东、解家河等片区兴办农家宴、渔家宴，利用特色提高服务质量，丰富旅游内涵和外延。2009 年，以创建旅游强镇为抓手，制定了街道旅游发展规划。在开发建设二龙山、白龙湾森林公园、崂山茶博物馆等景点的同时，整合旅游资源，规范了餐饮、住宿市场，丰富了王哥庄特色的饮食文化，创建生态农业旅游新路。王哥庄街道被评出国家级旅游示范点 1 处、省级旅游示范点 1 处、2A 级景区 1 处、三星级酒店 2 家，全街道有饭店、旅馆、商店 600 余家，王哥庄街道被省旅游局评为"旅游强镇"。2010 年，全街道从事旅游服务业的居民 3750 多人，完成经济收入 273499 万元，同比增长 36.5%。

4. 配合旅游，拓

2004 年，首届青岛崂山茶节举办

宽商品流通渠道。旅游业的快速发展，拉动了餐饮、零售等服务业，拓宽了经济流通渠道。按照"大旅游、大市场、大产业"的趋势，街道加强了商品流通渠道建设。

（1）开发集贸市场。王哥庄集始建于清同治年间（1862～1874年），集期为农历逢四、九。1984年4月，新开发东台集，集期为农历逢三、八。2009年8月，新开发何家集，集期为农历逢一、六。2010年12月，新开发土寨集，集期为农历逢五、十。2008年腊月，在王哥庄集又推出海产品年货大集，主推当地海产品、特产山珍，对拓展当地特产的市场有极大的正面意义。四个集贸市场覆盖全街道，方便了买卖交易，市场上当地的土特名产、日用百货、生产生活用具等商品琳琅满目，应有尽有，市场繁荣，物价稳定，方便了居民生活，活跃了市场，解决了闲散劳动力就业问题，促进了经济发展。

（2）商业网点建设。1987年，隶属县商业局的王哥庄供销合作社，在辖区内各村设10个供销店、17个代购供销店，2001年，王哥庄供销合作社改革成立青岛市海龙源经贸公司，下属17个店改制成为私营企业，随着改革开放逐步深入，个体超市、店铺遍及各村。街道制定规划，加大投入，不断改善服务配套设施，推进商品流通渠道长足发展，1997年，投资20万元，完成对王哥庄商业街封闭式农贸市场配套建设，接着投资1000万元，对王哥庄、桑园两条商业街进行日用百货店、五金商店、饭店、粮油店、药店、土产店、食品店、文具店、新华书店、维修店等网点配套建设，提高商业街的整体环境和功能。全年社会商品零售总额13450万元，同比增长12%。2003年5月，青岛利客来集团投资兴业，在王哥庄村建立利客来集团王哥庄超市，是一家集购物、娱乐、餐饮、休闲于一体的综合性商场，经营金银首饰、家电、服装、日用百货、食品、蔬菜等商品，成为王哥庄商业系统的龙头企业。2003年末，全街道超市、商店855家，从业人员1083人，商品零售总额完成1.43亿元，同比增长12%。

5. 稳固基础，统筹社会事业。

（1）文化。2003年5月，进行街道办事处机关改革，将文化站改为文化体育服务中心（以下简称"文体中心"），文体中心内有文化大院，文化大院内设有台球室、棋牌室、培训室、排练室、会议室、图书室

（藏书 1 万余册）、电子阅览室（全国联网电脑 20 台）、全国信息资源共享工程服务点。全街道 34 个社区的文化中心与街道文体中心形成文化中心联网。同时，以街道办事处门前的升腾广场为主的文化活动场所，除了在重大节庆时举办一些大型会议和文艺活动外，周边居民休闲时，会利用广场进行保健操、跳舞、打球、散步等活动，终年娱乐气氛浓厚，对全民健身运动产生了积极影响。春节期间，开展以迎新春民间广场文艺会演为主要内容的群众文化活动，有高跷、秧歌、舞蹈、舞龙、舞狮、大鼓、水鼓等 10 多种，人们欢聚一堂，喜气盈盈。建党节、国庆节、妇女节、儿童节等，各社区自发组织文艺演出，庆祝节日。

王哥庄非物质文化遗产资源丰富，主要有书法、绘画、文学、舞蹈、武术、花边制作、剪纸、刺绣、雕刻、彩模等。改革开放后，当地这些文化艺术不断发扬光大，成绩突出。青岛市崂山区第八中学（以下简称"崂山八中"）教师苏和平酷爱书法，在全国第十一届美展山东预选区比赛中获铜奖。东泰小学学生王铖铖，获 2008~2009 年中华青少年文艺英才推荐活动工艺美术一等奖；学生秦悦获山东省第 28、29 届青少年科技创新比赛英才推荐活动工艺美术一等奖。会场社区居民苏霞受老一代剪纸艺术的熏陶，吸收了当代绘画艺术精华，技艺过人，多幅剪纸作品在全国获奖，"喜上梅梢""双鱼喜"等作品，被收藏于《中国剪纸艺术名家大典》，苏霞被评为中国剪纸艺术家。会场社区居民杜兵兵身残志坚，心灵手巧，剪纸作品"花开富贵"，获全国银奖，被授予全国残疾人"书画百强艺术家"称号。会场社区居民郑相君刺绣技术过人，2007 年，她在全国残疾人技能大赛中，获山东区刺绣项目第六名。

域内的文物古迹和住宅房屋、门窗等雕塑，多出自民间艺人之手。20 世纪 80 年代后，人们利用当地资源，办起上百家绿石店，居民刘忠春、苏中昌、高品忠等人，对绿石加工制作技术有一定造诣，雕琢的玉石山水、人、物、风景栩栩如生、惟妙惟肖，销售生意兴隆。

（2）教育。幼儿教育：1999 年，从"共同生活""探索求知""体验表达" 3 个方面培养儿童，促进教育优质、均衡、健康发展；2007 年，加强幼儿园的整合、园舍维修、扩建和教学设施配套。小学教育：1997 年，实施素质教育，新造、改造、撤点并校，港东小学分为港东、港西两所小学；2002 年，囤山小学合并到梁家小学。中学教育：2003 年，域内中学调整为崂山七中、八中、九中、十二中和黄山口中学 5 所

晓望小学

中学，共计班级46个，教职工220人，学生1894人；2007年开始，域内几经调整改革，撤销4所中学，保留崂山八中。崂山八中在教学中以综合提高教学水平、优化办学条件、创新办学思路、突出办学特色为主要任务，进一步推进"小组合作"课堂，精心开发学校课堂，初步形成了"5+1"课堂教学模式，采取"先试后导、先练后讲"，提升了教学质量。

（3）卫生。1996年，街道投资36万元，建起垃圾中转站，各社区根据住居设垃圾箱，卫生保洁员天天清扫公共区域内的垃圾，环卫汽车按时清运。2009年，各社区完成了村庄道路的硬化、净化、亮化、绿化、美化，进一步改善了居民的生活环境。

2003年5月，王哥庄卫生院更名为王哥庄社区卫生服务中心（以下简称"卫生服务中心"），卫生服务中心设全科门诊、中医科、理疗科、妇产科、口腔科、五官科、综合病房、特检科、检验科、药剂科、预防保健科（负责辖区内传染病防治、食品公共卫生管理）、街居一体化办公室、120急救站等科室，有编制床位30张；医务人员104人，其中研究生1人、本科生31人，专业技术人员92人，其中高级职称2人、中级职称26人。2003年，全街道有村、企业卫生室（所）92家，从业人员100多人。2010年，区、街道共同投资310余万元，进行34个社区卫生室的标准化建设。同年，推行街居卫生室一体化管理，社区可直接预约上级专家就诊，提供基本医疗服务、家庭医生服务和24小时应诊服务。

（4）基础设施。20世纪90年代，在1994年开通500门程控电话的基础上，新增500门电话，克服了山区村、单位打电话难的问题；进行仰口宾馆及王哥庄农贸市场等设施配套修建；建设镇有线电视中心，为镇电视共缆传输并网打下基础；完成镇附近小城镇规划；整修建设被洪水冲毁河坝、桥涵38处；进行了晓望水库、浦里水库、黄山水库工程

及泉心河水库大坝加固等
35 项水利工程建设；投
资 300 余万元，完成了王
哥庄至劈石口 4 千米长公
路及工业园道路和 11 条
进村路建设。

（5）民主法制。
1996～2000 年，街道进行
"三五"普法教育，依法
创安、社会治安专项治
理，做到"物防、人防、
技防"三落实，加强社会治安秩序，街道办事处被评为青岛市"三五"

王哥庄街道社区卫生服务中心

普法先进单位、山东省综合治理先进单位。2001～2005 年，进行"四五"
普法教育，对领导干部、司法和行政执法人员、青少年、企业经营管理
人员、社区干部和流动人员进行学习教育。2002 年，结合"四五"普
法，继续深入开展"严打"整治斗争，强化村级综合治理网络建设，全
镇的防范能力不断提高，群众的法制观念和安全意识增强；抓好矛盾纠
纷的排查调处工作，及时处理群众来信来访，化解矛盾；实施村务、财
务公开，加强民主管理，全街道"民主法治示范社区"达到 70% 以上，
维护了社会的和谐稳定。

6. 深化改革，加强党风廉政建设。2000 年，开展以"三个代
表"重要思想和"讲学习，讲政治，讲正气"为主要内容的党性党风教
育，进行村级党组织整顿、党员干部培训，加强基层领导班子执政能力
和科学决策能力的培养。举办培训班 12 期，培训人员 3000 余人次。实
行政务公开，加大违纪违法案件查处力度；及时解决群众最关心的热点
难点问题，密切干群关系。不断深化"三级联创""包村双建三促"
"五个好"党支部创建活动，提高党员干部廉洁勤政意识和依法办事水
平，加强了党组织建设，增强了战斗力。

（三）争创振兴阶段（2011 年至今）

1. 实施开发改造战略，促进街道经济快速健康发展。

（1）优化产业升级，增强企业竞争力。2011 年，王哥庄街道

加强调度服务，引导企业加大招商引资、研发创新、技术改造和市场开拓投入，采取技术改造、新产品开发、循环经济等措施，推动企业生产持续平稳发展，全年完成总产值41亿元，实现利税2.3亿元，出口创汇1920万美元。2012年，强化培训研发，组织企业管理、技术人员300余人，举办9期培训班，搭建平台，开展研发项目申请专利13项，研发高端产品30余种，增强了产品的核心竞争力，提升了品牌知名度，拓宽了市场。新申报马德里注册商标2件，涌现省、市著名商标9家。2015年，积极拓宽融资渠道，组织驻街道企业积极参加"新三板"培训。崂池云峰、晓阳工贸获中国驰名商标，"晓阳春"茶参加"青岛号大帆船"海上丝绸之路活动，并永久保存于中国茶博物馆，古建公司获崂山区长质量提名奖，仰口矿泉水饮料公司在蓝海股权交易中心成功上市，王哥庄大馒头、大桥石花菜等特色产品入驻淘宝网特色中国青岛馆。

（2）推进项目建设，提升发展水平。2014年，紧跟市、区关于青岛崂山湾国际生态健康城的工作部署，重点推进了崂山湾国际生态健康城发展战略规划工作；2015年，积极配合做好轻轨项目征迁等工作，启动了延世医疗院青岛项目征迁工作。

2. 依托资源优势，发展特色产业。

（1）崂山茶产业。随着改革开放的不断深入，2010年，因地制宜，以结构调整为主线，把握"四个全面"战略布局，坚持稳中求进，不断深化、创新开拓，经济结构优化升级，依据创新驱动、政策布局，强化崂山茶的扶持政策，规范管理，设立由市、区有关单位、制药厂组成的病虫害防治专家组，组织成立34个茶园自律管理站，制定了《崂山茶科学规范用药管理办法》，认真贯彻落实崂山茶种植"三项直补"政策，试点改良茶叶品种160亩。2010年，开展"崂山茶农万人培训"活动，举办6次茶园知识培训班，发放技术手册2000余份，加大了无公害标准化生产

青岛易特优电子有限公司

技术和名优品种推广力度，增强了崂山茶技术含量和无公害生产水平。2015 年，进一步加强茶农培训和技术指导，按照社区情况组建 6 个茶叶培训片区，邀请专家举行茶田科学管理培训班，及时掌握茶田情况，加强病虫害防治。2015 年，全街道茶田 13902 亩，产量 968.1 吨，产值 8.2 亿元，产量、产值同比分别提高 1.2% 和 10.5%，获得历史新高。2017 年，街道有茶田 14384 亩，年产茶 1968 吨。

（2）大馒头产业。区、街道支持群众的开创精神，制定了生产标准、管理制度和优惠政策，规范和推广大馒头行业。2015 年，实施"以大馒头为主打，带动其他特色产品"发展战略，进一步落实大馒头生产的政策措施，充分发挥规模生产企业和特产专业社区的示范带动作用，全街道大馒头生产业户发展到 300 余家，为剩余劳动力增加 3000 多个就业岗位，年产量 1.7 万余吨，产值 5000 余万元，王哥庄大馒头成为支柱产业。

（3）水产业。2015 年初，进一步调结构、转方式，整合特色资源，推进项目升级，加强水产养殖基地建设，海带、扇贝、对虾、海参、鲍鱼养殖已成规模生产，并逐渐成为现代水产生产的主流。当年末完成培育海参、鲍鱼、对虾、梭子蟹等苗种 3 亿多尾，培育名优苗种 99 万多尾；完成水产品总产量 4.87 万吨，总产值 4.98 亿元，产量、产值分别比 2014 年提高 2.5% 和 2.4%，创历史新高。

3. 强化整体推介，全面发展特色旅游。2011~2014 年，整合特色资源，强化整体推介，打造乡村旅游新高地。2011 年，推进青山特色渔村、晓望二龙山、港东渔码头特色旅游村建设。2012 年，设计了解家河特色村标识，逐步规范农家宴经营。投资 185 万元治理解家河社区周边环境；投资 100 万元增设晓望二龙山景区宣传牌、导览图等设施；投资 30 万元建设青山游览码头文化长廊，青山社区被评为国家级传统村落。2013 年，投资 420 万元完成青山特色一条街和浮码头工程；青山书院、养生苑开业，完善餐饮、住宿等配套设施，青山社区被国家农业部评选为"美丽乡村"。同年，打造晓望二龙山景区 10 个景观，在黄陵后开工建设郭琇书院。同年，解家河社区整合社区内农家宴，成立青岛玥竹生态旅游有限公司，并整修了域内的农特产市场。2015 年，以二龙山景区郭琇书院等基础设施建设为重点，辐射带动港东、会场、解家河、青山等周边地域的旅游项目发展；进行曲家庄旅游特色村、黄山民俗博

塘子观（二龙山）景区

物馆建设，整合旅游资源，创新街道著名旅游品牌。至 2017 年，街道域内有国家农业旅游示范点 1 处、国家 3A 级景区 2 处、国家 2A 级景区 1 处，圣罗尼克庄园被评为中国首批乡村旅游模范户，玥竹山庄被评为中国首批乡村旅游金牌农家乐，晓望社区被评为中国首批乡村旅游模范村，青山社区被评为国家传统村落和中国最美乡村；全街道拥有供住宿、餐饮、购物的宾馆、饭店、超市、商店等企业 1000 余家，崂山茶、大馒头、海水豆腐、会场梭子蟹等产品成为岛城著名品牌，极大地丰富了旅游市场的需求，促进了街道经济的全面振兴。

2017 年，街道创新工作理念，实施"旅游+产业"融合，打造"旅游+农业""旅游+网络"模式，推动旅游事业上新台阶。在港东社区举办青岛市首届妈祖文化节，提高了王哥庄知名度。全年接待游客 130 万人次，完成旅游收入 3.5 亿元。

4. 全面整合资源，着力打造电商平台。街道采取"市场+政府"模式，着力打造专属本土特色产业"傲江山"王哥庄电商推广平台，为游客、市民提供旅游服务和购买正宗王哥庄特色农产品的便利渠道。"傲江山"电商平台于 2016 年 5 月 12 日正式上线，为域内农户抱团发展创造了推广平台。同时，为消费者提供了便利。电商平台定位于本地综合性服务，集 O2O、B2G 等模式于一体，分手机端和电脑端，主要以微信服务号为依托，初步涵盖特色商城、当地食宿、游玩、街道资讯四大板块，首页上有火热团购、品牌推荐、活动推荐、精选特产等特色栏目。实施以"崂山茶、大馒头"为主打，带动其他特色产品走出去，依托"互联网+旅游""互联网+特产"模式，进一步整合特产、景点、酒店、社区等资源，搭建平台。对辖区内 34 个社区的资源进行整合与推介，精选当地优质产品、住宿环境优级的农家宴业户、特色渔村游玩地等，精选 5 家业户、50 多个品种的王哥庄大馒头，精选四五家经 QS 质量认证的正宗崂山绿茶生产经营业户的 40 多种绿茶于平台上推介，让消费者享用正宗的特产和农家宴。电商平台的打造，进一步促进了富民增收，推进了智慧街道建设，打造了美丽乡村建设新优势。

5. 加强环境整治，建设美丽乡村。

（1）环境整治。以"改善环境、发挥功能、提高人民生活"为目标，进一步健全机制，严格管理，加强环境整治，做足做好"美"字文章，积极实施乡村道路交通硬化、亮化、绿化、净化、美化工程，村容村貌及生活环境有极大的改观。2011 年，按照区创建全国文明城市的要求，统一规划、先易后难、以点带面、整体推进，深入开展环境综合整治，扎实有序推进村庄改造，加快王哥庄、大桥两个社区的改造工程；以景区沿线、交通主干线为重点，年内实施王哥庄大道两侧绿化，牌匾、建筑物统一规划及垃圾场扩容和污水处理厂论证；投资 948 万元，进行王哥庄河、曲家庄河、石人河清淤、筑坝工程；推进社区卫生室、小学、幼儿园改造、建设；严格执法，清理违法占地 16991 平方米，清除垃圾 5.2 万吨。2015 年，进行崂山湾国际生态健康城概念性规划，启动规划、改造、配套、生态等专题研究、评审，为组团开发和村庄改造奠定了基础。投资 3943.33 万元，进行返岭至雕龙嘴供水管道、黑涧塘坝、石人河、东台水库泄洪、泉心河水库至晓望水库应急引水工程等建设。投资 3000 万元，进行新东海路两侧、仰口沙滩两侧、何家集市及周边等处环境整治工程。实施城乡环卫一体化模式，委托海沃嘉美专业保洁公司，与辖区内 34 个社区签订卫生保洁托管协议，提升了街道整体环境卫生水平。认真贯彻落实崂山区市容综合整治部署，开展以清理"三大堆"（草堆、粪堆、垃圾堆）、卫生死角为主的系列整治工作，采取"清理加保持，直线加方块"的措施，落实区域责任、岗位责任，使村庄卫生持之以恒。加强城管执

第十三届崂山茶文化节新闻发布会暨傲江山·王哥庄电商平台上线仪式

法，至 2015 年，组织联合执法 15 次，拆除违法建筑 82 处，面积 12281 平方米，清理"三大堆"4580 余处、卫生死角 2890 余处、乱占乱放 870 余处、各种垃圾 8640 余处、河道沟渠 43680 余米，使王哥庄街道的整体面貌焕然一新。

（2）**护林防火**。设施建设。为了解决群众生产和生活用水，全街道修水库 10 座，塘坝 80 座，总库容 481 万立方米，这些水利设施为护林防火提供了便利条件。根据山势和森林情况，域内修建环山防火通道 32 条，防火隔离带 10 条，长 25252 米，这些自然条件和防火设施建设，形成了强有力的防火屏障，为森林防火奠定了坚实的基础。

消防器械。街道配备有森林防火指挥车一辆、巡逻车一辆、消防水罐车 2 辆、运兵车 4 辆、风力灭火机 200 台、水泵 7 台、水枪 152 支、灭火工具 211 件；安装无线通信指挥系统座机 1 台、防火监控设备 4 台、手持对讲机 73 部。实现了具有现代化功能的防火设施装备，提高了森林防火水平。

防护措施。街道办事处有关领导、部门组成森林防火指挥部，下设办公室，加强对护林防火工作的领导。1998 年，成立 60 人的森林消防中队，并备有 100 人的防火突击队、500 人的防火预备队。

按照"预防为主、宣传先行"的要求，街道在主要进山路口、重点区域建立宣传墙，悬挂防火宣传标语、横幅，出动宣传车，在全街道范围内进行防火宣传，利用中国移动通讯集团崂山分公司在全街道随机发送森林防火宣传短信等形式，进行森林防火宣传，营造良好的森林防火氛围。

森林防火工作坚持常抓不懈，持之以恒。每年 3 月 21 日至 5 月 10 日是防火特险期，街道森林防火指挥部于特险期间安排组织街道机关干部、社区干部、居民，天天上山，在 93 处集中营和 98 个路口设卡，严禁闲人和火种进山，确保森林安全。

（3）**基础建设**。2010 年，总投资 6200 万元，实施学校校舍改造及配套建设、水利设施建设、防治地质灾害、社区道路建设、扶持经济落后社区、山林绿化、居民住宅区建设、码头改造扩建、海堤加固工程。2017 年，改善生态宜居环境，完成了囤山等 5 处地质治理工程；投资 3000 余万元，进行饮水改造及河道治理；修缮王哥庄中心幼儿园等 5 处幼儿园；进行垃圾中转站污水处理模块建设；实施了 7 个社区环境整治和 3 个社区排污整治、10 项 "四边" 绿化及 7 项林相改造，完成 4194 座无害化改厕工程；推进美丽乡村建设工作，加强了唐家庄试点村建设，完成了张家河、庙石、长岭社区规划准备工作。

6. 凭借经济助力，社会事业繁荣发展。

（1）教育体育长足进步。教育。改革开放以来，王哥庄把教育置于优先发展的地位，建立与经济社会发展相适应的基础教育、学校教育、成人教育相互协调、功能互辅的现代化地方特色的教育体系。

2014 年，街道投资 350 余万元，对辖区内幼儿园进行维修改造，改进了办园条件。王哥庄中心幼儿园被评为崂山区 "六星级" 幼儿园，另有 8 所被评为 "三星级" 幼儿园。至 2016 年，全街道有幼儿园 16 所，幼师 155 人，其中专科以上学历的 132 人，入园幼儿 1142 人，学前三年幼儿入园率 100%。在街道的规划下，各幼儿园在逐步改善园舍、设施，增设消防通道，加大安全教育力度的基础上，进一步规范管理，利用园长讲坛、外出学习、经验交流会、绩效考核、课题研究等形式，不断提高办园水平。2017 年，全街道 5 所小学，64 个教学班，教职工 226 人，学生 1992 人。2017 年，崂山八中有教学班 28 个，教职工 131 人，学生 892 人，初中升入普通高中及各级各类职业学校升学率达 100%。

体育。教育武装人们的头脑，体育则可强健人们的体魄，无论是学校体育还是社会体育，都在新时期取得了新成绩。

学校体育。2012 年，崂发小学在崂山区中小学乒乓球比赛中获小学组男子团体第一名。宁真海尔希望小学坚持 "以武修德，以武强身"，开发了 "螳螂拳" 校本课程，并于 2013 年举办了首届校园武术节，增强了学生的习武健身意识。崂山八中连续九年获得崂山区中小学田径运动会团体总分和男女单组成绩第一名；科技小组在全国航海科技模型竞赛中获一

崂山双台中学（崂山八中）

等奖，其所在的山东省团体获总分第一名，并在全国机器人足球比赛中获一等奖。晓望小学在山东省航海模型中国海警船比赛中，获团体第一名。

社会体育。长期以来，农村体育项目主要有篮球、田径、武术、跳房、打陀螺、游泳、拔河等，群众性的运动不断增多。1985年，崂山县举办首届农民运动会，王哥庄男队获得"丰收杯"越野长跑第一名。1987~2001年，王哥庄代表队获得崂山县（区）农民职工运动会女子健美操展演第二名；越野赛男女团体5次夺冠，并获得男子团体亚军1次；在崂山区老年门球赛中，王哥庄队获得第一、二、三、七、十届冠军。

1999年，街道办事处广场安装夜间照明设施，为居民文化体育活动提供了有利条件。每天晚饭后，周边村庄的男女老少喜欢到广场游玩，根据个人爱好进行跳舞、习武、打羽毛球、踢足球、少年儿童踏滑车比赛等，活动人数从开始的几十人逐步发展到数百人。人们自发组成老中青舞蹈队，舞姿整齐划一，引人注目。有的项目被推荐参加崂山区表演，取得了较好的成绩。广场丰富多彩的文化体育活动，为建设文化强街产生了积极影响。

（2）卫生医疗协调发展。2013年4月，开展"名医下乡"活动，定期聘请上级专家坐诊，让患者不出街享受专家服务；建"医联体"业务合作，与青岛市第八人民医院预约诊疗，启动"健康直通车"服务；积极开展"服务百姓健康行"活动，拓展"红马甲"志愿医疗范围，方便了重病、留守儿童、特困家庭患者就医，深受群众欢迎，王哥庄街道社区卫生服务中心被评为山东省中医药特色乡镇医院、山东省星级社区卫生服务机构、山东省社区卫生工作先进集体等。2013年，崂山区为每一家社区一体化卫生室配备了心电图机，并与青岛医学院心血管远程诊断中心联网，实现了心电图远程会诊。2015年，加强了社区和公路沿线环境综合整治力度，严格执法，保持了街道、社区和风景区沿线环境整洁卫生的优美形象。

2016年，王哥庄街道第二届广场舞大赛举行

（3）推进党风廉政建设。2013年以后，街道党工委、办事处把践行"三严三实""两学一做"学习教育作为重大政治任务来抓，全面贯彻党的十八大和习近平总书记系列重要讲话精神，进一步增强政治意识、大局意识、核

"三严三实"专题教育活动

心意识、看齐意识，始终在思想上、政治上、行动上同习近平同志为总书记的党中央保持高度一致；牢牢把握不忘初心，坚定理想信念，强化责任担当，为党和人民的事业不懈奋斗；通过召开座谈会、深入基层督查等形式，坚持以上率下，加强分类指导，让每个党员都行动起来，积极参与活动，加强思想道德修养，自觉做到德正行直，形成风清气正的良好政治状态，确保学习教育扎实深入进行。

7. 改革开放40年，人民生活奔小康。 在改革开放中，立足实际，因地制宜，充分利用自然资源和有利条件，坚持开放带动，不断强固农业和农村经济基础地位；利用国际国内两大市场，以工业为重点，优质、高效、创汇为主攻方向；利用崂山风景区和崂山茶示范区的优势，拓宽旅游服务业，拉动崂山茶业和工业的发展，推动王哥庄经济迅猛发展，人民生活趋向小康。1988年完成农村经济总收入8091万元，人均可支配收入806元，经济总收入和人均可支配收入比1977年分别增长6.7倍和6.2倍；1995年完成农村经济总收入15.05亿元，人均可支配收入2346元，经济总收入和人均可支配收入比1988年分别增长17.6倍和1.9倍；2008年完成农村经济总收入64.2亿元，人均可支配收入6510元，经济总收入和人均可支配收入比1995年分别增长3.2倍和1.7倍；2017年完成人均可支配收入18930元，人均可支配收入比2008年增长1.9倍。

经过40年的改革开放和现代化建设，王哥庄街道的经济、社会发展取得了显著成绩，实现人民生活从温饱不足到富裕型小康的跨越，为人民服务功能逐步加强，人民福祉不断提升。2004年6月，崂山区推行农

村社区养老保险，到 2015 年全街道居民 25554 人参入养老保险，参保率 99.68%。2011 年，街道为重度残疾人和空巢老人等人群，进行居家照料及家政服务，生活幸福安康。2018 年，全街道参加新型合作医疗居民达到 33543 人，参合率达到 99.7%，个人缴纳参保资金累计 872 万元。

1978~2017 年王哥庄街道农民人均可支配收入表

（单位：元）

年度	人均可支配收入	比上一年同比增长（%）	年度	人均可支配收入	比上一年同比增长（%）
1978	116	1.0	1998	3638	15.4
1979	175	50.8	1999	4006	10.1
1980	173	−1.2	2000	4239	5.8
1981	174	0.6	2001	4506	6.3
1982	175	0.6	2002	4802	6.6
1983	358	104.5	2003	5147	7.2
1984	477	33.2	2004	5560	8.0
1985	605	26.8	2005	5938	6.8
1986	626	3.4	2006	6686	2.6
1987	722	15.3	2007	6028	−9.8
1988	806	11.6	2008	6510	8.0
1989	1006	24.8	2009	8268	27.0
1990	1006	平	2010	8929	8.0
1991	1095	0.1	2011	9913	11.0
1992	1162	6.1	2012	12000	21.1
1993	1460	25.6	2013	13395	11.6
1994	1938	32.7	2014	14868	11.0
1995	2346	21.0	2015	16230	9.2
1996	2792	19.0	2016	17690	9.0
1997	3150	12.8	2017	18930	8.0

二、经验启示

改革开放 40 年来，王哥庄镇（街道）认真贯彻落实党的十一届三中全会和习近平总书记系列讲话精神，以科学发展观总揽经济社会发展全局，自觉运用中国特色社会主义理论，与王哥庄实际相结合，主动适应经济发展新常态，坚持改革开放，不断探索，破解发展难题，努力走科学发展、和谐发展之路，走出了一条以市场为导向，结构多元化的社会主义市场经济发展新路，积累了宝贵的经验与启示。

（一）加强党的建设，必须搞好党员干部培训

严格按照中央、省、市、区统一部署，认真开展"三严三实"专题教育，把严的精神、实的要求贯穿到工作的各个方面。建立健全改革创新机制，深入推进农村各项改革。建立党员干部长期受教育、群众长期得利益的长效机制，进一步加强"三个代表"重要思想、科学发展观、构建和谐社会等重要理论的学习，不断提高科学执政、民主执政、依法执政和为发展、为群众服务的能力和水平，使广大党员不忘做人之本、公仆之心、为民之责。以"三严三实"要求，加强党风廉政建设，严格执行中央八项规定，深入开展"慵懒散慢拖瞒"问题专项整治，加大监督执纪问责力度，查处违纪违法党员干部，把想干事、能干事、干成事作为干部队伍建设的根本标准，利用科学严格的制度选贤任能，进行知识更新、业务培训和实践锻炼，促使干部的素质、能力、服务、业务进一步提高。坚持改革开放，调度激发广大干部干事创业的积极性，是社会主义现代化建设的重要举措和组成部分；坚持改革开放，加强党和干部队伍建设，是推动经济社会快速发展的可靠保证。

（二）深化农村改革，必须因地制宜定位精准

因地制宜，坚持改革的突破引领作用。1982 年，通过深入学习贯彻党的十一届三中、四中、五中全会精神，坚持四项基本原则，干部群众在解放思想、排除"左"的思潮影响下，1983 年，全面推行落实了"家庭联产承包责任制"的经济体制政策，大大调动了广大农民的生产积极性，促进了农村经济的发展。1988 年，投入农业发展基金，进行了农田水利基本建设和中低产田改造、闲散土地开发、更新农机设备；开发浅海滩涂、岛屿，建立水产基地；扶持种粮、养猪、养鸡等单位、大户、创汇企业；引进、开发和推广新品种、新技术，促进了经济发展，年人均收入达到 806 元，比 1978 年提高 5.8 倍。1989 年，实施外向带动战略，拉长企业优势，拓宽对外开放领域，招商引资，发展创汇企业。1994 年，调整农业种植结构，发动干部群众推广种植崂山茶 524 亩，奠定了发展的有力基础。同时，大力发展果树、花卉等高效农业，进行荒山、滩涂、农田防护林，"四旁"植树，公路河道两旁防护、风景林绿化，生态经济林建设。渔业生产逐步改革，从过去的以捕捞生产为主向

水产养殖转变，养殖海珍品必加强基地建设，采取领先科技，整合水产资源，加大发展力度，夯实发展基础。1999年，在稳定近海捕捞的基础上，重点发展海参、鲍鱼和藻类规模养殖，面积达到2300亩，新上高产海带养殖300亩，人工养殖裙带1900亩，推广应用海上养殖一条新路。2017年，全街道养殖面积68943亩，着力发展新产品、新模式养殖，促进了水产业发展，全年水产总产量5.1万吨，水产总产值5.62亿元。

（三）振兴农村经济，必须利用优势，突出重点，推进特色产业发展

20世纪90年代初，区、镇政府通过深入调查研究，为了改变山区人民经济落后的局面，确定调整农业结构推广种植崂山茶的改革目标，1994～2017年，经过23年的加强领导、突出重点、全面发动、开拓奋斗，到2017年全街道茶田面积达到14348亩，年产茶1968吨，形成支柱产业。

1993年，根据辖区海岸线的特点，改变重捕捞轻养殖的生产方式，加强水产基地建设，积极发展扇贝、对虾、鲍鱼等养殖。2006年，以渔业结构调整为主线，优化发展环境，促进水产高新技术应用，依托创新驱动战略，坚持发力水产养殖领域，加大水产养殖使用技术和名优品种推广力度，构筑成转型升级中厚积薄发的力量。2017年，池养鲍鱼、海参、对虾1111.6亩，底播海珍品养殖1.6万亩，年产鲍鱼279吨、海参143吨、对虾336吨，这些海珍特产不仅丰富了消费者的菜篮子，而且获取了显著的经济效益。

随着旅游业发展，拉动了餐饮业，2003年，大馒头店注册了"王哥庄大馒头"商标，街道成立特产推介办公室，帮助支持、加强管理、技术培训、产品推介，促进了大馒头产业的发展，2017年，年生产销售大馒头1.5万吨。

在改革开放中发展起来的崂山茶、海珍品、王哥庄大馒头、会场梭子蟹、崂山矿泉水等特色产品，逐步形成产业，街道应对其提高重视，加强领导，科学管理，使其作为品牌工程，争创一流品质，助力其健康迅猛发展，发扬这些产品的独特魅力。

（四）实现企业创汇增效，必须坚持开放带动

党的十一届三中全会后，利用乡镇企业基础雄厚的优势，坚持开放

带动，以内部挖潜改造和科技创新为动力，加大投入，招商引资，引进先进技术设备，优化产品结构，走高质量、高效益、环保型、节约型工业化道路，为企业注入活力。2003 年，以加快工业发展为指导，开发建设王哥庄北部工业园招商引资平台，营造科学发展环境，推动企业开放型经济从利用优势向培育竞争优势转变，开放范围从经济领域向经济社会各领域转变。

改革开放的实践证明，工业领域经济的兴衰与开放程度呈相关态势，必须坚持并深化全方位开放，进一步激发、提升活力，通过提升开放融入国际经济体系，推进多种经济体制、多种行业互相融合、互动、共同繁荣局面。

（五）发展乡村旅游，必须提高景点的知名度和影响力

王哥庄是生态优良、环境优美的风景名胜区，又是展示山海风光和道教文化，进行旅游观光、度假休养、康复保健活动，丰富文化生活、陶冶情操、激发爱国主义热情的旅游胜地，发展旅游服务业的条件得天独厚。1979 年 7 月 26 日，邓小平视察青岛，游览了太清宫，对崂山旅游作了指示。1982 年，崂山被国务院审定为首批重点风景名胜区。1992 年，崂山又被国家林业局批准为国家森林公园，庙宇对外开放。之后，到王哥庄的游客逐年增加，急需解决食宿等问题。村民们到景区建设宾馆、饭店、商铺，为游客服务，获得较好的经济收益。1994 年，以仰口、太清宫等景点开发建设为依托，对景区沿线的宾馆、饭店、商铺等进行改造升级，改造后服务设施配套齐全，方便了游客。2006 年，按照"大旅游、大市场、大产业"的发展思路，域内开发建设山谷景点，滨海公路生态旅游产业带、王哥庄产业区、东海沿线旅游服务设施开工建设，积极打造山谷、节会、海洋、生态、民俗、商贸"六大特色旅游项目"。2012 年始，加大资金投入，对解家河周边、二龙山景区、青山渔村、会场海堤环境、港东码头文化长廊等游览景点进行升级改造，拉长旅游链条，助推旅游事业发展。2015 年，进一步加强了二龙山景区、曲家庄旅游特色村、黄山海洋民俗博物馆建设。2017 年，辖区内各景点共接待游客 130 万人次，经济收入 7800 余万元。

乡村旅游事业的发展，必须加大财力投入，进行景区环境精美建设，打造旅游平台，加大宣传力度，拓宽客源市场，提高景区的知名度和影响力。

（六）深入调查，广泛宣传，提高改革执行力度

改革前，要深入实际，摸底调查，理清辖区的基本状况、自然资源、社情民意，掌握第一手信息。制定实施方案后，采取召开会议、知识讲座、培训班等方式，向社区干部居民宣传改革的意义和目的，提高改革的凝聚力和推动力。在改革的过程中，要利用多种方式方法宣传，努力做到"家喻户晓、人人皆知"。同时，通过阐明改革方案的科学性、时效性，让群众正确认识改革，并积极参与改革。

在改革实施过程中，要严格执行法律法规，确保上级方针政策的贯彻落实，引导社区"两委"执政为民，充分发挥当地优势，瞄准国内外市场，解放思想，更新观念，以更长远的眼光搭建一流平台，整合高端要素，不断增强竞争优势，不断培育新的产业增长点，转型发展取得明显性进展。强力打造崂山茶示范基地、水产养殖基地、王哥庄大馒头产业、旅游业四大战略平台，实现以品牌、技术、创新为核心的新一轮转型发展，力争让广大居民更多地受益，把全街道的综合经济实力提高到一个新的水平。

执笔人：姜兆信
审核人：范乃乾
签发人：姜　波

北宅街道改革开放的探索发展、成就与经验启示

崂山区北宅街道办事处

北宅街道地处崂山西麓，地理坐标北纬 36°10′–36°16′，东经 120° 29′–120°36′，辖区最大纵距 10 千米，最大横距 9.2 千米，总面积 81.3 平方千米。辖 36 个社区，2017 年户籍人口 30918 人，财政收入 11480 万元，固定资产投资 5.5 亿元。

党的十一届三中全会以来，在崂山区委、区政府的引导下，北宅街道干部群众坚定不移地贯彻执行党的基本路线、方针、政策，克服前进道路上各种困难和风险，解放思想、转变观念、创新思路、真抓实干，改革开放和社会主义现代化建设取得辉煌成就。

一、改革开放的探索和发展历程

改革开放 40 年来，北宅街道在现代化建设中取得了巨大的成就，人民群众的生活水平显著提高。从改革开放的历程上分为五个阶段。

（一）初创奠基与改革开放起步阶段（1978～1984 年）

党的十一届三中全会重新确定了解放思想、实事求是的思想路线，做出了把全党工作重点转移到社会主义现代化建设上来的战略决策，确定了改革开放的基本方针，北宅地区经济体制市场化改革开始起步，土地承包责任制进一步完善。

1. 政治建设。 北宅地区时称崂山郊区北宅人民公社，1980 年 2～4 月由原先 33 个生产大队划分为 36 个生产大队。1981 年 1 月，经崂山县人民政府批准，撤销北宅人民公社革命委员会，建立北宅人民公社管理

委员会。1984年北宅人民公社设为崂山县北宅乡人民政府，36个生产大队改为行政村。

1978年党组织恢复后，北宅人民公社委员会召开了第五次党员代表大会。1984年6月，中共北宅人民公社党委改为中共北宅乡党委，召开了中共北宅乡党委第六次党员代表大会。到1984年，北宅地区共有党总支2个，党支部52个，党员926人。

1977年人代会制度恢复后，北宅分别于1978年4月、1981年1月、1984年7月召开第六、七、八届人民代表大会、分别选举了北宅人民公社革命委员会主任和副主任、北宅人民公社管理委员会主任和副主任、北宅乡乡长和副乡长。1980年前，北宅地区人民代表大会代表产生实行的是间接等额选举，1981年后，人民代表的产生实行直接差额选举。

北宅街道各级党组织通过党课集中培训，大讨论活动，评先树优，参观学习等多种方式，对党员进行系统的马克思主义的基本理论、党的基本知识和理想宗旨、党的优良传统、党的方针政策、社会主义法制等教育，并传授现代化建设所必需的科学文化知识，将党的组织建设恢复到正常轨道。

2. 经济建设。1982年，街道对农村四坊（油坊、染坊、磨坊、粉坊）、条编、木匠、采石等不再强行登记，允许自主经营，对特种行业不再控制发展，允许多渠道经营。1982年北宅地区农村经济总收入1396万元，其中净收入1107万元、人均380元，较1978年提高959万元。

党的十一届三中全会后，北宅逐步推行小段包工、定额计酬、专业承包、联产计酬及大包干等多种形式的经营管理方式，但土地仍为集体所有，到1983年才实行土地联产承包；人民公社改乡之后，土地使用权确定归承包农户所有，由农民长期承包、自主经营管理，村办副业也实行各种形式的经济责任制，以承包合同规定参与方的责、权、利，按照承包合同进行生产。

北宅地区农业以种植粮食为主，主要农作物有地瓜、小麦、玉米、花生、大豆等，到1984年，总产小麦145万斤、玉米182万斤、地瓜280万斤、大豆2万斤、花生120万斤。

由于优秀的地理位置及国家相关政策引导，辖区果业种植条件优越，果树栽培受到普遍重视，果树种植村、种植数量增加很快，在原有峪夼村、下葛场村等 12 个果树专业村的基础上，分别于 1980 年、1983 年增加大崂村，上葛场村、鸿园村为果树专业村。受国家统购等经济因素影响，本阶段以苹果种植为主，辅以梨、桃、杏、樱桃、山楂等果类。到 1984 年，北宅地区共有果树 53.2 万株，其中苹果 34.9 万株、梨 1.3 万株、葡萄 3.2 万株、桃 6.4 万株、杏 1.5 万株、樱桃 2.8 万株、李子 0.6 万株、枣 0.2 万株、山楂 2 万株、其他水果 0.3 万株。五龙涧村出现的五龙红苹果，于 1983 年获得崂山县优秀科技成果二等奖。

3. 文化建设。 1975 年建立北宅人民公社文化站，负责全公社的文艺、艺术、体育等工作，1984 年北宅人民公社广播站更名为北宅乡广播站，有 1000 瓦扩大机 2 台，管理人员 3 名。1975 年全乡 36 个行政村都建立了广播室，分别由兼职广播员管理，村通播率 100%，喇叭入户率 100%。

1978 年，周哥庄学校、毕家学校的初中部撤销并入崂山十一中学，孙家中学撤销高中部改为孙家联中，至此全公社有孙家、鸿园两处联中和北九水一处七年制及崂山第十一中学。着重对学生进行四项基本原则、"五讲四美""三热爱"教育。

1984 年成立了北宅乡科协组织，有科协会员 62 人，科研会 2 个，会员 16 个。科学技术协会在科学普及活动中发挥了一定的作用。

4. 社会建设。 居民收入得到较大幅度提高。解放前北宅地区的不少农民进城打工，报酬一般分为日薪和月薪，收入各有差异，1959～1986 年先后调整工资 10 次，1979 年年均工资为 602 元，但每月工资也仅足够养家糊口；党的十一届三中全会以后，20 世纪 70 年代引进汽油抽水机灌溉农田，大大改善了农民的灌溉条件，提高了生产效率，农民收入有大幅度提高，1982 年人年均 200 元

20 世纪 70 年代，沟崖村使用的 175 型柴油机

左右。

医疗工作取得新进展。北宅街道从 20 世纪初开始推进免疫接种，到 1979 年实行预防接种登记卡制度，对百日咳、白喉、破伤风、结核病等 6 种儿童主要传染病实行计划免疫。

民政工作形成新体制。改革开放之前是由区政人员办理婚姻登记，改革开放之后根据 1981 年第五届全国人民代表大会第二次会议通过的《中华人民共和国婚姻法》，国家明确规定实行婚姻自由制、一夫一妻制以及优生优育制，自愿结婚需男满 20 周岁，女满 18 周岁，于婚前 20～30 天，持双方所在单位出具的婚姻状况证明或户口簿（非农业户口），到居住地的婚姻登记机构申请登记。

人力资源工作形成新风貌。1983 年，用工制度由调配制改为合同制，就业人员经文化、政治考试及体检合格者，由用工单位择优录用并签订劳动合同，违反劳动合同者，用工单位可上报劳动局备案除名，随后开始招收非农业人口合同工。

（二）重心转向改革开放全面推进阶段（1985～1991 年）

改革的重心发生转变，北宅地区进入计划经济向全面市场化取向经济改革的新阶段。

1. 政治建设。1985 年 5 月～1987 年 2 月 1 日根据《中共中央关于整顿党工作的决定》，乡和村分两批进行全面整党。通过整顿，党员的政治素质有了明显提高，以权谋私和严重违法乱纪问题得到较好的解决，党员干部的作风有了显著的转变，各级党组织的战斗力进一步加强。

1988 年 12 月，崂山县北宅乡人民政府改为崂山区北宅乡人民政府。1991 年 1 月，崂山区北宅乡人民政府改为崂山区北宅镇人民政府。

1990 年 4 月，召开党的第十届人民代表大会，选举了北宅乡乡长、副乡长。1991 年，北宅地区共有党支部 36 个，党员 1134 人。

2. 经济发展。自 1985 年起，根据《国家计委关于改进计划体制的若干暂行规定》精神，实行了计划管理工作的重点转移。经济管理实行了指令性计划、指导性计划和在国家计划指导下的市场调节相结合的管理形式。1985 年，清理和整顿公司，对不具备条件的公司吊销营业执照、收缴印章、摘掉牌匾，吊销银行账户，停止营业活动，有力地规范了经营秩序。

农业体制改革后，土地承包给村民，由村民自主管理，大部分土地改种果树，果树的种植比例随各水果的经济效益而变动，总体而言苹果种植面积有所下降，桃树种植面积增长明显。1991 年，总产玉米 45.6 万斤、地瓜 238.8 万斤、花生 62.1 万斤，分别比 1985 年下降 69.4 万斤、提升 29.8 万斤、下降 50.3 万斤，但北宅街道总体经济呈上升趋势，到 1991 年，北宅地区农村经济总收入 6546 万元，其中净收入 2687 万元、人均 905 元，分别较 1985 年分别提高 4545 万元、1258 万元、407 元。

3. 文化建设。精神文明建设工作取得新提升。1986 年开展了"有理想、有道德、有文化、有纪律"教育，提高了干部群众的思想道德和科学文化素质，并提出了群众精神文明建设活动要紧紧围绕经济建设这个中心，以培养有理想、有道德、有文化、有纪律的"四有"新人为目标，在创建文明单位、文明村镇的基础上，在全乡开展群众性精神文明建设活动。

纪律检查工作取得新突破。1988 年，针对少数党员干部和国家工作人员弄权渎职、敲诈勒索、贪污受贿的现象，乡纪委组织全体党员干部学习贯彻中共中央《关于党和国家必须保持廉洁的通知》，增强党员和基层干部的自觉性。到 1990 年，北宅街道对干部利用职权侵占公款供子女上学的问题进行了清理。1986 年 10 月，设立北宅乡人民法庭，属崂山县常设性法庭，就地审理案件，属县人民法庭领导，主要审理民事、小额经济、刑事自诉等案件。

1986 年，崂山北宅法庭成立

4. 社会建设。计划生育工作建立工作新机制。晚婚晚育在全社会普遍推广，1987 年落实关于实行《计划生育若干问题的意见》的文件，从结婚、生育、避孕、节育等 6 个方面 33 条做出了规定，继续坚持晚婚晚育，对于做到晚婚者，增加婚假 7 天；晚育者，享产假 112 天，男方享 1 周照顾假。农村独生子女户给予多划给 1 人份责任田和自留地，并参照职工标准给予适当经济补助。

医疗卫生工作明确发展新方向。1987 年免疫接种增加了流脑、乙肝等疫苗，对各种疫苗实行冷链管理，接种质量逐步提高。食品安全方面，1985 年，崂山县卫生防疫站对乳品厂生产的奶粉进行卫生质量检测，对毕家村后河的福利汽水厂生产的饮料进行抽样检验，合格率均较高。1987 年县乡政府组织有关部门监督、检查，对卫生不合格者进行限期整顿、停业整顿、罚款或吊销营业执照等处罚，对有关食品、副食品生产厂家，严格了卫生管理。

科技方面工作探索试点新路子。1986 年全乡评出农民专业技术员 38 名，同年，乡镇企业对技术人员进行自下而上的考核、评定，全乡共评出乡镇企业技术人员 62 名。1989 年北宅街道农业技术推广站工作人员在埠落村一村民地里进行密植寒露蜜桃幼树高产实验 110 株，其株距 2 米，行距 3 米，第三年产量为 6000 千克。

教育工作实现新跨越。1985 年以后，招聘的幼儿教师必须通过考核，合格者方可录用，上岗一年后，参加崂山区的统一考核整顿，合格者发合格证，聘为民办幼儿教师。1989 年开始接受职业（幼师）高中毕业生。1986 年，北宅镇学校布局做了适当的调整，蓝家庄小学并入毕家小学，全乡小学按学校"六配套"标准进行校舍改造，年底所有学校全部达到"六配套"要求。

市政方面工作积聚建设新优势。20 世纪 80 年代后期，北宅的公路建设有了较大的发展，对公路进行了大改动、拓宽和改建，形成了四通八达、交通通畅的局面。1987 年，南龙口至王哥庄公路定为县级公路。1989 年，南王路（北宅段北龙口至劈石口）长 17.5 千米，宽 6 米的土路，路基由北宅乡修建，崂山县公路处负责铺设沥青，道路拓宽到 8 米，双向六车道，建成二级公路标准，进一步方便居民交通出行。

（三）突破创新与跨越式发展阶段（1992～2003 年）

社会主义市场经济体制改革目标与基本框架确立，北宅地区经济社会加快发展。

1. 政治建设。1998 年 5 月，崂山区北宅镇人民政府改设为崂山区北宅街道办事处，辖 36 个行政村。2003 年 5 月，进行街道党、政、群机关机构改革，明确各部门职责，梳理各方面关系，形成结构合理、管理科学、工作高效的运行机制。

2000 年开展了以讲学习、讲政治、讲正气为主要内容的"三讲"教育活动和开展社会主义思想教育活动，密切党群、干群关系，维护党的团结。

2001 年认真贯彻落实中共中央《关于加强和改进思想政治工作的若干意见》，加强法制教育，认真贯彻中央、省、市经济工作会议精神。同时开展了以"中国共产党始终代表社会生产力的发展，代表先进文化的前进方向，代表全国最广大人民的根本利益"的"三个代表"重要思想的学习和教育。

2002~2003 年底，认真学习贯彻党的十六大精神和中国共产党章程，牢牢把握解放思想，实事求是，与时俱进的理论精髓，进一步增强政治上的坚定性，自觉地做到运用马克思主义的立场、观点、方法分析形势，指导工作。

2. 经济发展。 经济管理由计划经济完全转变为市场经济，政府不再下达指令性计划，只进行宏观调控，各生产指标随市场需求而定。

1996 年实行政企分开政策，对所属企业进行改制，大批镇办、集体企业改为股份制有限责任公司及责任公司。其中青岛八四五厂、青岛崂山新宇实业总公司、青岛液化气设备检修厂、青岛海坚电机制造有限公司、青岛崂山第一汽车修理厂转型较为成功，2003 年实现生产总值共3589.3 万元。2003 年底随着富士达机器有限公司、青岛海屋电子有限公司、青岛诺基化学建材有限公司、青岛海泰机绣有限公司等为代表的私营企业、三资企业相继落户北宅街道，为地区经济发展带来了生机和活力。截止到 2003 年底，北宅街道共有内资企业 34 户，私营企业或个人独资企业 119 户，从业 1930 人，注册资本 9600 万元。2003 年，实际完成 GDP 2.176 亿元，固定资产投资完成 1.598 亿元，税收 1950 万元。农业发展方面，1998 年，设立农业中心，统一部署和指导各村农业生产。1999 年，完成土地延包 30 年工作，重新发放《土地承包经营权证》。2000 年农业生产开始向高科技、高效益、产业化和集约化方面发展，制定了都市型、观光型农业发展目标，鼓励各村、个人创办农业园区。

现代农业开始萌发，1996 年 5 月 18 日，由崂山区旅游局和北宅镇人民政府主办、大崂村承办的第一届北宅樱桃会在大崂樱桃园正式开幕，在开幕之前，北宅镇政府做了大量宣传工作，印制关于北宅樱桃节的宣传单，组织机关干部到市内栈桥、五四广场等市民聚集地发放。这届樱桃会内容单一，仅是采摘、品尝樱桃，效果超出了初步设想，不但解决了果农的摘果难、卖果难问题，也拉动了樱桃销售价格的上涨，每公斤樱桃价格从不到 4 元上升至 5 元以上，由于宣传得力，这次樱桃会参加游客达到 7000 余人，经济总收入 10 万余元。2000 年起，开始有规划、有步骤地引进优良品种和进行基础配套建设，兴建集生产、观光品尝、旅游服务和小流域治理于一体的果园。2003 年，共有果树 64.45 万株，其中苹果 7.8 万株、梨 1.99 万株、葡萄 3.59 万株、桃 25.16 万株、杏 7.3 万株、樱桃 14.82 万株、李子 1.73 万株、山楂 1.05 万株、其他果树 1.02 万株。

2001 年青岛市茶树良种引进试验示范基地在凉泉村落成，为确保茶树资源引进、保存的安全性和连续性，筛选确定最适合本地茶树栽培的优良品种，促进茶叶生产向良品化、规范化发展。2003 年底，基地已发展到 80 亩，青岛市果树工作站引进全国绿茶优良品种 32 种，全国珍惜良种 2 种。

2000 年，沟崖村高跷队表演

3. 文化建设。1999 年 2 月，大崂村、我乐村两支秧歌队参加崂山区春节民间艺术表演活动，获得优秀表演奖。2000 年北宅街道高跷队参加了全市的广场文艺会演，取得了民间艺术演出优秀奖和最高组织奖，后来他们又在内容上加以创新，在动作技巧上加大难度，进一步发扬光大这一传统的民间艺术，获得青岛市优秀表演奖。

4. 社会建设。居民生活步入新阶段。进入 20 世纪 90 年代末期，新盖房门窗一般用塑钢或者铝合金，"将军楼"拔地而起，有不少村庄的个别户还盖起了别墅，屋内设计新颖、宽敞、明亮，布局合理，卧室、客厅、厨房分设，自来水、生活用电直接入室，居住使用方便。1997

年，北宅街道居民通过精心种植培育，取得较好的收成，并在北宅街道书院果品市场进行了大量的苹果售卖，进一步提高了居民的经济收入。

1997 年，书院果品市场

计划生育工作迈上新台阶。1996 年根据山东省第八届人民代表大会常务委员会第 24 次会议《关于修改〈山东省计划生育条例〉的决定》中的规定，提倡晚婚晚育，男年满 25 周岁，女年满 23 周岁初婚的为晚婚，任何单位和部门都不得超计划安排生育。1995~2003 年连续 9 年北宅街道计划生育工作获崂山区委、崂山区政府人口与计划生育目标考核一等奖。

教育工作迈开新步伐。北宅街道全面贯彻党的教育方针，从师资、教学环境等软硬件入手，加强素质教育，教育、教学质量不断提高。2003 年为合理配置教学点，集中精力提高办学质量，将原有的 14 所小学合并为 4 所，原有的 3 所中学合并为 2 所。

市政工作取得新进展。1999 年，开始修建新南王路（五里岗至大崂），2001 年建成通车，长 11.7 千米，宽 12 米至 16 米的沥青路面，达一级公路标准。2001 年，建成乌衣巷大桥，立柱 T 梁平板桥，桥长 85 米，宽 10 米。生活垃圾处理方面，1999 年北宅垃圾中转站竣工，垃圾处理与管理水平得到极大提高，对各村的垃圾要求

1999 年，北宅村民在清除路边垃圾

分村收集，集中处理，不得随意乱倒。各行政村设垃圾堆放点，村民的生活垃圾设点堆放，街道环卫工人定时清运，集中到垃圾场统一处理。

（四）深化改革开放和构建"和谐社会"阶段（2004～2011年）

北宅地区完善社会主义市场经济体制，推动科学发展、促进社会和谐，全面建设小康社会。

1. 政治建设。2004年北宅街道进行了村级组织集中整顿工作，通过调查研究、教育整顿和巩固提高三个阶段，实现了"三大转变"，在此基础上，由街道包社区领导对所属村干部进行了广泛而深入的廉政谈话，通过谈心交心，摆事实、讲道理，使一些村主要干部各自认识到了自己的问题和不足，由原来的互相指责、互相猜疑变为主动的查摆问题、承认错误，并最终化解了矛盾，达成了共识，工作上实现了互相配合。2006年北宅街道与区直部门联姻帮扶，推进"包村双建三促"工作上台阶、出成果，街道定期召开由区直有关部门和相关单位参加的专题会议，并定期通报相关单位和所包的村开展"包村双建三促"活动的情况。2011年北宅街道完成了36个社区"两委"换届选举工作，深化创先争优活动，扎实开展了党员"一对一"谈心、党员联户等活动，切实加强了基层组织建设。

到2011年，北宅地区共有党委1个，党总支1个，党支部62个，党员1842人。

2. 经济建设。2004年北宅经济总收入91100万元，人均纯收入4842元。2011年财政收入2810万元；农村经济总收入20.4亿元；农民人均纯收入完成7369元；固定资产投资2.28亿元。

高新技术产业得到飞跃发展。2009年，北宅石岭子以南区域有了明确的规划，以打造永续发展的科技创新谷为目标，以规划建设生物产业园和高端研发中心为主，其中包括青岛特锐德股份有限公司于2004年引进，占地117.5亩，2011年全部投产运营；中科院兰化所于2009年引进，占地113亩，于2010年1月26日奠基；青岛信得药业有限公司兽药中试生产基地于2010年引进，占地面积37.5亩，总建筑面积约4.02万平方米；青岛银龄美海洋生物基地于2010年引进，总占地面积40亩，总建筑面积约4.06万平方米，总投资1.5亿元，于2011年年底奠基。

以现代农业为依托的生态旅游业得到飞速发展。2011年北宅街道按照区委提出的"以南带北、南北统筹、板块结合、错位发展"的战略，

2009 年，"北宅有我一分田"启动仪式举行

推动凉泉、南北岭、双石屋、河西村打造旅游特色村，按照"盘活资金、整合资源、统一设计、突出特色"的思路，引进社会资金，租赁社区居民的闲散住房，聘请专业团队对旧房进行统一改造设计，形成独具特色的乡村旅游度假特色村；同年，街道着力搭建节庆平台，推出了乡情农韵系列节庆活动，包括早春祈福、"北宅有我一分田"活动、赏花踏青、快乐采摘、北宅农特产品大集、山乡美食、生态健身、民艺展演、农家冬趣、"山里人家过大年"十大板块。其中，2009 "北宅有我一分田"一期推出 80 余亩，当年樱桃节及采摘节共接纳游客 40 余万人次，相关经济收入达 3600 万元，户均收入 3000 余元，为北宅生态旅游产业的健康发展奠定了基础。2011 年街道在北涧社区举行"早春祈福"仪式，27 分钟的演出让 300 多名观众眼前一亮，237 亩地全部得到认耕，乡情农韵系列节庆活动期间，街道办事处邀请了岛城各大媒体记者录播采访，青岛电视台、青岛各广播电台、《青岛日报》等本地媒体更加及时准确、全面有力的对北宅乡情农韵系列节庆活动进行了大量的多视角跟踪报道，充分细致的准备工作和宣传报道为北宅聚集了人气，拉动了节庆经济。

现代农业得到长足发展。2011 年实施"十百千万"特色农业种植工程项目共 23 个，累计完成投资 3056 万元，建成书院满院春热带果蔬种植园等 6 个高效农业观光园区，建设特色水果及蔬菜等栽培设施 23450 平方米，种植蓝莓百余亩，种植和改良樱桃 5000 余亩、30 万株，大崂樱桃谷观光园、北涧农业文化博览园、七峪高效果蔬观光园等 17 个高效农业观光园区已建成，丰富了农产品品种，延长北宅果品采摘周期，带动北宅旅游业全面发展。

3. 文化建设。2004 年根据创建全国文明城市和文化建设年的要求，加大了街道、社区文化活动中心的建设力度，完善了街道文化活动中心。借 2005 年文化建设年的东风，主要抓了沟崖、东陈、凉泉、北头、晖流等社区文化活动中心的建设，各社区也投入了大量的人力物力，使社区的活动室基本健全。到 2011 年北宅街道创建 3 个社区图书室示范点，配送部分图书增加社区藏书量，满足不同层次群众的文化队伍建设需要。2004 年北宅街道举行迎新春民间文艺会演，11 支表演队伍参加，各演出队伍还到各社区进行了巡回演出，活跃了春节期间的文化生活，同时还组织了 7 支队伍参加了崂山区迎新春民间文艺会演。2011 年北宅街道打造了 3 支对内活跃文化生活、5 支对外展示街道形象的文艺队伍。

2004 年北宅街道承办了青岛市第二届欢乐大家庭广场文艺会演启动仪式及文艺演出。2005 年青岛市欢乐大家庭文艺会演崂山分会场的启动仪式放在北宅凉泉新苑举行，同年北宅街道还组织了 500 余人的团体舞参加了崂山区第五届职工运动会。2011 年北宅街道开展了歌党颂党系列文艺活动，组织参加区庆祝建党 90 周年大型文艺演出、"唱响中国——红色经典歌曲"传唱、红色诗歌朗诵会、红色电影展播等群众性文化活动。

2007 年街道积极搭建精神文明平台，以生态文明社区创建、文明单位创建、"三优一做"、重大节庆活动、践行"八荣八耻"等创建契机为龙头和抓手，加强组织领导和舆论宣传，激发创建活力，增强针对性和时效性，为街道经济社会发展提供精神动力和智力平台，同时根据街道精神文明建设实施意见，对创建的各级文明单位进行了督察，促进和深化文明单位创建，提高争创活动水平和质量，确保创建工作顺利推进。创建了市级文明单位 7 个，区级文明单位 20 个，生态文明社区 9 个，崂山社区学院先进教学点 2 个，迎奥示范社区、学校 3 个，街道敬老院张瑞英等 3 人荣获"崂山区道德模范"荣誉称号。同年，街道争创"省级文明单位"通过上级有关部门验收。

2007 年村村修志工程开启，全街道 36 个社区、5 个学校参与，至 2011 年已有 19 个社区完成村志编纂出版发行任务，于 2011 年出版《北宅街道志》，全书 50 万字。

4. 社会建设。进一步推进医疗卫生工作。截至 2007 年，北宅街道共 3650 名老人办理了新农村社会养老保险，参保率 99%，80 岁以上老人每月 352 元养老保险金，60 岁以上老人每月 100 元以上的养老保险金。全街道共有五保供养对象 86 名，入住中心敬老院 27 人，集中供养率达 31%。2011 年，新型农村合作医疗个人筹资额由 30 元上调到 40 元，筹资难度进一步加大，在办事处领导的大力支持下，克服困难、深入社区、广泛宣传发动，2 月底，圆满完成新农合筹资工作，共参合人数 23623 人，筹资率达 97.38%。

全面推进妇女儿童工作。为提高妇女择业创业技能，于 2008 年开展了农村剩余妇女劳动力转移就业工作。对全街道的剩余妇女劳动力情况进行了调查摸底，对 150 名妇女开展了饭店经营、服装加工、商品零售、手工业等方面的技能培训，提高妇女的择业和创业能力，多渠道增加收入，全年转移就业 50 名，培养自主创业小老板 7 名。2010 年北宅街道实施"春蕾计划"和"无孤儿工程"，对贫困女童情况进行了调查摸底，当年资助"春蕾女童"28 人。

扎实推进教育工作。街道于 2010 年实施"名校创建工程"，教育中心根据《青岛市规范化学校标准》的要求，加大了创建规范化学校力度。投资 230 万元建设学校校园网。投资 60 万元完成了凤凰台小学操场建设、校园周边硬化、绿化、校门口改造、传达室改建等续建工程；投资 15 万元，完成了林蔚小学实验楼与教学楼长廊的封闭，打造出"生态长廊、阅读快乐场、科技长廊"，突出了环境建设的育人功能；投资 10 万余元为华楼小学 13 个班级配备了实物展台，更新班级控台，完成了舞蹈教室的改建装修任务，学校还安装了自吸泵，解决了用水难的问题。投资 372.48 万元建设崂山十一中绿化及塑胶篮球场。

切实抓好社会保障工作。2004 年北宅街道经研究决定，凡开展养老保险的村、单位集体进行相应补助时对独生子女户、双女户的补助应高于其他投保对象的 5%，对经济条件好的村、单位可根据实际情况加大奖励份额。到 2011 年北宅街道全面落实医疗卫生、社会养老保险、城乡低保、社会救助、五保供养、优抚安置、劳动力就业创业等社会保障工作任务，社会保障水平不断提高。

环卫工作创新新模式。2004 年加强环卫工队伍建设，人员数量增加一倍，达到 300 余名，队伍加强后，对卫生死角等问题进行了综合整治，清理生活垃圾 5000 余吨。2005 年顺利开展了创城工作。

积极探索水利方面工作新路子。2006 年北宅街道完成临时供水管道铺设 1.8 千米，三水水库内清淤 4 万方米，工程完成投资 139.97 万元。

2007年开展清除水库积淤工程，解决了水库长期以来淤积物污染水库，同时增加水库库容，工程于2007年5月2日开工，6月10日完工，完成临时供水管道铺设1.8千米，库内清淤4万立方米，工程完成投资139.97万元。2008年对街道内的水毁工程和防汛隐患进行清理和加固建设，对东陈河道、沟崖河道、北涧、周哥庄、洪园、西乌衣巷等社区的排水沟进行了治理，确保了河道的行洪畅通，共完成河坝、排水沟建设1500余米，完成工程量2.2万立方米，完成投资170余万元。2008年对北宅辖区内五龙河道、石门河道、白沙河河道的堤坝进行砌筑，保护了河道沿岸居民的生命财产安全。

实现林业方面工作新调整。2007年结合北宅的特点，在全街道范围内各社区庭院及老公路和各进村路、企事业单位、公共场所周边种植蔷薇，既达到绿化美化的目的，又成了北宅一道亮丽的风景线。2007年底全街道共栽植蔷薇花20万株，成活率达到90%。2008年植树节期间，农业服务中心协助青岛团市委在北涧社区"迎奥运"植树活动中种植核桃树1500余棵。成活率达到95%。街道及驻北宅各单位、企业、学校等25个单位，共栽植蔷薇花23730棵，蔷薇花种植发放34个社区，村民种植近37万株。

奋力完成市政工作新优化。2006年8月，北宅街道开始修建贾汉路支路，全长5.1千米，工程投资1900万元，于2007年完工；2008年投资100万元修建西陈进村路，全长1千米，设计路面宽8米，混凝土路面，建设面积1.2万平方米，占地面积1.2万平方米；为达到樱桃节道路畅通和道路周边发展的目的，街道于2007年开始修建峪上路，西起峪夼南王路车站、东止上葛社区桥，道路全长2484米，双向两车道，路面八米宽，工程总投资569.62万元，整个工程建设周期为90天。

（五）全面深化改革、全面建成小康社会决胜阶段（2012年至今）

统筹谋划推进北宅全面深化改革工作，努力提高北宅地区改革精确发力和精确落地能力，率先建成更高水平的小康社会，努力开启现代化建设新征程。

1. 政治建设。2012年初，积极探索成立了晖流和东西陈社区2个大党委。在此基础上，按照新型农村社区建设要求，成立了6个中心村融合型和1个小城镇集聚型社区党委，实施公共管理服务项目，区域党建工作实现了由松散型向集聚型的转变。2014 年为加强基层党组织软硬件建设，创建了沟崖、下葛场、北宅科、大崂、周哥庄、昌隆达 6 个党建示范点，达到了以点带面、全面提升的目标。同年，为贯彻落实"一诺两审三评"、社区民主日、民主管理等社区管理制度，组织社区班子和班子成员就本年度工作目标进行了承诺，共签订承诺书 696 份，确定为民办实事 1480 项。2017 年开展支部"主题党日+"活动，规范党内组织生活，把开展"主题党日+"活动作为党员"学"的载体、"做"的平台、"改"的抓手，在活动时间上，确定每月 10 号为基层党组织主题党日，要求基层党组织在"主题党日"当天开展集中活动。

2012~2017 年北宅街道通过"两委"换届、向社区派驻"第一"书记、开展专题整治活动等措施，将软弱涣散的党组织全部转化到位。创新选拔 27 名优秀大学毕业生到原社区担任书记助理，解决了 16 个社区的办公场所问题，建设 6 个社区服务中心，强化考核奖励，有效激发干部干事创业的热情，使社区集体收入提高到 322.6 万元，增幅 20.5%，超十万元社区由 1 个增加到 4 个。2015 年街道狠抓各项机关管理制度落实，树立鲜明的选人用人导向，提高了机关工作效能和为民服务水平，严格查处违纪违法问题，累计对 39 名违纪党员给予不同处分，营造了风清气正的政治生态。

北宅街道组织格局创新，成立 7 个社区大党委。为深入贯彻落实上级关于加强农村社区基层组织建设的意见精神，强化统筹协调，在充分考虑现有村庄规模、发展水平、地缘关系、历史沿革、风俗习惯、自然条件等因素的基础上，按照就近、有利于联系服务群众和尊重传统划分的原则，街道共下设 7 个管区，分别为沟崖管区、周哥庄管区、北宅科管区、凉泉管区、书院管区、大崂管区、卧龙管区。2017 年，街道各管区结合自身实际，确立一批贴合管区特色、朗朗上口的服务品牌，如沟崖管区的"创智惠民"，凉泉管区的"泉心为民"等。各管区围绕服务工作品牌的创建，进一步丰富完善品牌内涵，组织管区服务人员开展"党员岗、先锋岗、团员岗"评选，引导管区人员参与"志愿者在行动"等志愿活动，把管区服务工作品牌的理念落实到管区的工作、服务中，将"管理就是服务"的理念深入管区人员心中。

为扎实推进学习教育常态化，夯实党在农村的执政基础，在农村社区深入实施党员联户制度。党员联户制度是由党员联系一定数量的家庭户，要求联户党员做到"三到""四必""五个一"（"三到"即政策法规宣讲到户、上级决议传达到户、意见建议征求到户；"四必"即急难险重必在前、思想波动必谈心、代办事项必完成、反映问题必回应；"五个一"即致富门路带一带、邻里纠纷劝一劝、生病住院看一看、家有急活干一干、有事没事转一转）。聚焦问题解决，在社区设立了"问题墙""回音壁""红黑榜"，将收集到的问题在"问题墙"上进行公示，问题的进展和完成情况在"回音壁"上作出说明，在"红黑榜"上宣传表彰先进、鞭策后进。截至目前，共组织 1180 名党员联系 7431 户，收集群众反映的问题和意见建议 432 条，解决群众困难 187 个。与党员联户制度相配套，在 1327 户党员家庭门口悬挂"党员家庭"门牌，亮出共产党员身份，引导党员发挥模范带头作用。

2. 经济建设。2012 年街道农村经济总收入达到 25 亿元，年均增长 16.2%，2012 年街道全年完成固定资产投资 2.28 亿元，之后历年实际完成数为 11.4 亿元、29.5 亿元、12 亿元、6.5 亿、5.5 亿，最高涨幅为 274.6%。

投资建设工作取得新成果。2011 年完成了世园会后勤保障基地建设，创新"领导包户+压茬推进"工作模式，且在两个月内完成了 982 亩土地的征用和 88 处居民房屋征迁工作；2013 年中科院兰化所等一大批国内领先的高新、涉蓝项目已陆续落户、开工、投产，确保了世园会后勤保障基地内三大中心所有项目按时开工并顺利施工，到 2014 年世园会后勤保障基地项目已全部竣工。2012 年蓝色硅谷产业孵化带研发基地建设取得全面突破，先后有 10 个项目落户，使具备开工条件的 7 个项目全部开工建设。其中，兰化所项目综合办公楼、绿色化工楼、孵化中心都已封顶，潜艇学院教学综合楼框架结构已完成；银龄美、安工院、海水养殖研究所、信得药业、天人环境正进行场地平整。海信集团新研发中心项目已完成了土地分界、地面附着物评估、土地补偿款发放。2013 年街道引进市区两级重点推进项目——歌尔青岛科技产业园，由潍坊歌尔集团有限公司投资，投资金额为 50 亿元，项目一期拟建设用地约 170 亩。2015 年引进新企业 4 家，分别为青岛乐瑞特石油贸易公司，该企业为外资企业，注册资金 1000 万美元；小鸟科技有限公司，注册资金 5000 万元；青岛寿哈哈生物科技有限公司，注册资金 100 万元；青岛海梦蓝新能源科技有限公司，注册资金 100 万元。

旅游产业发展工作取得新进展。2012 年春节期间隆重推出了 "乡情农韵"体验游系列，活动期间，北宅街道共接待游客 6.2 万人次，旅游及农家宴相关收入 298 万元。同年，北宅街道成功举办了第七届采摘节，本届北宅采摘节共吸引前来采摘的游客 1.7 万人次，创收 137 万，使当年黄金周期间北宅游客人数达到 12.4 万人，相关旅游经济收入 507 万元。2012 年上午在北涧社区举行了 "北宅有我一分田"启动仪式，开放8 个社区共 141 亩土地待租，租赁价格每份地（50 平方米）每年 1500元、1800 元（包含市内送菜服务），已认耕土地 103 亩，签订认耕协议742 份。2017 年北宅街道加强 "北宅有我一分田"的市场运作，开放北涧社区天一顺生态有限公司、毕家社区、我乐社区水果园农家宴、晖流社区、五龙涧社区、富硒专业合作社 6 个待认耕土地共 103 亩。2012 年举办北宅街道第十七届樱桃节，本届樱桃节共吸引游客大约 72 余万人次，旅游相关收入约 7200 万元，户均收入 9800 余元，其中北宅常年经营农家宴 200 余家，户均收入 12.8 万余元，樱桃产量约 440 万斤，产值约 7920 万元。2017 年北宅街道举办第二十二届樱桃节本届樱桃节接待游客 56.8 万余人次，旅游相关收入 8950 万元，相较于 2012 年，旅游收入增加了 1750 万元。在樱桃节期间举办了 "樱红五月，相约北宅"樱桃节主题文艺会演，参与观众 1000 余人，精彩的文艺节目展现社区居民盼丰收庆丰收的喜悦心情。现场通过关注 "文化北宅"微信公众号互动环节进一步推介了北宅文化活动品牌。

3. 文化建设。扎实开展基层公共文化设施建设行动。2012 年全街道仅有 6 个社区文化活动中心，2016 年全街道 200 平方米以上的标准文化活动中心有 20 个，面积增加 3500 余平方米。街道综合文化活动中心面积达到 800 平方米，实现了从无到有的突破。2016 年列入基层公共文化设施建设优化提升工程的 7 个社区文化活动中心建设工程在 2017 年底已全部完工，有 4 个社区文化活动中心已正式启用；整个项目的后期审核工作正在紧张进行中，7 月 30 日将全部完成，建设资金补助将全部支付。通过此项工作，社区文化活动中心面积新增 3000 平方米，文化广场新增面积 4000 平方米。社区文化活动中心达标率由原来的 30%增长到60%。

扎实开展群众文艺队伍建设行动。2012 年北宅街道共有群众文艺队伍 5 支，表演形式较单一，仅限于广场舞、秧歌等。2016 年北宅街道各社区村均有一支特色文艺队伍，表演形式涵盖舞蹈、合唱、小品、戏曲等多种表演形式；2016年参加文艺演出次数较2012年翻一番，参与演出人员达到3000余人，社区居民参与文化活动的热情高涨，社区文化氛围良好。2017年北宅街道扶持现有的14支精品文艺队伍，为精品文艺队伍提高培训、演出等服务，提高整体艺术水平；发掘打造其他社区队伍，通过配送培训、提供演出平台、组织比赛等形式让社区队伍走出来，提高整体水平。

扎实开展非物质文化遗产保护行动。2017年制定非物质文化遗产保护实施方案，按照保护为主、抢救第一、合理利用、传承发展的非物质文化遗产保护方针，加强非物质文化遗产的保护与开发。重点扶持"沟崖高跷"非物质文化遗产的传承和发展。通过举办"沟崖高跷进校园"活动，培养更多的年轻人才，营造浓浓的"校园高跷"文化氛围，形成人人热爱高跷，人人会高跷表演的良好局面。

扎实开展了乡村文明行动。2012年北宅街道以5个社区为试点，评选、树立、展示道德典型模范，推动社区形成良好风尚。以创新社区管理服务方式为突破，发动36个社区创办《社区信息》，增进信息沟通，构建和谐干群关系。2016年举办了北宅"蓝色之夜"夏季主题纳凉晚会，囊括了独唱、舞蹈、小品等多种形式的节目，参演人员200余人，举办5场，观众达到4000余人，社区居民踊跃参加，成为北宅夏季纳凉的一道丰富的文化大餐。2018年1月8日，北宅首个24小时自助图书馆对外开放，藏书2000册，辐射周边社区及机关、学校，受到广大读书的普遍欢迎。截至目前，办证102个，借还图书3000册次，流通人次1200人次，接待读者1300人次。

4. 社会建设。医疗卫生工作得到进一步提升。一是预防保健工作，2012年共完成疫苗接种门诊2428人次，本地儿童建卡率达100%，七苗接种率95%以上，流动儿童建卡率达85%以上。2017年老年人肺炎疫苗接种270余人、儿童接种5000人次，相较于2012年疫苗接种人数翻了近一番。二是查体工作，2012年度完成65岁以上老年人查体2787人次；幼儿园4~6岁儿童查体498人次；中小学生查体2274人次。2017年中老年人体检2400余人。2017年北宅街道在全区率先为29家卫生室全部配备家庭医生签约随访箱（北宅社区其他街道都是部分大的卫生室配备），该随访箱是集慢病管理与家庭医生于一体的服务箱。加上之前在街道办事处支持下开展的老年人数字化移动体检系统，这样北宅街道在全省范围内率先实现了慢病管理、老年人管理、家庭医生管理的信息整合、资源共享。

教育工作得到进一步加强。2012 年北宅街道投资 417 万元修建惠特小学塑胶足球场、篮球场、排球场、看台及运动场绿化；投资 100 万元打造惠特小学两楼之间的"活力"博弈广场并完成室外厕所、实验楼墙裙与地面维修；投资 50 余万元，为惠特小学解决污水排放及绿化问题。2013 年北宅街道投入近 320 多万完成凤凰台小学塑胶操场建设、华楼海尔小学伙房箱变工程及校园功能教室临建工程，并新建崂山十一中凉亭。2016 年北宅街道为改善园舍环境，投资 129.55 万元完成北九水幼儿园维修改造，投资 482.58 万元进行葛场幼儿园维修改造。2017 年启动华楼海尔小学维修改造、惠特小学教学楼建设项目。完成葛场幼儿园内装修、设备配备及北九水幼儿园完善工程建设任务。

综合治理工作得到进一步改进。在 2013 年创建网格化管理品牌社区的基础上，2014 年全面推行以网格督导员、管理员和协管员为主体，居民服务互助小组和治安交通巡防队共同参与的网格化服务管理模式。完善社区网格管理和社区警务联动机制，实现条块力量到"格"、服务管理进"网"，形成"社区有网、网中有格、格中定人、人负其责"的良好局面。2015 年北宅街道加强平安文化宣传。在周哥庄、毕家等集市等开展平安宣传活动 10 多次，发放反邪教宣传材料 5000 多份，禁毒宣传材料 5000 多份，无传销宣传材料 5000 多份，综治宣传材料 10000 多份。

社会保障体制得到进一步健全。2012 年全年发放各类补助金 315 余万元，将 17 名五保供养老人进驻区养老服务中心，全力推进新型农村社会基本养老保险工作，参保总人数达 15123 人，5579 人已享受养老退休待遇。2014 年累计发放各类救助资金 570 多万元，其中低保金 400 余万元，为 113 户困难家庭申请临时困难救助 46 万元，为 124 户困难居民申请医疗救助 54 万元，大大减轻了他们的生活负担。完成低保困难家庭危房修缮工作，共摸底 28 户 101 间危房，申请修缮资金 66.5 万元。2017年北宅街道及时做好救助资金、物资的发放工作，截至 2017 年底，累计发放城乡低保金 353 万元及电量、物价、取暖、一次性生活补贴 78 万元；临时、医疗、慈善救助 252 户，378 万元；完成低保家庭危房修缮25 户，补助 61 万元，相较于 2012 年北宅街道发放各类救助资金增加

488.5 万元。

5. 生态文明建设。 环卫工作进一步得到推进。2012 年北宅街道从居民群众普遍关注的问题和亟待整治的重要区域、路段入手，累计投入资金约 1670 万元，新设及改造垃圾桶近千个，清理卫生死角 1116 处，清除各类"三大堆"约 16000 立方，清运建筑、生活垃圾 35000 余吨等，使人居环境和容貌秩序实现明显改观，群众文明、卫生常识得到很好普及。随着乡村振兴战略的推进，乡村环境建设成为北宅街道发展的重中之重。2016 年 3 月，街道全面推进城乡环卫一体化市场化建设，投资 1000 余万元全年对辖区村庄、公路、河道、绿化带及公共区域范围实行全覆盖、无缝隙的市场化保洁，实行"一把扫帚扫到底"的保洁模式。2016 年北宅街道蓝家庄枣行社区实施"洁美社区"环境整治，对社区道路进行沥青罩面，对社区墙面进行彩绘。2017 年街道投资 2000 余万元加快对 36 个社区实施环境连片整治工程的同时，综合考虑各社区实际情况，前期选取了慕武石、上葛场等 12 个先行试点社区进行"洁美社区"的打造，共清理柴堆、木头堆 1500 余处，硬化路面 2000 平方米，砌筑挡墙 6000 余米、安装防护栏 4000 余米。污水管网建设工程总投资 2533 万元，分为白沙河、五龙河两个流域，涉及北宅科等 26 个社区、90 余家农家宴以及部分企事业单位，铺设污水管道 15 千米，新建隔油池 83 个，化粪池 7 个，工程于 2012 年 10 月开工，2013 年 11 月下旬完成施工。为深入推进环境保护和污染治理工作，彻底取缔"散乱污"企业，减少大气污染排放，街道开展了"散乱污"企业集中整治活动，全面排查各类"散乱污"企业，摸清底数，建立台账，按照"两断三清"（断水断电、清除

2016 年，蓝家庄枣行社区实施"洁美社区"环境整治

原料、清除设备、清除产品）标准，依法依规彻底取缔，并坚决杜绝恢复生产的现象。

污水管网建设进一步得到完善。为保护环境，推动崂山区旅游业的发展，崂山区市政局于 2010 年建成崂山区污水主管网，工程总投资约 1 亿元，铺设污水主管道约 50 千米，并建设污水泵站一处，日处理污水约 6000 立方。2012 年，为提高污水的收集效率，减少污水偷排、乱排的现象，由北宅街道办事处负责施工建设污水支管网，区市政公用局负责技术指导及相关手续的办理，工程总投资 2533 万元，分为白沙河、五龙河两个流域，涉及北宅科等 26 个社区、90 余家农家宴以及部分企事业单位，铺设污水管道 15 千米，新建隔油池 83 个，化粪池 7 个，2013 年 11 月下旬完成施工。

林业工作进一步得到提升。截至 2014 年，街道共设置了 10 条森林防火阻隔带，长度 30.4 千米；防火通道 21 条，长度 36.4 千米；护林防火房检查站 30 处；在 13 处重点路口建立隔离网长度 4365 米；7 处森林水灭火系统及 1 处瞭望台。2015 年持续加大投入，投入资金 620 余万元，用于森林防火基础设施建设和防火经费保障。2017 年实施大崂社区北山林相改造提升工程和洪园社区东山林相改造提升工程。对大崂社区北山约 253 亩山林和洪园社区东山约 223 亩山林进行林相改造提升。

水利工作进一步实现调整。2014 年北宅街道照拟定的河道环境治理实施方案，定期开展动用机械、人工结合的集中环境整治，和组织人工进行的不定期保洁工作，2014 年共组织集中环境整治 5 次，共平整河道 3 千米，集中整治河道 2.8 千米，保洁河道 14 千米，清理出河道垃圾 1100 余立方米，提高了河道环境状况。2017 年北宅街道全面保障居民吃水用水安全。完成辖区水库清淤、河道治理、塘坝除险加固工程，实施社区排洪、农业节水灌溉、应急供水改造等水源工程，完成 75 个农田水利设施项目建设，使辖区农田水利设施基本实现全覆盖。

畜牧工作进一步完成改革。2017 年 7 月 19 日街道召开党政联席会议，通过《北宅街道禁养区养殖场搬迁整治方案》，根据评估报告对街道内家禽养殖场的禽舍、设施、设备进行补贴，截至 2017 年 10 月，对于街道内牛 6 户 96 头，羊 78 户 1249 只，家禽 161 户 379026 只已全部完成搬迁。

二、主要成就与经验启示

（一）改革开放取得的主要成就

改革开放以来，北宅街道正确处理经济发展和环境保护之间的关系，正确处理改革发展稳定的关系，体制、经济结构改革成效明显，人民生活水平明显提高，各项事业成效显著。

1. 政治建设方面。改革开放之后，组织恢复健全，地区以历届中央全会精神为思想指导，带领辖区党员学习进步，通过强化考核激励、引导社区干部创新争优，注重党员先进性学习，强化各式集中、专题、小组教育培训，严格干部管理，对违纪党员予以恰当处分，营造风清气正的政治生态，配强基层干部，选拔优秀大学毕业生担任社区书记主任助理、选派优秀干部担任"第一书记"，确保基层"有人管事"，配备工作保障，采取"以奖代补"的形式，统筹解决社区干部待遇问题，提高社区干部工作积极性，强化社区党建工作经费保障，在上级财政补助的基础上，配套专项资金保障社区工作运转，确保基层"有钱办事"，配优活动场所，多方筹措资金，解决了多数社区无办公场所、场所面积不达标或功能不完善问题，确保基层"有场所议事"。从转作风、提素质、强保障等方面入手，全面提高服务群众的能力，各社区党组织建设全面加强，社区党委各支部执政能力不断提升。

2. 经济建设方面。改革开放之后，北宅历经政企分开、企业改制、招商引资等过程，产业结构发生巨大的变化，由原先的乡镇集体企业为主、转变为引进三资企业，大量高科技企业项目落户投产，现有生产经营性企业 85 家，其中规模以上工业企业 4 家。蓝色硅谷产业创业带涉及签约高科技研发类项目 12 个，其中生物产业园项目 8 个，海信新研发中心一期等 5 个项目已投入使用，信得兽药已竣工，歌尔项目已进场施工，北航研究生院正在选址落地。蓝色产业蓬勃发展，产值实现跨越式增长。

3. 社会建设方面。改革开放以来，北宅地区根据自身条件，对民生保障等社会事业的投入加大倾斜力度。通过强化技能培训、举办专题招聘会、对个体经营进行补贴等形式不断新增就业、鼓励自由创业。做好敬老院建设、在社区成立老年人日间照料中心关心、维护老年人生活。积极提高参加城乡居民社会基本养老保险人数，再加上参加其他各种各类保险的情况，参保人数达 100%。通过对地区卫生院、社区卫生室的强化建设，提升对居民的医疗保障能力，居民看病难、看病贵的现象得以彻底改变，人民的健康水平有效提高。

原有垃圾收集中转系统升级转型，在区内率先进行城乡环卫一体化市场化运作试点，着力打造南北岭、书院、大崂等几十个"洁美社区"，重点实施绿化项目，构筑了一批绿化亮点工程，环境整治成效明显。对地区水库、塘坝进行除险加固，对白沙河、五龙河、晖流河等地区河道进行持续治理和维护，实施水利小项目建设，对自来水管网进行改造，着力保障居民吃水用水安全。实施"村村亮"工程，对进村路进行硬化，开通多条公交线路辖区内微循环公交线路，保障居民交通出行。强化矛盾纠纷排查化解，建立治安交通志愿队伍，在大社区建设监控网络，实现全覆盖，维护社会和谐稳定。

4. 文化建设方面。改革开放后，北宅地区全面实施文化战略，积极进行文化艺术建设，挖掘振兴原有传统民间文化、举办多彩的文化文艺活动，丰富居民的精神生活。北宅地区坚持以人为本、不断加大对教育的投入力度，通过建设一支专业化强、业务精的教师队伍，创建规范化学校，确保"三个增长"、提高中小学及幼儿教师工资待遇、加强校园基础设施及教学配套设施建设，不断改善办学条件，教育教学质量日益提高。

5. 生态文明建设方面。改革开放初期，北宅地区粮食生产规模有限、果木栽培优势不明显且森林覆盖率较低。随着改革开放的不断深入，北宅地区开始发挥自身优势，充分发挥山区面积大、宜种果树的区位优势，再配合国家退耕还林的政策，在并不适宜耕种主要粮食农作物的土地上种植果树。以经济效益为导向，从受国家收购政策扶持的苹果种植数量最多，以对外批发销售为主，仍为农村传统农业，发展到和生态旅游产业深度结合的樱桃、梨等数量占优，以打造现代农业示范园、旅游观光"互联网+农业"行动为主，形成都市现代农业。与此同时，地区通过建设现代农业园、扶持发展特色农家宴、积极搭建节庆平台等方式，促进生态旅游产业迅速发展。2015 年旅游人数突破 286 万人次，增长 2.15%，旅游收入 1.961 亿元，增长约 8.95%。

（二）改革开放的经验启示

改革开放以来，北宅街道各部门、各社区积极探索，大胆实践，积累了一些有益的经验和做法。其经验和启示概括起来，主要体现在以下几个方面。

1. 注重规划引领。经济发展，规划先行，没有科学的发展规划就没有经济社会的快速发展，北宅街道具有非常广阔的发展空间和前景，从特殊的地理位置和发展条件来看，必须从现实出发，实施"以南带北、南北统筹、板块结合、错位发展"战略，南部因纳入崂山区科技城创智谷规划，主导发展高新技术产业，北部依托丰富的生态资源和位于市郊30分钟可到达的便利交通条件以及北宅樱桃节的知名度，强力发展以现代观光体验农业为支撑的生态旅游业，最终实现"做优一产，做强二产，做大三产"的目标。明确发展目标后，北宅街道抢抓青岛打造蓝色硅谷的机遇，积极争取调整发展规划，增加了高端产业的发展空间，引进了歌尔、海信、银色世纪、海洋生物研究院等蓝色高新技术项目13个，二产经济实现了"从无到有""从弱至强"的跨越式突破。立足与国家5A级景区的旅游功能对接，承接世园经济和蓝色产业项目及人才的进驻，全力打造精品高效农业观光园和精品旅游观光路线，推动一、三产业融合跨越发展，走出了一条富民强街奔小康的新路子。

2. 注重民生保障。经济发展的根本目的就是改善民生，让群众得实惠，这是一切工作的出发点和落脚点。以现代农业为依托的生态旅游业是北宅的主导产业之一，打造功能完善、风景优美的生产生活环境，既能提高群众生活质量，也能促进富民增收。因此，北宅街道下大力气，先后投资2.4亿元，大力推进基础设施建设和环境整治工程，使区域面貌发生较大变化，一座宜居宜业宜游的现代化新城区以靓丽的形象展现在了广大市民眼前。为构筑交通出行"便民网"，北宅街道先后实施了村村通工程、乡村道路修缮工程、经济落后社区扶持项目，对南王路等主要道路进行了绿化、铺装人行道等综合整治，为所有进村路安装了太阳能路灯，协调交通部门增设5条公交线路和3条辖区内微循环公交线路，建成北宅公交枢纽站及附属站点，新建2760平方米停车场，全面改善了辖区交通出行条件。

3. 注重干部队伍建设。一个和谐的地方，一定有着和谐的干群关系，而促成干群和谐的第一要素就是人性化的制度和管理。北宅寓管理于服务之中，坚持以人为本，不断加强基层组织建设。大力践行基层党组织先进工作机制，严格落实社区"两委"班子和成员"一诺两审三评"制度，将测评结果与社区干部报酬补贴、评先创优直接挂钩，基层组织战斗力明显提高；广泛开展了"党员亮身份、创争我先行""无职党员设岗定责""党员联户"等多种形式的党性实践活动，2010年共有921名社区党员为民办实事6530项；围绕提升各级组织的廉政执行力，制定下发了《社区发放居民征地补偿费的工作流程》，开展了村级民主日活动，安装了"三资"信息监管系统，建立健全了监督制约机制，较好地维护了群众利益。

执笔人：王　兵
审核人：孙敬华
签发人：孙丕铭

崂山北宅樱桃节的发展历程
与经验启示

崂山区北宅街道办事处

崂山区北宅街道位于青岛市崂山风景区中部，著名的北九水风景区和华楼风景区坐落在辖区内，总面积81.3平方千米，山地面积占总面积的2/3，是一个典型的山区农业街道，总人口3万余人，下辖36个社区，其中有30个社区（2万余人）位于青岛市重要饮用水源地之一——崂山水库上游。为涵养崂山水库水质和保护风景区环境，街道一直未发展工业，环境优美，民风纯朴，农产品丰富，这里的樱桃闻名遐迩，是最受岛城市民喜爱的岛城农产品。始办于1996年的北宅樱桃节，开创了青岛近郊农业旅游的先河，经过了自发酝酿、萌发、高速发展、转型升级、全新运营等阶段，成为青岛市十大节庆之一，并成功注册"北宅樱桃"地理标志证明商标。

一、樱桃节的发展历程

（一）北宅樱桃节的酝酿阶段（1990~1995年）

北宅部分村庄位于崂山腹地，人多地少，人均耕地面积不足0.2亩，山岭薄地居多，又处于青岛水源保护地，不适合现代农业规模化、机械化运用，也无法发展工业，农民收入主要依靠种植业、养殖业及外出打工。由于不少农户住宅旁栽有樱桃，山里人又天性好客，每当樱桃成熟季节，总爱拿樱桃当作地方特产，邀请亲朋好友前来品尝，边吃樱桃边拉家常，或叙旧增谊。

改革开放以来，随着人民生活水平提高，城市居民对生活内容的拓展，到农村参观、体验农家生活的需求日趋强烈，1990年前后，恰逢北宅地域内北九水、华楼等风景名胜区逐步得到开发完善，到该区域或经过该区域的游客逐年增长，尤其樱桃成熟期正值崂山旅游旺季，色泽红艳光洁、味道甘甜的樱桃很自然吸引了游人的注意，不少市民和游客禁不住驻足樱桃树下或樱桃园边或道路两旁，向果农或小零售摊点竞相选购。同时，这一时期岛城广大消费者对营养化、时鲜化果品的认知和要求不断提高，有条件的市民不满足市场上出售果品的新鲜度，向往亲自到果园购买刚脱离树体的果品。而且樱桃不耐贮运，采摘樱桃费工费时，果农也非常欢迎消费者自己采摘。在这些因素的催生下，消费者交钱自行采摘樱桃品尝的消费模式悄然兴起。

总体上讲，这一阶段的采摘品尝有以下三个特点：一是自发。没有专门的组织和宣传发动，基本上是一种果农与消费者的自发行为。二是无序。没有规划专门的时间、场所，樱桃成熟季节任何有樱桃树的地方都可发生，时间上也很随机。三是零散。游客随机找农户直接到樱桃树品尝，人员少，分布也不集中。

游客亲自采摘品尝的这种模式，有效解决了樱桃采摘难、运输难问题，既节约了人力物力，又解决了因采摘不及时而导致的樱桃损失，为老百姓增加了收入。崂山区政府和北宅镇人民政府迅速发现了樱桃采摘潜在的巨大社会、经济、生态等方面的效益，盯上了"樱桃之乡"这片未开发的领域，举办樱桃节的思路逐步开始酝酿。

1993年，崂山区为帮助各村脱贫，实行区直各大局和直属企业"挂钩帮扶"政策，当时大崂村的帮扶单位是崂山区旅游局。根据大崂村樱桃栽种的优势，为解决村民摘卖樱桃难和促进本地与外界的联系，加快大崂村的经济发展，在区旅游局和北宅镇人民政府的指导和帮助下，大崂村创办了大崂樱桃园，并成立了第一届北宅樱桃会筹委会，着手筹备举办首届樱桃会，一是想通过举办节会，解决果农采果难、卖果难的问题，提高果农的经济收入；二是想以樱桃为媒，让青岛市民和社会各界人士走进北宅、了解北宅，增强联系，共谋发展。

（二）北宅樱桃节的萌发阶段（1996～1999年）

1. 第一届北宅樱桃会。 1996年5月18日，由崂山区旅游局和北宅镇人民政府主办、大崂村承办的第一届北宅樱桃会在大崂樱桃园正式开幕。在开幕之前，北宅镇人民政府做了大量宣传工作，印制关于北宅樱桃节的宣传单，组织机关干部到市内栈桥、五四广场等市民聚集地发放。这届樱桃会内容单一，仅是采摘、品尝樱桃，效果超出了初步设想，不但解决了果农的摘果难、卖果难问题，也拉动了樱桃销售价格的上涨，每千克樱桃价格从不到4元上升至5元以上，由于宣传得力，这次樱桃会参加游客达到7000余人，经济总收入10万余元。

虽然第一届北宅樱桃会只是一个樱桃园开放，参节人数仅仅几千人，收入仅仅局限于门票及樱桃销售，仅十几万元，但它无疑像一股强烈的冲击波，为经商意识淡薄、致富手段单一的当地百姓开启了一扇脱贫的大门。

村民在家门口卖樱桃

2. 第二届北宅樱桃会。第二届北宅樱桃会于1997年5月10日～5月18日在北宅街道大崂村举办，由崂山区旅游局、北宅镇人民政府和大崂村联合主办，有大崂村、南北岭村、我乐村3个行政村495户参加，开幕式会场设在大崂村樱桃园。开幕式后进行游园活动，品尝樱桃，参加本次樱桃会的市民数量大增，不少市民全家出动，扶老携幼来到樱桃园品尝樱桃，参加人数达3万人，不少村民看到商机，开始经营季节性农家宴，第二届樱桃会的经济收益达50余万元。

3. 第三届北宅樱桃会。第三届北宅樱桃会于1998年5月10日～5月18日举行，历时9天。本届樱桃会由《青岛早报》社、崂山旅游局、北宅街道办事处主办，共有大崂村、南北岭村、我乐村、河东村、观崂村5个行政村参加，开幕式会场设在北宅街道大崂村。本次樱桃会做了充分的准备，做了大量的宣传工作，邀请了市、区领导及有关新闻单位记者参加。街道办事处领导致开幕词，《青岛早报》社派了多名记者现场报道，开幕式表演了具有民俗风味的小型文艺节目，并进行了游园活动。这届樱桃会带动经济发展作用开始显现，各村共开设了"山里人

1998年，河东村的农家山庄

"家"农家宴40多家，这期间，家家客满，游客吃完樱桃，进入"山里人家"，吃着具有崂山风味的农家宴，喝着崂山水，品尝崂山山珍。本届樱桃会进一步提高了北宅地区的知名度，为广大市民创造了一个沐浴春风、回归乡村、感受自然的机会和场所，参加樱桃会的中外游客近5万人，总经济收入达100余万元。

4. 第四届北宅樱桃会。连续三届樱桃会，规模一届比一届大，综合效益逐年增长，引起了崂山区政府甚至青岛市政府和社会各界的高度重视，1999年第四届北宅樱桃会召开时间为5月12日～5月28日，历时17天。改由青岛市旅游局、《青岛早报》社、崂山区人民政府及北宅街道办事处联合主办，崂山区旅游局、崂山风管委旅游处承办，青岛远洋度假村、青岛盛林纺织有限公司、崂山风管委华楼管理处、北九水管理处协办，开幕式会场设在华楼风景区索道站，开幕式上除各主办、承办、协办单位外，还邀请了外商宾客参加，将樱桃会向更广的范围推介。该届樱桃会活动内容更加丰富，在历届游园的基础上，又新增了土特产展销、"山里人家"农家宴、盛林杯摄影比赛及华楼宫、北九水生态一日游等项目。本届樱桃会报名参与的农户更多，达到了607家，供采樱桃1.1万株，吸引游客8万人，樱桃收入77万元，也极大带动了饮食服务

1999年，第四届北宅樱桃会开幕式举行

行业的发展，期间农家宴发展到 150 户，收入约 60 万元。如此显著的经济和社会效益，更加激发起各级政府、社会各界及广大果农的热情，开始认真思考进一步提升这一新兴产业的途径和可持续发展策略。

（三）北宅樱桃节的高速发展阶段（2000～2011 年）

1. 第五届青岛北宅樱桃节。这是首次将青岛北宅樱桃会提升为青岛北宅樱桃节，成为青岛十大节庆活动之一。举办时间从 2000 年 5 月 12 日～5 月 28 日，历时 17 天。由青岛市旅游局、崂山区人民政府、崂山区风景管理委员会、《青岛早报》主办。北宅街道办事处、崂山区旅游局、崂山区风管委旅游处承办，青岛远洋卧龙度假村、青岛盛林纺织有限公司、崂山区风管委华楼管理处、北九水管理处协办，参与单位 16 个

北宅樱桃节期间的书法比赛

行政村共 810 户，推出 12 个樱桃园向游人开放。开幕式会场设在华楼风景区索道站，邀请了臧爱民副市长等市、区领导及有关新闻单位记者及外商宾客参加。举行了内容丰富多彩的活动，在河东樱桃园举办了名人书画展，开展华楼、北九水、北宅风情"生态一日游"，组织了篝火晚会及北宅街道经贸洽介会。参加人数达 10 万人，樱桃总产量 400 吨，总收入 289 万元。由于推出"生态一日游"系列活动，使游客大增，比平时增加了 2 倍多，直接经济收入 30 余万元，带动旅游三产的发展，全街道饭店、农家宴经济收入 246 万元。

2. 第六届青岛北宅樱桃节。樱桃节的发展促进了北宅农村经济组织形式的变化，由过去一家一户种樱桃树参加樱桃节，向公司经营形式转变。北宅先后出现了大崂樱桃山谷、大崂红樱樱桃园、老李家精品樱桃园等多个特大樱桃园区，实现樱桃品种的创新、樱桃园区规模的突破。2001 年北宅大崂村出现了第一个股份制公司——红樱生态旅游开发有限公司，自此各社区相继出现了合营园区，成立了不同形式的农业或

生态开发公司，实现了经营形式上的突破。在政府的积极倡导下有1500多户农民实现了合营，出现了200余家具有规模的樱桃园。第六届青岛北宅樱桃节于2001年5月12日至5月25日举行，历时14天。共开放13个社区樱桃园，设开幕式、游园品尝、山里人家、采摘樱桃比赛、北宅名胜和风情游、民俗文化周、经济发展研讨会七大板块，共吸引游客20万人，实现经济收入311万元。

3. 第七届青岛北宅樱桃节。第七届青岛北宅樱桃节于2002年5月8日~5月20日举办，历时13天。在第七届樱桃节之前，樱桃节一年比一年办得红火，但陆续暴露出了原有品种老化单一、鲜果供应期过于集中、缺少大型集中生产与展示观光场所、栽培技术相对落后和不配套等问题。而20世纪90年代中期，我国樱桃的新品种引进和高效栽培取得了飞速发展，甜樱桃品种已显示巨大的市场潜力和栽培效益。针对不断扩大的北宅樱桃节对产品多样化和先进技术的迫切要求，1999年起，崂山区人民政府委托青岛市农业科学研究所实施"崂山区持续高效农业技术研究与示范"项目，至2002年，该所在崂山区、北宅街道等农业技术指导推广部门的参与协助下，先后在包括北宅在内的崂山辖区完成了樱桃良种化与延长供应期、绿色食品果品茶叶生产、山地非灌溉节水农业配套技术、山地低耗节能园艺作物大棚持续高效、崂山特产果品优系选育与开发等技术的研究与示范，开始了利用现代栽培技术改造北宅樱桃种植业的具体实践。此后，引进国内外先进新品种进行樱桃改良便在北宅风行起来，不但引进了乌梅、红灯、砂蜜豆、沙蜜脱、先锋、红宝石、贵夫人等十几个小樱桃品种，还引进了乌克兰、美国等大樱株，延长了樱桃品尝的周期。从1996年樱桃节举办之前的只有当地的崂山小樱桃、崂山樱桃、短把樱桃、樱皇等不足10个品种，8万余株，发展至包括大樱桃在内的樱桃品种几十个，樱桃树42余万株。

2002年，大崂村红樱桃研发中心

4. 第十届青岛北宅樱桃节。2005年5月19日第十届青岛北宅樱桃节开幕。经过10年的发展，北宅樱桃节逐渐成长为集民俗文化展示、促进农民增收、生态旅游开发、促进旅游经济为一体的特色旅游节会活动，极大地提高了北宅生态旅游的

2005年，中国地区开发促进会授予北宅街道"中国樱桃之乡"称号

知名度和影响力，推动了北宅第三产业的迅速发展。作为青岛十大节庆活动和崂山旅游文化节的重要板块之一，北宅樱桃节通过樱桃这一纽带，吸引游客和广大市民前来参节，前来休闲娱乐，为农民增收，为农业增效，为广大市民和游客提供了乡村旅游、度假的好去处。2005年，北宅街道被中国地区开发促进会授予"中国樱桃之乡"称号，并被评为国家级农业生态旅游区。

5. 第十一届青岛北宅樱桃节。第十一届青岛北宅樱桃节于2006年5月15日~5月31日举办，历时17天。共吸引游客41余万人次，相关经济收入达3300多万元，参节农户7000余户，户均收入达到3500元。该届樱桃节在保留原有经典板块的基础上，注重创新，增加了面向市民的"北宅有我一分田"土地租赁活动，为广大市民提供了一种全新的享受自然、体验民俗农趣的别样选择、丰富了北宅樱桃节和生态旅游内涵，增强了北宅的吸引力。

6. 第十二届青岛北宅樱桃节。第十二届青岛北宅樱桃节于2007年5月11日~5月21日举办，历时11天。共吸引游客40余万人次，相关经济收入与第十一届樱桃会基本持平。第十二届樱桃届举办期间正值母亲节，北宅街道特别推出"情系母亲节"感恩活动，邀请100位母亲到北宅免费品尝樱桃，展现了北宅的和谐风尚。同时，开展了"百年樱桃送百岁老人"活动，北宅街道办事处主要领导带领机关干部亲

自到百年樱桃树上采摘樱桃，送到百岁老人炕头，弘扬敬老爱老的优良传统。

7. 第十三届青岛北宅樱桃节。第十三届青岛北宅樱桃节于2008年5月15日~27日举办，历时13天。吸引游客36余万人次，相关经济收入达3200多万元，户均收入3000余元。该届樱桃节围绕突出2008奥运年的主题，以创建"生态北宅、花园北宅、和谐北宅"的总体目标为指导，坚持"政府引导、市场运作、全民参与"的办节原则，充分体现了群众性和参与性的特点，丰富了樱桃节的内涵，提高了北宅生态旅游的知名度和影响力，推动了北宅第三产业的发展，实现了"政府搭台，樱桃为媒，经济唱戏"的办节富民目的。

8. 第十四届青岛北宅樱桃节。第十四届青岛北宅樱桃节于2009年5月15日~5月31日举办，历时17天。该届樱桃节围绕"多点一线"打造旅游名镇的发展思路，结合2009中国生态旅游年主题，推出"走进绿色旅游、感受魅力乡村"农家风情游、山水生态游暨城乡互动游活动和"樱园有约、躬耕菜园"北宅私家菜园主耕园品樱活动。据统计，共吸引游客47余万人次，相关经济收入达3700多万元，户均收入4000余元。

9. 第十五届青岛北宅樱桃节。第十五届青岛北宅樱桃节于2010年5月28日~6月13日举办，历时17天。该届樱桃节首次举办了"红樱表真情"网络销售活动。北宅街道组织专门人员，在国内知名网络销售平台开办北宅特色农产品店铺"北宅绿色农场"，将包装精美的北宅精品樱桃礼盒进行网络销售。仅开幕式当天，网店点击量就已达100余次，樱桃节期间通过网络完成樱桃交易订单100余单，为开辟新的销售模式进行了有益的尝试。该届樱桃节共吸引游客60余万人次，各社区旅游景点、采摘园、农家宴客流量较往年翻番增长，户均收入达5000余元，相关总经济收入达4000多万元。

10. 第十六届青岛北宅樱桃节。第十六届青岛北宅樱桃节于2011年5月20日~6月5日举办，历时17天。该届樱桃节创新推出各种趣味文化活动，其中包括北宅群"樱"会、"樱"雄大闯关、农家趣、樱红五月相约北宅相亲会、市民定向越野挑战赛、摄影比赛、CS真人战等。同时，还设立"祈福北宅""爱心北宅""美食北宅""生态北宅"

"健康北宅""记忆北宅""结缘北宅"7个主题日。共吸引游客67余万人次，旅游相关收入约6500万元，户均收入8125余元。其中北宅常年经营农家宴200余家，户均收入11.2万余元，樱桃产量约400万斤，产值约4000万元。

11. 第十七届青岛北宅樱桃节。 第十五届青岛北宅樱桃节于2012年5月18日~5月31日举办，历时14天。该届樱桃节组织筹划更加周密，媒体宣传更加到位，节会质量更加提高，办节思路更加创新，节会内涵更加丰富。通过举办樱桃节，吸引了大量游客，极大地拉动了北宅当地种植业、旅游业、餐饮业等行业的发展，对促进北宅街道经济发展、提升街道社区形象起到了巨大的作用。该届樱桃节共吸引游客72余万人次，比往年增长约10.6%，旅游相关收入约7200万元，户均收入9800余元。其中北宅常年经营农家宴200余家，户均收入12.8万余元。樱桃产量约440万斤，产值约7920万元。

连续举办樱桃节，使北宅这个有着丰厚资源的美丽地方，从一个个昔日封闭羞涩的村庄，变成了一片日益开放的新农庄，辖区的居民也逐渐形成了参与樱桃节的热潮。除果园、景点外，当地居民种的地、住的房子、使用的农具、做的农家饭和产的农副产品都相继成为市民追捧的旅游资源和商品。有樱桃的农户积极做好樱桃采摘的接待，没樱桃的农户也通过销售农产品、开办农家宴或者搞养殖、种植为农家宴提供原材料参与到樱桃节中，为游客和农家宴提供商品成为北宅当地人的新兴行业，北宅相关的土特产品如茶叶、水果、山野菜、槐花、山鸡、山鸡蛋等被附带地推向樱桃节的市场。由农户自发推出的农家宴也已经融入了吃农家饭、睡农家炕、下农家田的"山里人家"系列活动，基本形成了家家参与樱桃节、户户发展三产旅游业

2010年，第十五届青岛北宅樱桃节为星级农家宴发牌新闻发布会召开

的局面。每逢樱桃节，北宅家家忙忙碌碌、喜气洋洋，为准备樱桃节接待，灯火彻夜不灭，热闹得像过年一样。

（四）北宅樱桃节的转型升级阶段（2012～2017 年）

2012 年以来，北宅街道将樱桃节作为北宅旅游的一张名片，围绕"多点一线"打造旅游名镇的发展思路，在坚持"政府引导、市场运作、全民参与"的办节原则基础上，经过多年的精心打造，使北宅樱桃节的组织筹划更加周密；配套设施更加完善；服务管理水平更加规范；节庆内涵更加丰富；节会质量更加提高。樱桃节从最初万余人参节，实现经济收入 30 余万元，发展到参节人数已达 55 万余人次，旅游相关收入约9000 余万元，参节农户 7000 余户，户均收入达到 1.1 万余元，樱桃节对增加农民收入，拉动当地第三产业发展起到了越来越重要的作用，北宅樱桃节是名副其实的市民节，富民节。

1. 转变办节思路。随着樱桃节举办的不断成熟，樱桃节的举办形式有了新的改变，由最初的"政府主办"转变为"政府指导"，市场因素逐渐成为主导因素，街道不再举办有文艺演出参与的大型开幕式之类花费较大的标志性活动，将节省的大量人力、物力、财力投入各类媒体宣传、园内整修、农家宴提升、交通疏导等方面，有效地提升了樱桃节承载能力和服务水平。

2. 开通网上售卖。近年来北宅街道注重服务、引入"互联网+"等创新思维，引导居民提供多样化精准服务，节会的品质、效益均有大幅提升。北宅樱桃节充分利用互联网，做好互联网与节会活动的结合，把农家宴、樱桃节门票和北宅农特产品"卖上了网"，为北宅旅游产品销售拓展更广的渠道，为市民参节提供更便利的服务。街道还与百度、大众点评、美团、悠悠度假网等专业网站和团购网站合作，推介樱桃节及相关旅游产品。开通了手机微信公众平台，为市民提供团购樱桃票、预订农家宴、购买北宅农特产品等服务。

3. 加大基础设施投入。街道对樱桃节高度重视，将其列入全年重点工作，作为街道的大事来抓，坚持全民办节，积极为农民搭建增收平台。为给广大市民游客提供一个更加舒心便利的游玩环境，北宅街道投资 9000 余万元对环境和基础设施进行了提升和完善，先后开展了环境综合整治、洁美乡村、基础设施建设和美丽乡村打造等工程，使北宅的山更青、水更绿、村更美。新建和扩建多处停车场，拓宽进园道路，并在沿路增加了若干处停车点，保证了公路的畅通。扶持打造了一批特色农业园区，重点打造 14 个精品樱桃园，其中 9 个成功创建省级精品采摘园。此外，青岛崂山北宅生态旅游区成功创建首批全国农业旅游示范点，2013 年，青岛天一顺生态观光园成功创建山东省农业旅游示范点，大崂樱桃山谷、北涧天一顺、万里江茶博园三家农业园区被评为国家 3A 级景区。同时在物价普涨的形势下，街道党工委、办事处超前决策，从促进樱桃节长远发展和农民持续增收出发，入园品尝的价格没有出现大幅度增长，激发游客的参节热情，树立了北宅的诚信形象，保证了客源，达到了富民目的。

4. 加强宣传推广力度。 近年来，北宅街道一直把新闻媒体作为推动节庆经济、推介北宅生态旅游的一把"金钥匙"，通过新闻媒体的强势推介，以引起广大游客的强烈关注。为加大对樱桃节的宣传力度，提前拟定了宣传计划，周密策划，形成合力，在樱桃节开幕之前就形成了一个宣传高峰。同时从不同角度、不同视角深层次挖掘、推介樱桃节，努力扩大樱桃节的影响力和知名度，提高广大市民的参节热情，积极做到了电视有影、报纸有字、电台有声、网络图文并茂的全方位、多媒体、深层次的宣传，使樱桃节的知名度和美誉度得到极大提升。

5. 做好交通保障工作。 随着私家车的增多，樱桃节期间堵车问题突出，影响了游客采摘体验。为做好"北宅樱桃节"期间道路交通秩序维护和疏导工作，确保活动期间辖区道路交通秩序有序、安全、顺畅，成立了北宅街道樱桃节及旅游旺季期间交通疏导应急工作指挥部，制定交通疏导工作方案，樱桃节期间双休日部分重点路段实行弹性交通调流，增加停车场和临时停车场，增加社区义务疏导员，不间断巡查所在路段交通情况，疏导交通，劝阻沿路经营行为，引导游客及村民秩序停车，发现交通拥堵情况及时协调交警进行处理。街道旅游中心成立巡查、督察小组，负责巡查、督查各社区的交通疏导工作，考核疏导员在岗履职的情况，并及时处置突发拥堵。此外，积极与交运集团、公交公司合作，在樱桃节期间增加到达北宅的公交车车次。2014 年和 2015 年先后开通周哥庄至五龙涧、周哥庄至七峪、周哥庄至北九水 3 条微循环公交车线路，极大地促进了偏远社区樱桃售卖。

6. 增加樱桃附加值。北宅樱桃过去只是作为农产品，每斤价格不过几毛钱。如今，一年一度的樱桃节，吸引了四面八方的游人来摘樱桃、尝樱桃，樱桃的附加值大为增加。北宅把樱桃当作媒介，通过举办节会，发展旅游业，成功带动了第三产业的迅速发展，基本形成了玩、吃、住、购一条龙民俗生态旅游体系，实现了现代农业与旅游产业的有机融合。农户之间形成了新型的产业分工，根据自身特长自由地流动到产业链的不同位置，有人爱好种植，有人经营起了农家宴、农家旅馆，而也有不少人干起了加工业，专为农家宴提供原材料和旅游产品。目前，北宅农家宴已注册商标，成为青岛市饮食服务业中一道亮丽的品牌。北宅常年从事农家宴活动的业户已达 200 余家，季节性农家宴业户 50 余家。全街道从事旅游及相关产业人员近 6000 余人，占街道总人口的22%，间接从业人员达到 2 万人以上，为北宅解决了大量农村劳动力的就业问题，许多农户也因樱桃节、采摘节、"北宅有我一分田"等活动的开展而脱贫致富。目前，北宅已出现了 30 家左右"公司+基地+农户"模式的专业合作社等经营实体，出现了大崂红樱樱桃园、天一顺生态园等一大批具有农家特色的休闲观光园区。

"北宅有我一分田"活动

如今的北宅，由樱桃引出樱桃节，节会派生出全年不休的农家观光游，观光游又衍生出观光产业链，带来了人流，带动了农业与服务业的深度互动，催生出近亿元的产业链。

（五）北宅樱桃节的全新运营阶段（2018 年）

1. 活动板块更加丰富。2018 年樱桃节，节庆活动板块更加丰富、更加新颖。新增了"乡村市集""乡村音乐会"等板块，使樱桃节更具吸引力、更具品质感。同时，策划了"爱上北宅"慢悠游全年节庆系列活动，通过社区把社区居民闲置无力耕种的土地收集起来，对外租赁，突破了原有园区和面积，使参与"北宅有我一分田"活动的土地翻了一番。同时还委托专业设计团队对樱桃节文创 IP 进行设计，樱桃节 LO-GO，吉祥物"樱小嫚"卡通形象，樱桃盒包装及文创产品的设计发布提升了樱桃节的品质。

2. 网络预定更加便捷。2018 年 3 月，北宅街道爱上北宅手机 APP 正式上线。在 APP 内可浏览"北宅樱桃节"节会运营功能模块，了解采摘路线、精品园区和农家美食。为了方便市民和游客提前了解北宅樱桃节的情况，北宅街道还开发了爱上北宅微信小程序，在微信上就可浏览商家信息，提前了解樱桃数量和品质，根据自己的时间和人数情况，选取自己适合的采摘商家，并且可以提前预约采摘时间，进一步解决农户特别是偏远农户销售难问题，也为游客的采摘提供了便利。今年参与网络销售的社区达到 25 个，农户 1800 余户。

3. 公共交通更加便捷。北宅街道积极与公交、交运公司协调，将辖区内的 3 条微循环公交车和途经北宅的公交车增加了车次；在地铁 11 号线周围开通 2 条直达樱桃园区的定制公交，极大地方便了游客参节，解决了偏远社区樱桃难卖的困难。同时，为方便游客驻车，在周哥庄、北宅科及兰家庄等社区建设停车场和临时停车场，在滨海公路地铁站、南王路两侧设置了引导牌，将在公路上零散招揽游客的农户进行集中规范管理，有效减少了交通安全隐患，缓解了车辆交通压力。

4. 农业园区品质升级。2018 年樱桃节前，北宅街道制定了社区、园区及农家宴品质提升的奖补政策，以樱桃节为龙头，将众多精品农业园作为一个整体，统一策划，统一宣传，对辖区 11 个精品樱桃园区的旅游服务设施进行了全力提升，主要包括绿化提升、景观提升、打造停车场等配套提升，对北宅旅游园区的提升引领、示范带动起到了积极作用，使北宅旅游园区基础设施建设上了新台阶，园区品质有了很大提高。打响了北宅生态农业、旅游农业的知名度，使北宅的生态农业旅游以樱桃节为起点，一直延续至深秋。

二、经验启示

一个樱桃节不仅富了一方百姓，而且还让北宅这片曾经沉寂的土地，正在逐步变成一片开放的沃土。这是樱桃和樱桃节的价值。在这种价值里面，蕴含着崂山区和北宅街道办事处富民强区的思路，也浸透着当地干部群众不甘基础条件落后，奋力开拓与发展的可贵精神，更蕴藏着如何实现乡村振兴的诸多启示。

（一）必须坚持街道引导与群众创造相结合的模式

坚持街道引导发展与尊重、维护、发扬群众首创精神相结合，是樱桃节成功举办的关键前提。樱桃节开办以来，区和街道不断采取政策引导、技术服务和环境保证等方式，充分挖掘北宅自然资源，结合生态农业观光旅游的主要内容，帮助居民积极挖掘已有的旅游资源，协调各部门提供便利，组织各社区参加樱桃节，从最开始的无序开发，逐渐实现了在保护好资源前提下的有序开发，有力地提高了社区居民收入，为樱桃节注入新的内涵，也使樱桃节的名气和影响越来越大。从群众自发的樱桃会，发展到全街道 36 个社区全部参加，相关收入 9000 余万元，樱桃节的成功离不开北宅群众的艰苦努力，也离不开街道对基层群众首创精神的大力弘扬。在酝酿、萌芽、发展的不同阶段，北宅街道及时掌握和有效运用社区的樱桃会举办的创新经验，鼓励和支持广大群众的创新创造，发挥群众主体作用，切实激发人民群众参与樱桃节的自觉性和积极性。总的来说，街道的坚强统领与群众的自主创新，上下配合默契，形成良性互动，是樱桃节成功举办的重要保证。

（二）必须坚持传统农业与生态旅游相结合的模式

北宅街道借助樱桃节大力发展生态旅游业，把传统农业和休闲旅游结合在一起，实现了第一产业和第三产业的交叉融合。通过发展观光型、生态型农业示范园区，精心打造了吃、喝、玩一体的精品樱桃园区，都市农业的格局初具规模。通过"爱上北宅慢悠游"系列活动的广泛开展，进一步密切和深化了一产与三产的结合，极大地提高了樱桃、杏、蓝莓等农产品的附加值，优化了产业结构和农业种植结构，并形成了独具特色的农产品绿色品牌，为今后都市农业的发展开拓了广阔的空间。通过开展农家宴、农家乐活动，有效调整了农村产业结构，促进了整个农村经济、社会的发展。2015 年北宅农家宴完成了首批山东省都市特色农业综合标准化示范区核心示范点的建设，2017 年，樱桃节期间农家宴收入达 1100 余万元，30 家农家宴成功创建好客山东星级农家宴，先后注册了 100 余个品牌商标，如"一水"牌天然矿泉水、"红樱"樱桃、"涵雪"崂山茶、"大百菜"农家宴等，其中"樱嫚儿"绿色农家面点品牌被评为青岛市妇联创业电视大赛一等奖。

（三）必须坚持节庆特色与文化特色相结合的模式

自 1996 年以来，崂山北宅樱桃节已连续举办了 23 届，成为青岛市最成功的节庆活动品牌之一。在发展过程中，北宅街道不断推动樱桃节走特色化发展道路，2018 年，北宅街道樱桃节期间策划推出了"十大主题活动"，发布北宅樱桃节卡通形象和 LOGO，设计了文创产品，举办了小型乡村音乐会，这些活动形式的创新让樱桃节富有了时代特色和文化气息。在北宅，樱桃不但是一种水果，更是一种乡土文化的载体。北宅街道历史文化底蕴厚重，文物众多，非物质文化遗产丰富，一棵老树、一座老宅子、一个传说都承载着乡愁，对乡村记忆而言，这都是珍贵的文化遗产。通过赋予樱桃节更多的文化元素，让广大市民和游客在品尝甜蜜的同时，也能品尝当下的农民生活和农耕文化。2018 年，首届崂山樱桃诗会在华阳社区举行。来自岛城的 16 名作家、诗人汇聚一堂，为北宅乡村振兴的文化振兴献计献策，让北宅的节日既有颜值，又有品质，还有味道。

执笔人：李　　向

审核人：孙敬华

签发人：孙丕铭

图书在版编目（CIP）数据

崂山改革开放实录. 第二卷 / 中共崂山区委党史研究室编. —青岛：中国海洋大学出版社,2018.10

ISBN 978-7-5670-2040-5

Ⅰ.①崂… Ⅱ.①中… Ⅲ.①改革开放–概况–崂山区 Ⅳ.①D619.524

中国版本图书馆 CIP 数据核字（2018）第 255620 号

出版发行	中国海洋大学出版社		
社　　址	青岛市香港东路 23 号	邮政编码	266071
出 版 人	杨立敏		
网　　址	http://www.ouc press.com		
电子信箱	1193406329@qq.com		
责任编辑	孙宇菲	电　　话	0532-85902469
印　　制	青岛泰兴印刷有限公司		
版　　次	2018 年 11 月第 1 版		
印　　次	2018 年 11 月第 1 次印刷		
开　　本	787mm × 1 092mm　1/16		
印　　张	28.25		
字　　数	448 千		
印　　数	1—1000 册		
书　　号	ISBN 978-7-5670-2040-5		
定　　价	198.00 元